渴望荣耀

乌克兰天才女艺术家
玛丽娅·巴什基尔采娃的日记

MARIE BASHKIRTSEFF
THE JOURNAL OF A YOUNG ARTIST

〔乌克兰〕玛丽娅·巴什基尔采娃 著

王少凯 译

中央编译出版社
Central Compilation & Translation Press

图书在版编目（CIP）数据

渴望荣耀：乌克兰天才女艺术家玛丽娅·巴什基尔采娃的日记/（乌克兰）玛丽娅·巴什基尔采娃著；王少凯译.—北京：中央编译出版社，2023.11

ISBN 978-7-5117-4525-5

Ⅰ.①渴… Ⅱ.①玛… ②王… Ⅲ.①玛丽娅·巴什基尔采娃—日记 Ⅳ.① K835.113.57

中国国家版本馆 CIP 数据核字（2023）第 182351 号

渴望荣耀：乌克兰天才女艺术家玛丽娅·巴什基尔采娃的日记

图书策划	张远航
责任编辑	哈　曼
责任印制	李　颖
出版发行	中央编译出版社
网　　址	www.cctpcm.com
地　　址	北京市海淀区北四环西路 69 号（100080）
电　　话	（010）55627391（总编室）　（010）55625174（编辑室） （010）55627320（发行部）　（010）55627377（新技术部）
经　　销	全国新华书店
印　　刷	北京建宏印刷有限公司
开　　本	710 毫米 ×1000 毫米　1/16
字　　数	524 千字
印　　张	39
版　　次	2023 年 11 月第 1 版
印　　次	2023 年 11 月第 1 次印刷
定　　价	138.00 元

新浪微博：@中央编译出版社　微　信：中央编译出版社（ID: cctphome）
淘宝店铺：中央编译出版社直销店（http://shop108367160.taobao.com）
　　　　　（010）55627331

本社常年法律顾问：北京市吴栾赵阎律师事务所律师　闫军　梁勤
凡有印装质量问题，本社负责调换。电话：（010）55627320

◉ 玛丽娅·巴什基尔采娃《自画像》，布面油画，92cm×73cm，1883年，玛丽娅去世一年后，1885年该作品参加了巴黎沙龙展，藏于法国尼斯朱尔·谢雷美术博物馆

⊙ 玛丽娅·巴什基尔采娃《女孩的肖像画》，布面油画，58cm×45cm，1880年，藏于捷克俄斯特拉发画廊

⊙ 玛丽娅·巴什基尔采娃《戴软帽的女人》，布面油画，35cm×27cm，年份不详，藏于俄罗斯莫斯科特列季亚科夫画廊

⊙ 玛丽娅·巴什基尔采娃《尼斯的狂欢节》习作（左），1882年，第二次世界大战期间被毁
⊙ 玛丽娅·巴什基尔采娃《在裁缝店》（右），布面油画，46cm×33cm，年份不详，私人收藏

⊙ 玛丽娅·巴什基尔采娃《朝圣女子》，46cm×38.5cm，1883年，藏于俄罗斯萨拉托夫美术馆

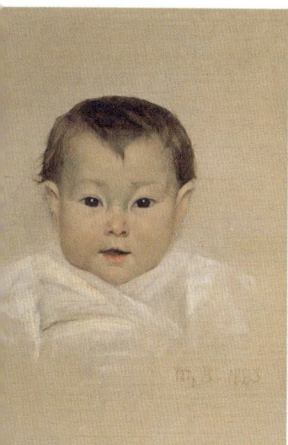

⊙ 玛丽娅·巴什基尔采娃《三笑图——婴儿的笑》(左)，布面油画，55cm×46cm，1883年，藏于俄罗斯圣彼得堡俄罗斯国家博物馆
⊙ 玛丽娅·巴什基尔采娃《三笑图——女孩的笑》(中)，布面油画，55cm×46cm，1883年，藏于俄罗斯圣彼得堡俄罗斯国家博物馆
⊙ 玛丽娅·巴什基尔采娃《三笑图——少女的笑》(右)，布面油画，55cm×46cm，1883年，藏于俄罗斯圣彼得堡俄罗斯国家博物馆

⊙ 玛丽娅·巴什基尔采娃《让与雅克》，布面油画，161.3cm×118.4cm，1883年，藏于美国芝加哥纽伯里图书馆

⊙ 玛丽娅·巴什基尔采娃《玩牌的女人》，布面油画，46cm×31cm，1884年，藏于阿尔及利亚国家美术馆

◉ 玛丽娅·巴什基尔采娃《秋天》，木板油画，97cm×117cm，1883年，藏于俄罗斯圣彼得堡俄罗斯国家博物馆

⊙ 玛丽娅·巴什基尔采娃《庭院中的男孩们》,布面油画,第二次世界大战期间被毁

⊙ 玛丽娅·巴什基尔采娃《阅读》，布面油画，63cm×60.5cm，1882年，藏于乌克兰哈尔科夫艺术博物馆

⊙ 玛丽娅·巴什基尔采娃《被判死刑的男人肖像》(左)，素描，1881年创作于西班牙格林纳达监狱，第二次世界大战期间被毁
⊙ 玛丽娅·巴什基尔采娃《女子肖像画》(中)，彩铅画，第二次世界大战期间被毁
⊙ 玛丽娅·巴什基尔采娃《一位少女肖像》(右)，布面油画，55cm×46.5cm，1878年，藏于德国杜塞尔多夫美术馆

⊙ 玛丽娅·巴什基尔采娃《雾》(左),木板油画,47cm×55cm,1882年,藏于奥地利美景宫美术馆
⊙ 玛丽娅·巴什基尔采娃《瀑布旁阅读的女孩》(右),木板油画,65cm×45cm,1880年,私家收藏

⊙ 玛丽娅·巴什基尔采娃雕塑作品《瑙西卡的痛苦》，青铜，高83cm，藏于法国巴黎奥赛博物馆

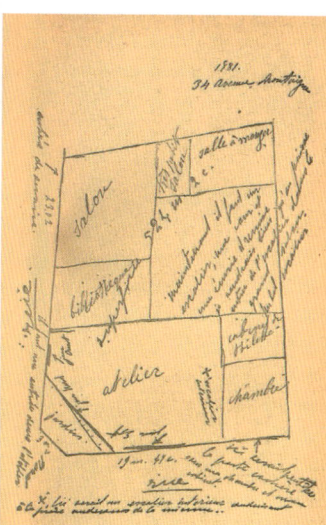
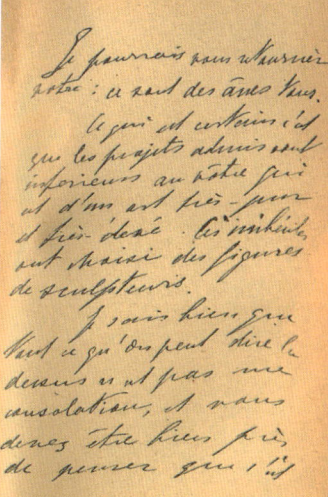

玛丽娅·巴什基尔采娃日记手稿

玛丽娅·巴什基尔采娃与其
《日记》创作背景概述

　　玛丽娅·巴什基尔采娃（Marie Bashkirtseff），乌克兰日记作家、画家、雕塑家，生于1860年11月11日，卒于1884年10月31日。出生于乌克兰波尔塔瓦（当时属于俄罗斯帝国）的一个贵族家庭，她从小走遍欧洲名城：维也纳、佛罗伦萨、罗马、托莱多、科尔多瓦、布尔戈斯、塞尔维尔、塞维利亚、圣马力诺、巴勒莫……1877年定居巴黎。对这些名城的游历不仅让她领略了曾经的物质奢华，也教会了她追求精神之满足。借由自己的天赋异禀和良好愿望，她坚信有一天自己能成为大画家。所以进入美术学校后她勤奋习画，平日她在梦想和现实之间游荡，但落笔时总能将目光投向真实的生活，她画的不是星星、月亮，而是农夫、渔夫、孩子。大家对她的美丽、聪敏和艺术天赋印象深刻，何况她还能歌唱，善弹曼陀林。只是那美丽的脸庞寒气迫人，总是拒人于千里之外，于男性来说她更是一座攻不克的城堡。跟生活在法国的俄罗斯人一样，玛丽娅带着浓重的乡愁，以自己特有的方式来打发漂泊的日子，来对抗失根的迷惘。玛丽娅深信自己，热爱自己，崇拜自己，欣赏自己的魅力。单是她那副身材，就够她顾影自怜一番，一如水仙临流自鉴。1877年她在日记中写道："看着镜中的自己，我想发现自己的美丽；而我原本就是美丽的，那么，你还想要什么呢？用美丽，难道不可以获得一切吗？我的上帝，您赋予了我少许（我说少许，只是谦虚而已）的美丽，你已经给予我太多了。噢，我的上帝！我自认为是美丽的，在我看来，似乎我所做的一切，都可以成功。一切都在冲着我微笑，我是幸福的，幸福的，幸福的！"她没有错，她明眸顾盼，美若桃李，丰胸肥臀，腰细如蜂。然而，上天却妒英才，让她患上了肺结核。在那个年代，肺结核是绝症，医生或上帝皆无能为力。她在日记中写道："以6年的时间，每天工作10个小时，最后得到的是什么？是艺术才能的展露，是致命的恶疾。"

她深知时不我待，没有太多的时间去捕捉灵感再投入到画布上了，她深感迫切。她太热爱生活，太留恋这个世界了。多少回她高呼："就这样一事无成地死去？像一条狗那样死去？"不，一个人来到世上，不能像打水漂儿般走过。她想对抗一下命运。越是病入膏肓，越是渴望不朽。她自年少起便养成了阅读经典的习惯，不到20岁已经读毕从古代的荷马、李维、奥古斯都、维吉尔、拉罗什富科到现代的米什莱、缪塞、雨果、丹纳、都德、巴尔扎克、莫泊桑、托尔斯泰、大仲马、乔治·桑、薇达等大家的鸿篇巨制，以文学修度自己。

从12岁开始她用法文写日记，记载四海为家的生活，她的骄傲，她的苦恼，她的天真，她的矛盾，她的理想，她的恐惧，她对美的追求和她内心的秘密。1884年5月1日，离去世只有5个月，她在日记前言中写道："是的，我的确有这种祈求，或者是希望，就是以任何方式留在世上。如果我不是年纪轻轻就要死去，我希望成为一个大艺术家。如果我必将早早夭折，我希望我的日记得以出版，它一定会给人以愉悦和启发。"

玛丽娅去世后的第三年，即1887年，她的《日记》(*The Journal Of A Young Artist*)法语首版在母亲的整理下，由法国诗人、编辑安德烈·杜耶①编辑出版；三年后，即1890年，《日记》英文版面世。《日记》的出版引起轰动，它不仅是了解这位年轻艺术家思想变化、艺术视野、精神学养的作品，更是研究艺术的现实主义巅峰期和印象派初期交融与过渡的一部无法跨越的美术史。《日记》也为这位年轻艺术家赢得了巨大荣誉。各种语言版本一版再版，现语言版本已达23

---

① 安德烈·杜耶（André Theuriet, 1833—1907年），法国著名诗人、小说家、编辑。

⊙ 玛丽娅·巴什基尔采娃纪念碑，位于其家乡乌克兰波尔塔瓦市加夫罗内涅茨村

⊙ 玛丽娅·巴什基尔采娃纪念雕塑，位于乌克兰波尔塔瓦市狄康卡镇

种，成为传世经典。英国时任首相格莱斯顿是玛丽娅的拥趸，读过《日记》后，称其为"旷世奇才"。同时《日记》也深刻影响了很多作家，譬如，最早的一位玛丽娅的拥趸便是爱尔兰裔英籍作家、剧作家萧伯纳，之后的美国作家玛丽·麦克莱恩[1]受其影响，也有两部作品是用日记形式创作，被称为"美国的巴什基尔采娃"的文化名人

---

[1] 玛丽·麦克莱恩（Mary MacLane，1881—1929年），美国作家。代表作：《我，玛丽·麦克莱恩：为人日记》《温柔的暗黑》《我等着魔鬼的到来》等。

H.L.门肯[1]；法国诗人、作家皮埃尔·路易斯[2]；新西兰文学奠基人、作家凯瑟琳·曼斯菲尔德[3]；美国作家阿内丝·尼恩[4]以及俄罗斯白银时代的诸多作家和艺术家，如诗人、散文家瓦列里·勃留索夫[5]，诗人、小说家季娜依达·吉皮乌斯[6]，小说家玛丽娅·克里斯托夫斯卡娅[7]，小说家、剧作家安娜斯塔西娅·富比斯卡娅[8]，画家爱琳娜·古鲁[9]，诗人、作家玛丽娜·茨维塔耶娃[10]等，尤其对诗人茨维塔耶娃的创作影响颇深，可以说，巴什基尔采娃曾是少年茨维塔耶娃的偶像，而日记体倾向恰恰是诗人创作中的一大特色。茨维塔耶娃曾说过："我的诗——是日记……"1910年9月26日，为纪念18岁的生日，她决定让自己的诗歌作品"抛头露面"，让世人知道她的存在。她结集出版了自己从1906年起写下的诗篇，取名为《黄昏纪念册》。这部诗集记载了玛丽娜·茨维塔耶娃、妹妹阿娜斯达西娅与尼连杰尔的谈话，采用深蓝色皮面纪念册的装帧形式，极为精美。但在诗集的第一页，诗人茨

---

[1] H.L.门肯（Henry Louis Mencken，1880—1956年），美国记者、讽刺作家、文化评论家、美式英语学者。代表作：《萧伯纳及其戏剧》《尼采哲学》《偏见集》《人民 vs 个人》《民主的注脚》等。

[2] 皮埃尔·路易斯（Pierre Louÿs，1870—1925年），法国象征主义唯美派作家、诗人、编辑和藏书家。代表作：《比利提斯之歌》《阿芙洛狄特》《女人与玩偶》等。

[3] 凯瑟琳·曼斯菲尔德（Katherine Mansfield，1888—1923年），新西兰短篇小说家。代表作：《花园酒会》《幸福》《在海湾》等。

[4] 阿内丝·尼恩（Anaïs Nin，1903—1977年），古巴裔美国作家。作品带有法国式的超现实主义风格。代表作：《阿内丝·尼恩日记》《维纳斯三角洲》《乱伦之屋》等。

[5] 瓦列里·勃留索夫（Valery Yakovlevich Bryusov，1873—1924年），俄罗斯诗人、散文家、戏剧家、译者、批评家和历史学家。俄罗斯象征主义运动发起人之一。

[6] 季娜依达·吉皮乌斯（Zinaida Gippius，1869—1945年），俄罗斯象征主义诗人及作家，她是象征主义哲学家德米特里·梅列日科夫斯基的妻子，也是共济会会员。其诗清澈明快、意象舒张，具有宗教意味。著有诗集《1889—1903年诗集》《1903—1909年诗选》《1914—1918年，最后的诗篇》《闪烁集》等。

[7] 玛丽娅·克里斯托夫斯卡娅（Maria Krestovskaya，1862—1910年），俄罗斯小说家、演员。代表作：《嘈杂声》《演员》；日记《奔向阳光》等。

[8] 安娜斯塔西娅·富比斯卡娅（Anastasiya Verbitskaya，1861—1928年），俄罗斯小说家、剧作家、出版家和女权主义者。代表作：《幸福之匙》等。

[9] 爱琳娜·古鲁（Elena Guro，1877—1913年），俄罗斯未来主义画家、剧作家、诗人和小说家。文学代表作：《秋之梦》《没落的骑士》《天上的骆驼》等。

[10] 玛丽娜·茨维塔耶娃（Marina Tsvetaeva，1892—1941年），俄罗斯诗人、作家。代表作：《黄昏纪念册》《里程碑》等。布罗茨基称其为20世纪俄罗斯最伟大的诗人。

⊙ 玛丽娅·巴什基尔采娃代表作《画室中》，布面油画，165cm×185cm，1881 年，藏于乌克兰第聂伯罗彼得罗夫斯克美术馆。描绘当时朱利安学院的授课情景，当年巴黎沙龙协会展的作品，画家巧妙地将自己置于画中右侧前景，背对观者

维塔耶娃留下了这样一句话："谨以此书纪念玛丽娅·巴什基尔采娃。"可见巴什基尔采娃对当时的诗人创作影响至深。

玛丽娅·巴什基尔采娃被誉为年轻的天才艺术家（a highly talented visual artist）和勇敢的女权主义者（a high—spirited feminist，参见《不列颠百科全书》）。她从事专业绘画起步较晚，但天赋异禀，于 18 岁进入法国巴黎的朱利安学院（彼时唯一招收女学员的艺术学院）学习，止于去世前的 24 岁。7 年时间里她一共创作了 230 件艺术品，主要是油画和素描，少许的青铜像和石膏像等。母亲在女儿离世后捐给法国、俄罗斯、乌克兰诸大博物馆和画廊共计 66 幅油画。但因两次世界大战，现在留存下来的作品屈指可数。她的画作严格说是处于创作初期的作品，若非香消玉殒，必有更多经典传世。因为如此年轻时的作品已经得到业界极大认可，她的画作后来皆被视为名家作品，被多家博物馆及私人收藏。其中《让与雅克》收藏在美国芝加

◉ 玛丽娅·巴什基尔采娃在朱利安学院创作时的情景

哥纽伯里图书馆;《巴黎女子》收藏在法国小皇宫;两幅《自画像》收藏在法国尼斯美术馆;《见面》《X夫人肖像画》收藏在法国奥赛博物馆;《工作室》收藏在乌克兰第聂伯罗彼得罗夫斯克国家艺术博物馆;《春天》《秋天》《雨伞》《一位少女的肖像画》收藏在圣彼得堡俄罗斯国家博物馆。2018年8月我在参观俄罗斯国家博物馆时,有幸看到了巴什基尔采娃这四幅油画作品,惊喜之余,发现她的作品与俄罗斯大画家尼古拉·盖伊①、克拉姆斯柯依②作品陈列室毗邻,所陈列的区域皆为俄罗斯大画家一侧展室,其中包括列宾③、列维坦④、萨夫拉索夫⑤、康斯坦丁·马科夫斯基⑥等大家,足见其在俄罗斯绘画史上的地位。在巴什基尔采娃这四幅作品前我伫立良久,想象着这位天才

---

① 尼古拉·盖伊(Nikolai Ge,1831—1894年),俄罗斯现实主义、早期象征主义画家,作品多为历史和宗教题材。
② 克拉姆斯柯依(Ivan Kramskoi,1837—1887年),俄罗斯著名画家和艺术评论家,俄国艺术史上的重要人物,独立艺术组织(包括巡回展览画派和圣彼得堡艺术家组织)的创始人和精神领袖。列宾是他的学生。他主要以肖像画出名,代表作:《无名女郎》《托尔斯泰肖像》《冈察洛夫肖像》《沙漠中的耶稣》等。
③ 列宾(Ilya Repin,1844—1930年),俄罗斯现实主义画家,巡回展画派的主要代表人物。作品多为肖像和历史题材。代表作:《伊凡雷帝杀子》《伏尔加河上的纤夫》《意外归来》等。
④ 列维坦(Isaac Levitan,1860—1900年),俄罗斯著名风景画家,与著名作家契诃夫为终生朋友。代表作:《春潮》《弗拉基米尔之路》《永恒的宁静》等。
⑤ 萨夫拉索夫(Alexei Savrasov,1830—1897年),俄罗斯著名风景画家,列维坦的老师。代表作:《白嘴鸦归来》等。
⑥ 康斯坦丁·马科夫斯基(Konstantin Makovsky,1839—1915年),俄罗斯著名画家,作品多为肖像和历史题材。代表作:《奥菲利娅》《艺术家的孩子们》等。

艺术家生前作画时的神态和模样，恍惚间走进了她的世界。

在玛丽娅短暂的人生中，有一段对她来说刻骨铭心的情事不得不说，即1884年，她与莫泊桑的一段恋情，这一年对两位来说都是人生中辉煌的一年。莫泊桑的第二部长篇小说《漂亮朋友》完稿，开始在报刊上连载便引起轰动，同年创作的短篇小说《项链》和《伊韦特》也获得了巨大成功，因此莫泊桑被贴上了当代伟大作家的标签，随即便是各种应接不暇的社交活动，但其内心一度陷入彷徨和苦闷，这些情绪曾经在他跟玛丽娅·巴什基尔采娃同年的通信中表露无遗；而这一年也是玛丽娅事业的巅峰之年，其油画作品《见面》获得业内极大的关注和赞誉，她正信心满满地准备进入事业的黄金期，此时她的内心一片光明，对生活充满无限渴望，在与莫泊桑通信中这点也表露无遗，她不仅恋慕上了这位文豪，重要的是她对日后的憧憬也深深影响了莫泊桑，使其逐渐走出了心理阴霾。同年10月底，玛丽娅·巴什基尔采娃去世，其瘗身之所就在巴黎市区的帕西公墓（Passy Cemetery），她的墓地是其生前1∶1的画室形状，碑文刻着法国著名诗人安德烈·杜耶的《致美丽的玛丽娅》[①]：

哦，玛丽娅，
哦，白色的百合，
你光芒四射，
黑暗中不灭的光。
你的思想照彻回忆，
芳香灵动，于世永恒！

---

① 安德烈·杜耶的《致美丽的玛丽娅》，法语原文是：
Ô Marie, ô lys blanc, radieuse beauté.
Ton être entier n'a pas sombré dans la nuit noire.
Ton esprit est vivant, vibrante est ta mémoire.
Et l'immortel parfum de la fleur est resté.

⊙ 玛丽娅·巴什基尔采娃墓地，位于法国巴黎帕西公墓

⊙ 玛丽娅·巴什基尔采娃墓地内1∶1的画室，墙上挂着她生前未完成的一幅油画（左）
⊙ 墓碑上刻有"玛丽娅·巴什基尔采娃"字样（中）
⊙ 墓碑上刻有安德烈·杜耶的诗歌（右）

渴望荣耀

⊙《莫泊桑情事》奥地利版电影海报

莫泊桑曾亲往致祭。后来,出版者将这两位艺术家的通信结集成册,以书名《亲吻您的手》(*I Kiss Your Hands*)于 1891 年出版。1935 年,德国著名导演亨利·科斯特[①]根据两人的情感故事,拍摄了《莫泊桑情事》(*The Affairs of Maupassant*),而剧本正是基于玛丽娅的《日记》和两人的通信集创作而成。意大利版中意大利影星艾萨·米兰达[②]饰演玛丽娅·巴什基尔采娃,而奥地利版中由匈牙利影星莉莉·达沃斯[③]饰演玛丽娅·巴什基尔采娃,两部片子中奥地利影星汉斯·加里[④]饰演莫泊桑。

跟随着这位年轻天才艺术家的日记,读者不仅可以领略其内心细腻的独白、心理的发展和蜕变过程,还能被带入美妙的艺术天地。领略作者丰富游历的同时,亦可以倾听作者对城市建筑、博物馆、作家、画家、雕塑家及其作品的解读和感受,让读者在阅读中既增广见闻又产生精神共鸣,更能通过作者与病魔抗争的过程,体会到她那种天赋的乐观、对生命的渴望与敬畏、对事业成功孜孜以求的精神,令人对这位年轻的天才艺术家充满欣赏与敬仰,并从本书中获益匪浅。

最后,向中文版审校者王玮先生致以真诚感谢。

孔 宁

2023 年 4 月

[①] 亨利·科斯特(Henry Koster,1905—1988 年),德国电影导演,"二战"期间移民美国。电影作品代表作:《三个聪明女孩》《初恋》《主教的妻子》《莫泊桑情事》等。

[②] 艾萨·米兰达(Isa Miranda,1909—1982 年),意大利著名国际影星。电影作品代表作:《红色护照》《活在两个世界的女人》《夏日》等。

[③] 莉莉·达沃斯(Lili Darvas,1902—1974 年),匈牙利著名影星,以舞台剧著称欧美,后转入影视界发展。

[④] 汉斯·加里(Hans Jaray,1906—1990 年),奥地利著名演员、剧作家。电影作品代表作:《乞求生》《春之声》《皮特》等。

英译本译者言

如格莱斯顿[①]所言,"这是一本无与伦比的书",它记录了一个与众不同的人生。在这些书页之中,科学、艺术、文学、社会、爱情,都带上了马基雅维利[②]式的玩世不恭,又呈现了一位真挚而热情的少女所独有的天真无邪。少女的故乡,位于西伯利亚大草原。虽生于这种庄重冷峻的环境之中,可她在这部书里所捕捉到的一幅幅画面,反映的却是法国、西班牙和意大利的绚丽色彩、辉煌灯火及其中的人生变迁,世事沧桑。

玛丽娅·巴什基尔采娃,本性虔诚,天生好质疑,拥有征服世界的抱负,也一心渴望爱情。她想要拥有世界,并愿为之付出一切。"对一切都信心满满",又同时充满恐惧。她热切地想抓住生活,其炽热之情令人感叹;她又热切地渴望死亡,其强烈程度也同样令人唏嘘不已。她时而把自己当成最高贵的女王,时而又将自己看成最卑微的奴仆。玛丽娅·巴什基尔采娃留给我们的这些内心告白,是她留给人类文学事业的财富,但凡具有恻隐之心的人,读到这部日记时,无不为之动容。

这部日记有些部分,对美国读者而言,有些凌乱,破坏了日记的完整性,因此在翻译时略去。

玛丽·简·塞拉诺
1889 年 9 月

[①] 格莱斯顿(William Ewart Gladstone,1809—1898 年),英国政治家,曾四度出任英国首相。代表作:《国家与教会的关系》《荷马与荷马时代的研究》《自传》《论书与藏书》《圣经经意》等。
[②] 马基雅维利(Niccolò di Bernardo dei Machiavelli,1469—1527 年),意大利哲学家、历史学家、政治家、外交官,被称为近代政治学之父,代表作:《君主论》《论李维》《兵法》等。

作者前言

矫饰和伪装，有什么意义呢？这一看法显而易见，毋庸讳言。如果拥有的不是希望，那么，就该拥有欲望，竭尽所能不择手段地生活在这个世界之上。如果未在青春年少时不幸离世，我希望成为伟大的艺术家。如果不幸早逝，我想让自己的日记——它一定非常有趣——发表出来。这本日记，其实本意并不在此，把它发表出来这一想法，即使没有扼杀了它的本意，也偏离了它原来的价值？但事实并非如此！首先，我已经记了很长时间，原本也并不希望别人读它。其次，就是因为希望人们在读到它时，能捕捉到我源自内心的真诚。如果这部日记记录的不是绝对严谨的事实，它就毫无存在的理由。我所写的，不仅仅是心之所想，而且我从未在任何时刻产生过一丝杂念：要么尽一己之力掩饰真实的自我，要么刻意丑化自我。另外，我不担心读者的非议责难，仅这一点，我就无法不佩服自己。那么，善良的读者，您一定放心，我在这些书页中所展示的，完全是真实的自己。对您而言，也许我无足轻重，提不起您的丝毫兴趣。不用想书中讲述的人是我，只需要想，这个人正在向您叙说着自幼年伊始自己对世界的印象。那么，站在人类的立场，这本日记就会引起您的兴趣了。问一下左拉先生[1]，是不是这样呢？甚至可以问一下龚古尔先生[2]，或者问下莫泊桑本人也行！日记从12岁时就开始记了，但直到十五六岁后才开始有些意义。因此，日记当中有些空白需要填补。我写这篇带有前言

---

[1] 左拉（Émile Zola，1840—1902年），法国作家、剧作家、记者，自然主义文学的代表人物。代表作：《卢贡—马卡尔家族》《三城记》《四福音书》等。
[2] 龚古尔（Edmond de Goncourt，1822—1896年），法国作家、文学评论家和艺术评论家。"龚古尔文学奖"的创始人，代表作：长篇小说《列莱·莫伯兰》《日尔米尼·拉赛德》《马奈特·萨洛蒙》《翟惠赛夫人》等；自传体《桑加诺兄弟》《亲爱的》等；《龚古尔兄弟日记》九卷等。

性质的东西，只是为了让这本纪念人性和文学价值的作品清晰易读。

好吧，先假定我是贵族出身，我们的故事就从这里开始吧。

我生于1860年11月11日[①]。写下这段文字，我就感觉有点后怕，但还是安慰自己，认为您在读到这本日记时，是不会在意我的年龄的。

我的父亲，是保罗·格里戈维奇·巴什基尔采夫将军的儿子。祖父是地方贵族，勇敢、固执、严厉，甚至有点凶残。我想，他是在克里米亚战争[②]后擢升将军的。祖父娶了一位大庄园主的养女，可惜她38岁时就去世了，留下了5个孩子——我的父亲和4个女儿。

母亲是21岁时嫁过来的，之前曾拒绝过好几个门当户对的求婚者。她是巴巴尼亚家族的人，属于巴巴尼亚贵族的一个古老贵族分支。外祖父经常自夸具有鞑靼人的血统（他的祖先是第一次入侵俄国时来到俄国的）。对我来说，巴巴尼亚听起来像鞑靼词"爬爬精"，因此经常嘲笑它。外祖父堪称当代的莱蒙托夫[③]、普希金，他崇拜拜伦，既是诗人、士兵，也算是个文人，年纪轻轻就与朱莉·科尼利厄斯小姐结为伉俪。当时她才15岁，长得甜美漂亮。他们共生了9个孩子，但愿你不会见怪这一数量！

结婚两年后，母亲带着两个孩子搬到了她父母那里居住，因此我一直和外祖母生活在一起，外祖母把我宠坏了。除了外祖母娇惯我之外，小姨也惯着我——当初母亲没能说服小姨跟她一起走。小姨长相

[①] 关于作者的出生日期，大英百科认定为1858年11月24日；而本书作者书中叙述为1860年11月11日，其原因可能是新旧历的差异或者其母亲的记忆偏差。中文版采用了作者原书的时间。

[②] 克里米亚战争（Crimean War），在俄罗斯又称为东方战争，是1853年至1856年间在欧洲爆发的一场战争，是俄国与英、法为争夺小亚细亚地区权力而开战，战场在黑海沿岸的克里米亚半岛。作战的一方是俄罗斯帝国，另一方是奥斯曼土耳其帝国、法兰西帝国、不列颠帝国，后来撒丁王国也加入了这一方。一开始它被称为第九次俄土战争，但因为其最长和最重要的战役在克里米亚半岛上爆发，所以后来被称为克里米亚战争。克里米亚战争是俄罗斯人对抗欧洲的重要精神象征，最终以俄方求和签订巴黎和约作结。

[③] 莱蒙托夫（Mikhail Lermontov，1814—1841年），俄罗斯伟大诗人、作家。代表作：诗歌《鲍罗金诺》《祖国》《孤帆》《恶魔》等；中篇小说《当代英雄》等。

一般，她为大家奉献了自己，却也成了大家的牺牲品。

1870年5月，我们出门旅行，终于实现了母亲长久以来的梦想。在维也纳待了一个月，维也纳各个地方——精美的商店、剧院等——我们都从未见过，它们令我们应接不暇。在巴登巴登①时，正值旅游旺季，我们仿佛置身于豪华奢侈的贵族人群之中。我们一行人有外祖父、母亲、小姨罗曼诺夫、表姐戴娜、弟弟保罗和我。随行的还有医生，那个天使一般、无人可比的沃利茨基。他是波兰人，性格温和，风度翩翩，爱国热情无可比拟，将所有的收入都花在了学习专业上。他是阿赫特尔卡②当地的医生，和舅舅一起上的大学，我们家都把他当成家庭的一员。旅游时，外祖父需要医生，我们就带上了沃利茨基。正是在巴登巴登，我才第一次认识了世界，见证了文明社会的精致优雅；还是在巴登巴登，我感受到了虚荣心的折磨。

有关俄国的事情，以及有关我自己的事情，还有许多要讲的，这才是这部日记的重点。我有两位家庭教师，一位是俄国人，另一位是法国人。前者，我印象深刻，叫梅尔尼科夫夫人。她举止优雅，天性浪漫，受过良好的教育，与丈夫两地分居。在读了许许多多的浪漫故事之后，一时冲动才当的家庭教师。家人都把她当成朋友，从不看低她；男人追她的也不少。一个晴好的早晨，在经历了某个浪漫的冒险之后，她就消失了。她也许该和我们道别，然后再自然而然地离开。但她具有斯拉夫人的本性，又继承了法国的文化传统，此外还受到那些浪漫故事的影响——所有的这一切交织在一起，使她拥有了令人困惑不解的性格。作为妻子，她郁郁寡欢，这种角色让她不自觉地宠爱托她照顾的孩子，我也本能地用自己不可思议的健康回报了她的宠爱。家里的人，想法简单而且喜欢大惊小怪的，以为她的离开会让我大病一场，那天看我的神情都带着几分同情。记得外祖母专门为我定做了一种汤——专门为病人做的汤。所有人都表现得很敏感，因此，

---

① 巴登巴登（Baden-Baden），德国西南部的一个旅游胜地，以温泉疗养地而闻名。
② 阿赫特尔卡（Achtirka），乌克兰苏梅州的小城市。

在这种敏感面前，我自己也就变得弱不禁风了。的确，我长得就病恹恹的，脆弱不堪，根本谈不上漂亮——但这所有的一切，都没有阻止大家对我的看法：终有一日，我会变成漂亮迷人、才华横溢的大家闺秀。母亲曾找过一个犹太人给我算过命。

"你有两个孩子，"他对母亲说，"男孩平淡无奇，而女孩会成为明星！"

一天晚上，在剧院里，一位绅士笑着对我说："请把您的手给我看看，小姐。啊，看你戴手套的样子，不用说，您将来一定会成为一个惹人怜爱的美人儿。"

很长一段时间，我还为这样的恭维话感到心里美滋滋的。自打3岁懂事以来（我3岁半才断奶），我一直雄心勃勃想成为伟人。我的玩具不是国王就是女王，我所有的想法，据妈妈身边的那些人说，总是与伟人有所联系。所以，我势必会成为伟大之人。

大约5岁时，我就给自己戴上了妈妈的头饰，发髻插上了花，来到客厅跳舞——我是了不起的舞蹈家"佩提帕"[1]，家里人都聚集到客厅观看我跳舞。与我相比，身边的保罗马上变得一文不值。而戴娜，虽然是亲爱的乔治家的女儿，也未令我丝毫逊色。随便说一下，戴娜出生时，外祖母就把她从她妈妈那里接过来，一直留在身边。这种状况，一直持续到我出生。

梅尔尼科夫夫人消失了之后，索菲·道尔吉科夫担任了我的家庭教师。她16岁——保佑俄国！另外，还有个法国女人，叫布莱娜夫人，头上挽着王政复辟时期[2]的发髻，有着浅蓝色的眼睛。她50多岁，又有肺病，一副可怜兮兮的样子。我非常喜欢她。她教我画画，在她的指导下，我学着画了一座小教堂。没事时，我也画画，大人们玩牌时，我就经常在牌桌上作画。

---

[1] 佩提帕（Marius Petipa，1818—1910年），法裔俄罗斯古典芭蕾舞舞蹈家、教师、编舞者。佩提帕被认为是芭蕾舞历史上最具有影响力的大师和编舞者之一。
[2] 王政复辟时期（The Restoration），1660—1685年间，英国经历了一段无王时期后，查理二世登基为王。

这些回忆将我们带回到了 1870 年的巴登巴登。当时已经宣战，于是我们动身前往日内瓦。我的内心充满苦涩，孕育着复仇计划。每天晚上睡觉之前，我都在祈祷词后念着下面这些自己加上去的话：

我的上帝，赐福于我，让我永不得天花，让我长成漂亮的美女，让我有动听的声音，让我婚姻幸福，让母亲延年长寿！

在日内瓦，我们下榻的是位于湖边的德拉可洛内酒店。在那里，我遇到了一位教画画的教授。他随身带着画本，让我临摹一些小木屋。这些小木屋的窗户看起来像树干，根本不像真实的木屋，因此，我拒绝画它们。这位好心人后来告诉我，要发自内心地进行临摹，画出木屋在我心中呈现出来的样子。恰好在那时，我们搬离了酒店，转住在一所家庭旅馆里。旅馆对面就是勃朗峰①，于是，我就一本正经地临摹起日内瓦的湖光山色来。

我死后，我那自认为与众不同的人生，将会为人们所读到。（唯一的缺憾，就是它本应该是截然不同的）。但我讨厌前言（它们曾阻止我去读许多优秀作品），也讨厌编辑的说明。于是，我就自己写了前言。要是出版我的整部日记，这个前言可以略去，因为加上前言部分，日记会显得过于冗长，所以，我将日记限制在12岁之后。另外，在日记里，我会留给您足够的机会，了解我的一切。我会时不时、有意无意地追溯过去。

但愿致命的疾病不会不期而至，让我突然死去！也许，我并不知自己大限将至，家里人会瞒着我。在我死后，他们会四处翻找我的日记，在读过之后就把它毁掉。眨眼之间，我将身无一物——一片空白——一无所有！这个想法，总令我惊恐不已。生存、野心、痛苦、哭泣、挣扎，最终都被遗忘了——好像我从未生存过。人生苦短，如

---

① 勃朗峰（Mont Blanc），阿尔卑斯山脉的最高峰，意为"白色山峰"或"白色少女"，位于法国上萨瓦省和意大利的瓦莱达奥斯塔大区交界处，海拔 4808.73 米。

果我无法活到功成名就，那么，希望这本日记对心理学家有所启发。它记录的是一个女人的一生，每天一篇篇写下来，不做任何掩饰，就好像世上无人会读到它一样。然而，它还是有目的的，希望有人读到它。所以，写得尽量富有情趣。我确信，我会得到人们的怜惜，所以我记录下了一切，所有的一切。否则，我又为何而写呢？另外，我会毫无隐瞒，您读到它时，就会一目了然。

1884年5月1日于巴黎

⊙ 玛丽娅·巴什基尔采娃肖像

目录

001 · 1873 年
023 · 1874 年
041 · 1875 年
047 · 1876 年
143 · 1877 年
185 · 1878 年
219 · 1879 年
241 · 1880 年
283 · 1881 年
357 · 1882 年
413 · 1883 年
477 · 1884 年

559 · 附录
560 · 拜访玛丽娅·巴什基尔采娃
564 · 《亲吻您的手》——玛丽娅·巴什基尔采娃与居伊·德·莫泊桑的通信

渴望荣耀

MARIE
BASHKIRTSEFF

乌克兰天才女艺术家玛丽娅·巴什基尔采娃的日记

1873年

一月

索菲姨正在钢琴上弹奏小俄罗斯①的一首民族曲目,这让我回想起了祖国。我心驰神往,想起了故乡,想起了与可怜的外祖母一起生活时的点点滴滴。泪水涌了上来,浸满了双眼,然后流下,转瞬间我已泪流满面。可怜的外祖母!您不在我身边,我是多么难过啊!您是那么温柔地爱护我,而我又是那么依恋您!可我年幼无知,无法给予您名副其实的爱!对外祖母的怀念,令我心潮起伏。虽然记忆已不再鲜活,可仍充满尊重和神圣感,又饱含着爱意。噢,我的上帝!请赐予我幸福,我会感激终生!可是,我在说什么啊?似乎我来到这个世界,就是为了幸福。可还是请您赐予我幸福!

索菲姨还在弹奏着。琴声不时传到我的耳鼓,渗入我的灵魂。不必为明天准备课程,因为明天是索菲姨的生日。请上帝赐福给我,让H②公爵属于我!我一定会爱他,让他快乐!我也会因此快乐的。我一定会善待穷人。靠善行赢得上帝的恩宠,有这种想法一定是罪过,但我实在不知道该用什么方式表现自己。

我爱H公爵,却不能告诉他我爱他。即使向他表白,他也会置若罔闻。他要是在这里,我就有理由打扮自己,然后走出房间了。但现在……我过去常到露台转转,只是期望能看见他,哪怕只是远远地看上一眼。上帝,请减轻我的悲伤吧!我祈祷的只有这些,请倾听我的

---

① 小俄罗斯(Little Russia,俄语:Малая Русь 或 Малороссия;乌克兰语:Мала Русь),俄罗斯及俄语历史上曾使用的一个政治和地理术语,指 20 世纪前囊括如今乌克兰大部分的一片土地。因此,俄语衍生词汇"小俄罗斯(的)"(малорусский)也被普遍应用到与该区域相关的人、语言和文化上。在 1917 年革命事件之前,与当地的乌克兰身份相比,该地区的精英人士很大一部分都是"小俄罗斯"身份的追随者。在俄罗斯帝国崩溃、乌克兰的领土合并为一个行政单位后,这个词在日常交流中被淘汰。
② H,指她在尼斯结识的英国人威廉·汉墨尔顿公爵。

祷词吧！您的恩典无边无际，您的仁慈至高无上！您已赐福我如此之多！散步大街上再也不见他的踪影，我黯然神伤。他的脸庞，很容易就辨别出来，不像尼斯人那样粗俗。

　　昨天，霍华德夫人邀请我们与她的孩子一起玩耍。正要离开时，霍华德夫人返了回来，说已获得母亲的允许留我们待到晚上。于是，我们留了下来。晚饭之后，大家来到了宽敞的客厅。客厅没有灯光，女孩们恳求我唱歌，而且还跪下来求我——孩子们也跪了下来，我们笑成了一团。于是，我唱起了《桑塔·露琪亚》《太阳已升起》等动人的歌曲。孩子们情绪高昂，激动不已，疯了一般将我紧紧拥抱。要是在公众面前我也能唱得这么精彩，就有资格上台演出了。除了服装之外，还有这么多才华获得大家的追捧，这让我兴奋不已！的确，孩子们的这番夸奖，令我忘乎所以。假如大家都这么捧我，那又是一幅什么场景呢？

　　我来到这个世界，就是为了赢得成功，获取真爱。因此，我所能做的最出色的事情，就是成为歌唱家。如果仁慈的上帝赐福给我一副好嗓子，让我唱出动人的歌声，那么，我就可以享受到梦寐以求的成功。人们会祝贺我、追捧我，我就会拥有幸福。那么，我所爱之人，就会为我所拥有。可如果我还是一如既往地默默无名，指望他爱上我，简直是天方夜谭——他是不会知道我的存在的。但是，当他看见我为荣耀所环绕、为胜利所簇拥时，那又会是另一番场景！男人总是野心勃勃！到那时，我将成为社会的宠儿。我是名人，但绝不是出身于烟草店或肮脏街道里的名人。我出身高贵，不必靠才华出名——才华左右不了我的命运——我可以拥有更高的荣耀，更高的地位，而且获得的也易如反掌。于是乎，我的人生将会十分完美。我做梦都想获得荣耀、功名，扬名世界！

　　当出现在舞台、开口要唱的那一刻，看见数以千计的观众都在屏息等待。当看见观众渴求的目光时，我知道只要唱出一个音符，他们就会为之欢呼。我看他们的眼神，可以非常高傲（因为我可以为所欲

1873 年

为)——这就是我的梦想，这就是我的生活，这就是我的快乐，这就是我的渴望。当这一切发生时，H公爵——会随其他人一道跪拜在我的石榴裙下，但我会给予他与众不同的礼遇。亲爱的，你会为我的光彩痴迷，你会爱上我的！你会看见笼罩在光环之下的我，真的，真的，娶这样的女人为妻，你绝不会后悔；而我，也希望成为你的妻子。我长相不丑，甚至还可以说漂亮——是的，我漂亮，怎么可能丑呢？我身材一流，体型如雕塑般完美，有着令人羡慕的秀发。举手投足间，风情万种，令人着迷。更重要的，我知道如何吸引男人的目光。

但我是有涵养的女孩，除了自己的丈夫之外，不会吻任何男人。我拥有一件值得骄傲的东西，而且并不是每个12岁或14岁女孩都拥有的：我从未被人吻过，也从未吻过任何人。一位年轻姑娘，正处于荣耀的巅峰，拥有女人想拥有的一切；更重要的，她从童年时就已经爱上了他，而且矢志不渝。她淳朴、谦虚——看到这一切，他一定会震惊不已，会满怀骄傲、不计代价地娶我为妻。我该说什么呢？为什么不该承认他也许会爱我呢？啊，是的，我需要上帝的帮助，上帝会让我找到方法的，让我拥有这个我爱之人。感谢您，噢，我感谢您！

三月十四日，星期五

今天早晨，听到大法国路传来马车的声音，我向外张望，看见H公爵驾着四轮马车行驶在盎格鲁街上。啊，他到这里，就是要参加4月举行的射鸽比赛，一定是，我要想方设法到现场去！

今天，看见了H公爵——第二次了。没有人举止优雅到如他一样，驾驶马车时的他，简直就是国王！

有了丈夫的陪伴，我一定会快乐的，但还不会恣意放任自我。

我仍然会为了取悦他而把自己打扮得花枝招展，仿佛初次见面时那样。还有，我不明白，为什么柔情蜜意中的男女，曾挖空心思想要取悦对方的他们，会在结婚之后互相疏远呢？为什么要相信随着婚姻的到来，爱情会消亡呢？为什么要亵渎婚姻，将妻子描绘成头上戴着卷发纸，身着睡衣，鼻尖涂着冷霜，张口闭口管丈夫要钱的泼妇呢？为什么女人要在自己深爱的男人面前，在本该打扮自己的时候而不留心外表呢？我不明白，为什么要像对待宠物那样对待丈夫呢？还有，为什么只要没有结婚，就应该讨好男人呢？为什么不能对丈夫留有一丝娇态，像对待陌生人那样渴望取悦于他呢？这是因为不必隐藏自己的爱意了，还是因为爱情不是罪过，抑或因为婚姻已得到了上帝的祝福呢？这是因为禁忌之爱在我们的眼中已毫无价值，还是因为人们只在秘恋和禁爱中才能找到乐趣呢？真相不该如此。

因唱歌用嗓过度，破音了。我向上帝承诺不再唱歌（这一决心，从许下之日起，已被打破过无数次），到头来只有自食苦果。与此同时，我又向上帝祈祷要让自己的嗓音清亮起来，浑厚起来，变得更加悦耳动听。为了不让自己受到诱惑违背诺言，我甚至祈求上帝：如果胆敢违背承诺，就请上帝剥夺我的嗓音。这种祈祷很可怕，但我还是要竭尽所能信守承诺。

十二月三十日，星期五

今天，试穿了一款老式连衣裙，里面套上小衬裙和黑天鹅绒的上衣，外面配上宽罩衫和戴娜的无袖上衣，我看起来漂亮极了。我想，这是因为我知道如何打扮自己，把自己做得娇模娇样的缘故吧（我看起来像个贤妻良母）。我吸引了许多人的目光，我想知道为什么大家都注视我，是因为我看起来好笑，还是因为我好看呢？要是有人告诉我真相，我一定好好报答他。我有心问一下（某个年轻的小伙子）我是否漂亮呢？我总是喜欢相信那些美好的事情，更愿意相信这是因为我漂亮的缘故。也许，这是自欺欺人，但即使是幻觉，我也愿保留这种幻觉，它令我陶醉其中。你还想拥有什么呢？在这个世界上，有必要尽可能用最美好的方式看待事物。生活虽如此短暂，却又如此美好！

我一直在想，弟弟保罗长大成人时会是什么样子，会从事什么工作呢？他不可能跟众人一样生活——先是无所事事，然后沉溺于赌徒和妓女的世界，这绝不可能！另外，他也没有办法这么做。每个周日，我都给他写信讲道理——不是布道，绝不是！而是像同志那样给他写信。我知道如何做事，在上帝的帮助下，我要潜移默化地影响他，他必须成为好男人。

我有些心不在焉，几乎忘了（真丢脸！）公爵没有来！似乎有道鸿沟要将我俩分开，特别是我夏天要去俄国，现在家人都在认真地谈论这件事。我怎么会奢想他就是我的人呢？他想我的次数，还不如想去年那场雪的次数多。对他而言，我并不存在。如果还待在尼斯，也许还有希望。但随着我们赶赴俄国，所有的希望都会消失得无影无踪。所有之前认为有可能的事情，正在我的眼皮底下消失殆尽。我恼怒不已——整个人都已面目全非。真是不可思议啊！

我情难自抑。噢，我的上帝，一想到他永远不会爱上我，我就伤心欲绝！我再也没有希望了。渴望获得这种完全不可能的爱情，我一定是疯了。我希望拥有的，太过美丽。啊，绝不是这样！我决不允许自己如此放任自流。什么？我怎敢就此绝望！难道没有无所不能、保佑我的上帝吗？什么？我怎敢以此为乐？难道上帝不是无所不在、看护着我们吗？他无所不能，至高无上；对他而言，没有时空之差，我也许在秘鲁，公爵在非洲，如果上帝愿意，就可以让我们团聚。无论如何，我怎会以绝望为乐？无论如何，我怎能忘记上帝的神圣仁慈？

是因为上帝没有赐予我曾经渴望的一切,我才敢冒天下之大不韪而否认他吗?不,不是的。上帝比我想象中的更仁慈,不会允许像我这样纯真的灵魂为那些邪恶的猜疑所折磨。

今天早晨,我指着卖炭的小贩对科利尼翁小姐(我的家庭教师)边笑边说:"看,这个人多像H公爵啊!"她也笑着答道:"别瞎说了!"

说出他的名字,给了我难以描述的快乐。我注意到,如果从未说过爱人的名字,爱就会增强;但如果不断说出爱人的名字,爱反而会减少。就像一瓶香水,盖上时,香气沁鼻;而打开时,香气就会逐渐消散。我的爱,亦如此。我爱意依旧浓烈,因为我从未听到有人提过我爱的这个人,我也从未提过他,我要他完完全全地为自己所拥有。

我心灰意冷,对未来不抱任何希望。就是说,我知道自己想要什么,却不可能得到。去年冬天我是多么快乐啊!当时,世界满怀笑意迎接着我,我拥有希望。可现在,我爱上了一个影子,也许永远也抓不住他。长礼服让我失望,我为它落下了不少泪水。我和索菲姨去找过两个裁缝,都不满意。我要给巴黎写信,我无法忍受这里制作的礼服。

今天晚上,在教堂祈祷。这是圣周[1]的第一天,我必须祷告。坦率地讲,我们的宗教里有许多地方,我不喜欢,但我无力改变这些。我信仰上帝,信仰基督,信仰圣母,每晚都向上帝祈祷,不希望因与真正的宗教——真正的信仰——无关的琐事而自寻烦恼。我信仰上帝,他赐福于我。他给予我的,要多于我的需要。噢,多么希望他给予我的,正是我的真正所需!虽然未如愿以偿,但我仍会继续生活下去,仁慈的上帝会怜悯我的。只要公爵能注意到我,我就开心至极,就会称颂上帝。

我必须写下他的名字,因为如果既不能向任何人提及他的名字,又不能写他的名字的话,我会活不下去的……只需写下他的名字,就

---

[1] 圣周(Holy Week),在基督教传统中,是复活节前的一周,用来纪念耶稣受难。西班牙的塞维利亚、马拉加、萨莫拉、莱昂以及菲律宾等地的圣周游行颇为著名。

是一种安慰。

在散步大街上行驶着的一辆马车里，我欣喜地看见一个年轻人，高高的，瘦瘦的，皮肤黝黑。我想，我认出了那个人。我惊喜地喊道："噢，卡罗！"他们问我怎么回事，我回答说科利尼翁小姐踩了自己的脚。卡罗根本不像他哥哥，然而，看见他我还是很高兴。啊，至少我可以让他认识我，而通过他，我可以认识公爵！我喜欢这个人，就好像他是自己的兄弟一样。我喜欢他，因为他是公爵的弟弟。晚饭时，沃利茨基突然说"H——"，我的脸红了，连自己都疑惑不解。于是，我借故走到碗柜旁。母亲还为此责怪了我，说这种行为不礼貌。我想，她猜到了什么。每次有人提到 H 的名字时，我要么脸红，要么突然离开房间。可是，她并未因此训斥过我。大家坐在餐厅里，心平气和地聊着天，他们还以为我在为学习而烦恼，完全不知我的内心在经历着什么，也不知我的内心所想。我必须成为 H 公爵夫人，这是我最强烈的渴望（上帝知道我是多么炽热地爱着他），再就是成为家喻户晓的舞台明星，但这一理想远没有第一个想法让我痴迷。毫无疑问，获得整个世界——从市井平民到诸国王储——的敬意，心里一定美滋滋的。但是，我要的不是这个！是的，我拥有了自己喜欢的那个他，这种快乐，超越一切；而我，更喜欢这种快乐。成为一位了不起的女人——公爵夫人——我宁愿以这一身份生活在世界上，而不愿成为名人世界里的名人，因为那不是我的世界。

五月六日，星期二

母亲起床了，一直生病的科利尼翁小姐也起来了。雨后的天气，如此清新，让人心旷神怡！在阳光的照耀下，树木看起来漂亮极了，我无法继续学习了，于是就来到花园，把椅子放在喷泉边。出现在我眼前的，是一番壮美的景色。喷泉四周，大树环绕，占据了你的整个视线。你所能看见的，就是一条小溪、岩石和树木，岩石上布满苔藓，树木林立，阳光播洒在树叶上。看那片柔软的绿草地！我禁不住想在上面打滚嬉戏。这片树丛，虽名不副实，但却如此清晰，如此柔软，如此葱郁，如此美丽，我竟无法用语言将之描述出来，真的无法描述出来。有朝一日，如果别墅和花园还保持着原样，我会把H公爵带过来，让他看看我曾经在怎样的地方经常想念着他。昨天晚上，我向上帝祈祷，当说到请求上帝让我结识公爵并赐予我快乐时，我不禁潸然泪下。上帝已经听我祈祷三次了，并恩准了我的祷告。第一次，我请求上帝买一套槌球装备，索菲姨从日内瓦给我带来了；第二次，我请求上帝帮助我学英语。我祈祷、哭泣得很动情，想象力也被激发了出来，好像看见了圣母，她在房间的角落里，答应了我学好英语的请求。要是再见到她，我还会认出她的脸。

我不想让任何人以为，在本该学习的时候我却无所事事，只知道跳舞和打扮。这样不行，在完成童年的学业之后，我还要认真学习绘画、音乐和唱歌，我有这方面的才华，而且不止有一点点！写到这时，我豁然开朗！我早已心情平和了。烦恼不仅伤害身体，还会让人性情变坏，容貌变丑。这次心情的潮动涌到脸上，让我感觉面颊火烧一般。现在，我心情平复了许多，脸颊就不再如玫瑰般光鲜红润了。我现在这种脸色，本不该有的，它让我的脸显得苍白，灰暗无光。这是科利尼翁小姐的过错，她总惹我生气，才让我变成这种灰头土脸的样子。在脸上火烧火燎之后，我感到有些头疼。母亲责备我，说是我的错，因为我不说英语。这可真令人气愤！

我想，如果他读到这些日记，会认为我对爱的表白有些愚蠢。我接二连三地袒露心声，让这些表白都不再动人。啊，人类是多么可怜的生物啊！其他的生物，都可以随心所欲地将自己的心情写在脸上，想哭的时候就哭，不想看见伙伴时，就不去看。而人类却是世间万物的奴隶！我自己也难逃这一劫数。我喜欢做客，也喜欢招待客人。

昨天晚上，我做了个可怕的梦。我们待在一间我从未见过的房子里，我或者某个人，记不得是谁了，向窗外张望时，突然发现太阳变大了，几乎覆盖了半个天空，没有了阳光，也没有了热度。然后，太阳四分五裂，四分之一的太阳消失了。剩下的太阳继续分裂，一边裂开一边变换着颜色，把周围照得通亮。接着一道云彩遮住了一半的太阳，大家大叫起来："太阳不动了。"有一段时间，太阳一动不动，颜色苍白。接着，地球上发生了奇怪的事情，不是抖动那类的事情，但我无法描述到底是什么，反正是那些无法理解、无法描述的事情。不久，太阳又开始动了，像两个轮子，互相套着。就是说，发出阳光的那部分太阳，不时为周围的云彩所遮挡。大家一阵阵躁动。母亲没有和我们在一起。后来，她乘坐类似公交车那样的东西过来了，可她看起来根本就不害怕。一切都很古怪。这辆公交车也与其他的公交车不一样。然后，我开始欣赏自己的裙子。当我们把行李装进旅行箱时，刚才发生的事情又开始了。"这是世界末日。"我心想。我心里暗问，为什么上帝没有事先警告过我，而今天我亲身在现场体验的这一切，又为何与众不同呢？大家都害怕了，我们和母亲一起上车返了回来，但我不知道返回的是哪里。

这个梦有何含义呢？是上帝发给我的警示，提醒我有大事要发生了吗？或者，只是紧张的缘故？

科利尼翁小姐明天要走。不管怎样，我都有点难过。即使与小狗待过一段时间后分开，也会感觉心痛的，这跟相处得好坏没有关系。我的内心如小虫在撕咬。时光如梭。早晨，我学习了两个小时——钢琴课程。我要临摹的观景殿的阿波罗[①]，跟公爵有点相像，尤其是表情，非常相像，都以同样的方式昂着头，他们还有着同样的鼻廓。

我的音乐老师是曼诺特，他今天早晨对我非常满意。我弹奏的是

[①] 观景殿的阿波罗（The Apollo Belvidere），一尊白色大理石古代雕塑，高 2.24 米，由希腊雕塑家莱奥卡雷斯公元前 350—325 年间雕刻完成，在 15 世纪文艺复兴时期重新发现。18 世纪中叶的新古典主义者认为它是最伟大的古代雕塑，完美的典范。现藏于梵蒂冈。

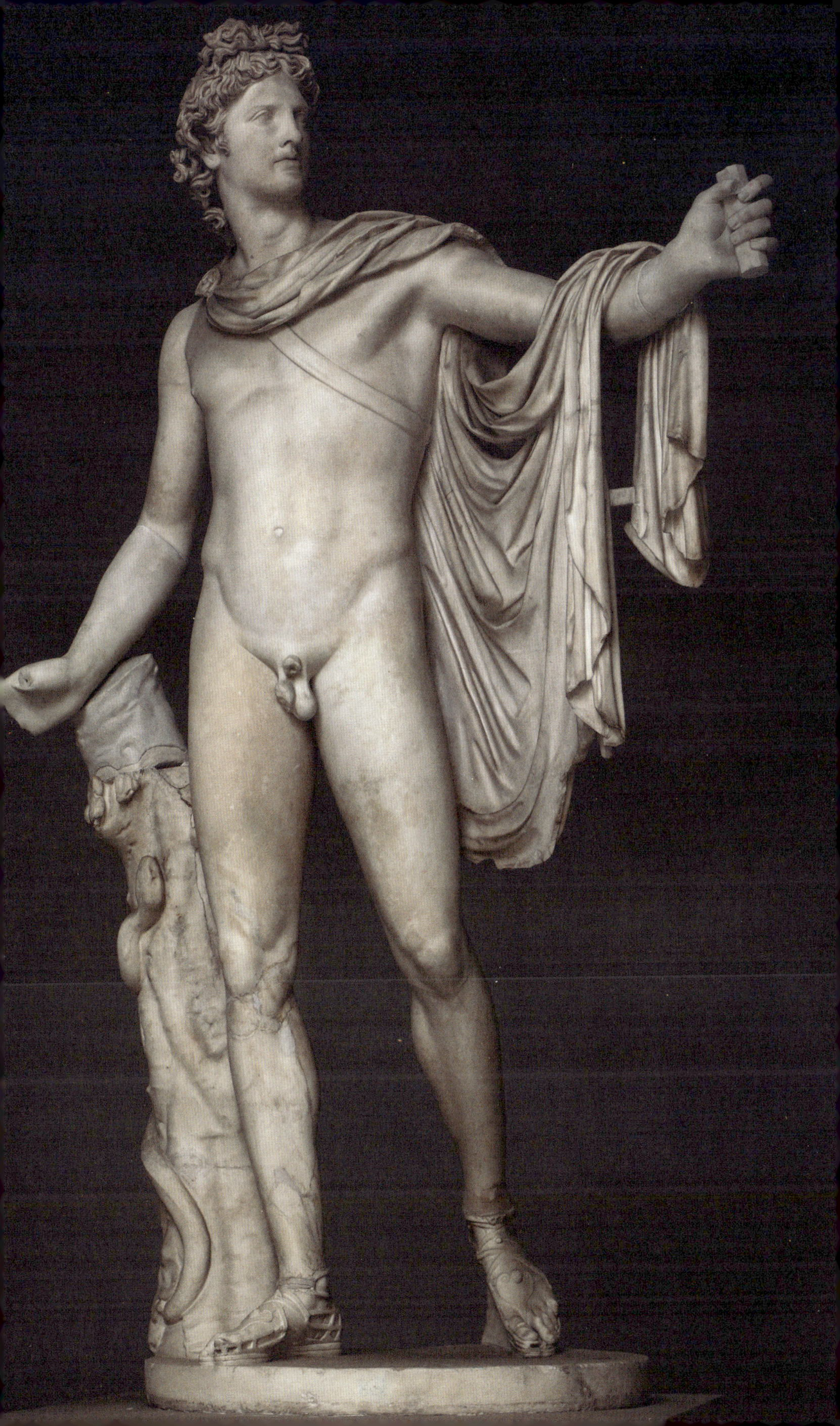

门德尔松①的 G 小调协奏曲，没有任何失误。课后，我们去了俄国教堂——三一教堂。教堂里到处是点缀的花树，牧师正在念祷词，陈述着一个个罪过，请求上帝的宽恕。然后他跪在地上，继续祈祷。他说的每件事，都适合我，我一动不动地听着，配合着他的祈祷。这是我第二次在教堂里如此用心地祈祷。第一次是在新年时，当时，仪式陈腐，所说的祷告也不是与人相关的凡尘俗事。我去做弥撒，但我不祷告。祷告词和赞美诗在我心中或灵魂里都找不到任何共鸣，它们妨碍了我随心所欲地祈祷。在感恩赞美诗中，牧师为每个人祈祷（每个人都可以找到适合自己的内容），它们能穿透我的心灵。

巴黎——终于，我找到了自己长久渴望却不知道的东西！生活，就是巴黎！巴黎，就是生活！我的自我折磨，全部缘于不知道自己所渴望的到底是什么；而现在，我所渴望的——我知道——在眼前出现了。离开尼斯，到巴黎去，租个公寓，装修一下，像在尼斯那样，再养匹马。通过俄国大使的介绍，走入社会——这，这就是我所渴望的。此外，还有一个念头在折磨着我——我长得丑！这太可怕了！

尼斯——我把尼斯当成一次放逐。首先，我必须安排好每天的练习，包括好几个小时不同教授的课程。星期一，我又开始学习了。科利尼翁小姐像魔鬼一样把学习安排得紧紧的。冬天来了，人们就来到这座城市，于是，城市就有了人气，也就有了生气。它不再是尼斯了，它变成了小巴黎。当然，还有不同的种族！尼斯有其好的一面。不管怎样，在尼斯度过的六七个月时光，对我来说，似乎是跨过一片大海，眼睛一时一刻都未曾离开过指引航向的灯塔。我不希望站在海岸边上，只希望能看见陆地。只要看见陆地，我就拥有了人格的力量，有了气力承受生活，耐心等待明年的来临。然后呢？然后就然后吧！我发誓，我根本一无所知，但还会满怀希望。我相信上帝，相信他的神圣和仁慈，所以，我从未丧失勇气。

---

① 门德尔松（Ludwig Felix Mendelssohn-Bartholdy, 1809—1847 年），德国犹太裔作曲家、钢琴家和音乐指挥家，是浪漫乐派最具代表性的人物之一。

"住在至高者隐秘处的，必住在全能者的荫下。他必用自己的翎毛遮蔽你，你要投靠在他的翅膀底下。他的诚实是大小的盾牌。你不必怕黑夜的惊骇，或是白日飞的箭。"① 我无法表达自己的感受，也无力感谢上帝施舍给我的仁慈。

六月九日，星期一

开始学画画。我感到疲倦、虚弱，无法工作。尼斯的夏天令我窒息。没有人陪伴我，我随时都想哭。总之，我不快乐。人只有一次生命，在尼斯待上一个夏天，就是失去一半的生命。我哭了，泪水滴落在稿纸上。哦，要是母亲她们知道我待在这里付出的代价，就不会让我留在这可怕的沙漠了！从很久之前听到他的名字的那一刻起，任何事都无法让我将心思从他身上转开。似乎他已经死了，可是，黑暗却笼罩上了我。过去，我无法回想起来；而现在，又如此丑陋。以前清晨醒来时，我总是精神抖擞的，可是，是什么，将我折磨成现在这个样子？我到底怎么了？将来又会如何？

我们租借了巴奇（Bacchi）别墅。说真话，住在这里，心情郁闷。对于资产阶级而言，这足够好了，但对我们来说呢？我，身为贵族，更喜欢落魄的绅士，而不是富有的资产阶级。在老式的柱子和装饰品上，有岁月打旧的缎面和镀金，在它们身上，我发现了更了不起的魅力，远不是那占据眼球的奢侈而无味的家具所能相比的。真正的绅士，不会以光亮的靴子和得体的手套为傲，但也不是不修边幅之人，绝不是。贵族的不修边幅与庶民的不修边幅，有着天壤之别！

要离开这个住所了，我感到难过，不是因为它方便或者迷人，而

---

① 出自《圣经·诗篇》第91篇。

是因为它就像一位老朋友，我已习惯了与它相处。想想看，自己再也见不到这可爱的书房了！我可是经常在这里想起他的！我所依靠的这张书桌，我曾日复一日在上面写下了内心最甜蜜最神圣的文字。还有那些墙壁，我的目光曾不时扫视过它们，想要穿透它们，飞向远方，远方！在墙纸的每朵花上，我都看见了他！在这个书房里，我为自己描绘了多少幅画面，而每幅画面中，他都是当之无愧的主角！在这个小房间里，似乎没存在过任何世界上的事物，从最简单的到最奇妙的，我都没有想过。

晚上，保罗、戴娜和我待了一会儿，然后走了，只留下了我一人。月光照进卧室，我没点蜡烛，而是来到外面的阳台，倾听远处传来的声音，有手风琴的，有吉他的，还有笛子的。没多久，我又回到房间，坐到了窗旁，只为了更惬意地倾听这动人的三重奏。已经很久没有以这种愉悦的心情倾听音乐了。音乐会上，我的注意力更多地放在了人身上，却不曾留心过音乐。但这个夜晚，我独自一人，借着月光，贪婪地吸吮着——如果可以用这个词的话——这月光下的小夜曲。之所以这么称呼，就是因为它是由尼斯的年轻人演奏的。这些年轻人，可真善解风情。不幸的是，时髦的年轻人不喜欢这种娱乐方式，他们更喜欢有音乐表演的咖啡厅，但对于音乐——如果能融入如古时西班牙那样演奏的小夜曲，还有什么比这更为高贵的呢？！我敢打赌，要是换成了我，在兜风骑马之后，会将时光投入情人的窗下，然后跪倒在她的裙旁。

我居然如此强烈地想要拥有一匹马！母亲答应给我一匹，索菲姨也答应过。今天晚上，在母亲的房间，我轻率而热切地恳求她送给我一匹马，她郑重其事地答应了我。今晚，我可以心满意足地睡觉了。大家都说我漂亮，但说实话，我内心并不这么认为。我的笔拒绝写下"漂亮"这个词；我只是端庄而已——偶尔漂亮一下。可我还是那么高兴！

就要有一匹马了！看见过像我这样的小姑娘赛马吗？我要轰动全

城了。我的赛马服应该是什么颜色呢？是灰色的还是杂色的呢？不，选绿色和淡红色吧。一匹马，给我的！我是多么快乐啊！我真是了不起的人！为什么不将从杯子里溢出的水送给一无所有的穷人呢？如果母亲给我钱，我会把其中的一半送给穷人。

我重新布置了一下房间。桌子不再放在中间，屋子显得漂亮多了。我在桌子上放了些小物件——墨水瓶、钢笔和两盏老式的移动烛台，它们在旧物间已经很久不见光了。这就是世界，这就是我的生活，它召唤着我，等待着我，我渴望奔跑着去迎接它。我还年轻，还没到走进社会的时候。可是，我渴望长大成人，不是因为想结婚，而是因为想看见母亲和索菲姨摆脱惰性。尼斯不是我想要的世界，我的世界在圣彼得堡、在伦敦、在巴黎——在那里我可以自由呼吸，社会的禁锢，对我而言，就意味着自由。

迄今为止，保罗还没有什么审美观，他对女性之美一无所知。我听见他说："这么丑的人，居然是美女！"我必须培养他良好的行为举止和品位。的确，目前我对他的影响还不够深刻，但希望将来有所改观。现在，我正努力向他传递我对事物的看法，而且不要受到他的质疑。在轻佻的伪装之下，我在向他传递着最严肃的道德情感。

七月二十九日，星期二

启程去维也纳。我们的离开，总的来说，是快乐的。我，如以往一样，是这群人中的灵魂。

九月二日，星期二

绘画老师来了。几天前，我给他看了自己的画单，希望他也许可以从艺术馆派老师过来。我终于可以安心工作了！由于科利尼翁小姐的缘故，我浪费了4个月的时间，这可真吓人。宾萨去了学监那里，学监给了他一天的时间。看见我的笔记，学监问道："想学这些东西的女孩有多大了？谁为她做的这些计划？"愚蠢的宾萨回答道："15岁了。"我恼怒不已，气愤至极，狠狠地训斥了他一通。他为什么说我15岁了？这不是真的。他为自己找理由开脱说，根据自己的判断力，我有20岁了；他认为，说我只比实际年龄大两岁，这很明智；等等。今天吃晚饭的时候，我强迫他向我承诺，要告诉学监我的年龄，他必须这么做。

九月十九日，星期五

无论在何种情况下，我都要快乐起来，不应该因悲伤而坏了自己的心情。生命如此短暂，要尽可能开心大笑。万不得已之时，才让那些根本无法抑制的泪水自然而然地倾泻下来。即便如此，有些悲伤，仍然无法逃避，如死亡和分离，但即使是分离，也有其独特的魅力，只要心存希望，与分离之人终会团聚。但是，因无谓的悲伤而让生命黯然失色，就变成了一种遗憾。我对这些琐事根本不屑一顾，所以，我会面带微笑让它们擦身而过。

十月十三日，星期一

正在学习功课时，英语老师小海德对我说："你知道公爵要和 M 女公爵结婚了吗？"我用书遮住了脸，脸上如火烧一般绯红，感觉像有把尖刀刺进了心脏。我开始剧烈地颤抖起来，已无法控制自己的声音，就要晕倒过去了，好在书本救了我。于是，我就假装在书上找东西，直到自己平静下来。我读书的声音因心情激动而抖动着。如以往一样，我要鼓起勇气。每次遇到这种情况，我就希望从桥上跳下去。我告诫自己，必须控制情绪。我做了一个听力练习，这样就不用说话了。来到钢琴旁，我又高兴起来，用力弹奏着，但我的手指依然冰冷僵硬。公主过来让我教她打槌球。

"荣幸之至。"我高兴地答道，但声音依然颤抖。我跑去换衣服。我穿上绿色的长袍，我的头发是金黄色的，面色白里透红，看起来漂亮得既像天使，又像贵妇。我的思想在一刻不停地转动着，"他要结婚了！怎么可能？我难过死了！"——不是之前的那种难过，之前要么因为这个房间的壁纸，要么因为那个房间的家具，我才难过，而这次，我是真正发自内心地感觉难过！

不知该如何开口告诉大家公主公爵要结婚的消息（大家早晚要知道的），所以我最好亲口说出来。我特意在她坐在扶手椅时开口，这时我正好背着光，她看不清我的脸。"公主，你知道吗？"我说（用俄语），"H 公爵要结婚了。"太不容易啦！我终于说出来了。我外表平静，但在内心，在灵魂的深处，有什么东西刺过那里，好在没有人会知道！

我们出去散步，尼斯已不再是尼斯了。唯一将我与尼斯牵挂起来的，就是他。我憎恨尼斯！再也无法在尼斯多待一刻！我心已疲倦！啊，我疲倦至极！

上帝，请将我从绝望中挽救回来吧！上帝，请饶恕我的罪过，不要因此而惩罚我！一切都结束了！结束了！

今天，我快乐。我快乐，因为想到这件事也许不是真的，因为这可怕的消息还未得到确认。相比于将我击倒的可怕真相，我更愿意选择蒙在鼓里。

十月十七日，星期五

弹钢琴时，报纸来了。我拾起《加里尼涅信使报》，映入我眼帘的第一行字，就是有关H公爵的婚礼。虽然报纸没有从手中滑落，还牢牢地握在手里，可是我感觉浑身无力，再也站不起来，只能坐在那里反复读着这条令我伤心欲绝的消息，直至确信我不是在做梦。噢，仁慈的上帝啊！我到底读的是什么啊！噢，上帝，我到底读的是什么啊！晚上，我无法写日记了，双膝跪地，一直在哭泣。母亲来到我的房间，为了不让她看见我的这种状态，就假装说自己要去问一下茶煮好了没有。我还要上拉丁语课！噢，折磨人啊！噢，痛苦啊！我无法做事，无法保持心平气和。我的心情，用任何语言都无法描述。但真正使我绝望的，真正激怒我的，真正杀死我的，是忌妒——忌妒和羡慕，它们将我的灵魂撕裂，让我怒不可遏，直至疯狂！真希望有人能看见我的情感！但我必须将这些情感隐藏起来，保持平静，而这么做却让我更加痛苦。

不用说，我最终会学会遗忘。要说我的悲伤会持续永久，纯属无稽之谈，没有任何事会持续永久。可真实的情况是，就目前而言，我只知道一门心思地想这件事。他没有结婚，他们让他结婚，这都是他母亲的诡计。（1880年——所有的这一切，都因为这个人，这个我在大街上见过好几次的人——我不认识他，他也不知道我的存在。）我憎恨他！可我想看见他们在一起出现，他们在我如此热爱的巴登巴登出现！这里有我常常看见他散步的街道，有售货亭，还有那些商店！

（1880年重读这些日记时，我心静如水，究竟是怎么回事呢？）

今天，我要改变自己所有有关他的祈祷词，不再祈求上帝让自己嫁给他！放弃这样的祈祷，对我而言，似乎是不可能的，我心如刀绞！我像傻子一样流泪！好吧，好吧，我的孩子，让我们理智一些吧。

都结束了！是的，结束了！啊，我明白了，希望并不总会如愿以偿，让我遭受改变祈祷词的惩罚吧，我已准备好了。啊，这是所有折磨中最冷酷无情的折磨，一切都结束了。

十月十八日，星期六

我改了自己的祈祷词，省略了为他所做的那部分祷告，感觉自己的心已被掏空——仿佛看见自己所爱之人的棺椁被人抬了出来。棺椁就在眼前，无人不在悲伤，但不会如心被彻底掏空时那样悲伤。我是个古怪的生物，没有人像我这样悲痛欲绝，可我还活着，还在唱歌，还在写作。从10月13日以来——那致命的一天，我的变化多大啊！痛苦写在脸上，他的名字不再是充满慈爱的温暖之源；取而代之的，它变成了烈火，变成了对我的谴责，唤醒了我内心的忌妒和悲痛。这是一个女人所能承受的最大不幸，而我已经体验到了它！苦味的嘲讽！

我开始认真考虑自己的嗓音问题。我曾如此热爱唱歌，可现在，唱歌到底为了什么呢？他如我的灵魂之光，可现在，这灵魂之光已然熄灭。四周一片漆黑，到处笼罩着阴郁和悲伤，我不知该转向何方。过去，遇到小麻烦时，我有可以依赖的灯光，它指引着我，让我坚强。现在，我无处可依，茫然搜索着，却只发现黑暗而可怕的虚无。可怕！可怕！灵魂的深处，一片虚无。

十月二十五日，星期六

昨天，有人敲门，他告诉我我母亲病重。半梦半醒间我走下楼来，发现母亲坐在饭厅里，神情可怕。她说，她想在临死之前见我一面。我恐惧万分，却没有让恐惧表现出来。每个人都表现得很绝望。已经派人去请雷贝里大夫和马卡利大夫了，仆人们也被急匆匆地打发出门四处找药。这个可怕的夜晚，我从未想过。我茫然地坐在靠近窗户的扶手椅里。该做的事情，都有人去做了，我也不擅长照顾人。我所遭受的痛苦，从未如此强烈！是的，在10月13日这天，我曾遭受到了同样的痛苦，只是方式不同而已。

十月二十八日，星期二

可怜的母亲还没有好转。那些野蛮的医生弄得她身上起了泡，让她生不如死。最好的药只有冷水和茶，这些天然又简单的东西。一个人要是注定死去，即使世界上的所有医生都照顾他，他也要死掉。相反，一个人要是注定活下来，即使没有人照顾，也不会死掉。我静静地想着，在我看来，抛掉所有的医学恐惧，似乎是更有效的疗法。

保罗还不会做事。他没读过书，也不懂事，不知道读书是他的职责，这让我感到难过。上帝啊，用智慧点醒他吧，让他明白他应该学习了；用一点抱负点醒他吧——只需一点点，就足以让他拥有雄心抱负。我的上帝，请倾听我的祈祷，指引他，提防所有堕落之人，他们正企图将他引入歧途！

从未有一个比我地位低微的人，能取悦于我。平庸的人令我厌恶，叫我恶心。穷人渺小而悲哀。富有而独立之人，却行为高傲，令人心情愉悦。自信，能叫人表现出胜利者的神态。我就喜欢 H 这种自信、任性、虚荣而残酷的神情。在他身上，可以看见尼禄①的影子。

十一月八日，星期六

与人相处，不应过于频繁，即使与那些喜欢我们的人，待在一起的时间也不应过长。这样，在分开后，身后留下的只是遗憾和期望。因此，对人更有好处，看起来似乎更值得交往，他们就会渴望你下次再来。但是，千万不要马上满足这种愿望，而是应该让他们等待，但等待的时间也不要太长。付出许多代价获得的东西，丢弃的代价也定会价值不菲，人们更会对它报以更高的期望。另外，如果有人愿意花很长时间等你——你就是女王。

我想自己一定发烧了。我浑身难受，试图不停地讲话以掩饰自己的感情。没有人会怀疑我在遭受痛苦，我还在唱歌、大笑、逗趣。越是不快乐的时候，我看起来却是越快乐。

我所写的一切，都无法表达我的情感。我愚蠢、疯狂，郁郁寡欢。在我看来，公爵结婚，似乎就是有人将他从我身边夺走。的确，就是有人将我拥有的东西夺走了。多么可悲的心态啊！我不知该如何表达，感觉自己过于软弱，即使无谓的小事，也会大动干戈。当希望把心里话认真讲出来的时候，却发现已无话可说。

就在现在，看见母亲时，感觉她就像陌生人一样。虽然身染重疾，浑身乏力，却仍如阳光一般美丽迷人。说话时，她声音柔柔的，虽音量不高，但却甜美动人。举手投足间，简单自然，又平易近人。

---

① 尼禄（Nero Claudius Caesar Augustus Germanicus，公元 37—68 年），古罗马帝国皇帝，54—68 年在位。他是罗马帝国朱里亚·克劳狄王朝的最后一代皇帝。

十一月二十九日，星期六

　　爱情、忌妒、羡慕、欺骗、受伤的虚荣，世上所有丑陋的情感，都在折磨着我。最痛苦的，是我感觉失去了他。我爱他！

　　尤其令我痛苦的，莫过于几年之后，我会嘲笑自己，会忘记这所有的一切！（1875年——已经过去两年了，我却还未嘲笑自己，还没有忘记。）所有的这些悲伤，似乎都在说我年幼无知，矫揉造作——但，绝不是这样，我祈求你，不要忘记！读这些文字时，假设你回到了过去，回到了13岁时，你在尼斯，所有的一切都发生在现在！想想过去，仍然活在现在之中！你就会明白！你就感觉到幸福！

十一月三十日，星期日

　　我希望他马上结婚。我就是这样，要是有不好的事情发生，就希望它立刻发生，然后马上结束。离开巴黎时，我让离别的时刻快点过去。我知道，即使再苦的药，也必须吞下去。对苦涩的预期，往往比苦涩本身更令人煎熬。

渴望荣耀

MARIE BASHKIRTSEFF

乌克兰天才女艺术家玛丽娅·巴什基尔采娃的日记

1874年

一月四日，星期日

一觉睡到自然醒，多么惬意啊！闹钟还没响，眼睛还未随性睁开！仿佛一边乘一叶扁舟划行，一边沉浸于梦乡，醒来时，已然到达彼岸。

一月九日，星期五

今天，散步回来时，我暗下决心，决不再效仿那些女孩子了，她们过于矜持，过于一本正经了。我不明白，这种一本正经从何而来，如何从童年过渡到少女时代。我自问："这是怎么回事？是潜移默化的，还是一夜之间的呢？"爱情，抑或不幸，其定义就是性格的培养、塑造或改变。假如我是学究，就会说爱情和不幸有着共同之处。但我不会这么说，因为爱情毕竟是世间最美好的事情。我将自己比拟成一片水，虽然深处已然冰冻，可表面仍在流动，因为没有任何事情能引起我发自内心的兴趣。

一月二十四日，星期六

去年整个冬天，我都无法唱歌。我绝望了，以为自己失声了。有人跟我说话时，我会脸红，一言不发。现在，一切恢复了正常，我的

⊙ 玛丽娅·巴什基尔采娃（1874 年摄）

声音，我的宝藏，我的命运！我满眼噙泪迎接它，双膝跪地感谢上帝。我未曾提及过，但悲痛曾那么撕心裂肺。我不敢谈及这件事，我祈求上帝，而他听到了我的祈祷！什么是快乐？能够高声歌唱，就是快乐！感觉自己无所不能，认为自己就是女王！这是多么快乐啊！为自己拥有的价值而快乐。快乐与骄傲不同，骄傲产生于拥有的财富或头衔。你不再是女人，感觉自己仿佛已不朽，已脱离地球，翱翔在天空！所有关注你日记的人，所有倾听你的声音如同倾听天籁之音的人，所有为之感动的人，都为你的热情所陶醉，并沉浸其中——听凭你呼风唤雨。真正的王后，是歌之王者，而美之王者只能追随其后，因为美之力量非世间普及，而歌能将人从世间升华，让其灵魂遨游世外，穿越云霄，与维纳斯[①]孕育的埃涅阿斯[②]举足并肩。

[①] 维纳斯（Venus），罗马神话中的爱神、美神，同时又是掌管着生育与航海的女神。
[②] 埃涅阿斯（Aineías），维纳斯的儿子，他在希腊与罗马神话中扮演着重要的角色。

七月六日，星期一

世上的一切都不会消失。不再爱一个人时，情感会立刻转到另一个人身上，只是自己没有意识到而已。幻想不爱任何人，只是自欺欺人。如果不再爱任何人了，就会爱上一只狗或者一件家具。情感亦如此，只是方式不同而已。爱上一个人，我希望他爱我的程度与我爱他的程度一样深，不会给另外的人留下任何空间——即使是一句话，这种爱也世间难找。因此，我永远不会恋爱，因为我所渴望的爱情，永远不会拥有。

七月十四日，星期二

他们一直在谈论拉丁语、吕克昂学园[①]和考试，所有这些让我有了想学习的强烈愿望。今天，布吕内一来，我就迫不及待地问他考试的事情，他回复给我的信息让我感觉自己有这个能力，在准备一年之后，申请学士学位。我还会深入和他谈论这个事情的。

七月十五日，星期三

昨天晚上，离开萨普基尼科夫的家之后，我对月亮说："月亮啊，噢，美丽的月亮，在我死之前，请把我要嫁的那个人指给我！"

[①] 吕克昂学园（Lyceum），公元前335年亚里士多德仿效其老师柏拉图所办的学园，在雅典创建的一所哲学学园。

如果对月亮说了这番话,并且在睡觉之前一直沉默不语,人们说,你梦到的那个人就是你要嫁的那个人。

都是胡说八道,我梦到了 S 和 A——两个绝不可能之人。我心情坏了起来,我尝试的所有事情,都没有成功。成功与我无缘,我会因自己的傲慢和愚蠢无知受到惩罚的。善良的人们,请读这部日记吧,你一定会有所收获!这部日记,是所有在世的或将要出世的书中,最让人获益、最令人启迪的,它是一个女人的人生记录——她的思想和希望,她的诡计、龌龊、美德以及快乐和悲伤。我还不算是成熟的女人,但终有一日,我会成熟起来。你可以从这里追随到我,从童年到死亡的整个一生——一个毫无掩饰和伪装的整个人生——那注定是一场令人翘首以盼的盛典。

七月十六日,星期四

爱能转移。我现在的所有注意力都放在了维克多身上,它是我的一条小狗。吃早饭时,它坐在我对面,漂亮的大脑袋倚在饭桌上。让我们爱狗吧,让我们只爱狗吧。人和猫都不是值得爱的动物。可是,小狗这动物还是有些脏兮兮的!吃饭时,它用饥饿的双眼看着你。为了混口饭吃,它会一直跟着你到处走。我从未喂狗吃过饭,可它们却喜欢我。因为维克多嫉妒,我就把普拉特送给了母亲!男人——难道他们不请求喂食吗?他们难道不贪吃、不唯利是图吗?

我们没有返回俄国……

我要再对月亮说:

"月亮啊,噢,美丽的月亮,在我死之前,请把我要嫁的那个人指给我!"

我把头发梳在脑后,这样,头发显得比任何时候都红艳。我穿上了特别白净的毛外套，既合身又优雅。我还在脖子上系上了花边手帕，看起来就像第一帝国的画中人。要是坐在树下，手里捧上一本书，看起来就更完美了。我喜欢一个人坐在穿衣镜前，端详自己的手，它们如此细腻白皙，掌心泛着淡淡的红晕。

以这种方式夸奖自己，也许有些愚蠢，但文人们总喜欢这样夸奖自己的女主人公，而我也是自己的女主人公。虚伪的谦虚，只会贬低自己，让我感觉可笑。谈话时，人们喜欢自我贬低，因为对方一定会进行反驳。但如果在文章里这么做，人们就会以为我在讲真话，会认为我丑陋而愚蠢，那才荒唐可笑呢！

无论幸运与否，我都认为自己就是一件宝贝，没有人能比得上我。那些抬起眼来端详这件宝贝的人，不会得到我的同情。我自认为是神圣的，像 S 那样的人居然异想天开地想取悦我，真是不可理喻。即使他们是国王，我也不认为他们与我平等。我想，他们该是什么就是什么。虽然鄙视那些俯首可见的人不太合适，但正因为自己高高在上，那些男人才认为我魅力出众。我看待他们，如同兔子看待老鼠。

八月二日，星期日

花了一整天的时间与女裁缝待在一起，购物、散步、说笑。现在，终于可以穿上罩衣，坐下来读我的好朋友普鲁塔克[①]了。

[①] 普鲁塔克（Plutarch，约公元 46—125 年），罗马时代的希腊作家、哲学家和历史学家，以《希腊罗马名人传》一书留名后世。他的作品在文艺复兴时期大受欢迎，蒙田对他推崇备至，莎士比亚不少剧作都取材于他的记载。

八月十七日，星期一

昨天夜里，梦见了投石党之乱①。我加入了安妮②的阵营，可她却怀疑我的忠诚，于是，我领着她来到反叛的人群之中，大声喊道："女王万岁！"

人们跟着我一起喊道："女王万岁！"

八月十八日，星期二

今天一整天都有人夸我。母亲夸我，S公主夸我，公主总说我看起来不像我母亲，而像她的女儿——这是她所能给予我的最高奖励了。人们从来不会认为别人比自己好。事实上，我长得的确漂亮。保罗·委罗内塞③在威尼斯公爵府大厅的天花板上画了幅维纳斯的像，画中的维纳斯身材高挑，金发，肤色鲜艳，而我就像那幅画中的维纳斯。照片中的我与真实的我总有差异，因为照片缺少色彩。我的肌肤，有着无与伦比的鲜艳和白皙，这是我的最大魅力所在。可是，随便一个人都可以让我心情忧郁，事事不顺心，心生退意，与美丽告别！我比万事万物都更脆弱，只有在我快乐平和时，才会魅力袭人。

---

① 投石党之乱（Fronde，1648—1653年），或称福隆德运动，是一场西法战争（1635—1659年）期间发生在法国的反对专制王权的政治运动，是法国内战，在5年的动乱中，共有近100万的法国人死于暴乱。

② 安妮（Anne of Austria，1601—1666年），法国国王路易十三之妻、王后，是17世纪最著名的女性之一。

③ 保罗·委罗内塞（Paul Verones，1528—1588年），意大利文艺复兴时期的画家，现代绘画的奠基者。

八月二十四日，星期一，巴黎

现在，我要开始新生活了，去努力实现自己成名的梦想。许多人早已认识了我。看着镜中的我，想发现自己的美丽，而自己原本就是美丽的，那么，你还想要什么呢？用美丽，难道不可以获得一切吗？我的上帝，您赋予了我少许（我说少许，只是谦虚而已）的美丽，您已经给予我太多了。噢，我的上帝！我自认为是美丽的，在我看来，似乎我所做的一切，都可以成功。一切都在冲我微笑，我是幸福的，幸福的，幸福的！

巴黎的噪声令我困惑。在这所大城市的宾馆里，总有人走动，谈话，读书，抽烟，窥视。我爱巴黎，来到这里令我心跳加速，心情激动。我想要过快节奏的生活，更快一点，再快一点！（"我从未见过这种病态的生活。"D看着我说。）的确如此。我担心这种处于高压之下的对生活的渴望，是短命的前兆。谁知道呢？随便吧，我正日益忧郁。不，我与忧郁根本挨不着边儿。

九月六日，星期日

在博伊西[①]，有许多人来自尼斯，我甚至曾以为自己还待在尼斯呢。9月的尼斯真是太美了！忆起去年遛狗散步时的情景。当时，天空清澈，大海如银。在巴黎，既无清晨也无夜晚。清晨，人们打扫街道；夜晚，霓虹灯光搅得人心烦意乱。在巴黎，我失去了方向感，甚至分不清东西南北。而在尼斯，一切都那么惬意！仿佛一个人，身处

---

① 博伊西（Bois），法国国王的一处狩猎场。

居所之中，周围群山环绕，山脉既不光秃也不高峻；又仿佛一个人，裹着英姿飒爽的披风，凝视着一望无际的地平线。地平线一如以往，却总有新的风景出现。我爱尼斯，尼斯是我的故乡，它目睹了我的成长，给予我健康和鲜嫩的肤色。它是如此美丽！我可以伴随着晨曦起床，看见太阳从遥远的天边升起，然后耸立于银蓝色的天空之上，那时，它竟变得如此缥缈，如蒸汽一般，令你在不胜惊喜之余又瞠目结舌。正午时，太阳处于正前方，送来暖意融融，却看不见暖意何来。而惬意的微风总会带来阵阵阴凉。一切似乎都在沉睡，除了三三两两的镇上人在板凳上打盹儿，大街上空旷无人。因此，我可以恣意呼吸，尽情地享受大自然。晚上，同样的大海、同样的天空、同样的山脉。半夜时分，一切都变成了黑色或是深蓝色。月光照射下来，在水面上留下一道银色的光带，看起来像一条披着钻石鳞片的大鱼。我独自一人，静静地坐在窗旁，面前是一面镜子，两盏烛台。我不再渴求其他，我在上帝面前鞠躬致敬，感谢蒙恩。噢，不，我想表达的，别人不会理解。他们之所以不理解，是因为他们从未体验过这种情感。不，不是这样的！我想说的是，每次我试图表达自己的感受时，都会令我抓狂！仿佛身处噩梦之中，却又无力喊叫！

永远无法用语言描述现实生活中哪怕最细小的思想。如何描述新鲜的感觉，如何描述记忆的味道？你可以发明，可以创造，却永远不可能复制。感受别人写作时的情感，毫无意义。陈词滥调只会描绘结果。树林、山脉、月亮，大家都在使用这些词汇；然而，为什么要这样写呢？这对其他人有何意义呢？别人永远不会理解，因为是我自己，而不是其他人，在感受着这一切，只有我自己能理解和记忆。而且，男人是不会挖空心思去理解这一切的。如我一样，每个人都需要亲身体会。我用自己的方式，愿意看见他人的感受如我一样，但那是不可能的。要是那样的话，他们必须成为我。孩子，孩子，别管这些了，你在微妙的思想中已失去了自我。在深邃的思想面前，如果还如以往一样搅动自己的神经，你会发疯的。有许多充满智慧之人——好吧，不是这个意思，我想说他们应该理解你。好吧，不！他们能创造，但不会理解——哪怕说上千百万次，他们也不会理解！一切都显而易见，那就是，我想念尼斯了。

九月七日，星期一

虽然心情忧郁，不断遭受折磨，但我不诅咒生活；相反，我热爱生活，认为生活是美妙的。会有人相信吗？我发现一切——即使是泪水，哪怕是悲伤——也是甜美的。我爱哭泣，爱尽情放纵在失望之中。我爱烦恼和悲伤，把这些情感当成一种放松。无论生活得怎样，我都热爱生活。我希望活着——在看开一切的时候，让我死掉，是残忍的。我哭泣，我抱怨，却在哭泣和抱怨里获得乐趣。不，不是这样的；我不知该如何表达。总之，生活里的一切都让我得到了乐趣，一切都称心如意。在寻求快乐时，却发现自己在痛苦中感受到了快乐；身体在遭受折磨，在哭喊，但内心，自己无法左右，因折磨和哭喊而兴高采烈。不是因为我喜欢眼泪胜过快乐，但在失望的时刻，我不会诅咒，我要祝福。我对自己说，我是快乐的。我可怜自己，却发现生活如此美好。在我看来，一切似乎都是美好的，所以，我必须活着！显然，这个人，这个超脱了自我的人，这个因为哭泣而兴高采烈的人，在今晚消失了，因为我感觉不到快乐。

九月九日，星期三

我们来到了马赛，要在一点钟时离开这个味道难闻的城市。

终于，我看见了它——地中海，我还曾为它叹息过呢。树木多么黝黑啊！月光在水面上滑过一条银色的丝带。

万籁俱寂，听不到任何声音，无论是车轮声还是脚步声。梳妆时，推开窗户，向城堡张望，一切都一如既往。钟敲响了，我却不知身处何时，内心为悲伤所压抑。啊，莫不如称呼今年为叹息之年吧！我累了，可我还一如既往地热爱尼斯！我热爱尼斯！

九月十日，星期四，佛罗伦萨之旅

一晚上，蚊子吵醒我无数次。可是，清晨醒来时，虽略带疲倦，却仍溢满了幸福。

九月十三日，星期日

我们乘着四轮马车，穿着盛装逛遍了全城。啊，那些肃穆的大厦，那些门廊，那些圆柱，还有那些宏大的建筑，都令我赞叹不已！相比之下，英国、法国、俄国的建筑，只会令人羞愧得脸红！而巴黎那卡片般的宫殿，最好把自己深埋在地下，钻进地缝里吧！除了卢浮宫之外，法国所有的建筑都相形见绌，永远都无法与意大利的恢宏建筑相提并论。一看见碧提宫[①]的巨石，我当即惊讶得目瞪口呆。虽然城市脏兮兮的，几乎有些污秽，可它却拥有那么

[①] 碧提宫（Palazzo Pitti），坐落于波波利山脚下，一座规模宏大的文艺复兴时期意大利佛罗伦萨的宫殿。位于阿诺河的南岸，距离老桥只有一点距离。1458年建造时原是一位佛罗伦萨银行家卢卡·皮蒂的住所。1549年，这个宫殿由美第奇家族购下，并作为托斯卡纳大公的主要住所。通过世代累积，碧提宫逐渐储藏了大量的绘画、珠宝和贵重的财宝。

⊙ 碧提宫

多的美丽！噢，但丁之城，美第奇之城，萨拂纳罗拉①之城，对于那些思考者、感受者、求知者，这里充满了多少美妙的回忆啊！多么伟大的杰作啊！多么令人扼腕叹息的毁灭啊！啊，傀儡国王②！啊，但愿当时的皇后是我！

我钦佩这里的绘画、雕塑艺术，简而言之，我钦佩在这里看到的一切。我可以整天待在美术馆里，可惜索菲姨身体有恙，无法陪着我。为了让她舒服些，我不得不做出点牺牲。此外，生活已全部展现在眼前，以后我会有大把的时间欣赏这一切。

在碧提宫，找不到一件服装可以临摹。何谓美，何谓艺术？我必须说出来吗？我不敢，大家都会喊道："遗憾啊，遗憾！"好吧，我就偷偷地溜进来吧——这么说吧，我不喜欢拉斐尔的《塞迪亚圣母》③。圣母的脸色有些苍白，颜色不太自然，那本是应该表现女仆的手法，不该用来表现圣母。啊，提香④的《抹大拉的马利亚》⑤却令我痴迷。只是——总是有"只是"——她的手腕太粗了，手过于丰满——但对于50岁的女人来说，她的手还算漂亮。

---

① 萨拂纳罗拉（Girolamo Savonarola，1452—1498年），意大利宗教改革者。从1494年到1498年担任佛罗伦萨的精神和世俗领袖。他以反对文艺复兴艺术和哲学，焚烧艺术品和非宗教类书籍，毁灭他认为不道德的奢侈品以及严厉的说教著称。他的讲道往往充满批评，并直接针对当时的教皇亚历山大六世以及美第奇家族。萨佛纳罗拉因施政严苛而被佛罗伦萨的市民推翻，以火刑处死。
② 傀儡国王（Puppet King），1807年拿破仑入侵西班牙，卡洛斯四世成为傀儡。
③《塞迪亚圣母》（Madonna delta Sedia），意大利文艺复兴时期画家拉斐尔的代表作，也译作《椅中的圣母》。
④ 提香（Tiziano Vecellio，1490—1576年），被誉为西方油画之父，是意大利文艺复兴后期威尼斯画派的代表画家。
⑤《抹大拉的马利亚》（Saint Mary Magdalene），提香1533年的作品，藏于意大利佛罗伦萨的碧提宫。

⊙ 拉斐尔《塞迪亚圣母》，木板油画，71cm×71cm，约 1513—1514 年，藏于意大利佛罗伦萨碧提宫

还有鲁本斯①和凡·代克②，他们令人迷恋。罗萨③的《谎言》④，画法自然——我不是从鉴赏家的角度说的，与大自然最相似的东西最令我痴迷。临摹大自然，难道不是绘画的目的吗？我喜欢委罗内塞画里他妻子的那种表情，淡雅而清新，还喜欢他处理面部的手法。我钦佩提香和凡·代克，但那可怜的拉斐尔！要是没有人知道我写什么就好了！人们会以为我愚蠢，可我并不是在批评拉斐尔，只是不理解他。终有一天，我会学会欣赏其作品的魅力的。然而，《教皇利奥十世与两位红衣主教》却令我赞叹。穆律罗⑤的《圣母和圣子》⑥令我侧目，它清新自然。最令我高兴的，是美术馆的面积比我想象中的要小，那些没有尽头的美术馆——比克里特的迷宫⑦还要复杂——只会令我抓狂。

我在美术馆接连逛了两个小时，没有坐下休息片刻，却没有感觉一点儿累。人们一旦痴迷什么，就不会感觉劳累吧。只要有绘画，最好还有雕塑可以欣赏，我就会变成铁人。啊，要是不得不逛卢浮宫的商店，还有乐蓬马歇百货公司⑧，我是不会停下脚步的。而平时，哪怕穿过沃斯⑨时装公司大楼，虽然用不了一个小时，我也会叫苦不迭。没有哪个行程可以与参观美术馆相媲美，我发现了无数的珍宝值得欣赏。我赞叹肃穆的斯特罗齐宫⑩，赞叹那些巨大的宫门、奢华的宫殿、美术馆和柱廊，它们雄伟，壮观，华丽！啊，社会在没落，当代建

---

① 鲁本斯（Sir Peter Paul Rubens，1577—1640年），比利时佛兰德斯画家、外交官和艺术收藏家，巴洛克画派早期代表人物。强调运动、颜色和观感。
② 凡·代克（Sir Anthony Van Dyck，1599—1641年），比利时佛兰德斯画家，英国国王查理一世时期英国宫廷首席画家，巴洛克宫廷肖像画的创造者。
③ 罗萨（Salvator Rosa，1615—1673年），意大利巴洛克画家、诗人、作曲家和喜剧演员。
④《谎言》（Le Mensonge），罗萨的代表画作。
⑤ 穆律罗（Bartolomé Esteban Murillo，1618—1682年），巴洛克时期西班牙画家。
⑥《圣母与圣子》（A virgin with the infant Jesus），穆律罗的油画代表作。
⑦ 克里特的迷宫（The Labyrinth of Crete），源于克里特神话，号称世界四大迷宫之一。
⑧ 乐蓬马歇百货公司（The Bon Marche），巴黎有钱人最热衷的购物首选地。
⑨ 沃斯（Charles Frederick Worth，1825—1895年），英国高级女装设计师，巴黎上流社会时尚走向的重要人物。
⑩ 斯特罗齐宫（Palazzo Strozzi），意大利佛罗伦萨的一座规模庞大的宫殿。始建于1489年，设计者是贝内德托·达·米利诺（Benedetto da Maiano），主人是银行家老菲利普·斯特罗齐，归斯特罗齐家族所有。

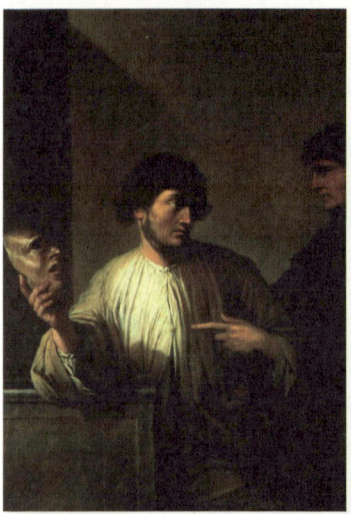

⊙ 罗萨《谎言》（左上），木板油画，41.5cm×29.2cm，1650年，藏于意大利佛罗伦萨帕拉提纳美术馆
⊙ 提香《抹大拉的马利亚》（左下），布面油画，106.7cm×93cm，1555年，藏于洛杉矶市保罗盖提博物馆
⊙ 穆律罗《圣母与圣子》（右），布面油画，166cm×112cm，1650—1655年，藏于西班牙普拉多博物馆

⊙ 拉斐尔《教皇利奥十世与两位红衣主教》，布面油画，154cm×119cm，1518—1519年，藏于意大利佛罗伦萨乌菲兹美术馆

筑，只有块石结构，层层堆积直至天穹。与古时的建筑相比，恨不得钻入地下；现在的人，是在摩天大楼之下的桥洞里穿梭。

噢，亲爱的孩子，请注意你的言辞！那么，你又如何评价罗马呢？

⊙ 斯特罗齐宫

渴望荣耀

MARIE ASHKIRTSEFF

乌克兰天才女艺术家玛丽娅·巴什基尔采娃的日记

1875年

十月一日，星期五

让上帝做的事情，他并没有做，我有些心灰意冷（根本不对，我只是在等待）。哦，等待是多么令人心烦啊！整天无所事事，就是等待！

房间里杂乱无章，这是我产生厌烦的原因。燕子筑巢，狮子成穴，那么，人类，这远比动物优越的族类，为什么不会效仿呢？

我所说的"优越"，并不是说相比于动物我更敬重人类。不，我对人类的鄙视深厚且坚定。从他们身上，我从未见过美好的期望。在所有的等待之后，要是能找到一颗善良而完美的灵魂，我就会心满意足。善良的男人，愚钝；聪明的男人，要么虚伪要么自负，难言善良。在我看来，从本性上说，每个人都是自私的。要是能在自我主义者身上找到善良，那就奇怪了！相反，自私、欺骗、阴谋、忌妒，却随处可见。男人是幸福的，但前提是他必须拥有抱负——这一高贵的激情。有时，出于虚荣或抱负，人们期许以美好的形象出现在他人眼中，这毕竟要好过一无是处。那么，我的孩子，你领悟了你的人生哲学了吗？眼下，是的，至少以这种方式，我能承受更少的失望。任何卑鄙的思想，都不会让我悲痛；任何卑劣的行为，都不会让我吃惊。终有一天，我会认为自己找到了男人——这一天终会来临。可如果说有那么一天的话，我又是在可悲地欺骗自己。可以预见那天的来临，可那时，我已然失明。现在，在可以明鉴一切的时候，我必须说出这些话。既然世界上只存在卑鄙和邪恶，那么，为什么还要生活？为什么？因为世界就是如此，我只好听之任之；因为，无论人们说什么，生活总是非常美好的。因为，如果不深入思考，就会生活得很快乐。既不要依赖友谊，也不要依赖感激，更不要依赖忠诚，要勇敢地将自我从人类的卑鄙之中升华出来,在卑鄙和上帝之间选择自己的立场。要竭尽所能从生活中收获成果,而且速度要快。不要伤害同类,要让自己的生活变得壮丽辉煌。只要可能,就不要受制于人,要拥有自己的力量!是的,力量!无论何种力量!这种力量,要为人所恐惧,为人所尊重;这种力量,要强大,它是人类幸福的巅峰。因为只有这样,与你同行的人才会变得哑口无言,无论出于怯懦还是何种原因,他们都不再企图将你撕成碎片。听到这种逻辑,你难道不感到奇怪吗?你一定会奇怪,但这种逻辑出自我这般年龄的人,足以证明世界变得多么卑劣。世界一定已被邪恶侵蚀全身,否则,这么幼小的生命不会表现得如此悲观。我才15岁啊!

上帝的仁慈是神圣的,这就是明证。因为,在我受到诱惑、开始全身心地尝试世间的一切卑劣之时,我定将明白,只有上帝才处于天穹之上,而我,只是位于下界的人间。这种信念,给予我更多巨大的力量,使其提升自我,提防低劣的俗事。卑劣,总是缠绕在人类周围,让人类钩心斗角,互相倾轧,像恶狗一样,互相撕扯。如果对这些卑劣行径,我不再心灰意冷,那么,我就是幸福的。

已经说得够多了!我要将自己升华到何处?又怎样升华?噢,全是梦想!

现在,我要升华自己的思想。我的灵魂是伟大的,有能力接纳伟大的事情。但这对于我,又有何用呢?我生活在迷茫的角落,并不为众人所知。

好吧,你看,我对那些一无是处的人类,还是存有敬意的,从未鄙视他们,相反,我在寻找他们。没有了他们,世界将一无所有。只是——只是因为他们有价值,我才会尊重他们,渴望他们为我所用。

茫茫众生,才拥有决定权,少数优越的人类对我有何意义?我需要每个人——我需要高声喝彩,当然,还需要名望!

为什么说话永远不可以夸张呢……沉静的灵魂、美好的行动和诚实的心灵,但它们的踪迹世间难觅,让人无法将它们与世界融为一体。

十月九日，星期六

如果我像隆格维尔夫人[①]一样，是波旁家族[②]的公主；如果伯爵是我的侍者，国王是我的亲戚或朋友；如果从人生的第一步起，就遇到躬身取悦于自己的朝臣；如果我足踏金履，头披华盖，祖先个个荣耀无比；如果这一切都梦想成真，那么，我就会名副其实地成为更为骄傲、更为傲慢之人。

噢，我的上帝，我是多么感谢您啊！您的这些想法给予我灵感，让我一直沿着正确的道路前进，阻止我的目光偏离方向，哪怕一时一刻都不会离开耀眼的星光。我想，现在，虽然我还没有前行，但我注定要前行。因为如此微不足道的理由，竟改变如此美妙的决定，多么不值得啊！我已厌倦自己的默默无名！懒惰，已将我的生命消耗殆尽，只会在黑暗里长苔生毛。噢，为了光明，光明，光明！它将从何方来到我身旁？何时？何地？怎样？只要光明之神能降临，我情愿自己一无所知！

在我为伟大而胡思乱想的时刻，世间凡物已变得无足轻重，引不起我的注目，我的笔已拒绝用平常的语言来描绘一切。看待周围的事物时，我的目光将带上超然的轻视，而且我会轻叹着自言自语："来吧，勇气！现在的生存，只是通往永久快乐的走廊。"

[①] 隆格维尔夫人（Madame de longueville, 1619—1679 年），法国孔代家族长女，是路易二世·波旁、阿尔芒·波旁、孔蒂亲王的姐姐，以其美貌风流和在投石党运动中的影响而闻名。
[②] 波旁家族（Bourbon），一个在欧洲历史上曾断断续续地统治过法国、西班牙、卢森堡等国和意大利若干公国的跨国家族。

十二月二十七日，星期一

我所有的生活都包含在这篇日记里。写日记的时候，是我最平静的时刻，也许这也是我仅有的平静时刻。

若我英年早逝，我将烧毁这些日记。但我若能寿终正寝，我会将日记公之于众。我想，如果可以的话，我一张照片也不想采用，来表现一个女人的整个人生——她所有的思想，她一切的一切，那定会与众不同。

若我英年早逝，碰巧日记没有被烧掉，人们会说："可怜的孩子，她爱过了，她所有的失望都来自爱！"

让他们说吧，我不会试图证明他们错了，因为我越是那么做，相信我的人就越少。

与人类相比，还有更愚蠢、更怯懦、更邪恶的吗？没有，人类生来就注定要毁灭——好吧！我要说的就是——人类。

凌晨3点钟，如索菲姨所言，即使我不睡觉，也换不来任何东西。

噢，我真是焦躁死了！我希望，那一时刻马上到来，但冥冥之中我知道，它永远不会来临；我知道，我的一生都要等待——一直等待。

⊙ 玛丽娅·巴什基尔采娃（1875年摄）

十二月二十八日，星期二

我有些多愁善感，但凡不是轻快的加洛普[①]舞曲，都会令我掉泪。只要听到戏剧台词，哪怕是最普通不过的台词，也会令我心中一动。

这种心境，只有30多岁的女人才有。对于一个有理智的15岁女孩，对于一个一遇到傻气、多情的话语就像傻子一样哭泣的姑娘来说，有点可怜。

刚刚，我跪了下来，哽咽着，张开双臂向上帝祈祷，眼睛直视前方，就好像上帝正在我的房间里一样。上帝似乎没有听到我的祈祷，然而，我还是以大得不能再大的声音向他祈祷。要是在街上遇到一条野狗，饥饿无助，为孩子们所追打；或者遇到一匹马，从早到晚，驮着无法承受的重物；或者一头拉磨的驴子，一只教堂的耗子，一位无人可教的数学教授，一位被开除教职的牧师，一个——随便哪个可怜的家伙，还有比我更消沉、更心碎、更悲伤、更悲惨、更羞愤的吗？对我而言，最可怕的事情，莫过于遭到羞辱。即使羞辱过去了，可它永远也不会从我的心底彻底滑过，留下来的是一道道丑陋的伤痕。拥有我这样的性格，就不得不过我这种生活！我甚至没有这个年龄的孩子该有的那种娱乐！我甚至不会跳舞！

[①] 加洛普（Galop），一种快速的德国舞曲，名称来源于马的奔跑，是2/4节拍，舞蹈动作是以跳跃为主，18世纪初被引进巴黎的上流社会，并迅速在欧洲风行，用于方阵舞蹈，作为其中最快的结束部分。"圆舞曲之王"施特劳斯、李斯特、肖斯塔科维奇等都创作过加洛普舞曲。

渴望
荣耀

MARIE
BASHKIRTSEFF

1876年

乌克兰天才女艺术家玛丽娅·巴什基尔采夫日记

一月一日，星期六，罗马

噢，尼斯！尼斯！除巴黎之外，还有一个城市比尼斯更美吗？巴黎和尼斯，尼斯和巴黎，法国，只有法国。只有在法国，人才是活着的。

现在的任务就是学习，这才是我来罗马的原因。罗马并没有在我身上产生罗马该有的效果。罗马是叫人心情愉快的地方吗？我可不可以不欺骗自己呢？除了尼斯之外，还有可能生活在其他城市吗？路过其他城市时，参观拜访它们，可以，但要生活在那里，决不！

嘲笑！我会习惯的。

在这里，我就像被移植的花朵那样可怜。向窗外张望，没看见什么地中海，看见的只是到处泛滥着污垢的房屋。向窗外张望，没看见什么城堡，看到的只是宾馆的走廊。

养成习惯，不是件好事，只会厌倦改变。

一月九日，星期日

我看见了圣彼得大教堂①的前脸，真是棒极了，我为之着迷，尤

---

① 圣彼得大教堂，也称圣伯多禄大殿（拉丁语：Basilica Sancti Petri；意大利语：Basilica di San Pietro in Vaticano），是位于梵蒂冈的一座天主教宗座圣殿，建于1506年至1626年，为天主教会重要的象征之一。作为最杰出的文艺复兴建筑和世界上最大的教堂，其占地23,000平方米，可容纳超过6万人，教堂中央是直径42米的穹窿，顶高约138米，前方则为圣伯多禄广场与协和大道。虽然并不是所有天主教堂的"母堂"，亦不是罗马主教（教宗）的主教座堂，但圣伯多禄大殿仍被视为天主教会最神圣的地点。

其是左侧廊柱，可以一览无余，在天空的映衬下，令人叹为观止，会令人幻想自己回到了古希腊。

圣安格罗的桥和城堡也令我心旷神怡。

还有古罗马斗兽场！

自拜伦伊始，留下来的，有什么值得说的吗？

一月十四日，星期五

11点时，我的绘画老师凯托宾斯基到了。他是个波兰青年，随行还带了位模特——有张活生生的耶稣的脸，只是线条和阴影部分柔和一些。凯托宾斯基告诉我，自己画耶稣时，总是这个模特。

必须承认，当他告诉我要画大自然时，我有些担心，因为他让我在毫无准备的情况下马上开始。无奈之下，我拿起了炭笔，斗胆画起了轮廓。"非常好，"老师夸奖道，"现在，用笔刷做同样的事情。"我拿起了笔刷，按照他的指示画了起来。

"好的，"他又一次夸奖道，"现在，把它画完。"

我画完了，一个半小时之后，收工。

模特连身子都没动一下，这让我简直不敢相信自己的眼睛。要是换作宾萨，加上画轮廓和临摹，需要两三个小时。而在这里，整个工作自然而然，一气呵成——轮廓、着色、背景。我为自己骄傲，我这么说，只是因为我的确值得骄傲。我一向苛刻，很难满足，尤其是对自己。

世界没有失去任何东西，那么，爱去哪里了？每个创造出来的生物，每一个个体，在出生时都同样被赋予了爱的力量，只是拥有的多少，要取决于自己的体质、性格和环境。大家都从未停止过爱，但并不是总在爱着同一个人。当不再爱任何人时，爱的力量要么献给了上

◉ 圣彼得大教堂

1876 年

帝，要么献给了大自然。只是方式各不相同——有的以辞藻，有的以写作，有的以叹息，有的以思想。

　　有些人能吃、能喝、能笑，却整天无所事事。那么，他们的爱之力量，不是为动物的本能所吸收，就是在凡尘俗事中挥霍。他们都是所谓的性情温良之人，一般说来，都无力创造爱的激情。有时人们会说，他们不爱任何人。但这不是事实，他们总在爱着某个人，但方式特殊——以与众不同的方式。可是，仍有一些人不快乐，他们真的不爱任何人。因为已爱过，所以就不再爱了？又错了！有人说，他们不再爱了。那么，为什么他们还要遭受痛苦的折磨？因为他们仍在爱着，却自认为不再爱了，要么因为失恋了，要么因为所爱的对象已然失去。

一月二十日，星期四

　　今天，法茨乔蒂让我把各种音调都唱了一遍，我的表现令他赞叹不已。我当然也高兴得无以复加。我的嗓音，是我的宝藏、我的梦想，会让我在舞台上无限荣光！我仿佛变成了公主，我是多么幸运啊！

二月十五日，星期二

　　今天，罗西过来看望我们。母亲问他 A[①] 是谁。"他是 A 伯爵，"

[①] A，这里指彼得罗·安东内利（Pietro Antonelli），主教的侄子，意大利外交家，玛丽娅在罗马时与其有段情感纠葛。

罗西回答道,"红衣主教的侄子。"

"我问他是谁,"母亲说,"是因为他让我想起了儿子。"

"他是个迷人的家伙,"罗西答道,"非常英俊,充满活力,而且十分聪明。"

二月十八日,星期五

丘比特神殿今晚举行了盛大的假面舞会。戴娜、母亲和我 11 点钟时到达了那里。我没有戴面具,只裹着一条紧身的黑丝长袍,有裙裾,配上黑色的薄纱上衣,上面点缀着银色的蕾丝。我手上戴双羊皮手套,胸前插了一朵玫瑰花和几朵铃兰花。我的装扮漂亮极了,刚一现身,就引起了骚动。

A 的外表极其完美,脸色粉里透白,眼睛黑黑的,又长又匀称的鼻子,漂亮的耳朵,小小的嘴唇,整齐的牙齿,长着 23 岁青年该有的胡须。我有时把他当成纨绔子弟,有时把他看成爱骗人的家伙,有时认为他不快乐,有时认为他胆子大。而他,反过来给我讲他的故事,态度严肃得不得了。他告诉我他 19 岁时是如何离家出走的,如何一头扎入快乐的生活之中,如何厌倦享乐,为何从未爱过,等等。

"你谈过多少次恋爱?"他问我。

"两次。"

"噢!噢!"

"也许还多点儿。"

"我愿意谈多点儿。"

"自负的家伙!告诉我,为什么大家都把我当成了那个穿白衣服的姑娘?"

"因为你长得像她,和你待在一起,我却疯狂地爱上了她。"

"你这么说话，可不怎么招人喜欢。"

"你要我怎么说！这是事实。"

"你看她看得可够长了，看得出来，她很享受，在卖弄。"

"从没有！她从不卖弄，你可以随便说她什么，但就不许说这个！"

"你果然恋爱了。"

"我和你一起呢，你长得像她。"

"噢！我身材比她好。"

"无所谓，给我一束花。"

我给了他一束花，他返还给我一枝常春藤。他的口气、他深受爱情煎熬的样子，激怒了我。

"你的神态像牧师，你要被授予圣职，是真的吗？"我问道。

他笑了："我讨厌牧师，我曾当过兵。"

"你！除了神学院，你哪儿都没去过！"

"我不喜欢成为耶稣会会士，所以总是和家里人唱反调。"

"我亲爱的朋友，你有抱负，想让大家俯首称臣。"

"多么可爱的小手啊！"他叫道，吻着我的手。整个晚上，这个动作他重复了好几次。

"你为什么一开始就不和我好好相处呢？"我问道。

"我以为你是罗马人，我讨厌罗马女人。"

二月二十三日，星期三

往下看时，我瞥见了 A，他在冲我打招呼。戴娜抛给他一捧花，花落下时，有十多只胳膊伸出来接。一个男人接住了花，但是 A，沉着冷静至极，扼住这个人的喉咙，用力扳住了他的身子，迫使这个男人不得不放开了自己的猎物。这一手做得太漂亮了,他看起来简直神了。我痴迷其间,忘记已涂完了胭脂,又涂了一遍。我抛给他一束茶花,他接住后,放进口袋,然后就不见了踪影。

也许,你会笑我告诉你这些,但我还是要告诉你。

那么,好吧,就单凭这样一个动作,他就会让女人立即爱上他。在扼住那个恶棍时,他动作潇洒自如,让我激动得几乎要窒息了。

二月二十八日,星期一

来到位于科尔索路的露台上,看见所有的邻居都在那里,狂欢正进行得热火朝天……

"你要做什么?" A 问道,还是那副冷静、迷人的神态。

"你不去戏院?"

"我病了,手指疼。"

"哪里?"他拾起了我的手,"你知道吗?我每晚都去阿波罗神殿,可每次只待 5 分钟。"

"为什么?"

"为什么?"他重复道,直视着我的眼睛。

"是的,为什么?"

"我去那里就是为了看你,可你却不在。"

他还说了许多话,都是同样的意思。说话时,他目光温柔,让我黯然心动。他有双迷人的眼睛,眯起来时尤其迷人。他的眼睫毛,覆盖了四分之一的眼瞳,这种睫毛令我心跳加快,头脑发晕。

三月六日，星期一

3 点时，我们到了波波罗门，德贝克、普劳顿和 A 在那里与我们碰头。A 帮助我上了马，我们出发了。

我骑马时穿的是黑色的连体服，老佛爷做的，不像英国衣服做得那么僵硬，也弥补了普通女士骑装的不足。这是一款公主装，处处合身。

"你骑马时太漂亮了。"A 说道。

普劳顿一直想陪在我旁边，这令我恼火。

一次，跟 A 在一起时，我们不自觉地谈起了爱情。

"所谓永恒的爱情，不过是爱情的坟墓，"他说道，"应该一天爱一个人，不时变变。"

"不错的想法！我猜，你是从你叔叔红衣主教那里学到的。"

"说对了。"他笑着回答道。

三月八日，星期三

我穿上了骑马装，5 点钟时来到了波波罗门，A 牵着两匹马在等我们，母亲和戴娜坐着马车跟在后面。

"朝这个方向骑吧。"我的骑士说。

"好吧。"

我们来到了一片空地上——一个漂亮的地方，绿油油的，叫法尔内西纳宫[①]。他又开始了宣讲，他说："我感到失望。"

[①] 法尔内西纳宫（La Farnesina），罗马一座杰出的文艺复兴时期建筑，1506—1510 年间建造，众多艺术家，包括拉斐尔皆在此留下了自己的作品。

"什么是失望？"

"失望就是渴望一件东西，却得不到它。"

"你渴望月亮？"

"不，是太阳。"

"它在哪儿？"我问道，朝地平线的方向眺望，"我想，太阳已经落山了。"

"不，它还在照耀着我，你就是那太阳。"

"呸！呸！"

"我之前从未恋爱过，我讨厌女人。"

"你一看见我就爱上我了？"

"是的，那天晚上，在戏院，从看到你的第一眼。"

"你说你的爱已经死去了。"

"我是在开玩笑。"

"我怎么能区分你什么时候开玩笑，什么时候是认真的？"

"很容易区分。"

"也对，人几乎总是能够区分出讲真话的人，但我对你没有信心，尤其是你关于爱情的那些冠冕堂皇的论调。"

"我的论调？我爱你，可你就是不相信，哼！"他说着，紧咬嘴唇，瞥了我一眼。"好吧，我一文不名，我一无是处。"

"是的，伪君子。"我笑着说。

"伪君子！"他大声说道，有些恼怒，"我一直是伪君子，这就是你对我的看法！"

"可是，怎样才能停止爱你呢？"他说着，紧紧地看着我，有些得寸进尺，"你是漂亮，可我认为你有点没心没肺。"

"相反，我向你保证我心思健全。"

"你心思健全，却不想谈恋爱。"

"那得看情况。"

"你真是被惯坏了，对不？"

"我为什么不能被惯着呢？我不是无知，我心地善良，只是脾气坏。"

"我也脾气坏，可我有激情，会突然暴跳如雷，我也想改正这些毛病。我们从这条沟上跳过去吧？"

"不。"

我从小桥上骑过去了，而他从沟上跳了过去。

"我们跑到马车那儿吧，"他说道，"已经过了不好走的路了。"

我让马快跑起来，距离马车还有几步时，马却转向了右边，开始加速。A一直跟着我，可我的马奔跑得很快。我试图控制住马，但它像疯子一样狂奔，根本无法勒住它。前面有一块空地，我的头发垂落在肩上，帽子跌落在地。A在后面喊我，母亲也一定焦虑万分，我有心想从马上跳下来，但马儿奔跑如箭。

"这样被害死，真是太蠢了！"我已精疲力竭。

"他们一定会救我！"

"勒住马！"A大声喊着，已跟不上我了。

"我做不到。"我嗡声答道。

我的胳膊在颤抖，用不了多久，我就要昏过去了。正在这时，A跑到了我身边，用鞭子使劲抽了一下马。我抓住他的胳膊，然后使尽全身力气让自己停下来。

我看着他，他已面如死灰，我从未见过他这么激动的表情！

"上帝啊！"他叫道，"你简直吓死我了！"

"啊，是的，多亏了你，否则我就摔下来了，根本勒不住缰绳。现在，都过去了，没事了。"我说道，还想要笑笑，"让人把帽子给我取回来吧！"

走近马车时，戴娜早已从马车里出来。母亲站在她旁边，惊魂未定，但没有对我说什么。她知道什么事重要，不希望惹我烦。

"我们慢点儿骑吧，慢慢骑回波波罗门吧。"他说道。

"好吧，好吧！"

⊙ 法尔内西纳宫

"你吓死我了!你——你不害怕吗?"

"不怕,向你保证,我不怕。"

"噢,你害怕——我能看出来。"

"这根本不算什么,根本不。"

没多长时间,我们又回到了"爱"这个词上,谈到了它的古往今来。他告诉了我一切,从戏院第一眼看见我起。当时,他看见罗西离开了我们的包厢,他就走出包厢去见他。

回到家时,我脱掉了骑服,裹上外套,躺倒在沙发上,疲倦,迷茫,又困惑。

刚开始时,一直恍恍惚惚地,不知道自己在做什么。过了几个小时后,才注意到自己读的是什么。要是相信了他的话,我应该欣喜若狂的——他那真诚的态度,坦诚的神情。可是,我还是半信半疑。这就是"下层民众"的自我意识吧。要是真如他说的那样,就好了。

三月十四日，星期二

今天，我们离开了伦敦酒店，住进了巴布伊诺酒店一楼的一个房间，它又大又漂亮，有一个前厅，一大一小两个客厅，四间卧室，一个画室，还有仆人的房间。

三月十八日，星期六

还没有跟彼得罗·A单独待过片刻，这让我有些心烦。我喜欢听他说喜欢我，他一遍又一遍表白时，我就双肘枕在桌上，把头埋在两手间，想着他的话。也许，我爱他。在我疲倦时，在我思想恍惚时，我以为自己爱彼得罗。为什么要虚荣呢？为什么野心未泯呢？为什么冷漠地揣摩情感呢？为了一时的快乐，牺牲多少年来的与众不同和已然得逞的野心，我终究下不了决心。

"的确，"总写浪漫小说的作家会说，"那片刻的快乐十分灿烂，会点亮你整个人生。"哦，不要，今天我感觉到冷，我就恋爱；明天，我感觉温暖了，就不再恋爱了。看看，命运真如气温一样变化多端啊！

A要走了，说晚安时，他把我的手放在他手中，然后问了我好几十个问题，只是为了拖延分手的时间。

转过头来，我就把今天发生的一切告诉了母亲，还告诉了她所有过去发生的一切。

三月二十四日，星期五；三月二十五日，星期六

今天，A 比以往早一刻钟到的，他看起来脸色苍白，可还是迷人，悲伤，又平静。当命运宣告他来临时，我立刻从头到脚披上了铠甲——礼貌而冷淡，像女人故意激怒他这样的男人时所采取的态度。

我让他跟母亲待了 10 分钟之后才走了进来。可怜的家伙！他忌妒普劳顿！恋爱是多么可怕的事情啊！

"我发过誓，不再来看你了。"

"那你为什么还要来？"

"我想，要是我一走了之，对你母亲太无礼了，她对我那么好。"

"如果这就是你的理由，你现在可以走了，不要再来了，再见。"

"不，不，不是的，是因为你。"

"好吧，那就另当别论了。"

"小姐，我犯了一个天大的错误，"他说，"而且我知道……"

"什么错误？"

"让你明白——告诉你——"

"什么？"

"我爱你。"他说着，嘴唇紧紧绷着，好像努力要阻止叫喊似的。

"这不是错误。"

"这是一个很大很大的错误，因为你玩弄我，就像玩弄一个皮球或洋娃娃。"

"你怎么会这样想啊！"

"哦，我知道这就是你的性格，你喜欢自娱自乐。那么，好吧，你就自娱自乐吧，这是你的错。"

"让我们一起自娱自乐吧！"

"那么，在戏院你告诉我要离开我，是不是不考虑我了？"

"不是。"

"不是要摆脱我吧?"

"先生,如果我要摆脱谁,没必要玩这种伎俩。我会简单直接地说,就像对待 B 那样。"

"啊,告诉我这不是真的。"

"我们说点别的事情吧。"

他把脸颊贴在我的手上。

"你爱我吗?"他问道。

"不是一点儿。"

他一句话都不相信。这时候,戴娜和母亲走进了房间,几分钟后,他离开了。

三月二十七日,星期一

晚上家里来了客人,A 也来了。我想,他跟他父亲谈过了,可谈得并不顺利。我决定不了任何事情,完全不知道事态会如何发展,不管什么理由,我都不会同意住在另一个人家里。对于我这个年龄的女孩,我难道敏感得过了头吗?

"你去哪儿,我就去哪儿。"有一天晚上,他对我说。

"来尼斯吧。"今天,我对他说。他呆呆地垂着头,没有回答。我知道他已经跟他父亲谈过这件事了。我爱他,可我又不爱他。我一片茫然。

三月三十日，星期四

今天，威斯康提跟母亲谈起了 A 对我的关心……

"彼得罗·A 是个迷人的小伙子，"最后他说，"他会非常富有，但教皇干涉他的所有事务，教皇会成为障碍。"

"那你为什么要说这些呢？"母亲回答道，"他们根本不会结婚的，我喜欢这个年轻人，就像喜欢自己的儿子一样，但不是未来的女婿。"

要是离开罗马就好了，类似的事情还有很多，即使这样的事情推迟到明年冬天，什么也不会失去的……

令人恼火的是，反对意见不是来自我们这方，而是来自 A 那方。这真可恶，自尊心让我对此心生抵触。

让我们一起离开罗马吧。

晚上，彼得罗来了。我们接待他时态度非常冷淡，因为威斯康提男爵的一番话，增加了我们的猜疑。除了威斯康提男爵的话外，其他的都是猜测。

"明天，"几分钟后，彼得罗说道，"我要离开罗马。"

"你要去哪儿？"我问道。

"去特拉西那①，我想要在那里待上一周。"

"他们要撵我们走。"母亲用俄语对我说。

我曾对自己说过同样的话，但这多么令人羞耻啊！我怒不可遏地要喊出来了。

"是的，这不是好事儿。"我同样用俄语回答道。

单独相处时，虽然有点紧张，但我还是大胆地面对了这个问题。

"你为什么离开罗马？你要去哪儿？"

---

① 特拉西那（Terracina），意大利中部拉齐奥大区拉蒂纳省的一个城市，位于罗马东南 76 千米处。

唉，要是你认为他会像我一样直截了当地回答这个问题，那你就错了。

我不停地问他，可他就是避而不答。

……我想知道一切，不计任何代价。这种焦躁和猜疑，令我太痛苦了。

"那么，先生，"我说道，"你希望我爱上一个自己一无所知、向我隐瞒一切的男人啦！说出来，我就会相信你！说出来，我答应你给你答案。我要说的话，你认真听好了：在你说出来之后，我承诺会给你答案的。"

"但是，小姐，如果我告诉你，你会嘲笑我的。这是个天大的秘密，如果我告诉你了，就不再有秘密了。有些事情不能告诉任何人。"

"说吧，我等着呢。"

"我会告诉你的，但你会嘲笑我的。"

"我发誓不嘲笑你。"

在多次承诺不嘲笑他、不泄露给任何人之后，他终于告诉了我他的秘密。

似乎是在去年，他在维琴察[①]当兵时，借了许多债，高达三万四千法郎。回家10个月后，他与父亲发生了争吵，父亲拒绝为他还债。就在几天前，他说在家受到了虐待，假装要离家出走。后来，他母亲告诉他，他父亲会替他还债的，但前提是他要答应他们过体面的生活。

"首先，"他母亲说，"在与父母和解之前，你必须依从上帝。"他好长时间都没有向上帝忏悔了。

简而言之，他要到圣乔万尼教堂[②]和古罗马斗兽场附近的瑟里瓯

[①] 维琴察（Vicenza），意大利北部城市，位于威尼托大区，维琴察省省会。位于威尼斯西方约60千米处。

[②] 圣乔万尼教堂（San Giovanni），意大利罗马四大教堂之一。

丘陵上的圣保罗教堂[①]避居一周。

向你保证,我发现很难再保持理智了。对我们来说,他的行为有些古怪,但对罗马的天主教徒来说,再自然不过了。

这就是他的秘密……

接下来的这个星期日,下午2点钟时,我要到教堂前。这时,他会出现在窗口,用白色的手帕紧紧地贴住嘴唇。

他离开之后,我跑着告诉母亲这一切,以安慰她那受伤的自尊心,而且我要带着微笑,只为了不表现出自己已爱上了他。

三月三十一日,星期五

可怜的彼得罗,穿着教袍,被关闭在牢笼中,一天四次布道,还有做弥撒、晨祷、晚祷——这些奇怪的念头,我总是无法想象。

我的上帝,不要因我的虚荣而惩罚我。我向您发誓,我内心是善良的,无法容忍怯懦和卑鄙。我雄心勃勃——这才是我最大的过错!罗马的美丽和废墟令我目眩,我应该成为恺撒、奥古斯都[②]、马可·奥勒留[③]、尼禄、卡拉卡拉[④]、撒旦、教皇!我应该成为所有这些人,可我仍一文不名。

但我永远是我自己。读我的日记时,你就会想到这一点。照片上的细节会模糊,颜色会改变,但轮廓会始终如一。

[①] 圣保罗教堂(San Paolo),位于意大利罗马城外南边,是罗马四大教堂之一,君士坦丁大帝下令在保罗墓上修建的。
[②] 奥古斯都(Augustus,公元前63—14年),罗马帝国的开国君主,元首政制的创始人,统治罗马长达40年。
[③] 马可·奥勒留(Marcus Aurelius,121—180年),斯多亚派著名哲学家、古罗马帝国皇帝。
[④] 卡拉卡拉(Caracalla,188—217年),罗马皇帝。

四月五日，星期三

　　我画画，读书，但还不够。对于一个像我这样有虚荣心的人，最好全身心地投入到绘画中，只有画才是不朽的。

　　我不会成为诗人，也不会成为哲学家，更不会成为大学者。我只会成为歌手，或者画家，这就算功成名就了。我希望每个人都谈论我，这才是我最在意的事情。苛刻的道德家们，不要因为我这么说，就耸耸肩膀，以装腔作势的冷漠态度责怪我是凡尘俗子。如果你知道得更多些，就会承认，其实你自己从骨子里也是凡尘俗子！你小心谨慎，以防为大家识破，但那也无法阻止你的内心，因为你深知，我所说的是事实。

　　虚荣！虚荣！虚荣！

　　一切以你为始，一切又以你为终，你是万事万物永恒且唯一的因果。不是来自虚荣的，就会来自激情。虚荣和激情是世界唯一的主宰。

四月七日，星期五

　　我生活于折磨之中！正应了俄罗斯的那句谚语：心如煎熬！我的心在经受煎熬，让我认为，自己所爱之人并不爱我。

　　彼得罗没有来，今天晚上他刚刚离开了修道院。今天，我看见他兄弟保罗·A了，他担任神职，为人虚伪，是让人恨不得用脚踹碎的家伙——身材矮小，皮肤黝黑，脸色蜡黄，邪恶而虚伪的耶稣会教徒！

　　修道院里发生的事情，他都听过，他会一边嘲笑一边带着卑鄙而狡黠的神态向朋友讲述彼得罗和他是冤家对头。

四月九日，星期日

我去忏悔，也得到了赦免。而现在，我又怒不可遏，不停地咒骂。罪过，在男人的生命中，如同维持生命的空气一样总难或缺。人类为何离不开地球，是良心的重量将他们拉到了地球之上。如果内心纯洁，他们就会失重，无法在这个星球上站稳脚跟，会像气球一样飞向天空。

总有一个美妙的理论等着你！没有关系！

彼得罗还是没有来。

四月十日，星期一

他们要关上他一辈子了。不，只要我待在罗马，他们就不放他出来。

明天，我要去那不勒斯了。我的这个计谋，他们不可能预见得到的。彼得罗一旦出来，就会寻找我的……

真不知道如何说他，一个一无是处的家伙，一个懦夫，还是一个可以任意欺凌的孩子。我想心态平和，却感到有点伤心。母亲说，选取不同的角度看待事物是必要的，这样就会发现，世界上的一切都无足轻重。这一点，我完全赞同母亲。但是，能够找到判断的角度，是当务之急，我必须知道真相。现在，我所知道的，就是我在进行着前所未有的冒险。

四月十八日，星期二

今天中午时分，我们出发去了庞贝城①。一路上乘坐马车而行，这样就可以欣赏到维苏威火山②、卡斯泰拉马莱城③和索伦托城④的美景了。我听到母亲在谈论婚姻。

"女人生来就是遭罪的，"她说，"哪怕她有最无可挑剔的丈夫。"

"婚前的女人，"我说道，"就是火山还没爆发时的庞贝城，而婚后的女人，就是火山爆发后的庞贝城。"

我说得千真万确！

四月十九日，星期三

看看我的处境多么尴尬啊！没有了我，彼得罗还有他的俱乐部、社交聚会、朋友——一句话，所有的一切，只是缺少了我，而我，没有了彼得罗，就没有了一切。

他对我的爱，只是无聊时光里的消遣，而我对他的爱，却是我的一切。他让我忘记了自己要在世界中展现的抱负，不再有理想，只想他。这么做，虽然很快乐，却无法逃避焦虑。无论将来成为什么，我都要将日记留给世界。在日记里，我为你奉献的，是没有人看见过的世界。别人公开的所有回忆，所有的日记、信件，只不过是矫饰的发

---

① 庞贝城（Pompeii），意大利西南部古城，位于那不勒斯湾维苏威火山脚下，于公元79年8月24日被维苏威火山爆发时的火山灰覆盖。
② 维苏威火山（Vesuvius），在意大利西南部，近那不勒斯湾，是一处活火山。
③ 卡斯泰拉马莱城（Castellamare），位于意大利南部坎帕尼亚大区那不勒斯省的一个城市。坐落在那不勒斯湾岸，距那不勒斯约20千米远。
④ 索伦托城（Sorrento），意大利那不勒斯南部的城镇，是旅游胜地。

明而已，只为了欺骗世界。而我，却无心欺骗任何人，既没有任何政治企图去加以矫饰，也无任何不良的动机需要隐藏。我恋爱与否，哭泣或大笑，不会给任何人带来烦恼。我的烦恼，就是要尽可能真实地表达自己的内心。我的书写风格或字体，不会自欺欺人。写信时，我可以不犯错误。但是，文字浩如烟海，我难以避免地会犯许许多多的错误。此外，我不是法国人，我说法语也会出错。可是，要是让我用自己的母语表达，也许，犯的错误会更多。

⊙ 玛丽娅·巴什基尔采娃（1876年摄）

四月二十四日，星期一，罗马

要写的东西足以让我忙碌一天，可我还是了无头绪，只知道在科尔索路上遇见了A。他神采奕奕，容光焕发，跑近马车，问我们晚上是否在家。我们回答说在家，天哪！

他来了。我走进客厅，像其他人一样自然而然地加入了谈话。他告诉我，他在修道院里待了4天，然后去了乡下，眼前和父母关系处得不错，现在他要理智一些，考虑一下未来。最后，他说我在那不勒斯玩得挺高兴的，还像以往一样喜欢调情，这说明我并不爱他。他还告诉我，有一个星期日，他在圣乔万尼大教堂和圣保罗大教堂附近看见了我，为了证明他说的是真话，他说出了我穿的衣服，我在干什么。必须承认，他说的都对。

"你爱我吗？"最后他问道。

"你呢？"

"啊，又来这一套，你总是嘲笑我。"

"我要是说爱你，又怎样呢？"

他彻底变了，只有20天的时间，他似乎变成了一个30岁的人。说话的口气变了，理智得叫人惊奇，如耶稣会教士一样擅长外交辞令。

"你知道，我这副虚伪的样子，是装的，"他说，"我在父亲面前卑躬屈膝，他希望我做的任何事，我都照办。我理智多了，要考虑自己的未来。"

也许，我明天再多写点。而今晚，我蠢到家了，写不下去了。

四月二十五日，星期二

"我明天再来，"他说这话，只是为了安抚我，"我们认真地谈一下吧。"

"没有用的，"我说道，"我现在明白了，我到底有多么期望你对爱情表现出真情实意。你不必回来了。"我有气无力地说道："你惹了我，我是在气恼中与你告别的，今夜我将无法入眠。你可以吹嘘将我气得暴跳如雷——走吧！"

"但是，小姐，这不公平啊！明天，你冷静下来后，我再和谈。"

是他抱怨的，是他说我总是排斥他，总是嘲笑他，我从未爱过他。处在他的位置，我也会说同样的话。可是，我还是发现，虽身处恋爱之中，可他还是有着很强的自尊心，而且过于冷静了。我知道怎样更好地去爱，可不管怎样，我愤怒，愤怒，还是愤怒！

威斯康提男爵来时，天还在下雨。虽然年纪不小了，但他精神头还是挺足，还是那么惹人喜爱。在讨论奥德斯卡奇的婚姻时，话题突然转向了彼得罗。

"这么说吧，夫人，那个孩子，您这么称呼他的，就结婚的事情而言，并不是不值一提，"他说道，"因为可怜的教皇随时会故去，他的侄子就会成为百万富翁，因此，彼得罗会成为百万富翁的。"

"你知道，男爵，他们告诉我这个年轻人要进修道院。"母亲说。

"噢，不，根本不必，我向您保证，他所想的事情完全不是这么回事。"

然后，谈话转向了罗马。我发现，离开罗马，我依然感到难过。

"那么，留下来吧。"男爵说。

"我非常愿意这么做。"

"很高兴您喜欢我们的城市。"

"你知道吗，"我说道，"他们要将我留在修道院里。"

"噢，"威斯康提男爵说道，"我希望你留下来，还有另外的原因。我们会找到办法的，我会想办法的。"他说，他的手握着我的手，满是温暖。

母亲容光焕发起来——我也是容光焕发，如同北极光出现了一般。

这天晚上，出乎我们的意料，来了许多客人，其中就包括A。

客人们坐一桌，彼得罗和我坐一桌。我们漫谈着爱情，尤其谈到了他的爱情。他的观点令人遗憾，更准确地说，他疯狂地认为他没有爱情。他把对我的爱轻描淡写般说起，真让我不知道如何是好。我跟他真是一丘之貉。

简直不可理喻，5分钟过后，我们又和好如初。所有的误会都解释清楚了，我们同意结婚——至少，他同意结婚了。大部分时间里，我还是保持缄默。

"你星期四离开罗马吗？"他问道。

"是的，你会忘了我的。"

"啊，不，不可能，我要去尼斯。"

"什么时候？"

"我会尽快，可目前还不行。"

"为什么？告诉我，马上告诉我！"

"父亲不会答应的。"

"你只需告诉他事实。"

"我当然要告诉他事实，我是为了你才去那儿的。我爱你，希望和你结婚，但不是现在。你不知道我父亲，他刚刚原谅我，我不敢再向他提出任何请求了。"

"明天就跟他说。"

"我不敢，我还没有得到他的信任。想想吧，他曾经有三年没有和我说过话，我们谁都不理谁。一个月后，我去尼斯。"

"一个月后，我就不在那儿了。"

"你要去哪儿？"

"去俄国，我要离开这里，你会忘记我的。"

"但我两周后去尼斯，然后……然后我们一起离开。我爱你，我爱你。"说完，他跪了下来。

"你快乐吗？"我问道，捧住了他的头。

"噢，是的，因为我信任你，相信你说的话。"

"来尼斯吧，就现在。"我说。

"啊，真希望能来！"

"只要想来，你就能来。"

四月二十七日，星期四

在火车站，我在站台上走来走去，A 陪着我。

"我爱你，"他大声喊道，"我永远爱你，也许，这就是我的不幸。"

"那么，你就能无动于衷地看我离开了。"

"哦，不要这么说，千万不要这么说，你不知道我遭受的痛苦。自从遇见你之后，我彻底变成了另外一个人，可你对我的态度好像我是最可恶的男人。为了你，我与过去决裂了；为了你，我承受了一切；为了你，我与家人和好了……你会给我写信吗？"

"不要太过分了，"我冷冷地回答，"年轻姑娘允许别人给自己写信，那是巨大的恩惠。如果不知道这一点，我可以教你。他们已经上车了，我们不要浪费时间讨论这些无聊的问题了，你会给我写信吗？"

"当然会，你净说一些没有意义的话，让我感觉好像我对你的爱永远无法再继续了一样。你爱我吗？"

我肯定地点了点头。

"你会一直爱我吗？"

我又点了点头。

"那么，再见了。"

"何时再见？"

"明年再见。"

"不！"

"好吧，好吧，再见。"

我没有把手递给他，直接走进了车厢，家人早已坐好了。

"你还没有和我握手。"他说着走近了车厢。

我把手递了出去。

"我爱你！"他喊道，脸色苍白。

"再见。"我柔声回答。

"有空的时候想想我，"说话时，他的脸色变得更加苍白了，"我，除了想你，还是想你。"

"好吧，再见。"

火车开动了，好几秒钟，仍可以看见他带着激动的表情望着我。他向门前走了几步，好让火车仍处在视线之中，然后他停下脚步，机械地把帽子拿到眼前揉捏着，接着又向前走了几步，然后，然后就消失不见了。

四月二十八日，星期五，尼斯

房子修饰一新，卧室让我眼花缭乱，所有的背景都是天蓝色的。打开阳台窗户向外望去，是漂亮的小花园、步行街和大海，我情不自禁大声说道："随便大家怎么说，家就是好，没有任何地方比得上它，它就是漂亮，就是这么浪漫可爱，这就是尼斯。"

五月七日，星期日

一旦找到了鄙视人的理由，就找到了可悲的满足感，至少不再心存幻想。要是彼得罗忘记了我，我会受到巨大的伤害，在记恨和报复的名单上，就会再刻上一个名字。

虽然如此，我还是为与我同样的人感到骄傲，我喜欢他们，与他们趣味相投，形影不离，我的好运和幸福完全仰仗于他们。

所有的这一切都够愚蠢的了，但在这个世界上，不愚蠢的反而可悲，而可悲的必然是愚蠢的。

明天3点钟，我要去罗马，享受那里的快乐。如果有机会，就对A表现出我的藐视。

五月十一日，星期四，罗马

昨天2点钟，我和索菲姨离开了尼斯……也是2点钟到达这里的。我带着索菲姨去了科尔索路（又看见科尔索路，真是太高兴了！），西蒙内蒂过来拜访我们，我把他介绍给了罗曼诺夫夫人，告诉他我能待在罗马，就是一个奇迹。

我暗示彼得罗过来看我们。他容光焕发，他看我的眼神表明，他是认真对待这一切的。

他给我们讲了他在修道院的经历，逗得大家捧腹大笑。他说，他之前同意待上4天，可他们硬留了他17天。

"你为什么没告诉我真相？"我问道，"为什么说要去特拉西那？"

"告诉你真相，我会感觉不好意思的。"

"俱乐部的朋友知道这件事吗？"

"知道，起初我说去特拉西那，他们就问我修道院的事情。后来，我说出了一切，不但我自己笑，大家都笑，只有托洛尼亚愤愤不平。"

"为什么？"

"因为我最初没告诉他真相，因为我不相信他。"

然后，他告诉我们，为了取悦他父亲，他故意让念珠无意间从口袋里掉出来，让他父亲以为他总是随身携带念珠。我说了不少嘲笑他的话，还夹杂了许多粗鲁无礼的语言，但他兴致很高，全盘接受了，没做任何辩解。

五月十三日，星期六

今晚，感觉不可能再写日记了，可冥冥之中有什么强迫着我，要我去写。只要还有未说的话，就好像有痛苦在折磨我。

我竭尽所能地去聊天、沏茶，一直到了 10 点半，彼得罗来了。不久，西蒙内蒂离开了，剩下了我们三人。谈话转向了我的日记，谈到了日记里触碰的问题。A 让我读一些日记里的段落，有关上帝和心灵的那部分。我去了前厅，跪在珍贵的白色盒子旁边，彼得罗举着灯，我找到大家感兴趣的题目，朗读起来，读了几乎半个小时。回到客厅时，A 开始讲他碰到的奇闻逸事，从他 18 岁讲起。我听着他讲的一切，心里涌起了些许的忌妒和恐惧。

首先，他对家里人的绝对依赖令我心冷。如果他们阻止他爱我，我敢肯定他一定不敢违抗。

有关牧师、僧侣的事情，尽管 A 告诉我他们是虔诚的，可还是让我感觉害怕。听到他们的暴虐行为，我的惊惧更加剧烈了。

是的，他们让我感觉害怕，他的两个兄弟也让我感觉害怕，但这还不是最令我心烦的。接受他或者拒绝他，全然在我。今晚我所听到的，还有我从中得出的结论，与过去发生在我们之间的事情联系到一起，才最让我心乱如麻。

五月十七日，星期三

昨天有好多话要写，但今晚所写的与昨天相比，已无足轻重。他又一次和我谈论了爱情。我告诉他这是没有用的，我的家庭永远不会同意。"他们这么做也许是对的，"他神情恍惚地说道，"我永远不会令女人幸福的。我告诉了母亲一切，我和她谈到了你，我说'她是那么善良，那么虔诚；而我，却不信仰任何东西，只是条可怜虫'，你知道，我在修道院里待了17天，我祈祷，我反思，我不信仰上帝，宗教根本就不是为我而存在的，我毫无信仰。"

我惊惧地看着他。

"你必须相信，"我一边握着他的手，一边说道，"你必须改正自己的罪过，必须改邪归正。"

"那是不可能的，就我这个样子，没有人会爱我的。难道我说得不对吗？我非常郁闷，"他继续道，"你永远不会了解我的。表面看来，我和家里人相处融洽，但这只是表面。我讨厌他们所有人——我父亲，我兄弟，甚至我母亲，我真的不快乐。如果你问我为什么，我无法告诉你。我不知道，哦，那些牧师！"他叫道，拳头握紧，牙咬得紧紧的，高扬的脸因布满仇恨而变得狰狞起来。"那些牧师！哦，你要是知道他们是什么样子，就好了！"

足足过了5分钟，他才平静下来。

"不管怎样，我爱你，而且只爱你一个人。和你在一起时，我是快乐的。"他最后说道。

"证明给我看。"

"我说的就是。"

"来尼斯吧。"

"你这么说，就是叫我发疯，你知道我不能。"

"为什么不能？"

"因为我父亲不会给我钱的,他不希望我去尼斯。"

"我非常清楚这一点,要是你告诉他为什么希望去尼斯呢?"

"他还是会拒绝的。我跟母亲谈过,她不相信我。他们总以为我是乱来,不再相信我了。"

"你必须改过自新,必须来尼斯。"

"但你告诉过我,你会拒绝我的。"

"我从未说过我会拒绝你。"

"啊,那可真是太好了,"他说道,盯盯地看着我,"就像是一场梦。"

"但是个美丽的梦,不是吗?"

"啊,是啊!"

"那么,你会请求父亲让你去尼斯了?"

"是的,当然,但他不希望我结婚。"

"好吧,都结束了,"我说道,退身回来,"再见!"

"我爱你!"

"我相信你说的话,"我说,将他的手紧紧握在我手中,"我可怜你。"

"你永远不会爱我了?"

"等你自由的时候吧。"

"那只有等我死了。"

"我现在无法爱你,我既可怜你又鄙视你。如果他们强迫你不爱我,你也不会拒绝的。"

"也许!"

"那真可怕!"

"我爱你。"他重复了一百多遍。他离开了,眼里满是泪水。

他又返回来一次,我跟他道了别。

"不,不要道别。"

"是的,是的,是的,再见了。我对你的爱持续到这次谈话结束。"（1881年。我从未爱过他,所有的这一切,难道不是想象力被唤醒时寻找浪漫的结果吗?）

过去的3天里,我突然想到——我要死了,我一边咳嗽一边抱怨。前天,凌晨2点,我坐在客厅里,索菲姨强烈要求我休息,我却置若罔闻。我说我确实要死了。

"哼,"索菲姨说,"你这么做的话,我肯定你要死了。"

"对你不是更好吗?你可以省下许多钱,不必把大笔的钱花在老佛爷了!"

一阵咳嗽袭来,我不由自主地把脸朝向沙发,这可吓坏了索菲姨。她离开了房间,只为了表明她生气了。

五月十九日,星期五

刚才一直在唱歌,现在感到胸有点疼。你看见了,我在扮演烈士的角色!真愚蠢!我把头发梳成了"含羞的维纳斯"[①]的样子,穿上一身白衣后,又有点像贝缇丽彩[②]。我脖子上挂着念珠,上面有珍珠十字架。随便你说什么,人总有偶像崇拜的倾向——一种体验肉体感受的必要方式。上帝啊,单靠自己的庄严还不够,人类必须还要有可以瞻仰的影像以及可以亲吻的十字架。昨天晚上,我数了念珠,有60个,我匍匐跪地60次,每次都把头挨着地。结束时,我已气喘吁吁。我想,我所做的,是上帝愿意看到的。虽然有点荒唐,但我用心

[①] 含羞的维纳斯（the Capitoline Venus）,维纳斯雕塑造型中的一种,维纳斯浴后站立的姿态,该雕塑藏于意大利卡比托利欧博物馆。
[②] 贝缇丽彩（Beatrice,1265—1290年）,意大利佛罗伦萨女子,是但丁《新生》的主要创作灵感,同时在《神曲》的最后作为他的向导出现,在那里她接替拉丁诗人维吉尔成为新的向导,因为作为一个异教徒,维吉尔无法进入天堂。她是幸福和爱的化身,正如她的名字那样,自然成了但丁的向导。

良苦。上帝是考虑人的用意的啊！啊，我还有《新约》，让我看看。找不到太好的段落读，我于是换了大仲马的书，可是，这两者不是一回事。

A伯爵来访时，我一个人在家。我的心狂跳着，害怕别人听到这跳动的声音——小说里就是这么说的。

他坐在我身旁，试图抓住我的手，我马上将手抽了出来。

"我有很多话要和你说。"他开腔道。

"真的？"

"严肃的事情。"

"听听看。"

"听着，我已经跟母亲谈过了，母亲跟父亲也谈过了。"

"那么？"

"我做得对，对不对？"

"这跟我没关系，你做什么，都是为了图自己痛快。"

"你不再爱我了？"他问道。

"不是的。"

"可我爱你爱得都要疯了。"

"这可糟糕透了。"我笑着说道，任他抓住了我的手。

"不，听着，"他说，"我们严肃点，你从来没认真过。我爱你，我已经跟母亲说了。嫁给我吧？"

"终于等到这句话了！"我暗想道，但我必须保持矜持。

"怎么样？"他问道。

"好吧。"我笑着回答。

"你知道，"我的话鼓励了他，他接着说道，"必须找个人了解我们的秘密。"

"你什么意思？"

"是这样，我自己做不了什么，必须找个能够处理这件事的人。这个人要德高望重，做事认真，他要跟我父亲谈这件事，然后安排整个婚事，大致就是这样。但是，谁呢？"

"威斯康提。"我笑着说。

"对呀。"他一脸认真地回答。

"我之前想过他，他是我们需要的人……只是，"他接着说，"我没有钱——根本就没有钱。啊，真希望能摸下驼子背换来好运气，赢个千八百万的。"

"在我看来，你那样也什么都得不到。"

"噢！噢！噢！"他不可思议地大叫道。

"我认为你成心想侮辱我。"我边说边站了起来。

"不，我不是因为你才这么说的，你是与众不同的女人。"

"那么，不要和我谈钱。"

"上帝，你可真难伺候！永远不知道你想要什么。答应吧——答应成为我的妻子！"

他希望吻我的手，我把念珠的十字架举在他眼前，不得已他吻了十字架，然后抬起头。

"你可真虔诚！"他看着我说。

"你呢？还是什么都不信仰？"

"我？我爱你。你爱我吗？"

"我没说过这样的话。"

"那么，看在上帝的面上，至少让我明白你的爱。"

犹豫片刻之后，我递出了手。

"你同意了？"

"别太急！"我边说边站起身来，"你知道，我父亲和祖父，他们强烈反对我嫁给天主教徒[①]。"

"啊，你也存在这个问题啊！"

"是的，我也存在这个问题。"

[①] 玛丽娅家族信奉俄国东正教。

他搂住我，让我站在他旁边，站在镜子前。我们站在一起时看起来非常般配。

"我们让威斯康提处理这事吧。"A说。

"好吧。"

"他是我们需要的人……但我们俩结婚还太早，你认为我们会幸福吗？"

"你必须首先得到我的同意。"

"当然，那么，如果你同意的话，我们会幸福吗？"

"如果我同意的话，我用脑袋向你发誓，世界上再也没有一个人会比你更幸福了。"

"那么，我们结婚吧，嫁给我吧。"

我笑了起来……

这时，楼梯上传来了脚步声，我静静地坐下来等索菲姨，她随即走了进来。

我如释重负。

12点钟，A站起身来，跟我道晚安，手里暖乎乎的。

"晚安。"我说道。

我们的目光相遇，我无法表达那种感觉，就像一道闪电划过。

"那么，索菲姨，"他走之后，我对索菲姨说，"我们明天早点出发，你休息吧，我会锁上你房间，免得我写作时打扰你。我一会儿就去睡觉。"

"一言为定？"

"一言为定。"

我锁上了索菲姨的房门，然后照了照镜子就下楼了，彼得罗像影子一样从半开的门缝里溜了进来。

"恋爱中的人，用语言是无法表达他的情感的。对我来说，至少我是爱你的。"

我暗自发笑，这句话来自一部小说，而且我不由自主地想起了大仲马的小说。

"我明天离开,"我说道,"还有许多重要的事情没好好谈过呢,我都忘了。"

"那是因为你不再想其他事了。"

"来吧。"我说道,将门虚掩上,只让一道灯光透进来。

在走廊尽头台阶的最低处,我们坐了下来。

他跪在了我旁边。

我总是感觉有人要过来。我一动不动,雨滴每次落在石板路上,都令我心头一颤。

"没事。"我那急性子的情人安慰道。

"先生,对你来说很容易。如果有人来了,你的虚荣心就会得到满足,而我——就糟糕了。"

我转过头,眯着眼睛看着他。

"我?"他没明白我的意思,"我是那么爱你,你和我在一起没事儿。"

听到这些高贵的表白,我递出了自己的手。

"我什么时候没关心过你、尊重过你呀?"他问道。

"哦,不,可不是一直都这样,你有时甚至想亲我。"

"别那么说,我是逗你呢。我总是因为这个企求你的原谅。乖乖的,原谅我。"

"我已经原谅你了。"我柔声说道。

我是多么快乐啊!我想,这就是人们常说的恋爱吧?这是认真的吗?虽然他看起来既温存又庄重,可我想,他随时都会笑出声来。

在他炽热的目光下,我低垂下了眼睛。

"看看,我们又忘了正事了,严肃点,谈谈正事吧。"

"是的,谈谈我们的正事吧。"

"首先,你明天要是走了,我们该怎么办呢?别走!我求你,留下来!"

"不可能，索菲姨——"

"她心眼那么好！哦，别走了！"

"她是心眼好，但她不会同意的。那么，再见，也许永远不再见！"

"不，不，你答应成为我妻子了。"

"什么时候？"

"月底，我就到尼斯了。如果你同意我借钱，我明天就走。"

"不，我不答应，要是那样的话，我们永远不要再见面了。"

"给我点建议。你理智得像学者，我该怎么做？"

"向上帝祈祷吧，"我说道，把十字架举在他面前。如果他嘲讽我的建议，我就会大笑。如果他认真对待我的建议，我还会保持严肃。看见我面无表情的脸，他把十字架抵在额前，低头祈祷起来。

"我祈祷了。"他说。

"真的？"

"真的，但我们还是说正事吧。那么，我们把整个事情都委托给威斯康提男爵。"

"非常好。"

我说的是"非常好"，可心里想的却是"要看情况"。

"可是，并不是所有的事情都是立刻可以做的。"我继续道。

"两个月以后。"

"你开玩笑吗？"我问道，好像他建议的是世界上最荒谬的事情。

"那么，半年后？"

"不。"

"一年后。"

"行，一年后，你会等吗？"

"如果必须等的话——前提是，我每天看见你。"

"来尼斯吧，一个月后，我就要去俄国了。"

"我会跟着你的。"

"你做不到。"

"为什么做不到？"

"我母亲不允许。"

"没有人能阻止我出行。"

"别说傻话。"

"噢，我是多么爱你啊！"

我靠近了他，这样就不会错过他说的每句话了。

"我会永远爱你的，"他说道，"成为我的妻子吧。"

他提议我们应该互相坦白所有的秘密。

"哦，你的秘密，我不感兴趣。"

"小姐，告诉我，"他说道，"你恋爱过多少次了？"

"一次。"

"和谁？"

"和一个我不认识的人，我在大街上见过他10次，或者12次吧，他甚至不知道我的存在。那时，我才12岁，从没跟他说过话。"

"你跟我讲得像小说里的情节。"

"是真事儿。"

"但还是小说，美妙的小说。这种情感是不可能的，就像爱上了一个影子。"

"是的，但我感觉，我爱过他，这没有什么好害羞的。对我来说，他是圣人，任何人都无法与他相比。"

"他在哪儿？"

"我根本不知道，他结婚了，住得好远。"

"不可思议！"

我可爱的彼得罗看起来有些不屑，无法相信这是真的。

"是真的。虽然现在我爱的是你，可那是一种完全不同的情感。"

"我把整颗心都交给你了，"他回答道，"可你只交给了我半颗心。"

"不要奢求太多，拥有现在的就好。"

"但这不是全部啊？还有其他的？"

"这就是全部。"

"原谅我，请允许我这次不相信您的话。"

（什么是邪恶，看看吧！）

"你必须相信事实。"

"我不能。"

"那可不好。"我大声说道，有些恼火。

"我理解不了。"他说。

"那是因为你邪恶。"

"也许吧。"

"我从未允许任何人吻过我的手，这你也不相信吧？"

"对不起，不相信。"

"坐在我旁边，"我说，"我们好好谈谈，告诉我一切。"

"你不会生气吧？"他问道。

"要是你向我隐瞒了什么，我才会生气的。"

"好吧，那么，你知道我们家在这儿很出名的？"

"是的。"

"你在罗马属于外地人吧？"

"嗯嗯。"

"我母亲给巴黎的某个人写了信。"

"这很自然，他们怎么说我？"

"目前还不知道，但他们爱说什么就说什么吧，我会永远爱你的。"

"我不需要你纵容我——"

"那么，"他说道，"就是宗教了。"

"哦，宗教。"

"啊，"他说道，神态要多平静有多平静，"成为天主教徒吧。"

我断然阻止了他。

"那么,你希望我改变宗教吗?"我问道。

"不,因为,如果你这么做了,我会鄙视你的。"说真话,唯一能让我生气的,就是红衣主教。

"我多么爱你啊!你是多么美丽!我们将会多么快乐啊!"

我唯一的回答就是用双手抱住他的头,吻他的前额、眼睛和头发,我这么做与其说是为了自己,不如说是为了他。

"玛丽娅!玛丽娅!"索菲姨从楼上喊道。

"怎么了?"我故作平静地问道,将头从楼梯顶部的门缝里探出来,这样声音就仿佛是从我自己的房间里发出似的。

"你该睡觉了,两点了。"

"我睡了。"

"脱衣服没?"

"脱了,我再写会儿。"

"上床睡觉。"

"好吧,好吧。"

我又走下来,发现已空无一人。这个可怜的家伙把自己藏在楼梯下面。

"现在,"他说道,又坐了回来,"我们谈谈未来吧。"

"好吧,我们谈谈未来。"

"我们将来住在哪儿呢?你喜欢罗马吗?"

"喜欢。"

"那么,就住在罗马,只有我们俩,不和家里人。"

"这可不行。首先,母亲肯定不会允许我跟丈夫一家住一起的。"

"她说得有道理。而且,我家里人总会没事找事!太折磨人了。我们找个新地方买所小房子。"

"我更喜欢大房子。"

"好吧,那就买个大的。"

然后我们开始——至少是他——计划未来。

"我们将走入社会，"我继续道，"我们将拥有一家大公司，对不？"

"噢，是的，告诉我你喜欢的一切。"

"是的，当人们决定一起生活时，他们想做的就是怎么舒服怎么来。"

"我懂，你对我的家庭了如指掌，但还有红衣主教啊。"

"你必须跟他讲和。"

"当然，我肯定会这么做的。唯一的问题是，我没有钱。"

"没关系。"我回答道，有点不高兴，但我是大家闺秀，能够控制自己，没做出什么轻视的动作。这也许就是陷阱……

不，这不可能是真爱，真爱容不下卑鄙或粗俗。

我隐隐感觉有些不满了……

我真爱他吗？还只是冲昏了头脑？谁能告诉我？然而，从产生疑虑的那一刻起，就无法容下疑虑了。

"是的，我爱你。"我说道，握住他的手，紧紧地攥着。

他没有回答，也许他没理解我说这句话的重要性，也许他发现这句话相当自然……

可是，我感觉害怕了，告诉他我必须走了。

"到时间了。"我说道。

"到了吗？和我再待一会儿吧。我们这个样子，多幸福啊！"他突然大声问道，"你会永远永远爱我吗？"

这句话令我心头一冷，感觉受到了羞辱。

"永远！"我回答道，仍心有不满，"永远！你，爱我吗？"

"噢，你怎么能问我这样的问题呢？噢，亲爱的，我愿意永远留在这里。"

"我们会饿死的，"我回答道。他这么亲昵地称呼我，我感觉不好意思，有点不知所措。

"那将是多么美丽的死亡啊！那么，一年以后。"他说，眼睛仿佛要吞了我。

"一年以后。"我重复道，我只是随口敷衍，并无他意。

这时，传来了索菲姨的声音，她看见我房间里还有灯光，开始感觉不安了。

"你听见了？"我说道。

我们互相吻别，然后我就逃走了，没有回一次头，就像我曾经读过的小说中的场景。我感觉无地自容，生自己的气！我永远只会责备自己，还是因为我根本就不爱他，所以才有了这种感觉？

"4点了！"索菲姨叫道。

"首先，现在只有2点10分；其次，让我安静一点儿吧。"

"真不知道好歹！你这么熬夜，会死掉的。"索菲姨大声说道。

"听着，"我说，打开了门，"别责备我，否则我什么都不告诉你。"

"什么？哦，什么呀孩子！"

"我没在写东西，和彼得罗在一起。"

"在哪儿，可怜的孩子？"

"楼下。"

"太可怕了。"

"啊，如果你喊叫的话，你就什么都听不到了。"

"你和A在一起。"

"对！"

"好吧，那么，"她的声音令我颤抖，"刚才叫你时，我就知道了。"

"什么？"

"我梦见你母亲来到我身边说：'别留下玛丽娅和A单独在一起。'"

1876年

意识到自己刚刚逃过了真正的危险，我后背一阵冰凉……

五月二十三日，星期二，尼斯

我想确认一件事——我是爱他，还是不爱他？

我要好好地想一想。就高贵和财富而言，彼得罗似乎的确无足轻重。啊！要是我再等等呢？等什么？一个万贯家财的王子？要是还没等到呢？我试图说服自己。A 非常帅气，可和他在一起时，更感觉到他的无足轻重了……

今晚，我爱他，我应该好好地表现去接受他吗？只要爱在持续，就是非常美好的，可然后呢？

我深深地担心着，担心无法承受爱人身上的平庸！

我左思右想，把自己想象成了故事中的女主角，在与人争辩。

啊！何等可悲啊！

等待！等待什么？

如果什么都没发生呢？呸！靠自己的脸蛋，肯定要什么有什么。事实是，我还没到 16 岁，要是想的话，早已有两次半的机会成为伯爵夫人了。这半次的机会是因为彼得罗。

五月二十四日，星期三

今晚，回房休息时，我吻了母亲。

"她亲吻的方式像彼得罗。"她笑着说。

"他吻过你吗？"我问道。

"他吻过你。"戴娜笑着说，以为她说的是世上最可怕的事情，这引起了我一阵深深的懊悔，甚至是羞耻。

"噢，戴娜！"我叫道，我的表情让母亲、索菲姨都转向了戴娜，目光里带着责备和不悦。

玛丽娅被一个男人吻了！玛丽娅，那个骄傲、矜持、高不可攀的玛丽娅！玛丽娅，那个曾经大义凛然的玛丽娅。

这让我内心愧疚。的确，为什么没有遵守自己的原则呢？无论因为软弱，还是因为激情，我都无法认同。否则，自尊何在啊？因为爱情，我也无法认同。

五月二十六日，星期五

索菲姨今天提到了A，说他还是个孩子。

"的确如此。"母亲说道。

这席话，我觉得说得挺公正的，我感觉平白无故地玷污了自己。不管怎样，无论出于何种理由，不管是兴趣，还是爱情，我都做了蠢事——我恨不得钻进地缝！

他动身去罗马之后，我看着镜中的自己，想知道嘴唇是否变了颜色。A有权说我爱他，解除婚姻让我郁郁寡欢。破裂的婚姻，永远是女孩子一生的污点。人们都会说我们曾经相爱过，但没有人会说是我拒绝了他。我们爱得还不够，为爱情做得还不够伟大。此外，表象也说明，那些人说得有道理，这令我气愤！要不是A说的那些话，"噢，孩子，你还太小了"，我本不该走得这么远。我要他反复求婚，以安慰自己受伤的虚荣。你会发现，我只是让他说话，允许他握我的手，亲吻我的手，但我从未正面回答过他。他没有注意到我说话的语气，而且他当时被快乐冲昏了头脑，心潮澎湃，没有怀疑到什么。这些想法令我感到欣慰,但欣慰得还不够。

他们说,金发女郎是人们理想中的女人。可对我来说,金发女郎是物质女人,而且是最典型的物质女人。看她们金色的头发,血红的嘴唇,深灰色的眼睛,玫瑰色的肌肤,提香熟谙此道,知道如何画出来,而且会告诉我,她们让你热血沸腾的情绪源自何处!此外,异教徒里有维纳斯,基督教里有抹大拉的马利亚①,她们也都是金发。而褐发白肤的女人,反而成了异类,就像金发白肤的男人那样不正常——褐发白肤,眼睛是天鹅绒色的,皮肤如象牙,在我们的印象中,也许象征着纯洁和神圣。博尔盖塞宫②里有一幅提香的杰作,叫作《纯洁的爱和不纯洁的爱》。"纯洁的爱",指的是一个漂亮的女人,正在浴缸里抱着一个婴儿。女人有着玫瑰色的双腮,黑色的头发,正温柔地端详着婴儿;"不纯洁的爱",指的是一个金红头发的女人,她正靠在什么东西上来着——我记不太清楚了——双手交叉放在头上。画中的其他人,女人都是金发,而男人则是黑发。

有些类型的人,虽初看有悖常规,有时却更令人羡慕,而且他们绝不是异类。我从未见过任何人可以与H公爵相提并论,他高大、强壮,有着漂亮的金红色头发,胡须也是金红色的。眼睛是灰色的,虽然小,但目光锐利。嘴唇像极了阿波罗,浑身上下透露出庄重与威严,还带有一丝高傲,那种固执己见的高傲。也许,我是在用爱人的眼光看他。得了!我认为不是!一个又黑又丑、弱不禁风的人,怎么会有人爱呢?当然,要是他有双漂亮的眼睛就好了。可如果这个人像其他年轻人一样,行为笨拙,毫无出众之处,那么,在爱过公爵之后,即使与他相处3年,又怎么会爱上他呢?请记住,3年的时间,在女孩的生命里,就相当于300年。因此,我不爱任何人,只爱公爵!而公爵并不会为此感到骄傲,也不会非常在乎。我经常给自己

---

① 抹大拉的马利亚(Magdalen),原为妓女,后改恶向善,见《圣经·路加福音》。
② 博尔盖塞宫(Borghese Palace),意大利罗马的一座历史建筑,博尔盖塞家族的主要住所。梯形平面,绰号"大键琴",其窄端面临台伯河,主立面临博尔盖塞广场。博尔盖塞宫原有许多拉斐尔、提香等人的作品,1891年转移到博尔盖塞美术馆和博尔盖塞别墅。

编故事，将自己知道的或听说过的所有人都编入故事中——可即使算上皇帝，我也不会说"我爱你"。而且，我确信自己说的话千真万确。有些人，我根本就不会对他说这种话。留下来！可现实中，我曾说过这样的话啊！的确，但当时，我考虑得并不周详，根本就不该这么说。

五月二十八日，星期日

在读贺拉斯①和提布鲁斯②的作品，后者的主题总是关于爱情，很适合我。我把法语和拉丁语的版本都放在一起进行比较。这场婚姻因自己的考虑不周而引发，但愿它没有伤害到我！是有这种可能性的，我的担心是必要的。我本不该给 A 任何承诺，本该对他说："谢谢你，先生，你为我所做的一切，我深感荣幸。但在征询家里人的意见之前，我无法给予你任何答复。让你的家人跟我的家人说吧，我们拭目以待。至于我……"为了回答得再委婉一些，我还会说："决不会反对你的求婚的。"

说这些话时，我会露出和蔼的微笑，递出自己的手让他亲吻，这就什么都解决了。我不该当时就亲口做出承诺，也就不会有人在罗马乱嚼舌头了。那么，一切都会平安无事的。我虽有足够的理智，可理智却总是姗姗来迟。

---

① 贺拉斯（Horace，公元前 65—公元前 8 年），罗马帝国奥古斯都统治时期的著名诗人、批评家、翻译家。代表作：《诗艺》等。
② 提布鲁斯（Tibullus，公元前 55—公元前 19 年），古罗马诗人。代表作:《挽歌》等。

五月三十一日，星期三

是不是有人曾说过"英雄所见略同"？一直在读拉罗什富科[1]，发现他说过的话，我都写过。原以为自己独创了新思想，结果发现在很久之前就已经有人说过了。

眼睛给我带来了不少麻烦，有好几次在画画时，我不得不停下来，眼睛看不清东西了。我整天要么读书、写作，要么画画，已经用眼过度了。今天晚上，为了找些营生干，我重新浏览了一下自己的古典作品目录，我发现了一本有关孔子的书——从拉丁语翻译成法语的，它非常有趣。让大脑忙碌起来，没有什么比工作更好的了。工作治愈一切疾病，尤其是脑力劳动。我无法理解有些女人，她们宁愿花时间织毛衣或刺绣——让双手忙碌起来，也不愿让大脑忙碌起来，而恰恰在大脑空虚的时候，轻浮或危险的幻想就会乘虚而入。如果内心藏着什么不可告人的秘密，那么，你就会一心只惦记着这点儿事，最后往往会产生灾难性的后果……

问一下那些了解我的人，他们对我的性格有何评价。他们会告诉你，我是他们见过的最快乐、最无忧无虑、最独立的人，因为我表现得高傲、快乐，不为任何创伤所伤害，也因此体验到了与众不同的乐趣。我喜欢参与各种各样的讨论，无论是严肃的还是打趣的。而在日记里，你看见的却是真实的我。对于世人而言，这是一个截然不同的我。人们会想当然地以为，他们看见的我，一生无忧无虑，习惯让环境和世人听从自己的摆布。

---

[1] 拉罗什富科（La Rochefoucauld，1613—1680 年），法国箴言作家。代表作：《箴言集》等。

六月三日，星期六

为什么整个世界都与我针锋相对呢？我流泪了，请原谅我，哦，我的上帝！还有比我更悲哀的人。当我睡在衾鸾之中时，仍有人需要面包填饱肚子；当我踏足地毯时，仍有人被街上的碎石弄破脚掌；当我头顶蓝缎点缀的天花板时，仍有人以天为席。也许，因为我流了眼泪，所以您惩罚我，上帝。那么，请您命令我吧，让我不再哭泣。在我之前所遭受的痛苦之上，再添加新的痛苦——羞耻，近在咫尺的羞耻，他们会说："A 伯爵向她求婚了，但有人反对，所以伯爵改变了主意，退婚了。"

看看，善良的冲动获得了多么好的补偿啊！

六月四日，星期日

耶稣治愈疯子的时候，弟子问他，自己为什么做不了这些？耶稣回答道："是因你们信心不足。我实话告诉你们，你们若有信心像一粒芥菜种，那就是对这座山说从这边挪到那边，它也必挪去，并且你们没有一件不能做的事了。"[1]

这些话令我醍醐灌顶，也许，生来第一次，我信仰上帝。我站起身来，不再意识到自我的存在。我双手紧握，眺望天空，咧嘴笑了，我欣喜若狂。再也，我再也不怀疑了，不是因为自己的信仰获得了回报，而是因为我确信——我有了信仰。12 岁之前，我受到娇惯，无论什么愿望都会得到满足，但没人考虑过我的教育问题。12 岁时，我要

---

[1] 出自《圣经·马太福音》17 章 20 节。

求有老师，就有了老师，我自己做学习计划，我的所有进步都归功于自己……

六月八日，星期四

想一想，人只有一次生命，而且还如此短暂！一想到这些，我就会陷入癫狂，陷入绝望！我们只有一次生命！而我正在失去这宝贵的人生，隐没于默默无闻之中，见不到任何人。我们只有一次生命！而我的人生正在毁灭。我们只有一次生命！而我生来就要可悲地浪费时间。岁月正在消逝，消逝，不再回头，带着我的生命，一点点地消逝。

我们只有一次生命！这个生命，本已如此短暂，还必须再次被缩短，被毁灭，被偷走，被可悲的境况偷走吗？是的。

六月十日，星期六

"你知道吗？"我对医生说，"我吐血了，需要治疗吗？"

"噢，小姐，"沃利茨基回答道，"如果你继续凌晨3点钟才睡觉，凡是世上的病，你都跑不了。"

"你为什么认为我睡觉晚？我的思想受到了干扰。如果让我的大脑平静下来，我就会安静入睡。"

"只要你愿意那么做，就会的。在罗马时，你就有机会。"

"谁会把它给我？"

"A，如果你不要求他改变信仰，如果你同意与他结婚。"

"噢，沃利茨基，我的朋友，真令人震惊！像 A 那样的人！想想吧，你在说什么呢！一个既无主见又无意愿的人，你说的话多么愚蠢啊！"

我开始柔声笑了起来。

"他既不来看我们，也不写信，"我继续道，"他是个可怜的家伙，我们过高估计了他。不，我亲爱的朋友，他只是个孩子，对他有其他的想法，是我们错了。"

说这番话时，我心情平静，这一点在其余的对话里已表现出来——这种平静，来自我坚信自己所说的话公正而且真实。

回到自己的房间，思想仿佛突然之间豁然开朗了。我终于明白，允许他吻我——虽然只是一个吻，但终究是吻——我做错了，还有与他在楼梯下约会，我也做错了。如果我没有来到客厅或者其他地方，没有寻求与他促膝交谈，他就会更尊重我，我现在就没有理由生气落泪了。

能说出这番话，我真爱死自己了！这是多么细腻的情感啊！（巴黎，1877 年。）

一切都要结束了！我知道，这种状态维系不了多久。我渴望过平静的生活，我要去俄国，那会让事情好起来，我要带父亲回罗马。

六月十四日，星期三

这个意大利小子，不仅让他占了便宜——这令我感觉恼火，还要面对由此产生的各种绯闻。

从未预料到这次爱情冒险会产生这种后果，既无法预料其发生，也从未想象过它会发生在自己身上。假如自己所言是真，我美丽如画，那么，为什么没有人爱我？有人倾慕，有人示爱，却无人爱我——我是如此需要爱情啊！是那些读过的小说，冲昏了我的头脑啊！不，看小说，就是因为我被冲昏了头脑。那些读过的小说，我还是一遍一遍地再读，满怀悲切搜寻爱的场景。我如饥似渴，因为认为有人会爱我——因为认为无人爱我！

我需要爱情，此话不假，但我决不会为此改变自己的真情。

事实不是这样的，这并不是我所渴望的。我渴望走进社会，闪烁光芒；我渴望功成名就，富贵荣华；我渴望绘画，渴望获得宫殿和珠宝，渴望成为上流社会——政治圈、文学圈、慈善圈、社交圈——的宠儿，渴望获得所有的这一切。愿上帝令我如愿以偿！

我的上帝，不要因为这些不着边际的胡思乱想而谴责我。有些人天生就坐拥其间，理所当然地拥有这一切，并为此感激上帝，这难道不是事实吗？

渴望变得伟大，就罪恶不赦吗？不，我渴望用自己的行动报答上帝的恩典，并因此获取快乐。渴望快乐，难道有什么过错吗？

那些在简朴舒适的家中找到快乐的人，他们的野心难道比我小吗？他们无法理解自身之外的世界。身居陋室，满足于简朴生活的人，难道会变得睿智起来、欲望得以节制了吗？不，绝不会！因为只有过这种生活，他才快乐；因为默默无闻地生活，就是他最大的快乐。如果不渴望刺激，那是因为刺激不会令他快乐。没有勇气的人，绝不是圣人，而是懦夫，因为怯懦与无能的本性，他只会暗暗渴望自己所没有的东西，而不会去依靠耶稣的美德付诸行动得到它。我的上帝，如果我的推理毫无道理，请启迪我，原谅我，怜悯我！

六月二十二日，星期四

过去听到有人称赞意大利人时，总是半信半疑。我不理解，为什么这个国家有如此之多的热情，人们谈论它的情形，仿佛这个国家有那么多的与众不同。可是，它就是与众不同，人们在这里，的确呼吸到了不一样的空气。在这里，生命别有意义，它自由，美妙，伟大，又义无反顾。然而，它又有些慵懒，热情如火中夹杂着温柔，就像它的太阳、天空，还有它热情洋溢的平原。因此，我才会如诗人一般插上翅膀，在它的上空翱翔——有时我就是一个彻头彻尾的诗人，内心深处散发着诗人的气质，随时想高声大喊：意大利，就是我们的天堂，这里有欢乐的太阳！[1]

六月二十四日，星期六

正等着有人叫我吃早饭，这时医生来了，上气不接下气地告诉我，他接到了彼得罗的一封信。我脸色绯红，眼睛却未从书本离开，问道："那么，他说了什么？"

"他们拒绝再给他钱了，你比我更清楚这意味着什么。"

我小心翼翼地不让自己表现出急迫的样子，如果表现出来，就说明我对这封信有极大的兴趣，那可够羞人的了。

通常我是第一个到饭桌吃早饭的，今天却一反常态地迟到了。饭也吃得急急忙忙的，而且一言不发。

"医生说的是真的吗？"最后，我问道。

---

[1] 原文为意大利语。

"是的,"索菲姨回答道,"A 给他写了信。"

"信在哪儿,医生?"

"在我房间里。"

"给我看看。"

信的落款是 6 月 10 日,但 A 指明寄到尼斯。就是说,这封信穿越了整个意大利才邮到了这里。

"这段时间里,我无所事事,"他写道,"只是请求家人让我去尼斯,但他们断然拒绝再听到这样的请求。"所以,他不可能来尼斯了,他已一无所有,剩下的只有未来的希望,而这希望又总是摇摆不定。

这封信是用意大利语写的,大家等着我翻译,我却一言未发,只是强打精神整理自己的思绪,以防他们将我的离开归因于忧虑不安。我离开了房间,穿过花园,虽然脸色平静,可内心已乱成一团。

这封信不是回复给某位摩纳哥熟人的电报,那种电报本可一笑而过。这封信是给我的,它就是一个宣言,而且是给我写的宣言!写给我这个曾经幻想飞上天的人。尽管如此,我能做什么呢?

去死?上帝不会愿意的。成为一名歌手?我既无健康的身体又没有耐心。

那么,还有什么?还有什么?

我六神无主地倒在沙发上,目光茫然,试图揣摩这封信的含义,想想还能有什么思路可寻。

无法描述自己的痛苦,抱怨有时也徒劳无益。我的心已被揉碎,还能抱怨什么呀?

无法描述自己深深的厌恶和失落。爱情!从此之后,这个词对我再无任何意义!那么,这是真的吗?这个人从未爱过我,他将婚姻看成了换取自由的手段。至于他的抗议,我不会考虑,我没对任何人提过这些,更没有足够的信心,可以认真地跟人谈论这件事。我不是说,他一直在撒谎。男人在发出抗议时,总会对自己的抗议信以为真，可抗议了之后呢？

尽管不断自我反思，可我仍然怒火难消，决心报复。要等待时机，但一定要报复。我走进房间，写了几行字，突然一阵心酸，不禁落下泪来。噢，毕竟我还是个孩子。这些悲伤对我来说过于沉重，难以负荷。我想叫醒索菲姨，但她会认为我因爱情的失落而哭泣，这让我无法忍受。说爱情与我的落泪根本没有关系，这是实话，可我还是对这种情感感觉羞愧。

也许就是写一晚上也无法将自己的真情实感倾泻出来，即使能将它们倾泻出来，也无法说出什么有新意的东西，该说的都已经说过了。

七月二日，星期日

哦，热死了！哦，多无聊啊！可要说无聊，我就错了（对于一个像我这样内心丰富的人，是不会感觉无聊的）。我没有感觉无聊，我看书，唱歌，画画，做梦，可我心神不宁，内心伤悲。我这年轻而可怜的生命，注定要在吃喝之中、在家务琐事的争吵中度过吗？女人的生命从16岁到40岁，想到自己哪怕会失去一个月的生命，都会内心颤抖。如果生命短暂，为何还要学习、求知，像传记里所描写的伟人那样，相比世上所有的女人都更博学，并为自己的博学多才而自豪呢？

对许多事情，我都有与众不同的看法。但是，将自己的精力集中在绘画、文学和物理学方面，这样我才能腾出时间读书——读所有自己感兴趣的书。一旦读起来，就发现一切都变得有趣起来，也由此产生了发自内心地对书的狂热。

既然人生就是如此，为何还要学习和回忆呢？为何被赋予了天赋、美丽和歌唱的才能呢？也许，我会在默默无闻中枯萎，在忧郁悲伤中死去。假如我无知愚蠢，也许我会快乐，可没有一个鲜活的灵魂可以与我倾心交谈！家庭，对于16岁的人来说，并不是人生的全部——不管怎样，我就是这样的人。外祖父本是理智之人，可他因为上了年纪，眼睛又失明，还是会因饭菜和仆人特里芬的事情而不停地抱怨，搅得大家心烦意乱。

母亲非常聪明，可几乎未读过书，不了解世界，处事也不知道变通，一天只想着仆人、我的身体和狗，思维能力与日俱减。索菲姨，则更自如一些，对那些不了解她的人，甚至有些威严。

我说过她们的年龄吗？若不是身体不好，母亲仍是个优雅的女人。索菲姨比母亲小几岁，可看起来却老些，她不漂亮，但身材高挑，体形苗条。

七月三日，星期一

明天离开尼斯。离开尼斯，让我感到不可名状的悲伤。我选了一些唱片随身带上，还挑了一些书——百科全书，柏拉图、但丁、亚里士多德、莎士比亚的，每人挑了一本，又选了布尔沃①、柯林斯②和狄更斯的小说。

我走进房间，后面跟着狗。我把白盒子取出放在桌上。啊，我的遗憾都存放在这里！一半的我也在这里。希望回忆罗马、尼斯或者更遥远的过去时，我都会每天浏览一遍这里的内容。

---

① 布尔沃（Edward Bulwer-Lytton，1803—1873年），英国小说家、诗人、剧作家和政治家。代表作：《庞贝末日》《晨与夜》《金钱》等。
② 柯林斯（William Wilkie Collins，1824—1889年），英国著名小说家、剧作家、短篇故事作者。代表作：《白衣女人》《月亮宝石》等。他的作品在维多利亚时代取得了很大成功，很受读者欢迎，后来被认为是推理小说的先驱之一。

今晚的月光明亮，用它淡淡的银色光芒点亮了城市里的美景，这美景好像在我离开的前夜专门为我点亮。我的城市？是的，我的城市。我微不足道，也许任何人都不屑与我探讨这个城市的归属。此外，太阳难道不是属于每个人吗？我走进客厅，月光透过宽大的窗户洒进房间，照亮了白墙，也照亮了椅罩。在这样一个夏夜，人会莫名地感觉到忧郁。

不能随身带上这本日记，是我真正的忧郁所在。

这本可怜的日记，伴随着我，见证了我为了光明而进行的所有抗争，以及我所有情感的爆发。若是能最终功成名就，这些爆发，就是那个被束缚的天才情感的爆发；若是注定要在默默无闻中一直憔悴下去，也可以把它看成凡尘俗子的胡言乱语。结婚生子？任何洗衣女工都可以做到。

那么，我渴望什么呢？啊，你非常清楚，我渴望的——我所渴望的，是荣耀！

然而，荣耀并不是这本日记能给予我的，日记只在我去世之后才会发表，因为我过于赤裸裸地将自己展示出来，所以不希望在自己的有生之年有人读到它。即使有人读到了，也不会让一个辉煌的人生更加完美！

辉煌的人生！虚幻的梦想！缘起于隔离的生活，对过去的沉溺，还有太过丰富的想象力。

任何一种语言，我都不是非常精通。我最拿手的当然是母语，但只在处理家务事时才使用。我10岁离开俄国，现在能流利地说英语和意大利语，可我却用法语思考、写作，还会犯一些拼写错误。经常，虽然心绪郁闷，却难以将这种郁闷的情感表达出来，即使搜肠刮肚也难以找到恰当的词语，像名人作家那样流畅优雅地表达自己的所思所想。比如："旅行，无论你说过多少反对旅行的话，它仍是人生中最悲伤的快乐之一。在异乡做客却有了家的感觉，这是因为你早已将异乡当成了自己的家乡。"这是作家科琳恩说过的话。多少次我想表达同样的情感，虽然笔已拿在手中，可也是徒劳，最终失去耐心，写出来的只是这样的话语："我憎恨陌生的城市！看到陌生的面孔，就是我的殉葬！"大家都有同样的想法，唯一的区别在于表现手法。同理，人都是由同样的物质构成的，可在特征、身材、肤色和性格上，却又有着天壤之别！

这些天来，总是时不时地有这样的想法，却无法流畅而优雅地表达出来。

那么，这本日记写完了。到达巴黎时，我会开始在新的日记本上记日记了，写俄国也够用了。

我会带上彼得罗给我的最后一封信。

刚刚又读了一遍这封信，他不快乐！那么，他为什么不能再更有些阳刚之气呢？

我耳根子软，任何人都可以说服我，但只有他——还有那些罗马人，他们是世界上的另类，根本无法说服我。

可怜的彼得罗！一想到荣耀，我就无法放任自己一门心思再去想他。只要一想到他，就感觉良心受到了谴责。

亲爱的上帝，请放宽心吧。彼得罗再无多少意义，他只是为了消却我心头的悲伤而插播的一段舒缓神经的音乐。我责备自己，不要将心思放在他身上，因为他不再能为我做任何事情，甚至不能引导我走到神圣的荣耀阶梯前。

七月四日，星期二，巴黎

爱情，似眼里的泪水，瀑布般滴落在胸前。

——普布里乌斯·西鲁斯[①]

七月五日，星期三

昨天下午2点钟离开的尼斯，一同离开的还有索菲姨和女仆艾米莉。母亲哭了。我乖巧，又爱她，一想到我们要分离，她整整哭了3个小时。两点半时，我们到了巴黎。必须承认，虽然巴黎不是最漂亮的城市，却是最有魅力也是最有活力的城市。

七月十三日，星期四

今晚，我们去看M伯爵夫人，她和我谈到了婚姻。

"哦，不要，"我说道，"我不想结婚，我想要成为歌唱家。你瞧，亲爱的伯爵夫人，我们必须这样。我要装成小姑娘，你和索菲姨带我去见那个巴黎最有名的声乐教师。我就是您的意大利学生，一心想成为歌唱家。"

"噢！噢！"伯爵夫人抗议道。

[①] 普布里乌斯·西鲁斯（Publius Syrus，公元前85—公元前43年），古罗马拉丁文格言作家之一，出生于叙利亚，后作为奴隶被掠往罗马城。他凭借自己的智慧和才能赢得了主人的青睐，而被释放。不久即开始文学创作，并闻名遐迩。他的作品现仅存残篇。此处引文原文为拉丁语。

"这是让我知道自己嗓音到底如何的唯一办法,"我继续平静地说,"去年,我还专门做了一套衣服,就是为了在这个场合穿的!"我噘起了嘴。

"好吧,这个主意还行吧!"她终于松口了。

七月十四日,星期五

一大早,我就格外小心照顾自己,不再多咳嗽一声,也不随便活动。虽然天气热得要命,也口渴得要命,可我还是一口水都不喝……

终于动身了,我们和M伯爵夫人一道来到了安坦堤道37号,那是最负盛名的歌唱教师瓦泰尔先生在巴黎的住所。

M夫人跟老师提过我,说我是来自意大利的小女孩,有人专门推荐给她的,家里人想知道这孩子成为大歌唱家的希望有多少。

下午3点钟到的那里……有人带我们进了一间小客厅,在教师授课的房间隔壁。4点钟敲响时,我感到自己的四肢颤抖起来,浑身没了力气。

瓦泰尔做了个手势,意思是说"进来吧",我却没有领会。

"小姐,进来吧,进来。"他说道。

我走进客厅,两位保护者也跟了上来。我请求她们返回房间,她们的出现只会令我感到紧张。的确,我感觉非常害怕。

瓦泰尔上了年纪,可伴奏师却非常年轻。

"你识谱吗?"老师问道。

"识谱。"我回答。

"你会唱什么乐章?"

"不会唱乐章,但我会唱音节和练习曲。"

"那么,来段练习曲吧,首兹先生。你的声音是什么——女高音?"

"不，先生，女低音。"

"展示一下吧。"瓦泰尔说，他没有从椅子上起身，只是示意我开始。我唱了起来，起初有些胆怯，接着是绝望，最后是满意。

"好，"老师说道，"你的声音是女中音，不是女低音，这种嗓音音域是会发展的。你上过课吗？"

"从未，先生，也可以说，只上过10次课。"

"好吧，你必须加油了。你会唱浪漫曲吗？"

"会唱《迷娘》[1]的咏叹调！"索菲姨在隔壁的房间大声说道。

"非常好，那就唱《迷娘》的咏叹调吧。"

我唱歌时，瓦泰尔的表情，起初只是关注，然后渐渐表现出了一点惊讶，继而变成了惊奇，他的头竟迎合乐曲一边打着拍子，一边欣然地微笑着，最后也跟着唱了起来。

"好，非常好！现在，让她唱一个——"我没记住他用的那个词。

伴奏师让我唱了那段（名字叫什么，意义不大）。在他的伴奏下，我唱遍了所有的音调。

"现在清楚了，"老人说道，"没错，是女中音。这种嗓音上台更好，要好很多。"

我还在站着。

"坐下，小姐。"伴奏师说道，从头到脚审视着我。

我坐在沙发边上。

"总之，"瓦泰尔一脸严肃地说，"你必须加油了，但你会成功的。"

"培养她的嗓音需要多长时间？"M伯爵夫人问道。

"夫人，你清楚，这取决于学生自己，有些学生——那些聪明的学生——不需要多长时间。"

"这孩子聪明得不得了。"

---

[1]《迷娘》(*Mignon*)，取材自歌德的《威廉·麦斯特尔的学生时代》。

"啊，这样更好了，那就容易了。"

"那么，到底需要多长呢？"

"培养她的嗓音，让它完美起来，至少需要3年，是的，至少3年的付出，3年！"他重复了好几遍。

我一言未发，一心想着报复那个不老实的钢琴师，他的目光似乎在说："这个小丫头身材不错，还挺漂亮，能带来不少乐子。"

又说了几句话，我们起身告辞，瓦泰尔还是坐在那里，友好地向我伸出了手。我紧咬嘴唇。

"听着，"在门口时，我说道，"回去告诉他们真相。"

索菲姨取出了名片，我们笑着返了回来。我告诉了一脸严肃的大师自己耍的这个小计谋。

钢琴师的脸上是怎样的表情啊！

我永远不会忘记。复仇成功。

七月二十三日，星期日

罗马——巴黎——舞台，唱歌，画画！

不，不！俄国要放在首位！它是一切的基础。既然要在舞台上装扮成圣人，就请让我一直装下去，不要让那些令人迷惑的幻想将我引入歧途。

若上帝想要助我一臂之力，请将俄国放在首位。

出于爱，我给母亲写了信，告诉她我还一如既往，随叫随到。噢，只要上帝稍微帮下忙，我就会万事如意。

愿圣母玛利亚为我祈祷！

七月二十七日，星期四

今天早晨，到了柏林。

这个城市给我留下了特别美好的印象，房子漂亮极了。

七月二十八日，星期五

柏林让我想起了意大利，想起了佛罗伦萨。之所以想起佛罗伦萨，是因为索菲姨和我在一起，当时她也在佛罗伦萨，我们的生活与现在别无二致。无论来到哪里，首先要去的就是图书馆。不论是无知还是偏爱，柏林图书馆里的收藏真的出乎预料。如以往一样，雕塑还是我的最爱。在我看来，自己似乎比别人多了一个感官——可以读懂雕塑的感官。

矗立在这儿的我，像浮士德一样，面对的是古色古香的德式书桌。我坐在它旁边，周围堆满了书籍、草稿和一卷卷的草纸。

魔鬼在哪儿？玛格丽特[①]在哪儿？天哪！魔鬼一直和我在一起，我疯狂的虚荣——那就是魔鬼。噢，这样的雄心不该产生这样的结果！噢，虚荣的野心，献给了一个未知的对象！

在任何事情上，我都憎恨中立。我所要的人生，要么是连续不断的刺激，要么是彻底的波澜不惊。为什么现在产生这种想法，我不知道，但我的确是不爱 A 的。不仅不爱他了，甚至连想都不会想他了，一切都似乎是一场梦。

德国人性情淳朴，崇尚物质主义，虽然我不羡慕他们，但必须承

[①] 玛格丽特（Margaret），欧洲中世纪传说中的人物浮士德的情人。

认，他们拥有许多良好的品质。他们懂礼貌，知道感恩。在他们身上，我喜欢的是他们对历史和统治者表现出的尊重。这说明，他们远没有为所谓的共和国主义的传染病所感染。任何形式的政府都无法与共和国相提并论，但共和国就像一件白色的貂皮大衣，哪怕沾上最轻微的污点都会令其一文不值。而你，又能在哪里找到没有污点的白色貂皮大衣呢？

不，这里的生活根本就无法实现，这是一个可怕的国家。漂亮的房屋、宽敞的街道，却没有任何可以称之为精神或想象力的东西。在这方面，意大利最不起眼的小镇都可以与柏林相媲美。

七月三十日，星期日

再没有比柏林更阴晦的地方了。这座城市打着简朴的烙印——简朴得没有了美感和优雅，数不胜数的纪念碑阻碍了大桥、街道和花园，似乎既不协调又无意义。柏林令人想到了时钟上的场景：每隔固定的一段时间，士兵们就会从营房里走出来，船员们也开始列队站排，还有披着斗篷的女士，手中抱着孩子从路旁经过。

既然时间到了，我该穿越俄国边界了。我孤独一人，没有了索菲姨和母亲，我失去了勇气，开始害怕起来。要打的官司，未知的结果——然后，然后——我不知道为什么，但担心自己无力改变任何事情。

两个多小时后，离开了柏林。明天，我将在俄国了。好吧，那么，不，我不会害怕的，我要坚强。只是，万一俄国之行毫无意义呢！但光想是没有用的，绝不要在做事前就绝望。

噢，要是有人理解我的感受就好了！

这个国度道路平坦，丛林密布，树木虽然郁郁葱葱，但看起来却带有一丝悲伤，比不上南方鲜艳而茂盛的植被。有人引导我们来到了一个叫俄国宾馆的小旅馆，被安排了两个小房间。屋顶被粉刷成白色，脚下只有地板，家具也同样简单实用。

八月三日，星期四；八月四日，星期五

昨天 3 点钟，去赶火车，有幸见到了叔叔，他早已到了那里等我……午夜时，我进入车厢，叔叔哭了。我目光直视，一动不动，以防泪水溢出来。列车员发出信号，有生以来第一次，我居然独自一人！我开始大声抽噎起来。别以为我的抽噎没有用处！出于本能，我曾研究过哭泣的艺术。最后，我对自己说："别再哭了！我的孩子。"我坐直了身子。是时候了，我在俄国了。从车厢走下来，叔叔用他的拥抱欢迎了我，伴随叔叔的还有两位宪兵和两位海关官员。我受到了公主一般的接待，他们甚至没有检查我的行李。火车站很大，官员们教养良好，彬彬有礼。我还以为自己到了某个理想之国，一切都井井有条……我的同胞们没在我身上唤醒特殊的情感，也没有唤醒特殊的亢奋——这些情感只在回访曾经去过的国家时才能体会到。我所感到的，只是对他们的同情，以及罕有的轻松自如。9 点半了，天还亮着。我们早已过了加特契纳宫[①]，这是保罗一世沙皇的行宫，他一生都为他那高傲的母亲所迫害。不久，到了沙皇别墅，距离圣彼得堡不到 25 分钟的路程。

[①] 加特契纳宫（Gatchina），建于 1766 年至 1781 年。位于俄罗斯圣彼得堡郊外城市加特契纳的一座宫殿建筑，加特契纳宫是一座典型的俄罗斯 18 至 19 世纪古典主义建筑，也是俄罗斯皇室最喜欢的宫殿之一。

⊙ 加特契纳宫

八月六日，星期日

　　天在下雨，我早已着凉了。在给母亲的信中，我写道："圣彼得堡是个肮脏的地方！街道真为这个首都丢脸，粗粝的铺路石无情地让你颠簸劳顿，冬宫仿佛营房一般，大剧院也不例外。大教堂装饰奢华，却设计粗糙，造型古怪。"

　　看到彼得罗的画像时，我想唤醒某种情感，但他还不够帅气，无法令人忘记他是一个可鄙之人，一个令人藐视的家伙。我不再跟他生气了，我如此鄙视他，不是因为个人感情，而是因为他的生活方式，他软弱的性格。先等一下，我给你解释一下软弱这个词吧。软弱，可以引导我们变得善良、温柔，宽容伤害，这叫软弱，也可以引导我们犯错，变得邪恶，这叫懦弱。

以为离开家人，可以让我感慨不已。可是我并不快乐，因为我所讨厌和令人乏味的人出现了（比如说我可怜的叔叔，尽管他长相英俊），而不是因为见不到自己所爱之人。

八月七日，星期一

刚从邮局回来，去那里取父亲发给我的照片和电报。他曾给柏林拍电报说，我的到来对他是"真正的快乐"。

八月十日，星期四

这是一个值得纪念的晚上，终于不再将公爵 A 看成自己珍藏的理想对象了。从在贝加马斯卡的家里看见弗拉基米尔王子[①]的画像开始，我就再也无法将目光从他身上转开，再也想象不到有谁比他更英俊、更完美了。吉罗也和我一样为他痴迷，最后我们都吻了画像……在我该倾慕帝国王子的时候，我却倾慕上了公爵！愚蠢啊！但有些事情，却是人无法左右的。最初，我还认为 H 与我相配呢，把他当成了我的梦中情人。好吧，过去的就过去吧。现在，谁是我的偶像呢？没有人，我要为名誉而活，希望可以找到——一个真正的男人。

看看我，我自由了！再无偶像去崇拜，可以随意寻找自己的爱慕之人。所以，我必须尽快找到，因为没有爱情的生命就像空空的酒

[①] 弗拉基米尔王子（Grand Duke Vladimir Alexandrovich，1847—1909 年），俄罗斯皇室成员，亚历山大二世的儿子，是后来俄罗斯皇室的家族领袖及俄罗斯沙皇的假定继承人基里尔·弗拉基米洛维奇的父亲。

瓶。当然，瓶中的酒也必须是香醇的美酒。

丰盛，不仅仅是美食的唯一美德，也是其最精致的品质。酒足饭饱之后，就会心情愉快，就会带着更多的快乐对待好运，带着更多的冷静看待背运，对待自己的邻居也会友好。贪婪，是女士身上的魔鬼，但爱好美食，在某种程度上，就如同心智聪明或打扮得体一样，也变成了美德。食物的简单或精致，身体的健康与否，不是考虑的内容，需要考虑的，是青春、鲜红的气色和圆润的脸蛋。拿我的身材来说吧，玛丽娅·萨波基尼科夫说得对，她认为像我这样的身材，应该有更漂亮的脸蛋。可后来，她却发现我长得根本就不丑。13岁时，我就长得像大姑娘了，大家都以为我有16岁了。现在，我虽然身材苗条，但发育得很好，而且有些过于丰满了。我将自己与所有看过的塑像比较，发现没有人跟我一样有饱满的轮廓，或者说那么大的臀部。这是缺陷吗？略微丰满的曲线才能与肩膀相配啊。

在格鲁斯克火车站，迎接我们的是两辆马车，6个乡下仆人，还有我那一无是处的弟弟。保罗身材高大，相当壮实，如罗马雕像一样漂亮。

一个半小时后，我们到达了恰帕托卡。旅途中，可以隐隐察觉到，父亲这方对巴巴尼亚家族的敌意和怨恨。我把头高高抬起，这样看起来就会比弟弟高一点儿。而弟弟呢，看见我真的很高兴。我不会站在任何一方，我需要与父亲友好相处。

房子不大，只有一层，带一个大花园，但维护得不太好。农家妇女发育得尤其好，长相漂亮，服装独特，把身材显露得一览无余，膝盖以下都露在衣服外面。

玛丽娅姑姑在台阶上迎接我。洗浴后，我们去吃饭。我和保罗交火了好几次，他试图挑衅我，也许不是本意，只是为了顺从父亲给予他的冲动。最终，我的高傲令他束手就擒。于是，这个试图灭我士气的家伙，最终却让我灭掉了。我读得懂他的内心，他对我的成功半信半疑，对我们在世界上的地位心有不满。在这里，他们给予我的唯

——一个名字就是"女王"。父亲试图将我从王位推翻，而我要让他俯首称臣。我了解他的本性，我与他有许多共同之处。

八月十五日，星期四

我依靠在弟弟保罗的臂弯，缓缓地走着，思想漫无目的地畅游着。这时，我的目光扫到了树木，树枝交错纵横，构成了绿色的华盖，几乎碰到了头顶。我突然想到，假如我和 A 在一起散步，假如我依靠的是他的胳膊，他会说些什么呢？他会微微低下头，用他独有的轻柔而具有穿透力的声音说："我是多么幸福啊！我是多么爱你啊！"

他对我说话时的口气，尤其是只有对我才说的那些话，用什么语言都无法表达出其中的柔情蜜意。他轻缓温柔的举止，灼热的目光，迷人的语调，婉转缠绵，却又震颤心扉。那些轻声细语，如怨如诉，谦卑、热情而又温柔——而且只是为我而诉！

可是，这毕竟只是表面上的温柔，毫无意义可言。若是他看我的目光充满柔情，那也是他的本性使然。有些人看起来热情，有些人令人惊讶，而有些人令人烦躁，可实际上，他们与这些性格根本就格格不入。

噢，对这所有的一切，我应该了如指掌啊！我应返回罗马结婚，否则，就是一场羞辱。但我还不想结婚，我想要自由，最重要的，我还要学习。我终于找到了正确的道路。

坦率地说，因憎恨 A 而结婚，是一件蠢事。

然而，问题的关键不在这里，只是我希望像其他女人那样生活。

今晚，我对自己满怀怨气，却不知原因何在。

刚刚来到郊外，父亲就突然问我："那么，我们今晚是不是还像昨天那样,来几次交锋啊?"

"随你的便。"我答道。

他粗鲁地将我揽到怀里,用外氅将我裹住,将我的头靠在他的肩膀上。

我闭上了眼睛,这就是我表现温柔的方式。我们一直这样待着,有好一会儿。

然后,我开始谈论国外的生活——在罗马,还有交友的乐趣,我刻意让他知道我们在那里生活得还不错。我谈到了管家福勒斯、威斯康提男爵和教皇,还特意夸张了波尔塔瓦①的社交现状。

"一辈子都在玩牌输钱,"我不满地大声说,"在教区中心的酒馆里,天天酗酒,自毁人生,过着动物般的日子,终日碌碌无为,醉生梦死。"

"好了!你是想暗示我交友不慎吧。"他大笑着说。

"我?是的,的确!我谈的是那里人通常的生活,没有专门指谁。"

我在这个话题上谈了很长时间。最后,他问我,在尼斯买一间可以举办社交活动的大房子需要多少钱?

"你知道,"他说道,"如果我冬天在那里安顿下来,住处需要调整一下。"

"谁的住处?"

"那些天空中的鸟儿。"他大笑着答道,好像有些恼火。

"我的住处?"我说,"是的,的确如此,但尼斯不是令人感觉心情愉快的城市。今年冬天你为什么不来罗马?"

"我?嗯!好吧,说定了!"

不管怎样,第一粒种子已经播下,而且播在了肥沃的土地上。我

---

① 波尔塔瓦(Poltava),乌克兰首都基辅东部的一座名城,波尔塔瓦州的首府,是俄罗斯和瑞典军队之间著名的波尔塔瓦战役的主战场,也是玛丽娅·巴什基尔采娃的出生地。俄罗斯著名的剧作家果戈理、奥费主义运动发起人之一艺术家索菲亚·德劳内、以色列曾经的总统伊扎克·本-兹维皆出生于此,如今波尔塔瓦成了乌克兰的旅游名胜。

渴望荣耀

所担心的是其他人的干涉，必须让这个人适应我的社交圈，让自己成为他乐意相处的人，这样 T 姑姑就会发现，在她哥哥和自己不怀好意的挑拨离间之间已竖起了一道藩篱。

八月二十三日，星期三

给母亲写了信，几乎像写日记一样详细地告诉了她这里的情况——这胜过世界上的任何灵丹妙药。我假装自己受到了迷惑，可是没有，目前还没有。我将这一切一五一十地告诉了母亲，但直到事情结束，我才会知道自己是否成功。总之，走着瞧吧。上帝是善良的。

帕夏是我的表弟——姑姑的儿子，这个人有点令人捉摸不透。今天早晨，谈到父亲时，我说孩子经常评判父亲的行为，可在自己结婚生子后，还会做跟父亲一样的事情，而这些事情他们之前曾经是反对的。

"千真万确，"他说道，"但我的孩子没法批评我，我永远不会结婚。"

沉默片刻之后，我说道："所有人都会说这种话。"

"的确，但我不一样。"

"为什么？"

"因为我已经 22 岁了，可连恋爱都没谈过，我从未对任何女人看过第二眼。"

"这很自然，在 22 岁之前不该谈恋爱。"

"什么？有些孩子十四五岁就谈了！"

"这是情窦初开，与爱情根本无关。"

"也许吧，但我跟其他人不一样。我有激情，但是有点高傲——我的意思是，我要尊重自己，然后——"

"你谈到的这些品质都不错啊。"

"好品质？"

"是的，当然了。"

后来，他又谈了一些事情，具体我记不清了。他说如果他母亲死了的话，他会发疯的。

"是的，会有那么一阵儿，然后——"

"不，没有然后，我会发疯的，我知道。"

"会有那么一阵儿，但最终情感会让新的经历所取代。"

"那么，你否认情感的永恒了？"

"坚决否认。"

"真奇怪，玛丽娅，"他对我说，"从一种依恋投入到另一种依恋之中，这种情感的转变该有多快啊！前天，我叫你玛丽娅·康斯坦丁诺芙娜，昨天叫你玛丽娅小姐，可今天——"

"就叫玛丽娅了，跟我说的一样。"

"在我看来，我们似乎一直生活在一起，你的一举一动都那么清纯可爱。"

"难道不是吗？"

父亲在柱廊等我们。

"我没骗你吧？"我问父亲，"我穿骑马服看起来不错吧？问一下帕夏我是怎么骑马的，很漂亮吧？"

"是的，非常不错，嗯，非常漂亮，真的。"

父亲端详着我，一副心满意足的神态。

我随身带了30套衣服，否则后悔都来不及了。只有虚荣才能战胜父亲。

这时M到了，带着行李和仆人。他向我致敬，我用惯常的客套话赞扬了他，然后去换装，说自己马上回来。

我装束一新地回来了。这次我换上了东方款式的长纱裙，拖裙有两码长，前开的绸缎紧身上衣，路易十四款的，还系上了白色大蝴蝶结。衬裙是连体的，拖裙是方形的。

M 谈起了衣装，他称赞了我的着装。

大家都说他木讷，可他却无所不知——音乐、艺术、科学。一直是我在讲话，他没有怎么吱声，只是答道："您说得太对了，的确如此。"

我没有谈论自己的学习，怕吓着他，但在书桌旁，我还是不得不拾起了学习的话题。我引用了拉丁文，谈到了古典文学，还和医生谈论了现代人对古典文学的模仿问题。

大家都惊叹我的博学多才，没有什么话题是我谈不上来的——我每个话题都驾轻就熟。

父亲竭力掩饰着自己的骄傲。有人送来了一小匙香草，这又勾起了烹饪的话题，我随即展示了自己的烹饪知识，这让 M 目瞪口呆，羡慕不已。

接着，我又将自己的诡辩艺术付诸实践，谈到了厨艺的好处，认为好厨艺增添了人的美德。

晚宴过后，大家上了楼。楼上的房间很大，尤其是舞厅，昨天晚上刚刚摆放了钢琴。

我弹起了钢琴。可怜的卡皮塔恩库拼命地打着手势，不让保罗再说话了。

"我的上帝啊！"这个好心的老人叫道，"听到这琴声，我都忘记自己最近 6 年一直在这个荒郊野岭种菜了，我又活过来了！"

我弹完了《小溪》[①]之后，大家都上来吻我的手。

父亲坐在沙发上，半合着眼睛。公主做着刺绣，没有讲话，不管什么时候，她都属于那种含蓄端庄的女人。

大家走后，我对父亲说："离开俄国后，我们就过这种生活，你和我一起来吗？"

[①]《小溪》(*Le Ruisseau*)，法国著名作曲家和管风琴演奏家加布里埃尔·福莱的作品。

"我会考虑的,好吧,也许吧。"

八月二十五日,星期五

父亲提议远足,去看一看他的另一处庄园,叫作巴甫洛夫斯克庄园。他对我很好,可今天我特别紧张,很少说话。哪怕稍稍一开口,都忍不住要流泪。

我想到了母亲,她参加不了这么奢华隆重的活动。这样的场合,她的心理无法承受。我告诉父亲,我想见识一下这里的社交活动。

"没问题,"他回答道,"只要你愿意,马上就办到。我带你去见省长夫人好不好?"

"好啊!"

"没问题,马上办。"

得到了父亲的承诺,我心态平和起来,能够安静地观看农活儿了,甚至对那些根本没有兴趣的细节也要了解一番。其实我所想的,就是在将来能用上这些知识,让人们对我刮目相看,在种植大麦和道出小麦的好处时能混个行家的名头。要是时不时地能引用一下莎士比亚的名言,或者谈论一下柏拉图哲学,那就更完美了。

你看,对于学习知识,我来者不拒。

帕夏为我买了个画架,接近晚饭时,我收到了两大块画布,是 M 从波尔塔瓦送过来的。

"你觉得 M 怎么样?"父亲问道。

我回答了他。

"好的,"帕夏说道,"一开始,我根本不喜欢他,可现在我非常喜欢他,真的。"

"我呢?你一开始就喜欢我吗?"我问他。

"你？为什么这么问？"

"来嘛，告诉我。"

"好吧，是的，我喜欢你。我预料你会不一样，还以为你不会说俄语，被惯坏了。现在，你知道了吧！"

"非常不错！"

帕夏有了兴致，甚至让我把自己的照片给他，这样他就可以一辈子待在项链里了。

"我爱你，珍惜你，任何人都比不上的。"他大声地倾诉道。

女王睁大了双眼，我笑了起来，将自己的手递给表哥亲吻。

起初他拒绝了，误解了我的意思，可最后还是顺从了。

奇怪而不屈的本性！今天下午，我谈到了自己对人类的藐视。

"啊，说得可太对了！"他叫道，"这么说，我就是一个懦夫、一条可怜虫啦！"

他面色通红，浑身颤抖，不顾一切地离开了房间。

⊙ 玛丽娅·巴什基尔采娃（1876 年摄）

八月二十六日，星期六

这个国家真要把人折磨死了！

今天下午，我用惊人的速度画了两幅肖像，一幅是父亲，另一幅是保罗。整个过程才用了30分钟。

父亲真心为我的绘画才能感到骄傲，看了画后非常满意。至于我，高兴得有些忘乎所以，因为画画就是向着自己的人生目标迈进。哪怕一小时，要是不画画或者不打情骂俏，我就会像压上千斤重担一样头疼欲裂。读书？不，还是画画吧！

今早，父亲来到我房间。在有事儿没事儿地聊了几句之后，保罗离开了房间，父亲突然沉默起来。我感觉他有话要说，真希望他说点什么，所以我也没开口，有意保持沉默。看见他尴尬犹豫的样子，我也刻意不自己引出话题，心里却感觉好笑。

"嗯，好吧，那么，你想说什么？"他问道。

"我，爸爸，没什么。"

"嗯！你说了嗯！你希望我和你去罗马，嗯！怎么样，那么？"

"很简单。"

"但是——"

他犹豫着，心不在焉地摆弄着我的梳子和刷子。

"我要是真和你去了——嗯！你母亲——她也许不会过来吧。那么，你知道要是她不过来——嗯！然后呢？"

"妈妈？她会来的。"

"啊！"

"无论我让妈妈做什么事，她都会做的。她根本不在乎自己，心里只有我。"

显然，父亲松了口气，他问了许多问题，关于我的，还有妈妈的生活状况——事实上，关于好多好多事情。

红衣主教去世了。

可恶的人（我说的是他的侄子）！

八月二十九日，星期二

我梦见彼得罗死了。我走近他的灵床，在他脖子上挂上了黄玉念珠，念珠上垂着一个金色的十字架。刚刚做好这一切，却发现那个死人不是彼得罗。

我认为，梦见死亡是结婚的预兆。

一个年轻人爱上了一位姑娘，这位姑娘也爱着这个年轻人。过了一段时间，他却和另外一个姑娘结婚了。当问到他另娶的理由时，他回答道："她吻了我，这说明她要么吻过其他人，要么将要吻其他人。"

"他说得很对。"亚历山大叔叔说。每个男人都是这样思维的。

最高等级的思维模式就是不公正，我无法控制自己的怒火，将自己关在了小屋之中。

他们指的，理所当然地就是我。想想这种假设背后的原因吧。

有些事情，教育、书籍、建议都无法教会我，只有经历了，才能让我懂得。

九月八日，星期五

可鄙的恐惧，我终会战胜你的。昨天，难道没长记性，忘了自己害怕枪了吗？保罗真实在，给枪上了子弹，可能还上了一大梭子弹。我对此却全然不知，对用枪更是一无所知。枪会走火的，会杀人的，多愚蠢，还有，我也许会毁容的，一辈子都恢复不了。

这些本就够呛了！而真正够呛的，是第一次试射。

昨天，我在距离靶子50步的地方射击了。所以今天，射击时就不知道什么是害怕了。愿上帝原谅我，我想我每次都打中了靶心。

今天，我们朗读了普希金的作品，讨论了爱的激情。

"我真想好好爱一次，这样就知道爱情是什么了，"我说，"或者我早已恋爱了？那样的话，爱情就变成了一件令人嫌弃的东西，人们捡起来只是为了再次扔掉它。"

"你永远不会恋爱的。"父亲说道。

"要是那样的话，我会感谢上帝的。"我答道。

我希望，不，我不希望，恋爱。

然而，在梦中我还是恋爱了。是的，和一个想象中的英雄。

A呢？希望爱他吗？不，普通人的爱情，不都是这样吗？不是的。假如他不是主教的侄子，假如他周围不是簇拥着牧师、僧侣、堕落和教皇，我本可以爱他的。

还需要解释什么吗？你知道的要比我多得多。你知道当时的情景：伴随着戏剧中的乐曲，我与A相拥在喷泉之中，两情相悦的那种感觉，多么令人陶醉啊！你知道音乐的力量多么强大吗！可那是游戏，不是爱情。

我何时才能谈一场真正的恋爱呢？我还要继续到处倾泻我异常丰富的情感，还要保持热情，还要流泪——为那些不值一文的人！

九月九日，星期六

日子滑过，我正在失去宝贵的时间，失去人生的最好年华。

多么无聊啊！没有机智过人的隽语！没有叫人眼前一亮的篇章！我是一个忧郁的文人，喜欢听人们讨论古典文学和科学。假如你有能力，就给我找到它们！玩牌，还是玩牌，再无其他的活动！我宁愿将自己关在屋里读书。可是，我来这里的目的就是让大家喜欢上我，读书不是一个好办法……

九月十四日，星期四

我还待在可恶的波尔塔瓦城！我更熟悉的是哈尔科夫。去维也纳之前，我曾在那里待过一年，记得所有的街道和商店。今天下午，在火车站我认出了曾经照顾过外祖母的医生，于是走上前和他打招呼。

我渴望回去——回到那里！"你知道种满橘子树的土地吗？"不是尼斯，而是意大利。

九月十七日，星期日，加夫兰兹①

在等待大功告成之际，我去打了趟猎，身着男人猎装，肩上挎着狩猎袋。

大约2点钟时，我们乘坐狩猎车出发了，父亲、保罗、亲王和我。

我感觉找不到合适的语言来描述狩猎过程，我连追捕的猎物叫什么都不知道——总之，什么都不知道。灌木丛、芦苇、草丛、树木，都密密麻麻，很难从中辨别出路来。树枝从四面八方扫打过来，空气

---

① 加夫兰兹（Gavronzi），地名，位于乌克兰波尔塔瓦附近。

清新，没有太阳，只有一场好雨落下，这就是猎手们的快乐——在不感到寒冷的情况下。

我们走啊，走啊，走。

我绕着一个湖走，子弹上膛，期望看见野鸭出现，随时准备射击。

但还是一无所有！我早就扪心自问，脚下这只蹦跳的蜥蜴我该不该朝它开枪，还是该朝后面的米歇尔开枪，我可以感觉到他倾慕的目光一直落在穿着男士猎装的我身上。我故意以一种潇洒的姿势，朝一只乌鸦射击（当场击毙了它）。乌鸦栖息在橡树最高的枝头上，没有一丝怀疑，不，它的注意力都被父亲和迈克尔吸引了，他们俩匍匐在树林中的一块空地上。

我拔下乌鸦的尾羽，给自己做了个羽冠。

其他人一次都没有射过，他们所做的事情就是徒步走。

保罗杀死了一只画眉，这是全部的战利品了。

九月二十二日，星期五

噢，罗马！像岛屿一般从水道蜿蜒穿行的平原上拔地而起的苹丘丘陵①、波波洛门②、方尖碑，以及位于科尔索大道③两侧入口处的加斯托罗大教堂；还有科尔索大道、威尼斯共和国宫以及那些深暗狭窄的街道，那些为世纪的灰尘熏黑的宫殿，距离弥涅耳瓦④神庙不远处的

---

① 苹丘丘陵（Pincio），意大利罗马市区的一座山丘，位于奎里尔诺山（Quirinal Hill）北缘，可以俯瞰战神广场。
② 波波洛门（Porta del Popolo），位于意大利罗马的一座奥勒良城墙的城门。现在的波波洛门由思道四世修建于 1475 年，位于古罗马时期城门的原址上。在古罗马时期，波波洛门是弗拉米尼亚大道上重要的交通节点，也是罗马的北大门。
③ 科尔索大道（Corso），在古代被称为 via Lata，是纵贯意大利罗马古城中心区的一条主要街道。
④ 弥涅耳瓦（Minerva），罗马神话里司智慧、学问、战争等的女神。

一座小庙，以及古罗马斗兽场①，它们此时都浮现在我眼前。我闭上眼睛，想象自己在穿过城市的街道，在参观遗址，我看见——

有人常说"日久情疏"，我不属于这种人。日久不见的事物，在我看来却双倍的宝贵，要深入研究它最微小的细节，欣赏它，珍爱它。

我走过许多地方，参观过许多城市，但只有两座城市让我热血沸腾。

第一个是巴登巴登市，小时候在那儿度过两个夏天，仍然还记得那些美妙的花园。第二个就是罗马——我爱罗马，只爱罗马。

还有圣彼得大教堂！圣彼得大教堂，一束阳光穿过屋顶落入地板上，留下了影子和光束，如它的石柱和祭坛一样规则有序——阳光，只有在阴影的衬托下，才能在这大理石的殿宇中创造出光的殿堂。

我合上眼睛，任思绪驰骋飞到罗马。

这个国家给予了我不少营养，让我的皮肤从未有过的粉嫩，状态出奇地好。

罗马！我不会去罗马的！为什么？因为我不会去。如果你知道我为什么得出这个结论，就会可怜我的。是的，我早已泪流满面。

第一股冷空气一到，我就穿上了裘皮大衣。大衣一直密封保存着，还存有罗马的气息，这种气息——这件大衣！

你是否注意到，单凭一股香味，一段音乐，一种颜色，就可以让人的思绪飞到任何地方？在巴黎度过冬天，决不！

---

① 古罗马斗兽场（Coliseum），古罗马时期最大的圆形角斗场，建于公元72—82年间，现仅存遗迹，位于现今意大利罗马市的中心。

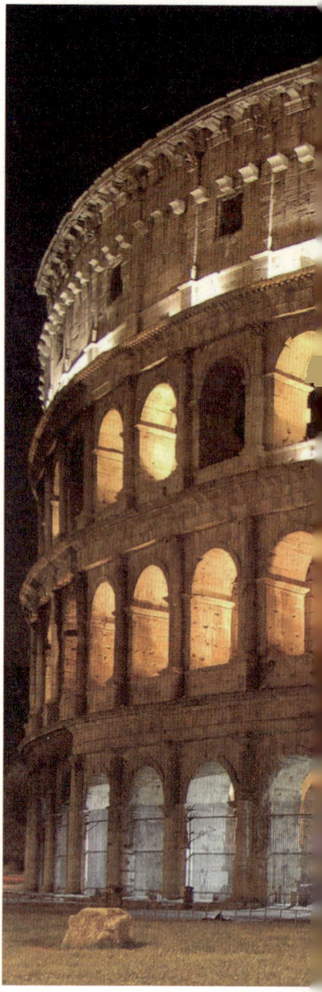

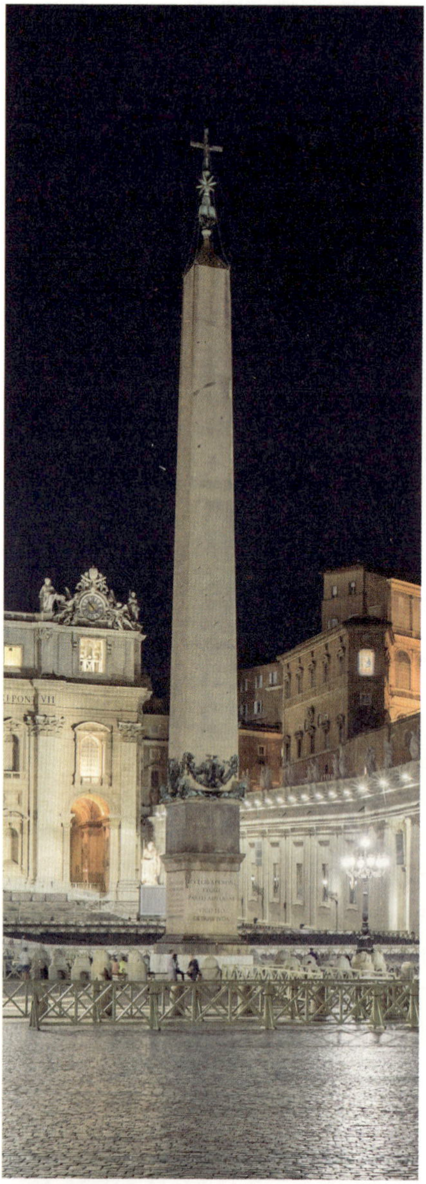

⊙ 方尖碑，罗马（左）
⊙ 古罗马斗兽场，罗马（右）

九月二十八日，星期四

我无聊得要哭喊起来，真希望离开这个地方。在这里，我不快乐。我正在浪费时间，浪费生命！我正在懒惰中腐蚀掉，我怒火难抑——是的，就是这个意思。

九月二十九日，星期五

昨天，我陷入了绝望，感觉要终生被囚禁于此。这个想法让我愤怒，还流下了苦涩的泪水。

十月十七日，星期二

"帕夏，"我问道，"那些伤害过我的人——残酷地伤害过我的人，你怎么对待他们？"

"我会杀了他们。"他的回答简单明了。

"你说得不错，但你在笑，帕夏。"

"你呢？"

"人们一直称我为魔鬼、飓风、妖怪、暴风雨，从昨天起，这些都应验了。"

稍许平静之后，我开始阐述有关爱情的论调中最为矛盾的地方。

表弟这个人，思想高尚，但有些理想化，但丁对贝缇丽彩的神圣爱情也许就是从表弟这里借鉴的。

"我一定会遇到爱情的,"他说道,"但永远不会结婚。"

"年轻人,为什么这么说?你知道说这样的话是要挨揍的吗?"

"因为,"他继续道,"我所渴望的爱情,要永恒持久——至少在我的印象中——它圣洁而坚强。虽然婚姻可以产生爱情,却也经常扼杀爱情。"

"哦,不!"我抗议道,心生愤怒。

"他说得对。"母亲说,而那位害羞的演讲家此刻已面色绯红,一脸困惑,为自己的话感到尴尬。

谈话期间,我看着镜中的自己,修剪着额前长得过长的发梢。

"给,"我对这个"年轻人"说道,递给他一缕金红色的头发,"给你留作纪念。"

他不但接受了,声音还颤抖起来,接头发的时候看起来有些局促不安。我要是把头发要回来,他一定会用祈求的目光看着我,就像一个孩子,拿到了他视为宝贝的玩具后害怕失去一样。

我让表弟读《科林娜》[1],读完后他离开了。

科林娜和梅尔维尔伯爵走过圣安吉桥时,梅尔维尔伯爵说道:"从丘比特神殿回来路过这座桥时,我第一次认真地想到了你。"不知道这句话中有怎样的意味,给予我如此强大的震撼。昨天读到这句话时,我激动得要窒息了。

每次翻开书读到这句话,我都会产生同样的情感。

难道有人曾对我说过同样的话吗?

简单的话语,往往蕴含着某种魔力,也许因为它们简单明了,也许因为它们的力量来自人的想象?

---

[1]《科林娜》(Corinne),法国女小说家、随笔作家杰曼·德·斯戴尔(Germaine de Staël,1766—1817年)的小说,她以德·斯戴尔夫人而闻名。

十月二十三日，星期一

昨天，我们坐上了一辆六匹马拉的四轮马车，出发去波尔塔瓦。

一路欢声笑语。离开父亲的家，令我感触颇多，情不自禁地流下了泪水。帕夏发誓说他爱得不能自拔了。

"我发誓，这是真的，"他大声说道，"但我不会说爱的是谁。"

"如果不是我的话，"我说，"你就等着我的诅咒吧。"

我抱怨脚太冷了，他就脱下自己的皮上衣给我焐脚。

"帕夏，向我发誓，告诉我真相。"

"我发誓。"

"你爱上谁了？"

"为什么要问？"

"我关心啊，我们是亲戚，而且我好奇，我也高兴。"

"你看，你高兴了！"

"没错，但你不要瞎想，你是个好小伙。"

"你看，你笑话我，你会嘲笑我的。"

"握住我的手，我向你保证，我不会嘲笑你。"说这番话时，我脸上带着坏笑。

"你爱上谁了？"

"你。"

"真的？"

"以我的名誉担保，我不擅长讲话。需要我跪下来，像小说里那样，胡言乱语一番，证明给你看吗？"

"噢，亲爱的小伙子，你难道是要步那个家伙的后尘吗？"

"只要你愿意，玛丽娅，我讲的是真心话。"

"可那是愚蠢的。"

"不，我绝不怀疑，这才是让我高兴的地方！我要毫无奢求地去爱，而这也正是我需要的。我需要经受痛苦，经受折磨。当爱的激情消失时，我还有可以梦想的东西，还有可以遗憾的东西。承受痛苦，这才是我的快乐所在。"

"年轻人！"

"年轻人？年轻人？"

"可我们是兄妹。"

"不，是表兄妹。"

"没什么区别。"

"哦，有区别！"

接下来，我就一门心思逗弄我的追求者——我永远不需要的追求者。

十月二十四日，星期二

我从未有过童年，但孩童时居住过的房子，即使没有价值，对我也拥有某种吸引力。我熟悉这里的每件东西，每个人。那个仆人，年事已高，看见我长这么高了，很是吃惊。焦虑，坏了我的心情。否则，应该还可以享受到很多甜蜜的回忆……

我的古罗马皇后礼服大功告成。我一边唱着歌，一边来回走动，借此征服唱歌时的恐惧。

为什么写作？我要复述什么呢？

我一定让人感到无聊死了——耐心！

西斯都五世[①]就是一头猪，而他却成了教皇。

[①] 西斯都五世（Sixtus V, 1520—1590 年），意大利教皇，1585—1590 年在位。在位期间恢复了教宗国的治安，着力恢复罗马教廷的财政，并慷慨投资公共事业，使罗马的面貌接近现在的样子。他虽然受到了诸多批评，但其业绩却是历代教宗中数一数二的。

十月二十九日，星期日

根本不可能再见到切尔尼亚科夫了。我用了很长时间从一个房间转到另一个房间，借此找到些许快乐。有些人喜欢将情绪与图画、家具联想到一起，却在离开尘世时不得不跟它们挥手告别。有些人在图画、家具里找到了友谊，通过它们与我们建立了联系，就好像吸纳了我们生活中的养分，成了我们人生的一部分。

嘲笑吧，随你的便！最美妙的情感，往往最容易成为笑柄。冷嘲热讽从哪里现身，美妙的情感就会从哪里悄然隐身。

十一月一日，星期三

保罗出去时，我突然发现，陪伴自己的又是那个既可爱又优秀的帕夏了。

"你还爱我吗？"我问道。

"啊，玛丽娅，你怎么能问这样的话？"

"当然能了，为什么这么拘谨？为什么不能开诚布公呢？我不会嘲笑你的，要是我嘲笑了你，那只是因为我紧张——别无其他。那么，你不再爱我了？"

"哦，因为——因为——我现在不记得了。"

"你解释得太牵强了。"

"如果你不再爱我了，你可以说呀。坦率点，我不在乎。来吧，是我的鼻子？还是我的眼睛？"

"可以看出来你从未恋爱过。"

"你为什么这么说？"

"只要人们开始审视人的五官,问鼻子比眼睛完美还是眼睛比嘴巴完美的时候,就表明这个人没有陷入爱河。"

"千真万确,谁告诉你的?"

"没有人。"

"尤利西斯?"

"不,"他回答,"没有人能告诉你一个人喜欢什么——坦率地跟你说吧——是你的神态、举止,总之,是你的气质。"

"和蔼可亲,不是吗?"

"是的,除非你在演戏,但不可能一直都这样。"

"另一条真理。我的脸呢?"

"它很美——古典美女的脸型。"

"是的,我知道。还有呢?"

"还有?有些女人从你身边经过时,你说她漂亮,但你不会再看她第二眼。但有些漂亮的脸儿,会给人留下永久的印象,令你心神悸动。"

"说得太对了。还有呢?"

"你问的什么问题呀!"

"我想利用这个机会了解一下别人对我的印象。我找不到另外一个人可以这样问问题,而不必累及名誉。你是怎么知道这些的?是顿悟还是一点点领悟的?"

"一点点。"

"嗯,嗯。"

"那样最好,印象这东西持续的时间比人们想象的要长。你以为突然产生的情感,也会同样突然消失。其实,感情是一点点产生的。"

"它需要永远承受。"

"是的,永远。"

我们谈了很长时间,我开始对他产生了由衷的敬意。他对我的感情,如对宗教一样炽热,永远不会因一个字或一个眼神而玷污它的纯洁。

"你喜欢谈论爱情吗?"我突然问道。

"不喜欢,随随便便地谈论爱情就是一种亵渎。"

"可是它会叫你心情愉快。"

"心情愉快!"他叫道。

"啊,帕夏,生活是一桩惨事,我曾经爱过吗?"

"从未。"他回答道。

"你为什么这么想?"

"因为你的性格。你只会爱你能驾驭的东西——今天男人,明天裙子,后天猫。"

"人们这么想我让我很高兴。你,亲爱的兄弟,曾经爱过吗?"

"我告诉过你,你非常清楚,我告诉过你的。"

"不,不,我说的不是这个意思,"我快速答道,"是之前?"

"从未。"

"奇怪了。有时我认为你骗我,把你当成了比你本人更好的那个人。"

我们又谈论了一会儿无关紧要的话题,之后我回到了房间。这个男人——不,不要把他想得太好,失望可不是什么愉快的事情。刚才他告诉我要参军。

"坦白地告诉你,我要为荣誉而战。"他还说。

这些话,从他的肺腑发出,胆怯与勇气交织,如真理一样真实,给予了我超乎寻常的快乐。也许是自以为是,但我想象得出,目前为止,抱有这种情感,还不为他所知。我无意间说出的有关抱负的几句话,会在他身上产生作用。有一次,在我梳头时,这个"年轻人"[①]突然站起身来,在地板上来回踱步。"我必须做点什么,我必须做点什么。"他大声说道。

---

① "年轻人",原文是 Homme vert——译者注。

十一月七日，星期二

我弄坏了镜子。

这是不吉利的预兆，令我惊惧得冷彻骨髓。我向窗外望去，看到的一切同样令我浑身冰凉。很久没有看到这样的情景了。

帕夏带着年轻人天生就有的热情，要向新到的客人露一手，于是订购了一辆小雪橇，得意扬扬地要带我去兜风。现在，小雪橇已准备就绪。说它是辆雪橇，有些言过其实了，就是把几片破木头钉在了一起，铺上干草，再盖上毯子。拉雪橇的马挨我们很近，把雪花刨到了我们的脸上、袖子里、鞋子里和眼睛里。

"你让我和你一起去罗马吧？"这个年轻人突然请求道。

"上帝啊，你不是一时的任性吧。要是你能来，当然是赏光了——你肯定不会来！你什么都不会为我做的，那么，你会为谁做呢？"

"噢，你非常清楚我为什么去不了。"

"我不清楚。"

"因为——我爱你。"

"但你要是来的话，就是在帮我的忙啊！"

"帮你忙？"

"是的！"

"不，我去不了。我会远远地想你的，你知道就好了。"他继续道，声音温柔而动情。

"你知道我所遭受的痛苦。必须拥有我这样的品行，才能表现得貌似无动于衷，心情平和。当我看见你不再——"

"你会忘记我的。"

"不可能。"

"那又能怎样？"

我的声音失去了往日的戏谑，我动心了。

"我不知道,"他回答,"只知道你这样令我太痛苦了。"

"可怜的家伙!"我很快恢复了理智。要是表现出怜悯,就是对自己的伤害。

听到别人坦白自己的痛苦,而痛苦的缘由竟是自己,为什么会如此痛快呢!爱你的那个人越痛苦,你就会越快乐!

"和我们一起来吧,"我说,"父亲不希望带保罗去,你和我们一起来。"

"我——"

"你不会来的——我知道的,够了!我不会再要求你什么了。"

我故意表现出没事找事的样子,好像一个人正准备在别人坦白蠢事时发笑一样。

"那么,我有幸成为你的初恋了,"我说,"可喜可贺啊!你这个骗子。"

"因为我不为所动,因为我没流泪?我铁石心肠,仅此而已。"

"我想给你看——一样东西。"

"什么?"

"这个。"我给他看了童贞女马利亚的小肖像,用白色的丝带挂在我脖子上。

"把它给我。"

"你不配。"

"啊,玛丽娅,"他哀叹道,"我向你保证我配得上它。我对你的情感,就像狗依恋它的主人一样,忠实得没有了底线。"

"靠近点,年轻人,我给你我的赐福。"

"你的赐福?"

"是的,但愿赐福能使你变高。我希望知道那些恋爱的人有什么样的感受,那样的话,假如有一天我上了心爱上了谁,就能辨别出来了。"

"把那个塑像给我。"年轻人说道,眼睛始终未离开过它。

他跪在了我靠着的椅子上,试图把肖像拿到手里,我阻止了他。

"不,不,挂在脖子上。"我说。

"噢!"他叫道,"谢谢!谢谢你!谢谢你!"

他亲吻了我的手,只是手,而且是第一次。

十一月八日,星期三

今晚,坐在钢琴旁弹起了《读维纳斯的来信》,这是一段动人的曲目,来自《美丽的海伦》。

《美丽的海伦》是一部令人心碎的歌剧。写这部剧时,奥芬巴赫[①]的事业刚刚起步,还没有接触毫无意义的轻歌剧,因此他的天才还未受到糟蹋。

弹了很长时间——记不清是什么了——但我记得,有种东西,缓缓的,带着激情,柔软的,迷人动听,只有门德尔松的《无词歌》才能将其表达出来。

后来,我们喝了四杯茶,谈起了音乐。

"音乐对我影响巨大,"这个年轻人说道,"听音乐时,我感受到了完全陌生的东西——它触动了我,让我说出了从未敢说的话。"

"帕夏,音乐是叛逆的女人,不要相信她,她会迫使你做许多清醒时不会做的事情。她抓住了你,缠着你,让你失去理智,多么可怕啊!"

后来,我们谈到了罗马。帕夏躲在角落里,边听边叹息。走进灯光时,他脸上的表情明明白白地告诉了我他的感受,世间任何语言都无法描述,这个可怜的家伙遭受了怎样的痛苦。

[①] 奥芬巴赫(Jacques Offenbach,1819—1880年),出生于德国的法国作曲家,古典轻歌剧创始人之一。代表作为歌剧《霍夫曼的故事》等。

（看见这残忍的虚荣，我渴望了解自己所造成的伤害程度！我是一个粗俗的多情人，哦，不，我就是个女人，仅此而已。）

"今天晚上好伤感啊。"我柔声说道。

"是的，"他回答道，"你的琴声，让我不知所以，但我好像感冒了。"

"去睡觉吧，朋友，"我说，"我回房间了，先帮我搬些书。"

十一月九日，星期四

留在这里，至少有机会熟悉我们国家辉煌的文学成就。可是，这个国家的诗人和作家谈的是什么呢？南方。

先让我说一下果戈理吧，他是我们的幽默大师。他对罗马的描写让我潸然泪下，不住叹息。不读他的书，就无法领悟其思想。

终有一天，有人会翻译他的书，那些有幸看见罗马的人，就会明白我的感受了。

噢，我何时离开这个国家？寒冷、贫瘠、灰蒙蒙的，即使在夏天，即使在阳光明媚的日子里，也是如此。树木病了，天空的蓝色比远处的天际还要暗淡。

十一月十日，星期五

一直在读书，我讨厌自己的日记——令人心烦意乱，心情压抑。

罗马，我不会再多说它一个字。笔在我手中停留了足足有5分钟，却不知道要写些什么，我思绪万千。马上到了，我就要见到A

了。一想到再次见到 A，我就充满恐惧。虽然我相信自己不再爱 A 了，甚至可以确信这一点，可那些记忆、懊悔，对未来的迷茫，对受到轻视的担忧！A！他的名字为什么总是出现在我的脑海里，我对他憎恶至极！

你以为我希望死掉吗？你们都是傻瓜！我热爱真实的生活，那些烦恼、折磨、泪水，上帝都给了我——我要享受它们，我是快乐的。

事实上，对自己总是抑郁的心情，我已习惯了。远离喧嚣的世界，独自一人待在房间里，想到自己的烦恼时，我就会对自己说：也许我根本就不值得这么可怜。

那么，为什么哭泣呢？

十一月十一日，星期六

早晨 8 点，父亲陪伴我离开了加夫兰兹。我并非没有伤感——遗憾离开这个地方？不，是养成的习惯又中断了。

仆人都聚集在院子里，我给她们每人一些钱，还给了管家一个金手镯。

十一月十五日，星期三

上周日，父亲陪着我启程回国。在俄国停留的最后两天，多次见到了米歇尔亲王，还有其他一些人。

除了家人之外，没有其他人到车站送行，但有好几个陌生人在那里，好奇地看着我们的"行李"。

亚历山大、保罗、帕夏和我们一道进入车厢。铃声已第三次响起,火车就要开了,他们都簇拥在我周围。

"保罗!保罗!"这个年轻人大声叫道,"让我再说声再见吧。"

"让他到这儿来。"我说道。

他吻了我的手,我吻了他的脸颊,靠近眼睛的地方。这是俄国人的习惯,但我从未求证过。

只等铃声响起,不会耽搁太久的。

"好吗?"我说道。

"还有足够的时间。"年轻人说。

火车开始缓缓开动,帕夏开始提高语速,我却不知道他说的是什么。

"再见,再见,"我大声喊道,"跳下去吧。"

"好吧,再会,再见。"

他跳到了站台上,跳下之前又一次吻了我的手——就像忠诚而驯服的狗儿给主人的亲吻。

"好了,好了。"父亲在包厢里叫道。当时我们正待在车厢的通道上。

我返身走向父亲的包厢。帕夏的悲伤,毕竟因我引起,还是让我感觉难过。我躺倒下来,闭上眼睛,只为了随时能想到和梦到他。

可怜的帕夏!可爱而高贵的孩子!若是我有什么遗憾留在了身后的俄国,那就是他那颗金子般的心,他那高贵的品格和正直的思想。

我真的心烦意乱了吗?是的。拥有这样的朋友,除了自豪之外,还伴有一种难以名状的伤感。

渴望荣耀

MARIE
BASHKIRTSEFF

乌克兰天才女艺术家玛丽娅·巴什基尔采娃的日记

1877年

一月十七日，星期三，尼斯

所谓的激情，人们经常谈论的激情，何时才能知道它到底是什么呢？

我本该爱过 A 的，但现在却鄙视他。H 公爵，还是孩子时我曾奢望爱他——由财富、头衔以及这个男人的与众不同所产生的爱。

一月二十三日，星期二

昨晚，突然萌生了一种失望，让我情不自禁地哽咽起来，无法控制自己，将餐厅的钟扔进了大海。戴娜追赶着我，怀疑我中了邪。我只是将钟扔进了海里，别无其他的举动。钟是青铜色的——上面的人物是保罗——保罗戴着很漂亮的帽子，手里拿着鱼竿，没有维吉尼[①]。戴娜和我一起回到房间，钟的事情好像令她十分开心，我也笑了起来。

可怜的钟！

[①] 维吉尼（Virginia），法国作家圣比埃尔的短篇小说《保罗与维吉尼》主人公。圣皮埃尔（Jacques-Henri Bernardin de Saint-Pierre，1737—1814 年），法国作家，植物学家。他在 1788 年发表了短篇小说《保罗与维吉尼》（Paul et Virginie）。该书尽管在今天已经鲜为人知，但在 19 世纪曾是著名的儿童读物。

二月一日,星期四

母亲和我出去呼吸新鲜空气。回到家后,我坐下来读李维[①]的书。古罗马的英雄,经典的托加袍[②],丘比特神殿,圆顶的圣彼得大教堂,假面舞会,苹丘丘陵——噢,罗马!

二月八日,星期四,罗马

在文蒂米利亚(Vintimille)时,我睡着了。直到罗马,才醒了过来,彻底醒了。去那不勒斯的火车10点才到,我不得不在那里待到晚上。

一整天都待在罗马!

9点40分离开了罗马。我睡着了,现在到了那不勒斯。我睡得并不沉,无法阻止自己听到一个脾气不好的旅客向列车长抱怨车厢里出现了普拉特,而豪爽的列车长偏袒了我们的狗。

这就是那不勒斯,你对它的感觉跟我一样吗?听到一个伟大而美丽的城市时,我就忐忑不安,心跳加速,感觉自己好像就要将城市紧紧抱住一样。

花了一个多小时到了卢浮宫酒店。路上有一处拥堵——那叫喊声,那乱糟糟的情景!

[①] 李维(Titus Livius,公元前64年或公元前59—17年),古罗马著名的历史学家,出生于意大利北部的帕塔维(Patavium),即现在的帕多瓦(Padua),临近威尼斯。他写过多部哲学和诗歌著作,但最出名的是他的巨著《罗马史》。

[②] 托加袍(Toga,简称托加,或称罗马长袍),是最能体现古罗马男子服饰特点的服装。它是一段呈半圆形长约6米,最宽处约有1.8米的羊毛制兼具披肩、饰带、围裙作用的服装。穿着时一般在内穿一件麻制的丘尼卡(Tunica),然后将托加搭在左肩并围绕全身。托加也是罗马人的身份象征,只有男子才能穿着。

这里的妇女头大无比，看起来就像野生动物园里跟老虎、蛇和其他动物一起展览的女人。

在罗马，我只喜欢古老的事物；而在那不勒斯，令人中意的只有没见过的新事物。

二月二十六日，星期一，那不勒斯

今天继续探险。我们参观了圣马力诺①，一所古老的修道院。

从未见过更有趣的东西了。普通的博物馆，都会令我后背发凉。可圣马力诺的博物馆，却有着迷人的魅力。地方长官所乘坐的古色古香的马车，查理三世的画廊，令我着迷。还有那些铺着马赛克地板的走廊，以及造型美妙绝伦的天花板！教堂和礼拜堂也非常精美，它们都不大，却可以让人充分欣赏到每个细节上的精工细作。抛光的大理石、贵重的石头，四处镶嵌着马赛克，头顶，脚下，天棚，还有地板上！除了圭多·雷尼②和里贝拉③之外，其余的绘画作品都是我所见过的最出色的：巧夺天工的波纳文图拉④的作品，卡波迪蒙特⑤的古瓷器，丝绸画像，描写波提乏⑥妻子故事的玻璃绘画作品。白色大理石的庭院，树有六根立柱，呈现出超凡脱俗的美感。

---

① 圣马力诺（Certosa di San Martino），位于意大利南部城市那不勒斯俯瞰那不勒斯湾的沃梅罗山顶，是该市的显著地标之一。圣马力诺修道院曾经是加尔都西会的修道院，奉献给图尔的圣马力诺，16世纪上半叶解散，后来在1623年由建筑师科西莫·凡扎戈扩建。法国统治时期修道院关闭，现在是一座博物馆，展示西班牙和法国波旁时期的器物。
② 圭多·雷尼（Guido Reni，1575—1642年），意大利巴洛克画派画家，出生于博洛尼亚。
③ 里贝拉（Jusepe de Ribera，胡塞佩·德·里贝拉，别名 Lo Spagnoletto，意为"小胡子"，1591—1652年），西班牙紫金色黑暗派、卡拉瓦乔主义画家、版画家。
④ 波纳文图拉（Fra Buenaventura，1221—1274年），曾担任圣方济各修会的会长。
⑤ 卡波迪蒙特（Capo-di-Monte），指意大利那不勒斯皇家卡波迪蒙特的瓷器工场，建立于1743年。
⑥ 波提乏（Potiphar），《圣经》里的人物。

⊙ 圣马力诺修道院

　　向导告诉我们，修道院里只剩下了五位僧侣——三位修士，两位平信徒，他们住在无人问津的侧楼。

　　我们上到了一个类似塔楼的地方，它的两个阳台参差悬浮在外面，感觉就像站在悬崖边儿鸟瞰风景。周围的景色异常美丽，有山脉，别墅，还有穿越浓雾露出来的那不勒斯平原——那片浓雾，其实只是因距离远而产生的幻象。

　　"今天的那不勒斯发生了什么？"听到天空传来的声音之后，我问向导。

　　"没事儿，那只是那不勒斯人发出的声音而已。"他笑着回答。

　　"总是这样吗？"

　　"一直如此。"

　　从这片巨大的屋顶，腾起一阵喧嚣之声，仿佛一阵阵永不停歇的叫喊声。在这样的城市，你根本无法想象会出现这种声音。事实上，这种嘈杂声升入城市的上空，伴随着轻雾，让人不自觉地意识到自己处于高空之中，于是心生恐惧，继而产生眩晕感。

大理石礼拜堂让我着迷。拥有这种奇珍异宝的国家，只有意大利，它才是世界上最富裕的国度。将意大利与世界上任何一个国家相比，就像将一幅富丽堂皇的画作与白漆墙相提并论。

一年之前，我怎敢评判那不勒斯？那时，我甚至都没见过它。

三月三日，星期六

今晚去了旅馆里的礼拜堂。神在教堂之中想到了爱情，别有一番魅力。看见牧师、塑像、蜡烛的光芒穿过晦暗——所有的这一切都将我带回罗马！美妙的狂喜，上天的香气，快乐的遐思——啊，真的无法描述！只有用歌声才能将那震慑心扉的情感表达出来。

罗马！它的雕塑、马赛克、美妙绝伦的艺术作品，古色古香的韵味，它的中世纪，它的英雄豪杰，它超凡脱俗的过去，它带有石柱和神秘阴影的圣彼得大教堂——这所有的一切，都已令我心驰神往。

哭泣可以换得什么呢？眼泪没有任何意义。不快乐就是我的宿命——那，也是艺术家的别称。可如果我没有成为艺术家呢？

不要再多想了，我生来就要在世界某个无名的角落度过一生，让我的思想在默默无闻中锈蚀吧。

现在，我不会再谈论爱情，因为我曾经轻慢过它。我不再寻求上帝的帮助，我所希望的就是死掉。

让我在痛苦中死掉吧！我的一生虽然短暂，但教训却沉痛。世事都与我为敌，我只好渴望死去。

我的思绪与我所追求的人生之路一样杂乱无章，我憎恨自己，就如同憎恨我所描述的这一切。

在安静中死去！在哼唱威尔第[1]的美妙旋律中死去。一想到这些，如以往一样，心中就不会再有任何反叛情绪。我曾渴望继续活着，只为了不让其他人因战胜我而欣喜。现在，一切都无关紧要了，我已遭受过多的痛苦。

四月一日，星期日

我就像病人，还像那不知疲倦的炼金术士，整日整夜守候在蒸馏瓶旁，只为了不错过自己所渴望和期盼的那一时刻。每一天，那一时刻好像都要到来，我想着它，等待着它。怎么才能知道它是否已经发生了呢？在镜子里，我目光灼灼，好奇地审视自己，焦急地自问它是否要发生？实际上，我早已认识了它，认为它根本就不存在；更准确地说，它早已发生过了，并没有什么奇特之处。

可是，我所有的想象，还有所有的小说家和诗人呢？他们为了将粗鄙的人性描写得高尚一些，会心照不宣地将不存在的情感当成主题吗？不会的，那样的话，就无法解释我们的癖好了。

五月十一日，星期五

格迪甘尼[2]来看我们了，我提到过吗？他对我好一番鼓励，还预

---

[1] 威尔第（Giuseppe Fortunino Francesco Verdi，1813—1901年），意大利作曲家。威尔第和理查德·瓦格纳一起被认为是19世纪最有影响力的歌剧创作者。代表作:《纳布科》《阿伊达》《一日国王》等。

[2] 格迪甘尼（Michele Gordigiani，1835—1909年），意大利画家，尤以肖像画著称。

言说我会成为艺术家。在我的素描作品中，他发现了好多值得表扬的地方，他很希望给我画像吗？

五月十二日，星期六，佛罗伦萨

想到离开佛罗伦萨，我的心情压抑起来。

去尼斯吧！我期盼去尼斯，如同期盼生活在沙漠里一样。我情愿把头发剃了，这样就不必费事理发了。

已打好行装，就要出发！墨水已干，我还在徒劳地写着，已为悲伤所左右。

五月十六日，星期三，尼斯

整个早晨我都在四处奔忙，搜寻装点前厅的琐碎物件。但在这个糟糕的地方，什么都找不到。我去了玻璃彩绘商店，去了锡匠铺，不知道还有其他什么地方。

一想到自己的日记也许乏味，单靠为读者准备惊喜并不能令它有趣起来，就感觉难过。如果日记是隔一段时间再写，也许能够做到这一点。但我的日记是天天写的，只有爱思考的人或者研究人性的学者才会读起来感觉有趣。谁要是没有耐心读下去的话，就相当于根本没读过，甚至根本就不明白是怎么回事。

在布满鲜花的花园里，有我的栖身之隅，我高兴不已。对我而言，尼斯不再存在了，我生活在自己的国度里。

五月二十三日，星期三，尼斯

噢，每当想到人只有一次生命，每度过一刻钟，就距离死亡更近了一步，我就心烦意乱！我不害怕死亡，但生命如此短暂，浪费生命，只会抱憾终身。

若想取得成功，一双眼睛还不够。读书、绘画，已令我身心俱疲；而到了晚上，再读这些可怜的日记时，早已困倦不堪。

啊，清晨，多么美好的时光啊！

在未来的时光中，在献身科学和艺术的日子里，我该带着怎样的欣喜回首过去啊！只要可能，我就会整年这样工作——不是一天，也不是一周！世界慷慨地赋予了我一切，无所事事就是消耗生命。

想到就要开始工作，我的心情平复下来。但一想到自己17岁了，我就从心底感到愧疚。17岁了，可我做了些什么啊？一无所成！这令我崩溃。

我想到了所有的名人，他们都是在晚年才功成名就，以此来安慰自己。17岁，对于男人来说，无足轻重；可对于女人，就相当于23岁。

在晴朗无云的日子，在晴朗安宁的夜晚，我要去巴黎，住在北方！但是，去过了意大利，谁还期望什么呢？还有什么可期望的呢！巴黎——文明社会的首都，理性世界的心脏，天才的汇聚地，国际时装中心——人们自然而然地来到那里，留下来；在那里，人们是快乐的。来到巴黎，势所必然，人们有无数的理由；可唯一的目的，就是重新获取快乐，然后再返回到这片上帝所钟爱的土地，这里是上帝赐福的土地，它迷人、美妙、神圣，拥有超凡脱俗的魅力，任何语言都无法将其描绘！

来到意大利的外国人，一定会嘲笑那里简陋的小镇和街头的流浪汉、乞讨者。外国人这么做别有用心，其原因一目了然。但是老外们，请暂时抛弃你们的小聪明吧，忘记嘲笑这里的一切来表现你的天才吧。然后，你就会发现，泪水掺杂着笑声，你必然会感叹你所见到的一切。

五月二十九日，星期二

越到青春即逝的时刻，越会变得对一切都默然无视。现在，令我上心的事几乎没有。过去有些事情令我心动，在读了过去的日记之后，我明白了，从它们留给我的印象来看，我过多地关注了无足轻重的琐事。

对他人的信任，还有敏锐的情感，即使意味着良好的品行，不久也要消失不见。

令我越发遗憾的，是这种清新情感的丢失。一旦丢失了，就再无回来的可能。没有了这种情感，人会更安静，但不再享受到同样的快乐了。我年龄还小，失望本不会来临得这么早。若是失望没有到来，我还觉得自己已成绩斐然。

刚刚读完一本书，其中的爱情故事——迷人的公主爱上了艺术家——却令我有些作呕。哎！我这么说，并不是为了愚蠢地贬低艺术家的职业——但不知为什么，我总爱带有贵族意识，而且认为人类与动物一样都有意识。诚然，早期的贵族经常——实际上，总是——具有良好的道德品格，其影响由父及子，一代代传延下来。万物的起源有什么意义呢？

浏览日记中记载 A 的那部分，看见自己能公正地反映那段时间发生的事情，我感觉无比的骄傲和自豪。我早已忘记了，但还是感觉有些不安，唯恐人们认为，我是在玩弄 A 伯爵的情感（已逝的情感）。然而，幸运的是，现在没有人这么认为了，感谢这篇宝贵的日记。真的，当时并未想到自己会有如此之多理性的反思；最重要的，这些反思都是我的切身体会。那是一年前的事情了，我担心自己写了许多胡言乱语。幸运的是没有，我对自己感觉非常满意。唯一不明白的是，为什么当时我表现得如此愚蠢，可思想却又如此冷静呢？

必须再重复一遍，世人的任何建议都不能——必须个人经历过才能——阻止我实现自己的愿望。

写下这些文字的女人，与她正在写的那个女人，已截然不同。这些痛苦，对我意味着什么呢？我把痛苦记下来，然后分析它们。我将日常生活抄录下来，留给自己，只留给我自己，一切就变得不再那么重要了。我的骄傲、我的自怜自爱、我的兴趣、我的表情、我的眼睛、我的欢笑、我的哭泣、我所经历的痛苦，诸如此类的种种琐碎之事，我都置身其间，就像置身于小人国之中，只是为了发现、述说、写作和冷静地思考。

我可以找到更多的理由为自己开脱，但这些足矣。

六月十一日，星期一

昨晚他们玩牌时，我借助两根蜡烛的摇曳光芒给他们画了素描。今天早晨，我将素描誊在了画布上。

能画出这群坐姿各异的人，我心里高兴。我还画出了他们手臂的各种姿态，以及他们的面部表情，等等——在此之前，我只画过头部——它们像花朵一样铺满画布。

七月七日，星期六，巴黎

我想，现在可以理直气壮地说，经过了这么一段时间，我变得理智多了，开始以更加自然的眼光看待事物，抛弃了许多幻想、许多遗憾。

真正的智慧，只能来自切身经历。

七月十五日，星期日

我如此厌倦人生，真的想死掉。没有令我高兴的事情，没有令我感兴趣的东西。我什么都不渴望，对什么都不抱希望。是的，只有一件事，我没有遗憾，那就是我自己。总之，我渴望能够什么都不做，什么都不想，如植物人一般生活，不为人生感觉后悔。

读书、画画、音乐，都是无聊！无聊！无聊！除了忙碌之外，人生还应该有乐趣，有兴趣，这也是我厌倦人生的理由。

我讨厌人生，不仅因为我没有结婚——绝不是，我确信你决不会这样认为——我讨厌人生，因为我所有的一切都错了，因为我讨厌人生。

巴黎令我窒息！巴黎是一间咖啡馆、一家豪华旅馆、一个大市场。可我却只希望，冬天来临时，我可以看戏剧、逛公园、去学习，能够融入其中。

七月十七日，星期二

花了一天时间欣赏散发古典艺术之美的神奇刺绣，如诗般令人陶醉的礼服，还有各种人间杰作，它们令我大开眼界，让我知道了什么是真正的奢华。

啊，意大利！要是每两年之中有一个月的时间来填补我的衣橱，我就不会再去想它。总是花费心思去研究衣服，多么愚蠢啊！

七月十八日，星期三

单单"意大利"这个词，在我心中产生的情感，就是任何语言、任何人，都无法比拟的。

噢，我何时到那里！

如果有人妄加猜测，认为我的感叹是矫情，我会无比恼怒。

然而，我不知道为什么自己会产生这种情感。我要郑重声明，我所说的一切，也许愚蠢，也许不合时宜，但都是事实。

问题是，我希望换一种风格写作——简单明了的方式；可我担心，相比于之前的浮夸风格，人们再也无法理解我的真实意图了。

我只想自然而然地表达思想。哪怕使用了几个比喻手法，也不是为了润色。噢，不是的！那只是为了尽可能地理清我混乱的思想。

写不出任何值得人们同情的东西，令我心烦。我如此渴望让大家感受到我的情感！如果我哭泣了，我说我哭了！但那不是我要表达的东西，我想让你感受到一切——我想触动你的心扉！

我会做到的，其他的想法也会做到的，但无须强求。

七月二十六日，星期四

我几乎花了一整天的时间画画。中间弹了一会儿曼陀林，休息一下眼睛，接着再去画画，然后再弹琴。世上没有任何事情可与艺术相提并论，无论对初学者还是对大师，艺术都是快乐的源泉。人们会达到忘我的状态，带着敬意，深情款款地去审视那些轮廓、那些阴影——我就是创世者，可以与伟大并肩媲美。

过去的一段时间里，担心累坏了眼睛，晚上不再读书。我开始看东西模糊了，甚至从马车到人行道这么近的距离也看不太清，这叫我心烦意乱。在失去声音之后，要是再放弃画画和读书，我该如何是好！一旦那样的话，我应该不会再抱怨了；那意味着，我遭受的所有痛苦，都不应该责怪别人，这是上帝的意愿！

七月三十日，星期一

福韦尔[①]阻止我去昂吉安[②]远足，也许他想送我去德国。那样的话，就再次推翻了所有的计划。沃利茨基医生技术高超，会治疗很多病。他希望我去索登，但我希望他错了。可是，福韦尔似乎和他看法一致。

[①] 福韦尔（Pierre-Charles-Henry Fauvel，1830—1895 年），法国著名医生，喉科专家，也是巴什基尔采娃一家的朋友。
[②] 昂吉安（Enghein），比利时的一个多语种区的城市。

八月五日，星期日

需要面包时，就不再奢望甜点了。现在，对自己的艺术梦想，我已羞于启齿，不再敢说希望得到什么样的安排，就可以做得更好，或者说想去意大利学习，等等。说这样的话，要拿出很大的勇气。

即使拥有自己所渴望的一切，我想，自己也不会如以往一样快乐。

信心，一旦失去，就很难再找回。失去信心——如同任何无法挽回的损失一样——是无法慰藉的悲痛。

我已从生活的梦中醒来，不再关注任何事情，也不再关注任何人。我心情焦急，全无过去的自信和从容，也再无魅力可言。别人陪我聊天时，我只是默默地坐着，很少回应对方。起初，朋友带着惊讶的表情看我；后来，他们不再与我为伴。我试图让自己高兴起来，可事与愿违，反而变得古怪夸张，愚蠢无礼。

八月六日，星期一

你认为我不担忧俄国的状况吗？一个如此悲伤、如此可鄙的人，在祖国危难之际，能忘记自己的祖国吗？

你认为，要是我的祈祷能拯救他们，我急迫的心情能够保护他们，那么，上百万受到屠戮的俄国人现在还会陈尸沙场吗？

八月七日，星期二

一直待在乐蓬马歇百货公司，只是为了让自己麻木，继而让心情好起来。跟其他事情一样，都是计划好的。我们邀请了一些朋友吃晚餐，他们笑着，可我——还是难过、悲伤……那么，我必须死掉了！这恐怖的字眼！这丑陋、令人疯狂的字眼！

去死，天哪！去死！死掉，不留下任何东西！像狗那样死去——像成千上万连名字都无法刻在墓碑上的女人那样死掉！去死！

上帝希望我抛弃一切，全身心投入艺术之中！5年之后，我仍年轻，也许依旧美丽。但如果像许多人一样，只是成了平庸的艺术家，那可怎么办啊？

要是有其他的事情，我感兴趣，倒也可以。可是，假如孤注一掷将生命全都投入艺术之中，却仍一无所成呢？没有了社交，生活会怎样？一个离群索居之人，还能指望他取得什么成就吗？想到这些，我就憎恨上了整个世界，甚至包括家人和自己。

如果希望为艺术奉献终生，必须去意大利！是的，去罗马。

这道大理石城墙，我随时都想用头撞它！

我要在那里生活！

八月十二日，星期日

我为女仆安托万内特画了张素描，她有着迷人的脸型，瓦蓝的大眼睛透露出无比甜美、天真的目光。素描，我总会画得不错，但要完成好一幅肖像，就需要费心揣摩了。

八月十七日，星期五

我确信，自己无法在罗马之外的地方生活。事实上，我的身体日渐脆弱，但我对身体并无奢望。我再给自己两年的时间，然后回到罗马。

无法行动时，人们才学会如何行动，可悲啊！

一想到画画，我就一肚子怒火。有些出身可怜的孩子，因拥有绘画才华，就被好心人送去学画画了。我虽有创造绘画奇迹的潜质，可直至目前，就学习画画而言，与这些孩子相比，并不那么走运。对于我的画，我希望，如果家人弄丢了它们，后辈人会为此进行报复，将他们绳之以法。你还幻想我会融入社会吗？不，绝不可能。我心灰意冷，而且性格乖张。如果我会成为艺术家，那么，同理可推，反叛者也会拥护共和国的。

不管怎样，我想，我这么说就是在污蔑自己。

八月十八日，星期六

读《荷马史诗》时，有一次，我将索菲姨比成了特洛伊城焚烧时的赫库芭[①]。承认对古典文学的钦佩，无论多么自愧不如，我想，也许都没有人能逃避古典作家对自己思想深处的影响。无论是当代

[①] 赫库芭（Hecuba），古希腊神话女性人物之一。为特洛伊君主普里阿摩斯之妻。两人共育有19位子女。她在特洛伊战争中施加影响并发挥作用，成为相关戏剧等文学作品的重要题材。

戏剧、浪漫史，还是大仲马轰动一时的喜剧，抑或乔治·桑[1]的喜剧，在描述特洛伊城的毁灭时，都无法像古典作品那样给人留下如此深刻的回忆，如此生动难忘的印象。

读到那些暴行时，我仿佛身临其境，听见了哭喊声，看见了冲天的火光，目睹了躲在祭坛后面寻求庇护的悲痛欲绝的普里阿摩斯[2]一家，后面到处是追赶的火把。最后，是上帝将他们解救出来。

我将《驻意大利外交官日记》(*Journal d'un Diplomate en Itali*)扔到一边。这种法式的高雅，文绉绉的风格，表达敬意的俗套方式，对罗马有害无益。法国人描述某个东西时，总会让我想起一个人，他鼻梁上架着眼镜，指间夹着长长的器具，在对这个东西进行解剖。

罗马这座城市，我认为，应该是如我一样的女士。其他人在场时，你要是表现出艳羡之意，都是对我们的亵渎。

八月十九日，星期日

刚刚读完薇达[3]的《阿里阿德涅》[4]，虽然这本书让我心情难过，可还是羡慕女主人公的命运。

---

[1] 乔治·桑（George Sand，1804—1876年），19世纪法国女小说家、剧作家、文学评论家、报纸撰稿人。她是一位有影响力的政治作家，著有68部长篇小说，50部各式著作，其中包括中篇小说、短篇小说、戏剧和政治文本。代表作：《康素爱萝》《安吉堡的磨工》《弃儿弗朗索瓦》《小法岱特》《我的生活》等。

[2] 普里阿摩斯（Priam），特洛伊战争时的特洛伊王。他的儿子赫克托在特洛伊战争中与阿喀琉斯决斗战死。普里阿摩斯为了讨回儿子的尸首，趁夜冒险潜入希腊阵营中，请求阿喀琉斯，终获允准归还。普里阿摩斯最后也战死，被阿喀琉斯的儿子涅俄普托勒摩斯在特洛伊城中心的宙斯祭坛上杀死。

[3] 薇达（Ouida，1839—1908年），英国维多利亚时代的著名女作家，本名玛丽娅·露易丝·拉梅（Maria Louise Ramé）。代表作：《阿里阿德涅》《在两面旗帜下》《弗兰德斯的狗》《两只小木鞋》等。

[4]《阿里阿德涅》(*Ariadne*)，阿里阿德涅是古希腊神话人物，为克里特国王弥诺斯与帕西淮之女。这部小说是英国小说家薇达的一部代表作，主题为主人公乔佳在追求理想的过程中发生的故事。

乔佳从小受到荷马和维吉尔的双重影响。父亲死后，她步行来到罗马，原以为会看见奥古斯都统治下的罗马，可迎接她的却令她大失所望。

有两年的时间，她在梅特里克斯画室学习。梅特里克斯是当时最著名的雕塑家，他暗恋上了乔佳，可乔佳却心无旁骛，一心投入到艺术当中。这种状况，在希洛里翁出现后发生了改变。希洛里翁是位诗人，他的诗歌会让所有人都感动得流下泪水，可他自己却对任何事情都有些玩世不恭。他是百万富翁——如上帝一样英俊，为所有认识他的人所喜爱。虽然梅特里克斯暗恋着乔佳，可希洛里翁为了满足一己之愿，还是勾引乔佳坠入情网。

这个浪漫故事的结局让我悲伤，可我还是会毫不犹豫地选择乔佳的命运。她拜会了罗马，又体会到了全情投入带来的快乐。如果被人遗弃，遗弃她的必须是她自己所爱的那个他。如果遭受痛苦，也是因为那个他。像她那样，像我这样——要是我爱过的话——为自己爱着的那个人所伤害，该是多么悲伤啊！这种悲伤，我永远都无法描绘出来。

乔佳永远都不会知道，希洛里翁千方百计让她爱上自己，只是为了一时的心血来潮。

"他爱上我了，"她说，"只是我不能留住他的爱。"

乔佳获得了名誉。她的名字，挂在了每个人的嘴边，为人们称赞不已。

乔佳从未停止过爱希洛里翁。在她眼中，希洛里翁与众不同，完美无缺，如同神一般。乔佳不希望自己死去，因为希洛里翁还活着。"自己爱着的男人还活着，"她说道，"我怎么能自杀呢？"

乔佳死在希洛里翁的怀里，从他嘴中听到了"我爱你"。

为了爱情，必须找到希洛里翁。有这种爱情的男人，绝不会来自默默无名的普通家庭——希洛里翁是奥地利贵族和希腊公主的儿子。你深爱的这个人，应该永远不知道缺钱是什么滋味。面对任何困难，都永远不会退缩，也不会害怕任何事、任何人。

这个男人，永远可以自由出入任何宫殿、任何俱乐部。只要是相中了的雕像，他肯定不惜一掷千金。至于行为的得体与否，甚至愚蠢与否，他都不会在意。其他男人的轻视、烦恼、艰辛，他都不屑一顾，他只在爱情方面才表现得懦弱。所以，像希洛里翁这样的懦夫，会一边微笑着一边伤着女人的心，一边哭泣一边旁观女人的欲望。

这样的男人，如果他想，无论走到哪里，都会找到自己的皇宫，可以惬意休息；也可以找到自己的游艇，想去哪里就去哪里；还有珠宝、仆人、马匹，甚至还有长笛伴奏。

八月二十三日，星期四

我现在在施兰根巴德[①]！

福韦尔命令我休息。跟他所说的一样，我也认为自己还没痊愈。在一些不好的事情上，我从不欺骗自己。

不久，我就要18岁了。对于一个35岁的人来说，18岁算不了什么。但对于年轻的女孩，对于生命短暂、悲伤远远多于快乐的我来说，18岁举足轻重。

艺术！如果前方没有这个神奇的词语，我早已死无踪迹。

要是没有了艺术，就不再需要任何人，完全可以独立自主。如果失败了，那是因为身无一物，早应该不再生存。艺术！如果将其描绘出来，它就像巨大的灯塔在远处照耀，令我忘记一切；只有艺术，我才会心无旁骛，奋力向前。现在——哦，不，不！现在，哦，不要吓

---

① 施兰根巴德（Schlangenbad），德国黑森州的一个市镇。

唬我！有个可怕的想法告诉我——啊，不，我不会写下来的，不会将厄运带给自己！我要尝试一下，如果——那时还无话可说——就让我如愿以偿吧！

两年前，我在施兰根巴德，当时和现在是多么不同啊！

当时，我对一切都抱有希望；而现在，我对一切都已失望……

多亏了有随身携带"大堆废物"的习惯，用不了一个小时，就可以让自己像在家里一样安顿下来——化妆盒、文具、曼陀林、几本好看的大部头书、暖脚和照片——一应俱全。有了这些书，哪怕旅馆的房间再小，都变得舒适起来。我最离不开的，是四本红色大字典，绿皮装订的《李维作品集》，小册子的《但丁诗集》，一册中等大小的《拉马丁诗集》[①]；此外，还有我的画像，它如陈列柜大小，是幅油画，深蓝色的天鹅绒画框，装在俄式皮箱里。有了这幅画，书桌马上变得高雅起来。两盏烛光落下来时，书桌映衬出温暖和悦的色泽，我几乎感觉要与德国讲和了。

戴娜真是太好了，太善解人意了！我多么希望看到她幸福啊！

再多说一句，某人是个可恶的骗子！

八月二十七日，星期一

今晚的祈祷我加了一句话：我的上帝，保护我们的敌人！

我，已经18岁了——真是不可思议！我的才华还未得以发挥，就已经18岁了。但是，我的希望、我的激情、我的任性，不可限量。18岁时开始学画。据称，这个年龄段的人比其他人学得更快、更好！

有人欺骗别人，但我是欺骗自己。

[①]《拉马丁诗集》，作者为阿尔方斯·德·拉马丁（Alphonse Marie Louis de Lamartine, 1790—1869 年），法国19世纪第一位浪漫派抒情诗人、作家和政治家。

九月一日，星期六

花了大量时间思考、阅读，没有人指导我。也许这挺好，也许这是病态。

谁能向我保证，我的头脑里没有装满谬误，我的判断没有被歪理邪说扭曲？这个问题，我死之时，才会解决。

原谅。原谅是名词，也是动词，为世人广泛使用。基督教的教义要求我们去原谅，那么，什么是原谅呢？

原谅是摒弃报复，或者对已受到的伤害行为摒弃惩罚的欲望。但是，如果既无报复的意图又无惩罚的欲望，还算是原谅吗？算，也不算。算，因为我们让自己和他人都确信我们已经原谅了，我们的行为表明，伤害似乎永远未曾发生过；不算，因为人永远不能主宰自己的记忆，只要还有记忆，就不是原谅。

一整天都和家人打交道，动手缝了戴娜的俄式皮鞋，然后像仆人那样洗了大木桌，还在它上面包了乌克兰饺子。我卷起袖子，头上戴着黑色的天鹅绒帽子，看起来像浮士德。我擀面的样子，把家里人都逗乐了。

九月二日，星期日

如果选择一天时间待在威斯巴登[①]，可以做什么呢？

我们去了那里，只是为了看世上最可笑的人庆祝最文明国家的失败。

[①] 威斯巴登（Wiesbaden），德国中部黑森州的州府，法兰克福之后该州的第二大城市。它同时还是欧洲最老的温泉水疗城镇之一，有着 26 个温泉和 1 个冷泉。

九月六日，星期四

我要待在巴黎，我确定无疑要这么做，母亲也是如此。整晚都和她在一起。今晚之前，一切都如以往一样非常顺利，可现在她病了，此后再也没下过床。

我决定留在巴黎求学，夏天时去温泉浴场游玩。我所有的任性都已挥霍殆尽。俄国之行，非常必要，让现在的我已彻底改变。我感觉自己事业的高峰终于到来了。以我的才华，用不了两年，就会弥补失去的时间。

九月十九日，星期三，巴黎

不知道确切的原因，但我想，自己会在巴黎生活。看来在朱利安工作室[①]待上一年，会为自己打下良好的基础。

十月二日，星期二

今天，我们把行李搬到了香榭丽舍大街71号。虽然一切都乱糟

[①] 朱利安工作室（Atelier Julian），法国画家罗伯尔·朱利安（Rodolphe Julian，1839—1907年）于1867年在意大利、法国巴黎创立的一家私人艺术学校，现为朱利安学院（Académie Julian）。朱利安曾聘用了当时业界有建树的画家、雕塑家和美术教育家执教，如威廉·阿道夫·布格罗、亨利·洛伊尔、简－保罗·劳伦斯、加布里埃尔·费雷尔、托尼·罗伯特－佛勒里、朱利斯·约瑟夫·勒菲弗等。玛丽娅·巴什基尔采娃的其中一幅画作《工作室》，创作背景即为朱利安工作室，现已是朱利安学院及业界公认的玛丽娅的代表作和经典画作。

⊙ 朱利安学院的艺术生

糟的，我还是找时间去了朱利安工作室，这是一家唯一带有女性色调的工作室。工作时间早晨8点到中午12点，下午1点到5点。

今天还没到4号，那可不是一个好日子，我绞尽脑汁想多做些事情。只用了10分钟，就画了幅四分之三头部的蜡笔速写。朱利安告诉我，他没想到一个初学者会画得这么好。今天只是一个开始，所以，我早早就离开了工作室。我们去了皇家公园，我摘了五片橡树叶带到了杜赛特那里，他们用半个小时就给我做了件蓝色无袖工作服。我还期望什么呢？成为百万富翁？恢复自己的嗓音？假借男人的幌子，获得罗马大奖①？嫁给拿破仑四世？进入上流社会？

我最渴望的，是恢复自己的嗓音，它胜过任何渴望。

每天从早晨8点画到中午，又从下午1点画到5点，时间过得飞快。去工作室到回到住处，需要用一个半小时。今天我到得有点晚，所以只画了6个小时。

一想到浪费的这几年，我就耿耿于怀，想放弃一切！但那只会雪上加霜。好吧，任倒霉吧，至少我已开始，这就该知足了。本可以13岁就开始了，整整浪费了4年时光！

4年前要是开始画画，现在也许已经开始画历史题材了。我所做的一切，莫不如不做，一切都得从头再来。

终于，可以和真正的艺术家一起工作了——真正的艺术家，他们的画在沙龙里展览②，而且有人购买——他们甚至亲自上课。

朱利安对我的起步感觉满意。"今年冬天结束时，"他对我说，"你就能把肖像画得很好了。"

他说，有些女学员和男学员一样有前途。和男学员一起工作，虽然他们抽烟，可在工作中却分不出性别。之前，女学员不画裸体，但自从允许她们进入画院之后，她们和男学员之间就没有这方面的区别了。

工作室里的管理员，跟小说里描写的几乎一模一样。

"我与艺术家为伍，"她说，"绝不是这些资产阶级中的一员，我

---

① 罗马大奖（Prix de Rome），著名的法国国家艺术奖学金，旨在提高法国的艺术水平。1663年，路易十四在位期间创立了罗马大奖。该奖当时由法国皇家绘画和雕塑学院在其学员中经过严格选拔而出，共有4个名额，分别给予绘画、雕塑、建筑和雕刻四个方面最杰出的参与者。获奖者将可以前往罗马，居住在著名的美第奇别墅中3年，并接受意大利著名艺术家的指导。如果学院领导认为有必要的话，留学时间还可以延长。获奖者在罗马期间的所有支出，由法国国王负担。1803年起，增加了音乐方面的获奖者。

② 沙龙展，即著名的巴黎沙龙（Salon），是1667年开始在法国巴黎法兰西艺术学院中举办的艺术展，建立者为法兰西艺术院下属的法国皇家绘画和雕刻学院，初始只是展出学院毕业生的作品。1725年在卢浮宫展出，1737年8月18日至9月5日再次在卢浮宫展出，这便是其首次公开展览。它在1748年至1890年间是西方世界最大的艺术展，是学院艺术的重镇。1881年法国政府停止赞助巴黎沙龙，改由法国艺术家协会组织。

是艺术家。"

我快乐，快乐！

十月五日，星期五

"你自己画的吗？"今天，一进入工作室，朱利安先生就问我。

"是的，先生。"

我脸红了，好像自己撒了谎一样。

"好的，我对它感到满意，非常满意。"

"真的吗？"

"真的，非常满意。"

在工作室里，所有的差别都不见了，你既没有名字也没有家庭，不再是母亲的女儿，你就是你自己，一个独立的个体，面对的只有艺术，别无其他。你会感觉如此快乐，如此自由，如此自豪！

终于，我成了自己所渴望的那种人。我渴望了这么久，当真的实现时，几乎还不相信这是真的。

顺便说一下，你猜我在香榭丽舍大街遇到谁了？

不是别人，正是 H 公爵，自己乘着马车。

这个英俊潇洒的年轻人，留着黄色的鬈发，精心蓄起了胡须，看起来像高大的英国人。他脸色红润，红色的小络腮胡从耳根一直留到面颊中间。

4年，让一个男人改变了许多，没过半个小时，我就不再想他了。

世界的荣耀由此传递[①]。

[①] 世界的荣耀由此传递，原文是 "Sic transit Gloria Ducis"，拉丁语，这句话曾在1409年亚历山大五世加冕时和1963年罗马教皇加冕典礼仪式上使用过。

在完美面前，羞耻感消失殆尽；除了羡慕之外，完美不会在头脑里为任何印象留有余地。

万事亦是如此。音乐，只要舞台设计的缺陷为人注意到，那它就不再完美。英雄主义行为，一旦发生了，留给了人们自由发表评论的空间，那么，它就不再是你所期望的英雄主义行为了……

为了达到尽善尽美，必须让其占据整个思想，排斥一切与之无关的情感。

十月十一日，星期四

朱利安先生告诉管理员，我和苏贝是他最看好的学生，有朝一日会成为艺术家。苏贝是瑞士人。朱利安先生还说，我会成为伟大的艺术家。

天很冷，我着凉了，但只要能画画，可以无视所有的一切。

画画？为什么？

为了补偿出生以来被剥夺的一切，为了给曾经渴望并仍然渴望的一切找到应有的位置，为了促使自己凭借才华取得成功——凭借任何自己选择的东西，只要取得成功！

十月十三日，星期六

今天是星期六，托尼·罗伯特-佛勒里①先生来到工作室。他是

---

① 托尼·罗伯特－佛勒里（Tony Robert-Fleury，1837—1912 年），法国画家，作品以历史题材为主，同时也是著名的艺术老师，培养了许多艺术家。

位艺术家,他画的《哥林多的末日》[①],由国家专门购买过来送给了卢森堡。巴黎一些最杰出的艺术家,时不时地会来工作室指点我们。

他来到我旁边,刚要点评我的画,我就打断了他,说道:"对不起,先生,我刚画了10天。"

"你之前在哪儿画过?"他边问边端详着我的画。

"哪儿都没去过。"

"怎么可能,哪儿都没去过?"

"是的,我自己画着玩的,上过32学时的绘画课。"

"那不叫学画。"

"是的,先生,因此——"

"来这儿之前,你从未临摹过大自然吗?"

"从未,先生。"

"这不可能。"

"我向您保证。"

他似乎还是将信将疑,我补充说:"如果您愿意,我拿荣誉向您保证,我说的是实话。"

"那么,好吧,"他说,"你有杰出的绘画才能,特别有天赋,我建议你好好画画。"

请让我继续说完我的成功史。

"女士,这是怎么了?"今天晚上朱利安问道。他抱着双手,站在我面前。

我感到有点害怕,红着脸问怎么回事。

"嗨,太棒了,"他说道,"周六别人都在喘口气休息,你却画了一整天!"

"噢,是的,先生,我没有其他的事情可做,可又必须做点

[①]《哥林多的末日》(*Le Dernier Jour de Corinthe*),托尼·罗伯特-佛勒里的代表作。哥林多是希腊的历史名城之一,位于连接欧洲大陆及伯罗奔尼撒半岛的科林斯地峡,西面是科林斯湾,东面是萨罗尼科斯湾,距离首都雅典约78千米。现今为科林西亚州的首府。

什么。"

"不错，你知道罗伯特－佛勒里先生很看重你吗？"

"是的，他告诉过我。"

"这个可怜的罗伯特－佛勒里！他身体还是那么差。"

老师随即坐在我身旁，开始和我谈论一些极少跟其他学生谈论的事情，这让我受宠若惊。

今天，D夫人和我们一起吃的饭。我安静、内敛、沉默，的确不太好相处。我心无杂念，只有艺术。

写日记时，我停下笔来，想到所有的付出——时间、耐性，应对困难，都是值得的。

成为伟大的艺术家，说起来容易做起来难。即使有天赋，还需要付出不可或缺的体力劳动。

有个声音对我耳语："你不会感觉到时间和困难的，在你还没在意的时候，就已经成功了。"

我相信这个声音！它至今从未欺骗过我，它经常预测到我的不幸，所以，这次它不会说错的。我听到了这个声音，感觉有理由相信它。

我要拿到罗马大奖！

十月十六日，星期二

今天下午，罗伯特－佛勒里先生来到工作室，他特别关注了我，叫我感觉非常荣幸。

如以往一样，从9点到12点半，我一上午都在工作室画画——我从未8点钟准时到过画室。

中午时回家吃饭，下午1点20分时返回工作室，一直工作到5

⊙ 托尼·罗伯特 – 佛勒里《哥林多的末日》，木板油画，401cm×602cm，1870年，藏于法国巴黎奥赛博物馆

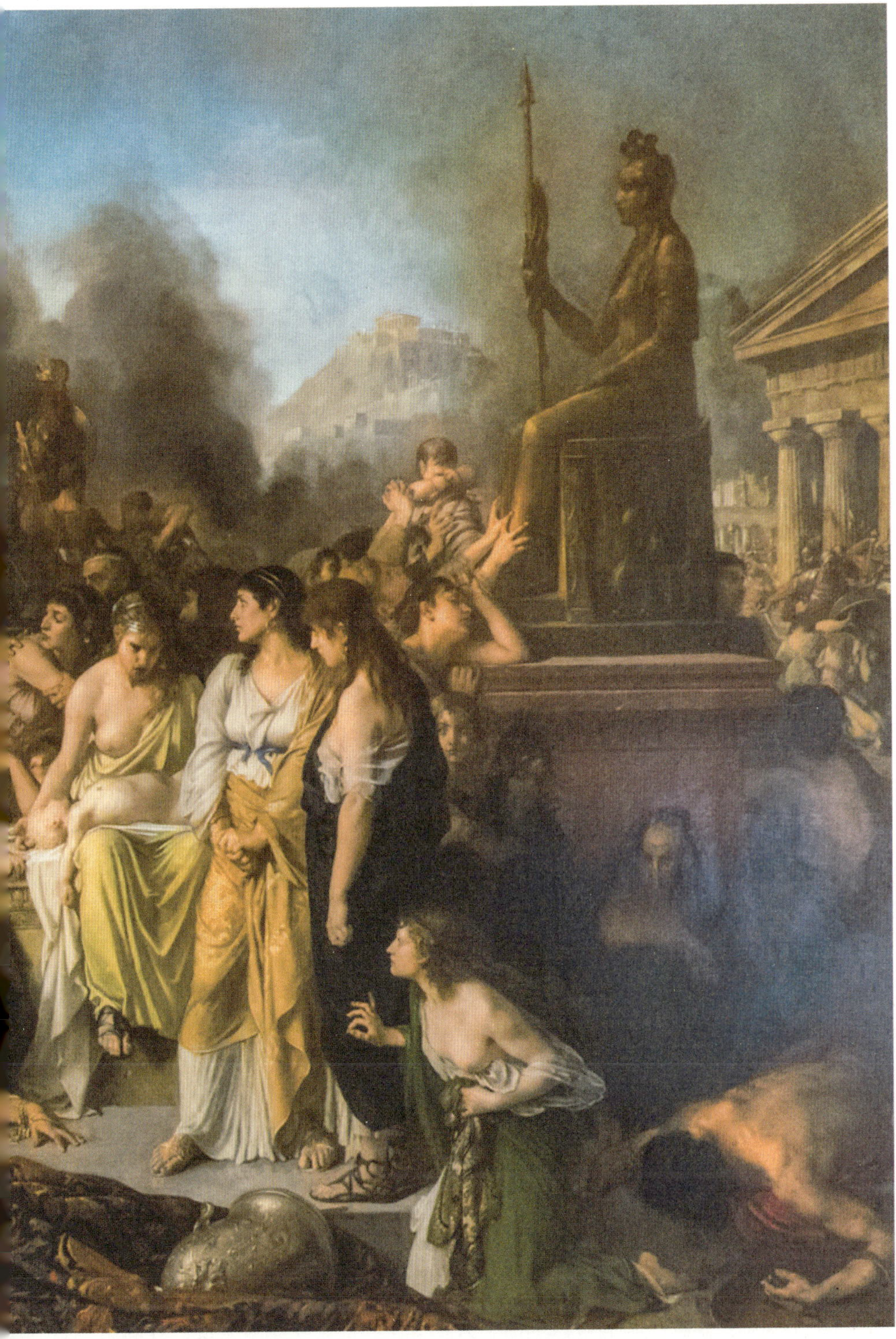

点，晚上又从 8 点待到 10 点。我一天工作 9 个小时。

至少，我还未感觉到精疲力竭。如果身体允许，我就多做些事情。有些人管这些叫工作，我向你保证，对我来说，这是娱乐。我这么说，并没有吹嘘的意思。9 个小时不算什么，想想我不是每天都工作 9 小时的，从香榭丽舍大街到薇薇安街有好长的一段路，晚上经常没有人陪伴。

冬天 4 点钟就天黑了。不管怎样，晚上我都要去工作室。

早晨，我们乘坐一辆双座四轮轿车；下午和晚上乘坐四轮马车。

你知道，我要在一年的时间里完成三年的工作。虽然我进步飞速，但这三年的工作需用一年完成，相当于普通人六年的工作量。

现在，我会像傻子那样说："如果半年我就做成了这样，那么，两年之后会取得怎样的成就啊！"这种思维方式，真是偏颇得有点离谱。

时间不是问题。如果真是这样，那么，这么多年就只剩下工作了。没错，有了耐心，就会取得成功。我一两年取得的成就，那个丹麦女孩一辈子都做不到。每当我要承担起责任、想修正错误时，就会感觉困惑不安，因为我从未有耐心地从头到尾把一句话说完整。

总之，要是我三年前起步，也许每天工作 6 小时就会万事大吉。但事实是，我需要 9 个小时、10 个小时、12 个小时——尽可能长时间投入学画。当然，即使三年前已经起步，现在我还会竭尽所能长时间地工作——过去的就过去吧，过去吧！

十月十八日，星期四

今天，谈到我画的裸体画时，朱利安说，对于初学者来说，我画得非常出色，别具特色。事实上，如果画得一般，但构图不错，躯体也不赖,对初学者来说已经很好了。

所有的学生都站起身过来看我的画,我的脸一直红到了耳根子。

天哪,我是多么快乐啊!

昨晚的画非常糟糕,朱利安先生建议我重新再画。一心希望画好,反而糟蹋了它。最好不再碰它了。

十月二十日,星期六

今天,布莱斯劳[①]从罗伯特-佛勒里先生那里获得了许多赞扬,而我却一无所获。裸体画已经不错了,但头部还是不行。我有些担心,不禁扪心自问,何时才能画好?

除去周日之外,我已经不间断地工作两周了,两周啊!布莱斯劳在工作室已经两年了,她20岁,我17岁;但来这儿之前,布莱斯劳已经学画很长时间了。

我呢,可怜的家伙?

我刚刚学画两周!

布莱斯劳画得多么好啊!

十月二十二日,星期一

今天的模特很丑,大家都拒绝画他。我提议大家都去看艺术大奖赛,它正在美术学校举行展览。有一半的人步行去的,布莱斯劳、西

[①] 布莱斯劳(Louise Catherine Breslau,1856—1903年),德籍瑞士画家,玛丽娅·巴什基尔采娃的同学。

蒙尼德斯夫人、齐尔哈特①和我乘马车去的。

画展昨天就结束了。我们在码头上走了一会儿，看了些旧书和雕刻，谈论着艺术。你知道这意味着什么吗？我不想说什么，唯恐扫了大家的兴致。学员们都和蔼可亲，礼貌有加，我们之间已经不那么拘谨了。总之，事情进展得非常顺利。正在这时，碰见了家人乘着四轮马车过来，她们当时正在我们马车的后面。

我示意司机不要开到前面去。家人看见了我，明白了我的意图。在艺术家朋友面前，我不愿意和她们搭话。我戴着小帽，头发乱蓬蓬的，看起来很邋遢。家人自然非常生气，甚至会感觉羞愧的。

我尴尬至极。

真是一次尴尬的邂逅。

⊙ 玛丽娅·巴什基尔采娃（1877 年摄）

---

① 齐尔哈特（Jenny Zillhardt，1857—1939 年），法国著名女画家，也是玛丽娅·巴什基尔采娃和布莱斯劳的同学。其大部分画作被法国奥赛博物馆收藏。

十月二十四日，星期三

昨晚，罗伯特-佛勒里先生过画室来了。他告诉我，我是最好的学生之一，不该缺课的。朱利安先生跟我强调了好几遍，极尽赞美之词。

我缺课能令罗伯特-佛勒里这样的教授都注意到，对我的确是一种荣幸。

有时我想，至少4年前，就该画画了——至少！我从未停止过这么想。

十一月三日，星期六

今天到工作室时，罗伯特-佛勒里早已改好了所有的画。如以往一样，我将自己的作品交给他，然后躲到了他的座位背后。可是，他有好多高兴的事要对我说，我不得不从藏身之处出来。

"轮廓还有些粗，但画得自由、真实，的确值得表扬，"他说，"这个动作真的太棒了。当然，你还缺少经验，但你有无法学到的才华。你知道吗？有些东西是学不到的。你不会的，将来会学到，你会学到的。"

"是的，"他接着又重复道，"你令人羡慕。只要努力，你会非常棒的——记住我说的话。"

"我也这么认为。"我回答道。

十一月八日，星期四

只有一件事可以将我从工作室带走一下午，那就是赛马。

在台阶上，我碰到了朱利安，看见我走得这么早，他很吃惊。我向他解释了怎么回事，说只有赛马可以将我从工作室里拉出去。他说这更值得表扬，因为我有这么多的娱乐方式。

"我在任何地方都找不到快乐，只有这里才有，先生。"我说道。

"你说得对，来这里两个月了，你明白自己多么快乐了吧。"

"你知道，我渴望成为杰出的艺术家，我来是画画的，不是为了娱乐。"

"希望如此！那如同把金条当成废铜烂铁使用，是犯罪。我向你保证，你有才华——你之前的作品，令人羡慕，我从中看见了某种迹象——用不了一年半，你就会创造奇迹。"

"噢！"

"我再说一遍，奇迹！"

"保重，先生，我走路有点晕乎乎的了。"

"我说的是真话，走着瞧吧。今年冬末，你就能画得很好了。我给你6个月时间熟悉色彩，但也不会忽略了你的素描——总之，只为实现奇迹。"

仁慈的上帝啊！在坐车回家的路上，我忘乎所以，一会儿哭一会儿笑的，已开始幻想可以一幅画卖5000法郎了。这种事情，想想都美，可我还是有些担心，一年半的时间画肖像，不画其他的了？那不得再需要两三年啊——随它去吧。

十一月十日，星期六

罗伯特-佛勒里先生今天不舒服，有点累了，只给我们修改了不到一半的作品。没有人得到他的表扬，甚至包括我。我有些吃惊，因为朱利安认为我画得非常好。是真的，但我自己并不满意，心里怪怪的。

后来，我画了几幅素描，其中一幅是人物画，画得不错。朱利安让我在上面署下名字，放在了他的画册里。

与好事相比，为什么坏事更容易影响人的心情啊！

一个月过去了，我没有收到只言片语的表扬，只有一次例外，是在两周前。今天早晨，我受到了批评，就忘记了一切，只记下了批评。事情总是如此，一千个人给你掌声，但只要有一个人发出嘘声，这嘘声就会湮灭其他所有人的声音。

十一月十四日，星期三

今天，去附近的医学院找了些书和石膏模型。街道上——那些狭窄的街道，里面有卖乐器的商店——挤满了来自各个学校的学生，我心情高兴起来，沉醉其中。啊！好家伙！如人们所说，我现在终于明白了拉丁区的迷人魅力了。

如果你愿意，可以随便和我谈论拉丁区了——这是与巴黎和平相处的唯一地方。如果想象自己生活在另一个国家——那几乎只有意大利了。这是一种全然不同的生活，我无法描述。

看见我进了这样的商店，母亲吓坏了——"怎么可以有这样的事？哦，这种事！赤身裸体的农民。"资产阶级！等一下，让我画完这幅漂亮的画——花盛开了，果实成熟了，谁还会想到它们来自什么样的土壤。

我想到的只有结局。我正奋力朝着这个目标前进，不会停滞不前，更不会偏离方向。

我喜欢逛商店，喜欢逛那些能把我当成布莱斯劳的地方——多亏了我穿的是流行时装。店家会以友善的方式接待我，这与以往全然不同。

对布莱斯劳知之甚少，令我无法释怀。更让我烦心的是，自己对所有的事情都一知半解，没有什么事情可以做到精益求精。我担心在绘画上也是如此。按照我进步的速度，这个问题就比较严重了。之前没做到，不是永远做不到的理由。但对每个第一次，我都将信将疑。

十一月二十三日，星期五

可怕的布莱斯劳完成了一幅画——《星期一的早晨》，也叫《模特的选择》。工作室的每个人都在欣赏它——朱利安站在艾米莉和我中间。

这幅画视角恰当，人物肖像也很好——所有的一切，堪称完美。

要是能做到这一点，注定会成为伟大的艺术家。

你猜到了，不是吗？我嫉妒了。好吧，这对我是一种激励。

但我已经画了6周了，布莱斯劳总是在我前面——她起步早。不，再过两三个月，我会画得跟她一样——就是说，非常好。此外，找到了旗鼓相当的对手，让我高兴。要是换成其他人，只会睡大觉了。

外祖父病了，戴娜照顾他，尽心尽力的。戴娜长得更漂亮了，她人可真好！

十一月二十六日，星期一

今天4点钟，绘画课结束后，我又上了第一堂解剖课，一直上到4点半。

盖伊①先生是我的老师，是马蒂亚斯·杜瓦尔②派来的。杜瓦尔答应我，要是校方许可，可以让我参观美术学校。当然，我是从骨骼开始学习的，抽屉里装满了脊椎骨——真人的。

想到另外两个抽屉里装的是香水纸、名片之类的东西，就感觉有些恐怖。

十二月九日，星期日

沙可③医生刚刚离开。谈论病情时，我一直在场，听到了医生说什么。在家里，我是唯一有自制力的人，他们对待我就像对待医生。不管怎样，目前还没有发现什么要命的病。

十二月十一日，星期二

外祖父再也无法说话了。看到这个人变成这样，真是不敢想象。他不久之前还那么强壮、有朝气、有活力——可现在，却如僵

---

① 盖伊（Édouard Cuyer，1852—1913年），法国解剖学家、动物学家。
② 马蒂亚斯·杜瓦尔（Mathias-Marie Duval，1844—1907年），法国解剖学、组织学教授。
③ 沙可（Jean-Martin Charcot，1825—1893年），法国神经学家、解剖病理学教授。他的工作大大推动了神经学和心理学领域的发展。他的绰号是"神经症领域的拿破仑"。

尸一般躺在那里。

十二月十二日，星期三

1点钟时，神父和执事过来了，为外祖父主持了最后一次圣事。母亲一边大声哭泣，一边做着祈祷。他们走后，我去吃早餐。如果必须有，那么，人身上到底有多少兽性啊?！

十二月十五日，星期六

如大家所料，布莱斯劳取得了巨大的成功，就是因为她画得好。至于我，他们认为我脑袋瓜儿聪明，画的裸体画也不错。

我——不知道自己怎么了，布莱斯劳已经画了三年了，而我才两个月。不管怎样，这真可恶！啊，要是我三年前开始画画——就三年前，出名就不会这么费时费力了。

十二月二十二日，星期六

今天，罗伯特－佛勒里先生对我说："永远不要自我满足。"朱利安说过同样的话。我从未对自己满意过，所以，这些话值得我反思。后来，罗伯特－佛勒里还对我说了许多令我开心的事情。我告诉他，他说的没错，因为我根本不会自我满足，只会感觉心灰意冷——这番话让他吃惊不已，眼睛睁得大大的。

的确，我是心灰意冷。从不再有人欣赏我开始，我就已经泄气了。真是不幸，毕竟我已取得了前所未有的进步。他反复对我说，我有极其出色的才华，"能抓住相似之处""构图不错""画得恰如其分""你还要怎样，小姐，理智点吧。"他最后说道。

他在我的画架旁停留了很长时间。

"要是能画成这样，"他说道，先是指着头部，然后是肩膀，"肩膀就不会那样了。"

瑞士女孩和我打扮了一番之后，去了博纳那里，请求他接受我们在男人的画室里画画。

他自然向我们解释说，无论这 50 个年轻人受不受监管，都不可能接受我们。后来，我们去看了蒙卡奇[①]画展——不知道名字的拼写是否正确——他是位匈牙利画家，有一所豪华的大房子，是伟大的天才。

十二月二十九日，星期六

今天，罗伯特-佛勒里先生对我非常满意。在我画的一对跟真人大小一样的脚模前站了至少半个小时，又问了我一遍以前的问题：是否画过？真的希望认真学习绘画了？打算在巴黎待多长时间？他说他渴望看我第一次画色彩，问我是如何做到的。我告诉他，这纯粹是自娱自乐。他一直在站着讲话，于是大家都过来站在他后面听。在表达了一番惊喜之后（我斗胆这么说），他宣布，如果我愿意，可以马上开始画色彩。

我回答道，我并不非常着急画色彩，更喜欢完善自己的素描。

[①] 蒙卡奇（Mihály Munkácsy，1844—1900 年），匈牙利现实主义画家。作品类型多为世俗画作和基督教历史画作等。

十二月三十日，星期日；十二月三十一日，星期一

心情郁闷，今年无法过圣诞节了，这让我难过。我去了一个瑞士女孩家看圣诞树。圣诞树非常漂亮，可我却因为一直画到了晚上10点而困得要命。我们得到了预言：布莱斯劳将接受花环，而我将得到艺术大奖。

渴望
荣耀

乌克兰天才女艺术家玛丽·巴什基尔采娃的日记

1878 年

一月四日，星期五

  我的本性完全处于休眠状态，真是奇怪，竟然连一点迹象都未曾发现。偶尔，记忆重新唤醒了原有的苦涩，但我会马上将思绪转开——转向哪里？转向艺术，只有艺术让我心情愉快。

  那么，这就是最终的转变吗？我用了这么多的时间，如此热情追逐的，就是这个目标，就是这种绞尽脑汁的生活方式。为此，我没有一天不在诅咒自己，诅咒享乐，难以相信自己已找到了目标。

  穿上了黑色衬衫，我看起来有点像庙里的玛丽·安托瓦内特[①]。

  我开始改变，正渐渐变成理想中的样子：外表平和，充满自信。我不搅入人言是非，也不再无所事事。

  总之，我正逐步完善自我。请理解我所说的完善——完美，其意义仅对我而言。

  噢，时间！做什么事情都需要时间。

  时间是最大的障碍，最为可怕，最令人泄气，最难以驾驭。只要时间存在，其他的一切都毫无抵抗之力。

  无论发生了什么事，我都会比以往更加自信，哪怕被迫承认我不快乐这种令我郁闷的事情，我都毫无怨言。

[①] 玛丽·安托瓦内特（Marie Antoinette，1755—1793 年），法王路易十六的王后。法国大革命爆发后，王室出逃未成，1792 年 9 月 21 日，路易十六被废，法国宣布废除君主制。王室遭拘于圣殿塔内。安托瓦内特被控犯有叛国罪，在路易十六被处决 9 个月后，即 1793 年 10 月 16 日，被交付给革命法庭审判，判处死刑，魂断断头台，享年 38 岁。民间也称其为"断头皇后"。

一月六日，星期日

那么，好吧，我同意你的看法，时间正在流逝。如果像之前渴望的那样度过人生，无疑更有乐趣，但这已经不可能了。我的天才将产生怎样的成果，让我们拭目以待吧！毕竟还有足够的时间可以享受。

我们换了住处，现在住在艾尔玛街67号。从窗户望去，可以看见香榭丽舍大街上行驶的马车。我还有了自己的画室。

一月七日，星期一

将来能成为艺术家，我该不该相信呢？两年不是一生，两年过去了，如果我愿意，还可以回到原来的生活中去，整日无所事事，寻欢作乐，到处旅行。而我想要的，却是功成名就！

一月十二日，星期六

今天早晨，沃利茨基去世了。

昨晚去看他时，他半开玩笑半带悲伤地用意大利语对我说："永别了，小姐。"他是为了让我想起意大利。

也许，这是我人生第一次不是因为自己，也不是因为生气而流下泪水。

一个心地善良、与世无争的人即将去世时，总有某种东西令你感慨，就像见到一条从未伤害过人的忠诚的家狗不幸死去。

快到凌晨1点时，沃利茨基看起来精神好了些，女人就回到各自的房间休息，只有索菲姨留在他身边。

可后来他的呼吸不断减弱，必须用水洒在他的脸上唤醒他了。

等他呼吸恢复了一些，他站了起来。不管冒多大风险，他都要与外祖父告别。但还没走进大厅，他就没了力气，只好用俄语大声喊道："再见！"声音洪亮有力，惊醒了母亲和戴娜，她们跑出来搀扶他，却看见他已倒在了索菲姨和特里芬的怀里。

我还是无法意识到发生了什么，真是可怕！简直无法想象！

沃利茨基去世了！这是无法挽回的损失，你不会相信在世间的真实生活中曾存在过这么好的人。

我们只在书中才读到过这样的好人。好吧，我希望他不知道我的想法。上帝隐藏了他的能力，使他不知道我的所思所言。无论他现在栖身何处，愿他能听到我说的话。即使有理由抱怨，也要原谅我，因为我对他存有深深的敬意和真挚的友谊，因为我从内心的最深处感受到他的逝去所带来的悲伤！

一月二十八日，星期一

明天就颁奖了，真担心自己获不了好名次！

一月二十九日，星期二

真害怕比赛，可怜的罗莎莉不得不使出超人的力气才把我从床上拽起来。

我预料要么得奖，要么排名靠后。

都不是，跟我两个月前的排名一样。

我去见布莱斯劳，她还在生病。

今晚，在意大利剧院上演歌剧《茶花女》，演员中有阿尔巴尼、卡普尔和潘道菲尼——都是伟大艺术家，但我还是不开心。演到最后一幕时，我感觉，自己不再渴望死亡了。我想，凡尘万事，都逃不掉皆大欢喜的最终结局，而我的结局，最终也难以逃脱，我注定要遭受痛苦并在痛苦中死去。

这是我对自己的预言。

我扎上了束腰带。要是身材苗条、体型好的话，就会魅力倍增。白色蝴蝶结落在肩上，脖子和胳膊露在外面，让我看起来像委拉斯开兹①笔下的公主。

死亡？荒谬，可我想，我要死掉。长寿，简直是天方夜谭。与其他人的身体不一样，我的本性里有些元素过多，有些元素又太少，性格注定要善变。即使我是女神，整个宇宙都听我差遣，我仍然觉得不完美。再没有人比我更较真、更任性、更没耐性了。有时候，也许是经常，我的话里有些道理和正义，只是我无法解释清楚自己到底想说的是什

⊙ 委拉斯开兹《西班牙的玛丽－泰蕾莎公主》，布面油画，127cm×99cm，1652—1653年，藏于奥地利维也纳艺术史博物馆

---

① 委拉斯开兹（Diego Velazquez，1599—1660年），文艺复兴后期、巴洛克时代、西班牙黄金时代的一位画家，对后来的画家影响很大，戈雅认为他是自己的"伟大教师之一"。对印象派的影响也很大。他通常只画所见到的事物，所画的人物几乎能走出画面；他也画过一些宗教画，但其中的神像宛如人间，充满紧张和痛苦的表情；他画的马和狗充满活力。

么。我说我不会长寿的,我的计划、我的希望、我小小的虚荣心,都将四分五裂!在所有事情上,我都在自欺欺人!

二月十三日,星期三

  绘画没有长进,感觉好像厄运就要降临到我头上,好像自己做错了什么事而担心受到惩罚,也好像自己正在期待羞辱的到来。
  母亲在生气,明明是她自己做错了事。有一件事,我恳求她不要做,不要动我的东西或整理我的房间。然而,无论我怎么说,她都我行我素,顽固得像着了魔。但愿你知道她这么做多么令人生气,增添了我多少焦躁的情绪,多么令我更容易口无遮拦——一切本无必要这样雪上加霜的啊!
  我知道她的爱柔情无限,我对她的爱也是温柔无比,但我们俩待在一起不到两分钟,就会互相置气,甚至会哭泣流泪。总之,我们在一起时闹别扭,分开了又都闷闷不乐。
  为了艺术,我愿意做任何必要的牺牲。这就是我,我必须牢记在心。
  因此,我要为自己创造独立的生活。必须来的,就让它来吧。

三月十六日,星期六

  "我注意你有段时间了,"罗伯特-佛勒里先生今早对我说,"你到达了一个极限,无法超越,事情不该是这样的。你才华出众,不该在简单的事情上停滞不前。困难越多,你取得的成功就越大。"

我一清二楚！下周一，你就会发现，我跨过了罗伯特－佛勒里所说的极限。首要的事情，就是说服自己：必须成功，一定会成功。

三月二十三日，星期六

我承诺要超越罗伯特－佛勒里所谓的极限。

我信守了承诺。他对我非常满意。

他反复强调，拥有我这样的才华，付出怎样的努力都值得。他还说，我取得的进步令他吃惊，一两个月之后——

四月六日，星期六

罗伯特－佛勒里给予我太多的鼓励了，他认为我应该得第二名。他说，要是我真得了第二名，他根本不会惊讶。

想不到吧，M 离开我们家之后，回家梦到的居然是我。更想不到的是，他认为我也梦到了他。

我的头发乱蓬蓬的，拖鞋扔掉了。这个不修边幅的我，正在问自己，是否成功地迷住了他；问了自己还不满足，还要问戴娜。

然而——噢，青春！曾经以为这就是爱情。现在，我更理智了。感觉自己正在被某个人爱上，或者更准确地说，是认为有人爱上了自己，其实不过是逢场作戏。激发出来的爱和感觉到的爱，根本就是两种截然不同的情感，而过去，我却常常混为一谈。

上帝啊！曾自以为爱上了 A——他的长鼻子让我想到了 M 的长鼻子。多么可怕啊！

⊙ 玛丽娅·巴什基尔采娃（1878 年摄）

终于不再困惑，我兴奋不已——多么令人开心啊！不，不，我从未爱过，但愿你能描绘出我是多么快乐，多么自由，多么自豪，那个要来到我身边的人——该多么优秀啊！

四月十二日，星期五

昨天，朱利安和罗伯特-佛勒里在咖啡厅见了面，后者说我真是既出色又有趣的学生，他预料我一定会有出息。诸如此类的话，我必须牢记在心，尤其当精神受到困扰的时候。那时，就感觉有难以名状的恐惧侵入思想，仿佛掉入了困惑的深渊，各种稀奇古怪的想法都在折磨着自己。其实，不过是虚幻一场，根本毫无道理。

过去的一段时间里，家人经常在我的房间里放三根蜡烛——那意味着死亡。

那个要离开这里去另一个世界的人，是我吗？我想，是我。我的未来呢？等待着我的荣誉呢？啊，好的，如果那样的话，荣誉就没有什么意义了。

如果有个男人出现，就会幻想自己坠入了爱河——我可真是不消停。但是，要是没有人出现的话，我就会对一切都感到厌恶。

我开始相信，自己发自内心地喜欢艺术，这令我深感欣慰。要是没有了这些烦躁恐惧，我也许会快乐起来！

记得童年时也有过恐惧，只是带有迷信色彩，跟现在的感觉有些相似。我以为除了法语之外，自己不可能再学其他语言了，也无法再学其他语言了。现在，你看，其实根本不是那么回事。可当时，就有这种迷信般的担心，它与我现在的感觉如出一辙。

四月二十日，星期六

昨晚，合上日记本前，我读了几页之前的日记，碰巧读到了 A 的来信。

这让我想起了过去。我坐在那里，浮想联翩，一边笑着一边幻想。睡觉时已经很晚了，但时间并没有白白浪费，它很宝贵，不可能随便获得。只要心甘情愿，任何时光都不是白白浪费。只有芳华韶光，才能另当别论。

上帝已给予了我们所有的一切，所以必须感谢这些时光，更不要辜负了时光。

因为罗伯特-佛勒里，我今天无法去做弥撒了，也把我领圣餐的时间推迟到了明天。

我的忏悔与众不同，其内容如下：

"毫无疑问，你犯下了某种罪过，"在惯常的祈祷之后，神父说道，"你有懒惰的倾向吗？"

"绝对没有。"

"骄傲呢？"

"很多。"

"你不禁食吧？"

"从不。"

"你伤害过人吗？"

"我认为没有——也许有吧。琐事上可能有，但教父，大事上从来没有过。"

"那么，愿上帝宽恕你，我的女儿。"

我得到了心理安慰。今晚，和别人谈话时，我不再用夸张的语言，就证明了这一点。我心态平和，心无恐惧，无论是心理上的还是道德上的恐惧。过去，与人见面或交谈时，我经常会说："我害怕极了。"这是一种夸张的说法，几乎人人都说过，并无任何意义。我高兴的是，自己已习惯这样跟人谈话了。如果渴望有愉快的交往圈，那么，就必须这么做。以前，我只会与顺自己心的人交谈，而把其他人，几乎所有人，完全撂在了一边。

四月二十七日，星期六；四月二十八日，星期日

我心血来潮，做了傻事，邀请了一些名人来参加我们教会的午夜弥撒。坐在我们右边的，是大使洛伊赫滕贝尔格公爵及其夫人阿肯吉耶芙。公爵是玛丽亚女大公——女大公是在佛罗伦萨去世的——和皇帝外

甥的儿子。我在罗马时,他们夫妻俩也在那里。当时,阿肯吉耶芙夫人还没入驻大使馆。然而,现在,她已将女大公的角色发挥得淋漓尽致了。虽然她有点过于瘦削,但仍风韵犹存,举手投足间带着一种威严。

丈夫风度翩翩,还能将全部心思都投入妻子身上,令人羡慕。

做完弥撒后,凌晨 2 点钟时,大使馆举行了复活节晚宴。神父的家就在教堂附近,晚宴就选择在他家举行。因为是大使做东并发出的邀请,所以,我们有机会与大公夫妇、大使和俄国在巴黎聚居地所有的贵宾坐在同一张桌上。

虽然心里并不难过,但也不是非常高兴。在这种场合,要我回到画室里,真需要很大的吸引力才行。

奥洛夫亲王是鳏夫,他为什么不会爱上我、娶我呢?那样的话,我就是驻巴黎的大使夫人了,几乎相当于皇后。安尼奇科夫是驻德黑兰的大使,25 岁时为了爱情娶了一位小姑娘。

我没有给大家留下自己预想的印象。老佛爷的衣服让我失望,所以,我不得不临时穿了件不太好看的裙子——裙子是低胸的,不太雅观,搭了件罩衫。而裙子影响了我的情绪,情绪又影响了我的外表——一切。

四月二十九日,星期一

我通常的工作时间,是从清晨 6 点到晚上 8 点,抛开一个半小时的早餐时间,再没有比这更好的消磨时间的方式了。

换个话题。我要告诉你,我想,自己不会再认真恋爱了。我经常在男人身上发现一些可笑的事情,于是恋爱就告吹了。如果男人不可笑,他就会愚蠢,就会笨拙,就会令人讨厌。总之,总有问题,再不就是有耳屎。

是的，在找到自己的主人之前，没有任何事情会迷惑我。多亏了自己有心理准备，可以发现人的缺点——并不是所有的阿多尼斯①都能吸引我坠入爱河。

五月三日，星期五

有时候，真愿意放弃世上所有的享受、荣耀和艺术，选择生活在意大利，过着充满阳光、音乐和爱情的日子。

五月九日，星期四

要不是因为弹乐器和咬指甲，手变形严重，也许我会拥有一双漂亮的小手。

我体型像希腊女神，臀部非常像西班牙女人，胸部小巧而完美；我的脚，我的手，还有我天使般的面容——都有什么用呢？没有人爱我！

五月三十日，星期四

一般说来，在家人和朋友眼中，伟人并无伟大之处，而我的情况

---

① 阿多尼斯（Adonises），希腊神话中的爱神和美男子。

⊙ 泰奥多尔·籍里柯《梅杜萨之筏》，木板油画，491cm×716cm。1818—1819 年，藏于法国巴黎卢浮宫

恰好相反。比方说，如果我画出诸如《梅杜萨之筏》①那样的恢宏作品，获得法国荣誉勋章，家里人也不会感觉吃惊。这是个不好的兆头吗？希望不是。

---

①《梅杜萨之筏》（法语：Le Radeau de La Méduse；英语：The Raft of the Medusa），法国浪漫主义画家泰奥多尔·籍里柯（Théodore Géricault，1791—1824 年）1818—1819 年间创作的油画。这幅画之后成为法国浪漫主义的标志。这幅画的尺寸是 491 厘米 ×716 厘米。它描绘了法国海军的巡防舰梅杜萨号沉没之后生还者的求生场面。这场海难发生于 1816 年 7 月 5 日毛里塔尼亚附近的海域，海难当时至少有 147 人生还，起先是在一只自制的木筏上面漂流，但是 13 日后被救起时仅有 15 人幸存，期间他们缺少食物和饮水，甚至有人吃尸体来维持生命。导致这场海难的原因很大程度上是梅杜萨号船长的失职无能，而这位船长是法国复辟王朝任命的，因此这一事件后来变成国际丑闻。虽然《梅杜萨之筏》有传统历史绘画的元素，不过其选题引人关注、画风戏剧，这都打破了当时新古典主义的教条约束。这幅画在第一次亮相后几乎立即为画家赢得广泛注意，之后这幅画在伦敦展出。其影响可以在之后的欧仁·德拉克洛瓦、约瑟夫·玛罗德·威廉·特纳、居斯塔夫·库尔贝、爱德华·马奈等的画作中明显见到。在画家 32 岁死后，这幅画成为卢浮宫的收藏品。

五月三十一日，星期五

最残酷的事情，莫过于使那些最亲近的人，接二连三地失望。在预料能找到鲜花的地方，反而找到了毒蛇，那才是真正的可怕。但这种持续不断的震惊，终于在我心里产生了一种淡然。无论周围发生了什么，我都不关注。我走出家门，只是为了去工作室。

也许，你认为这是由失望带来的无可奈何。尽管这是由失望带来的，有些悲伤的意味，却是一种甜美安宁的情感。

我的生活，涂抹上的不是玫瑰色，而是灰色，仅此而已。

我已接受了命运，听从了它的恣意安排。

我的性格完全变了，而且是永久改变了，甚至连物质财富，我都不太需要。一年两件黑衬衫，可以在星期日换洗的内衣，还有最简单的食物，只要没有洋葱，新鲜的就行——甚至连上班的交通工具，这些就是我需要的全部。

不用马车，只乘坐公交车，要么就步行。在工作室里，我穿平底鞋。

那么，为什么要生活呢？希望更好的日子来临，这种希望从未抛弃过我们。

一切都是相对的。与过去遭受的痛苦相比，现在过得已经不错了。我享受这种生活，这是一种愉快的改变。

明年1月1日，我就要19岁了。玛丽娅要19岁了，荒唐，不可能，可怕。

有时，心中突发奇想，想要换身衣服，出去散步，去戏院，去公园，去参加沙龙，去看展览，但我对自己说："为了什么呢？"然后，再次回到从前的无动于衷之中。

我写每一个字时，都有一百种想法，而我所表达出来的思想，不过是其中的只言片语。

对后代来说，这是一种不幸啊！

也许，对后代这不是一种不幸，但它没能让我将思想表达出来。

我忌妒布莱斯劳，她的画根本不像女人画的。下周我要努力了！你瞧好吧。下午的时间，我都要花在看展览上。这周之后——我决心成为伟大的艺术家，我会成功的。

六月三日，星期一

无论内心、灵魂还是思想，我都是共和主义者。

保留贵族的头衔吧。但在法律面前，人们要拥有同等的权利。

让古老的家庭继续受到尊重，让外国的君主受到尊敬，让艺术以及一切有益于创造舒适高雅生活的东西都受到保护。共和主义者之所以受到谴责，在于他们队伍中总有一些害群之马，但哪有一个政党没有害群之马呢？

如果法国完全成了正统王朝的拥护者，或者变成了彻头彻尾的帝国统治拥护者，那么，人人都会纯洁高尚吗？晚安——我写得这么潦草，几乎就像疯子在狂言乱语。

六月十二日，星期三

明天重新开始工作，自周六以来一直没有工作，良心在谴责我。明天，一切都重新走入正轨。

鲁埃先生在很多方面都令我吃惊。自己用了这么多的小伎俩，婉转地对他进行一番恭维，连我自己也感觉吃惊。加维尼和男爵都毫不犹豫地赞成我的看法，鲁埃本人也非常高兴。在我面前，他们谈到了选票、法律、宣传单、忠诚派、叛徒，我听了吗？可以说听了，仿佛打开了通往天堂的大门。

我是女人，这令我难过。鲁埃是男人，这让他难过。"女人，"他说道，"没有我们遇到的那些烦恼。"

"先生，我可以说几句吗？"我问道，"女人和男人一样，都有自己的烦恼。唯一的差别，在于男人的烦恼给他们带来荣耀、名望和人气，而女人的烦恼根本没有任何好处。"

"那么，小姐，您认为我们的烦恼总能给我们带来补偿吗？"

"我认为是的，先生，"我回答道，"毕竟你们是男人。"

一定不要以为，我一开始就可以和他们进行这样的对话。我坐在角落里足足有10分钟，尴尬至极——老狐狸似乎并未被美貌所吸引。

我还要告诉你什么呢？

我沉溺其中。

现在，我有心向你再讲一遍所有美好的事情，但不可能了。我只会说，自己在尽最大的努力避免使用陈词滥调，同时还要表现出良好的品位。你会认为，我有点夸大其词了。

加维尼说，波拿巴主义者是快乐的，因为他们赢得了所有漂亮女人的同情，他边说边向我躬身致敬。

"先生，"我反驳道，"作为女人，我不会将自己的同情给予你们这个党，我会像忠诚的男人那样给予自己的同情。"

七月三日，星期三

M过来道别。天在下雨，他提议陪我们去看展览。

我们接受了提议。去之前，他和我一起待了一会儿，他恳请我不要这么残酷。

"你知道我爱你都爱疯了，"他说道，"你还要让我遭受多少痛苦啊。真正陷入爱河的人，如果看见的只是嘲弄的讥笑，听到的只有冷嘲热讽，你知道这有多么残酷吗？"

"这都是你自己的想象。"

"噢，不，我向你发誓，我随时可以向你表白自己的爱意——像狗一样绝对忠诚、忠贞和耐心！就说一句话！说你对我有信心——你为什么对待我像对待小丑一样，像对待一个下等人一样啊？"

"我对待你的方式与对待其他人没有区别。"

"那么，为什么？你知道我对你的感情与其他人是完全不同的——我是全身心地对你好的。"

"我总会激发别人的那种情感。"

"但不是爱情。请让我相信，你对我的情感完全不是仇恨那种情感。"

"仇恨？哦，不，我向你保证不是仇恨。"

"所有情感之中，最可怕的情感莫过于冷漠。"

"啊，好吧！"

"答应我，在我离开的这几个月，你不会忘记我。"

"对此我无能为力。"

"那我就不时提醒你，我还存在。也许，我可以让你高兴起来；也许，我可以让你开心大笑。我希望有时、偶尔，你会写给我一句话——一个词。"

"你到底在说什么？"

"噢，不需要你签名，只需简单地写'我很好'，就这些，我就会开心的。"

"无论写什么，我都签名，我从不拒绝签名。"

"允许我给你写信吗？"

"我就是《费加罗报》①,接受来自世界各地的来信。"

"上帝!我从未得到过你一句认真的承诺,得到的永远只是嘲笑,但愿你知道这多么令人发狂!我们认真谈谈。不要说'在我离开时,你不可怜我!'如果你只希望我奉献、尊重,还有我的爱——你说出任何条件,你选择吧,考验我。我只希望有一天你会变得更善良,不再嘲笑我,行吗?"

"就考验而言,"我非常认真地回答道,"只有一种考验值得信赖。"

"什么考验?我随时可以接受。"

"那就是时间。"

"如果那样的话,让我的情感接受时间的考验吧。你会看到的,它经得起时间的考验。"

"我不胜欣喜。"

"告诉我,你对我有信心吗?"

"怎么,信心?我对你有足够的信心,可以放心地将信托付给你,不会担心你会打开它。"

"不!不是那意思!绝对的信心。"

"多么了不起的说法啊!"

"我对你的爱难道不了不起吗?"他轻柔地说。

"我别无所求,只要你相信,这种事情会满足女人的虚荣心。等等,我真愿意对你有信心。"

"真的?"

"真的。"

这就足矣,不是吗?我们去看了展览。M兴致很高,他向我示爱,好像我接受了他似的,这让我有些闹心。

今晚,我真切体会到了什么是真正的满足感。我发现,M的爱在

---

① 《费加罗报》(*Figaro*),创立于1825年,其报名源自法国剧作家博马舍的名剧《费加罗的婚礼》中的主人公费加罗。

我心中产生了与 A 一模一样的情感。你知道，我是不爱彼得罗的！虽然非常接近，但我从未有过一刻爱过他。你知道这种觉醒有多么可怕。

你明白，我没有与 M 结婚的打算。

"真正的爱情，总是一种值得尊重的情感，"我对他说，"你没必要为自己的情感害羞，千万不要让那些愚蠢的想法进入你的头脑。"

"请给我你的友情。"

"空虚的字眼！"

"那么，你的——"

"你过于奢求了。"

"那么，我还能说什么呢？我想从友情开始，一点点增加你的感情，你还不愿意。"

"友情！幻想！"

"那么，爱情呢？"

"你疯了。"

"为什么？"

"因为我讨厌你！"

七月五日，星期五

音乐会之后，索菲姨挽住了艾蒂安的胳膊，戴娜挽住了菲利普尼的胳膊，我挽住了那个人的胳膊。夜色温柔，我们一路走回家。M 恢复了兴致，跟我谈起了他对我的感情——总是这样。我不爱他，但他的爱情之火温暖着我。这种情感，与两年前我误以为爱情的情感如出一辙！

他的话很感人，他甚至还流了泪。快到家时，我变得冷静起来。

美丽的夜色和优美的爱情表白，都令我感动。啊，有人爱你是多么快乐的事情啊！世上再无任何事情可与之媲美。现在我知道了，M 爱我，这种爱是不可能表演出来的。假如他爱的是我的钱，那么，我的蔑视会令他放弃自己的伪装。何况还有戴娜，大家都知道她和我一样富有；还有其他的女孩子，他也可以选择结婚。M 不是乞丐，无论在何种意义上，他都是位绅士。他本可以找到，也一定会找到，其他的人去爱。

M 和蔼可亲，在快要分手时我让他握住了我的手——我也许错了。他吻了我的手，但那是我欠他的。他那么爱我，那么尊重我，可怜的家伙！我像孩子一样问他问题，我想知道这种爱是怎么发生的，何时发生的。他对我一见钟情，似乎是这样。"这是一种神奇的爱，"他说道，"其他女人对我来说就是女人，而你却超越了其他所有人，我对你有一种莫名其妙的情感。我知道，你对待我就像对待一个驼背的小丑，没有感情，没有心，可我就是爱你。我——还敬佩你，而且我知道你的性格并不随和。"

听着他的表白，说真话，除非自己亲自演出，爱人的告白比世上任何戏剧表演都更令人心醉神迷。这也包含了一种仰慕，有人关注，有人仰慕，就会感觉自己的身心在阳光的照耀下像花儿一样绽放了。

七月七日，星期日，索登

7 点钟，我们离开巴黎来到了这里……无法想象，自己从巴黎到了索登。"死一般的沉默"，这描述的是笼罩在索登四周的寂静，它描述得还是不太准确。索登的寂静令我疑惑不解，就像喧嚣的噪声令人疑惑不解一样……

蒂勒纽斯医生刚刚离开，他就我的病情提了不少问题，可跟那个法国医生一样，什么结论都没说。

"非常好，没什么问题。一周之后，你就会好的，小姐。"

明天开始，我要接受一个疗程的治疗。

这里树木漂亮，空气清新，风景宜人，令我的脸色娇艳起来。

在巴黎，我只是漂亮，仅此而已；在这里，我的外表显露出一种诗意般的倦怠，眼睛变大了，两腮瘦削了。

七月九日，星期二，索登

这些医生真令人讨厌！我的喉咙居然让他们检查出了咽炎、喉炎、黏膜炎！该查的都查出来了！

我读李维的书消遣，把晚上读的内容记了笔记。我必须看罗马史。

七月十六日，星期二

我决心成名，无论成为艺术家还是什么家都行。可是，不要认为我学习艺术只是出于虚荣。也许，就本性而言，并没有多少人比我更有艺术气质——这一点，您是睿智的读者，一定早已想到了。至于有些读者，我藐视他们，他们认为我不切实际，以为我并不渴望成名，还事事特立独行。

七月二十四日，星期三

托马舍夫斯基是圣彼得堡剧团的医生，他一定知道了什么内情，给出的诊断与福韦尔医生和其他医生的诊断一样。我终于知道了，索登的水，因其化学成分的原因，根本不适合治疗我的病。如果不是非常无知的话，就会清楚，只有在恢复期和患肺结核的病人才被送到索登。

今早6点钟，索菲姨和我在托马舍夫斯基医生的陪伴下去了埃姆斯，去咨询那里的医生。

我们刚返回家。

欧仁妮皇后[①]就住在埃姆斯。可怜的女人！

八月二日，星期五

过去的几天，我一直在想尼斯。15岁时我就待在那里，当时的我是多么漂亮啊！身形、手脚也许没有现在丰满，但脸型却极其完美。再也不能那么漂亮了。回到罗马后，劳伦特伯爵让我出尽了洋相。

"您的脸型变了，"他说道，"五官、肤色还跟以前一样，但表情变了。您永远不会再像那幅肖像了。"

他指的是我的那幅肖像：我双肘放在桌上，两手握在一起，托起脸颊。我姿态自然，眼睛凝视前方，还带有些许的担心，好像在自问："生活就是这样吗？"

那时我15岁，仍稚气未脱；这种表情，之前没有，之后也不会再有了，那是我所有表情中最迷人的表情。

---

① 欧仁妮皇后（Empress Eugenie，1826—1920年），拿破仑三世的妻子。

八月七日，星期三

请允许我去罗马吧！我注定不可能去罗马，如果去了，那将会多么幸福啊！

不是李维将这些想法灌输进我的头脑的，过去的几天，我都没有读这位老朋友的书。

不，只需想想罗马平原、人民广场，落日的余晖照耀下的苹丘公园，就明白我的心思了。

在神圣、灿烂的晨曦中，冉冉升起的太阳发出的光芒，让四周的一切映出身形，焕发容颜——其他的一切都显得那么空茫无趣！忆起那神奇、令人痴迷的城市苏醒时的样子，心中又涌起怎样神圣的情感啊！罗马拥有辉煌的过去和升华的现在，两者交相辉映，对思想产生了奇妙的影响。为此，我感慨万千。可是，我不会是唯一为罗马感慨之人。这种感慨无法用言语描述，也许——不，我有点语无伦次，无法表达。假如我恋爱了，那爱的一定是罗马。在落日的见证之下，看见最后一道光芒落在神圣的圆顶之上，我郑重向罗马宣誓：我爱你。

如果我遭受了致命一击，那也一定是因为罗马。我会眼睛紧盯着圆顶，哭泣、祈祷。如果我成为最幸福的人，那么，我最想去的地方，一定是罗马。

八月十七日，星期六，巴黎

今早我们还在索登。

我讨厌巴黎。不否认生活在巴黎可能比生活在其他地方更快乐、更满足，过着更为圆满、更为睿智、更为精彩的生活。但要过这种生活，必须爱这个城市本身。我发现，城市如人，有的令我同情，有的令我反感——我无法爱上巴黎。

我身染重疾，厌恶自己。这不是我第一次恨自己病倒了，但是恨，并不会让病情好转。

恨一个本可躲避之人就够糟糕的了，可恨自己——就可怕了。

八月二十九日，星期四

不知道上天怎样眷顾我，才让我今天早晨起来迟了。他们9点钟来的，告诉我外祖父病得更严重了。母亲、索菲姨和戴娜在哭……10点钟时，神父来了，几分钟后，一切都结束了。

九月四日，星期三

康德[①]曾说过，物质世界只存在于人的想象之中。这说得有点太远了，但我接受他的观点，尤其在情感世界出现疑惑之时。实际上，情感是由事物留下的印象产生的，因此，物质不再是物质了——换句话说，物质不再有客观价值，只存在于我们的头脑中——为了跟上这一观点，我必须得晚点睡觉。然后，再想想明天早晨几点开始画画，才能在周六前完成。

有些学术谬误，历时久远，还有点神秘兮兮。可对它们，我却情有独钟——这些学术论点和假设，如此有逻辑，又如此深奥。只有一

[①] 康德（Immanuel Kant, 1724—1804 年），德国哲学家。德国古典哲学创始人，其学说深深影响近代西方哲学，并开启了德国唯心主义和康德主义等诸多流派。

渴望荣耀

件事令我为之遗憾：它们都不是真理，可我既没有时间也没有倾向去找到其原因所在。

希望有个人能和我一起探讨这些问题。我的生活很寂寞，但事先声明，我决不会将自己的意见强加于他人。如果发现他人的观点是正确的，我会心甘情愿地接受。

不希望因自负而被认为荒谬，我渴望倾听博学之人的长篇大论。哦，我也非常渴望进入思想界，观察、倾听、学习。但我既不知道如何着手，也不知道跟谁去征求建议。我待在角落里，目光茫然，充满好奇，扫视着四面八方的艺术瑰宝、历史遗迹、语言奇迹和科学真理——总之，整个世界——我想知道自己要选择哪个方向。我渴望看见所有的一切，了解一切，学习一切！

九月十三日，星期五

在这个世界上，我没有处在自己应在的位置……宽阔的广场中央，有座石台，上面立着一个个令人赞叹的雕塑。可若是将它们放在房间里，就会发现它们看起来多么滑稽，多么碍眼！从早到晚，不知要触碰多少次，于是，就会认为它们令人生厌，难以容忍。而如果将它们放在了合适的位置上，就会唤起大家的连声赞叹。

如果认为"雕塑"一词有点恭维我的意思，那么换成另一个词吧——随你的便。读完李维的作品后，我要读米什莱[①]的法国历史，然后是希腊作家的书。这些希腊作家，我只是从其他书的典故里或引语里知道他们——我的书都打包装起来了，必须找到一个比这里更适

[①] 米什莱（Jules Michelet，1798—1874年），法国历史学家，被誉为"法国史学之父"。他以文学风格的语言来撰写历史著作，读来令人兴趣盎然；他以历史学家的渊博来写作散文，情理交融，曲尽其妙。在米什莱笔下，山川、森林、海洋、禽鸟、昆虫，一草一木，无不洋溢着深沉的诗意的凝思。

合放书的地方。

我读过阿里斯托芬①、普鲁塔克②、希罗多德③和几部色诺芬④的作品，仅此而已。还有，我非常熟悉荷马，对柏拉图也略知一二。

十月三日，星期四

今天，我们花了近 4 个小时看了一场国外音乐剧。剧中的阿里斯托芬，衣着丑陋。剧的情节也删减改编了，令人惋惜。

最精彩的部分，是克里斯托弗·哥伦布⑤的朗诵——罗西⑥用意大利语朗诵的。多么动情的声音啊！多么动人的语调啊！多么感人的表情啊！多么真挚的告别啊！比音乐不知强上多少倍。我想，即使不懂意大利语，也能体会到朗诵的魅力。

听朗诵的过程中，我崇拜上了罗西。

啊，潜藏在语言中的力量是多么强大啊！哪怕不是自己的语言，哪怕是其他人的语言，亦是如此！英俊的芒特－萨利⑦后来也朗诵了一段——我不评论！罗西是位伟大的艺术家，他有艺术家的灵魂。在剧院门口，我看见他和两个男人一起交谈——他长相一般。不错，他

---

① 阿里斯托芬（Aristophanes，公元前 448—公元前 385 年），雅典诗人和剧作家，雅典公民。他被看作古希腊喜剧尤其是旧喜剧最重要的代表。相传写有 44 部喜剧，现存《阿哈奈人》《骑士》《和平》《鸟》《蛙》等 11 部，有"喜剧之父"之称。
② 普鲁塔克（Plutarch，公元 46—125 年），希腊历史学家、传记作家。代表作：《名人传》等。
③ 希罗多德（Herodotus，约公元前 484—公元前 425 年），古希腊作家，他把旅行中的所闻所见，以及波斯阿契美尼德帝国的历史记录下来，著成《历史》一书，成为西方文学史上第一部完整流传下来的散文作品。
④ 色诺芬（Xenophon，公元前 430—公元前 355 年），古希腊历史学家、作家、军事家。代表作：《长征记》《希腊史》《回忆苏格拉底》《居鲁士的教育》《苏格拉底的辩护》等。
⑤ 克里斯托弗·哥伦布（Christopher Columbus，1450/1451—1506 年），意大利探险家、殖民者、航海家。
⑥ 罗西（Ernesto Rossi，1827—1896 年），意大利剧作家、舞台剧演员。
⑦ 芒特－萨利（Jean Mounet-Sully，1841—1916 年），法国舞台剧演员。

是演员，但伟大的演员在日常生活中就与众不同，气质非凡。我注意到他的眼睛，即使在说话时才散发出魅力，但也不是普通人的眼睛。这种魅力真是太令人赞叹了！那些鄙视艺术的伪君子算什么东西！

我的命运，真是可怕！如果我拥有天赋，就能够改变命运，但天赋必须取决于信任。即使你相信我说的话，但我在哪里可以出示证据，证明自己的天赋呢？

十月七日，星期一

愚蠢之人，会妄加推测，以为我想成为另一个巴尔扎克，可我并无此意。但是，你知道巴尔扎克为什么这么伟大吗？因为他以自然而然的态度描写事物，没有恐惧、没有矫饰，纯粹发自自身的感受。几乎每位有思想的人都曾有过同样的感受，但谁能像他那样表达出来呢？

没有人，说每个人都有同样的思想，也许不对，但在读巴尔扎克的作品时，每个人都为他的真实、自然而感动，所以，大家都认为自己感同身受。我认为自己没有能力从混乱的思想困局中解脱出来，这种想法曾产生过上百次，无论是在对话里还是在自我反思中，它折磨得我死去活来。

我还会找到另一种托词：在自己公正而深刻地观察世界时，担心人们也许不理解我。

也许，大家的确不像我所希望的那样理解我。

晚安，好人们。

十月二十日，星期日

今天早晨9点钟，我订了马车，在"伴娘"埃尔斯尼茨的陪同下，去参观圣菲利普教堂、圣托马斯·阿奎那教堂和巴黎圣母院。我上了塔楼，像英国女人那样，端详着大钟。好吧，这就是巴黎值得赞叹的地方——这就是老巴黎。待在这里，也许会心情愉快，但前提是远离林荫大道和香榭丽舍大街。总之，我要离开城市，远离我所厌恶的，焕然一新，因为它们令我心烦意乱。然而，在圣日耳曼郊区，你感觉到的却是全然不同的巴黎。

我们后来去了美术学校；我气愤得想要呐喊。

我为什么不能在那里学习？为什么不能得到那种全面的指导？我去看了罗马大赛的画展。二等奖颁给了朱利安的学生，朱利安非常高兴。如果我足够富有，就会建一所女子美术学校。

十月二十六日，星期六

我的画比之前好多了，裸体素描也非常不错了。巡展的获奖作品公布了，布莱斯劳一等奖，我二等奖。

总之，我该满意了。

十一月三日，星期日

今天，母亲、戴娜、X夫人和我一起出去兜风。她们想把我嫁出去，但我简单明了地告诉她们，为了不让人利用或者不让某个先生富有起来，我愿意出嫁，但前提是这个人要么家境富有，出身良好，英俊潇洒；要么有天赋，有名气。至于性格，哪怕他是撒旦，我也愿意赴汤蹈火。

十一月九日，星期六

多遗憾啊！居然没有奖章！我获第一名的时候，就是这样。我想，如果布莱斯劳参加了画展，他们会给出两个第一，我命该如此。然而，无所谓了，什么都改变不了事实。

十一月十三日，星期三

今晚，罗伯特－佛勒里来到了工作室，给我上了一堂大课，还给予了我一些鼓励，再重复他的话没有意义了。如果他的话都成真，您读我的日记读了这么久，应该知道什么样的话可以让我高兴。

但是，发现有人还能真诚地对待我，还是挺高兴的。我很傻，对自己总是抱有最美好的期望。当人们告诉我，我已实现了这些梦想，我会欣喜若狂，仿佛之前从未抱有过任何期望。我对自己好运的惊诧与喜悦，好像世上最美丽的女人爱上了魔鬼时，魔鬼那得意忘形的样子。

罗伯特－佛勒里是位优秀的老师，他指导你一步步向前走。这样，你就对自己取得的每一微小进步都了然于胸。今晚，他对待我，就像对待一个刚学会了音阶的学生，第一次给他曲子弹奏。他掀开了面纱的一角，揭示给我更为广阔的世界。在我的学业生涯中，今晚注定与众不同。

就素描而言，我与布莱斯劳不相上下，但她比我画得多。现在，我必须像她那样全身心投入画上几个月了。如果做不到这一点，作品就不会脱颖而出。但在我全情投入的这八九个月里，她不会停滞不前的。因此，我必须进步得更快，才能弥补不足——这似乎是不可能的。好吧，蒙上帝的恩典，让我们拭目以待吧。

今晚，沐浴之后，我突然发现自己看起来那么漂亮，我在镜子里足足欣赏了自己20分钟。我确信，没有人看见我这样不会赞叹的。我的肌肤，娇嫩欲滴，令人垂涎；我的脸颊，微微透出红润，我的嘴唇、眼睛和眉毛，无不展露出女性的魅力。

求求你，不要认为我被虚荣蒙蔽了双眼。什么时候自己看起来丑陋，我一清二楚。很久以来，这是第一次，我漂亮起来。绘画榨干了我的一切。

这所有的一切，有朝一日都会变得黯然失色，萎缩凋零，消失殆尽，想起来真是令人痛心疾首啊！

十一月二十一日，星期四

布莱斯劳画了一张脸，非常逼真、栩栩如生。即使是女人，也想去亲吻它。

十一月二十二日，星期五

布莱斯劳的未来是什么样的，一想到这些，就心生恐惧，让我既好奇又悲伤。

她的构图，没有女人气，也不庸俗，更不会比例失调。在画展上，她的画总会吸引大家的目光。除了她独特的处理手法之外，她的画的主题，总是不同寻常。的确，忌妒她是愚蠢的。在艺术上，我还是个孩子，她已经是成熟女子。此刻，我的光芒似乎隐藏了起来，眼前一片漆黑。

十二月二十七日，星期五

这一周都没有画画。过去的3天里，我想写下一些感受——关于什么，我却不知道。第二个故事里那个女子的歌声，让我无法再专心继续下去。于是，我就浏览起自己在意大利期间的日记。这时，有人来了，我再也找不到自己的思路了，也失去了自己有意沉溺其间的那种淡淡的忧伤。

突然发现自己居然用如此浮夸的语言描写了一件微不足道的小事，真令我感到吃惊。

我满脑子高尚的情感，却无法用美梦、惊喜或浪漫的场景加以描述，抒发情感，这叫我心烦意乱。我的意思，艺术家会知道，这非常好。但我所不能理解的是，一个据说很睿智的女孩子，怎么就不会恰如其分地评价男人和世事呢？我这么说，因为刚刚产生了一个想法：在这种事情上，家人本应该给予我启蒙教育。比如说，告诉我 A 不值得爱，根本不必为他自寻烦恼。的确，在整件事情上，她们都弄错了，母亲的见识甚至还不如我，但这不是重点。此外，我对自己的智商一向高估，本应该好好动动脑子，像对待其他人一样对待他，无论在日记里还是在其他方面，都不该在他身上花那么多心思。

可是，我总有种迫切的渴望，希望发生些浪漫的故事，可以记录在日记里——我真傻啊！浪漫的故事，发生时就该是浪漫的。不管怎样，还是自己年幼无知。无论犯了什么错，无论怎样吹嘘过，我终于为之忏悔了。无论为它付出什么代价，我都无怨无悔。

现在，我想听到有人说："像你这样坚强的女人，无论发生了什么，都不该收回自己的承诺。"

十二月二十九日，星期日

对艺术，我已失去了掌控力，却无法用什么取代它。书已打上包了，我的拉丁语知识和古典文学知识正在丢失，我彻底变蠢了。看见一座庙宇、一个石柱或一处意大利风景，脑子里就充溢了对巴黎的厌恶。巴黎，它这么冷酷，可又这么博学、睿智和优雅。这里的男人，丑陋无比；这种类型的城市，是高级人类的天堂，对我没有任何吸引力。啊，我在自欺欺人，我既不聪明也不快乐。我渴望去意大利，去旅行，去欣赏湖光山色、森林海洋。和家人待在一起，就意味着每天要陪着一大群人，还要面对不断的责备、烦恼和小摩擦吗？啊，不，说一百次也不是这样。享受旅行的快乐，必须等待，可时间在流逝。得了，这样更糟。如果愿意，可以随时嫁个意大利王子，还是让我等待吧。

你知道，如果嫁给了意大利王子，我也许还是艺术家，因为钱会是我的了，但我应该给他分点。不管怎样，我都要待在这里，努力画画。

周六，他们认为我的画根本就不差。

你知道，只有与意大利人在一起，我才能住在法国。按照我的意愿，我希望住在法国。啊，还有意大利！多么快乐的生活啊！我将在巴黎和意大利之间往来穿梭。

渴望
荣耀

乌克兰天才女艺术家玛丽业·巴什基尔采娃的日记

1879 年

一月二日，星期四

我所渴望的，就是独自一人出门！出门，回来，坐在杜乐丽花园的长椅上；更理想的，是坐在卢森堡公园的长椅上，或者站在那里观看商店橱窗里的装饰，参观教堂和博物馆。到了晚上，在城市里的古老街道上漫步。

一月十日，星期五

今晚，罗伯特-佛勒里来到了工作室……
如果艺术不能马上给我带来名誉，我就离开，一了百了。几个月前，我就下定了这个决心。我给自己设定的上限是30岁，因为在那个年龄前，人们仍然有希望获得财富、幸福、荣耀和自己所渴望的东西。那么，就这么定了。我要是理智一点儿的话，无论现在还是将来，都不会再折磨自己了。

一月十一日，星期六

他们认为，在工作室的学生当中，数我的社交活动多。这一观点，以及我跟其他同学在不同的站点上下车，都将我和其他学生隔离开来，无法像他们那样互相照应。比如，陪我到艺术家家里做客，或者去美术馆参观。

星期六晚上,我坚持工作到 10 点。回到家后,禁不住坐下痛哭起来。

只有那些感同身受的人,才会理解其中的恐惧。

一月十四日,星期二

今早,直到 11 点半,我才醒来。奖项是由三位教授颁发的,他们是:勒菲弗尔[1]、罗伯特-佛勒里和布朗热[2]。我直到 1 点钟才赶到画室,知道了结果。刚进入画室,我听到的第一句话就是:"好的,玛丽娅小姐,过来接受你的奖牌。"

一月二十二日,星期三

一整天,都像在做梦,我梦见了蓝色的大海、白色的风帆、亮丽的天空。今早走进工作室时,发现 P 在那里,他说一周后要去罗马。谈话之间,他提及了凯托宾斯基和一些朋友,而我——感觉自己有点迷糊。他的话让我想起一连串的场景:石雕、废墟、塑像、教堂,还有罗马平原——那个"沙漠"。是的,我喜欢那个沙漠。感谢上帝,也喜欢那些喜欢沙漠的人!

---

[1] 朱尔斯·勒菲弗尔(Jules Lefebvre,1836—1911 年),法国 19 世纪后期浪漫主义画家、教育家、理论家,作品多以人物肖像为题材。
[2] 古斯塔夫·布朗热(Gustave Boulanger,1824—1888 年),法国人物画家,以其经典和东方题材而闻名。

二月十六日，星期日

昨天，我挨了一顿批评。"我不明白，你这么有才华的人，怎么会感觉画画吃力呢？"朱利安说。

我也不明白，自己似乎已无能为力，继续挣扎没有任何意义。没有什么人、什么事可以指望了吗？我用木材填满了炉火，然而，这根本就是无用功，我根本就不冷。有许多可怜人，此时此刻正啼饥号寒。想到这一切，我就恼怒不已。这种反思，对于喜欢哭泣的我来说，足以令我的泪水流干。有时，我想，与其像现在这样，不如掉入痛苦的谷底，因为触底之后，就再也没有了恐惧。

二月十八日，星期二

毫无疑问，我的痛苦绝不比自己的罪过更大逆不道。可是，我在不断犯下微小的过错，最终累积成为难以饶恕的罪过。

刚才，我对索菲姨说话有些尖刻，可我无法控制。我双手蒙面，恳求上帝帮助时，索菲姨来到了我的房间。啊，这才是人生最大的痛苦啊！

一定不要让人看见我哭了，大家也许会认为我的泪水是来自失意的爱情，认为我是因愤怒而流下的。

二月十九日，星期三

必须做些事情让自己快乐起来。我这么说，全是因为我们习惯将书中读到的内容照搬到生活中。可是，为什么非要快乐起来呢？在痛苦中，我居然找到了乐趣。我与其他人不同，他们为了维系道德或者身体健康而做事，我不喜欢这么做，因为我对道德和身体都没有信心。

二月二十一日，星期五，尼斯

好啦，终于到尼斯啦！

我渴望尽情享受这新鲜的空气，让自己沐浴在阳光下，倾听波浪的声音。你爱大海吗？我爱它爱到发狂。只有在罗马，我才忘记它——几乎。

我和保罗一起来的，人们误以为我们是夫妻，这叫我恼火不已。因为别墅租出去了，我们只好在花园酒店（Hotel du Parc）下榻——以前住的是阿卡维瓦别墅（Villa d'Acqua-Viva），8年前我们曾在这里住过。8年！一次快乐之旅。我们将在伦敦之家酒店进餐，饭店总管安托万过来向我问候，店里的其他店员也过来问候。司机都微笑鞠躬，我们挑选的这个司机对我极尽赞美——他认出了我。可是，有另外一个司机提出来为我们服务，说他曾经服侍过罗曼诺夫夫人。后来，在大法国路我遇见了朋友。所有的一切都那么惬意，这些善良的人带给了我极大的快乐。

夜色美丽，我偷偷溜出来，直到10点钟才回去。我想在海边漫步，随着浪涛的节拍唱歌。附近没有一个人，夜晚令人陶醉，尤其是离开巴黎之后的夜色，噢，巴黎！

玛丽娅·巴什基尔采娃（1879年摄）

二月二十二日,星期六

这个地方和巴黎真是截然不同啊!在这里,我可以睡到自然醒。这里的窗户整晚开着。我住的房间,过去是宾萨经常画画的地方。看见第一缕阳光照耀下来,滑过花园中间喷泉旁的树顶——这场景,之前也常常看见。小书房的墙纸,还是我当时选的,也许是野蛮的英国人在一直使用书房,所以,我只能靠墙纸才能认出它来。英国人新建了一条走廊,这让我完全迷失了方向。

待在尼斯期间,我们在伦敦之家酒店进餐。那里可以见到所有人,狂欢节期间更不用说了。

二月二十三日,星期日

昨天,我们去了摩纳哥娱乐城,这是妓女的聚集地。对它的憎恶,无法用语言表达。我只待了10分钟,但那已够了,我又不玩乐。

独自散步时,我总是快乐的。今晚的大海美得无法描述,在听帕蒂①的歌剧之前,我去听了大海的浪涛声。天一直在下雨,空气清爽宜人,看见这深蓝色的夜晚,还有这深蓝色的大海,多么惬意宜人啊!

---

① 帕蒂(Adelina Patti,1843—1919年),意大利裔法籍歌唱家,被公认为是声乐史上1861—1906年近50年间世界上最伟大的女高音歌唱家。

三月三日，星期一，巴黎

昨天中午我们离开的尼斯。天气好极了，离开这令人愉悦、无可比拟的城市，我感到特别难过，不禁潸然泪下。从窗户往外望，可以看见花园、盎格鲁街，以及所有巴黎的高雅。从走廊这端，可以看见大法国路，路上有古老的意大利遗迹、胡同以及那些风景如画的街灯和暗影。在路上散步时，所有认识我的人都说"那是玛丽娅小姐"。

现在，我愿意离开巴黎。我已心不在焉，失去了所有希望，不再期望任何事，不再指望任何事。我已心灰意冷，愿意听天由命。我在黑暗中摸索，寻找灯光，却一无所获。我叹了口气，心比以往更为压抑。告诉我，你要是我，该怎么做？

三月五日，星期三

明天又要开始工作了！再给自己一年——一整年的时间，要比以往更加勤奋。失望有什么好处呢？从困境中挣脱出来时，可以这么说；但身处困境时，就无法说出这样的话。

六月二十一日，星期六

36个小时里，我几乎什么都没做，就是哭泣。昨天睡觉时，我已筋疲力尽。昨天中午离开工作室时，朱利安通过话筒叫女管理员，女管理员把耳朵贴在了话筒上听他讲话，接着她对我们说："女士们，朱利安先生想让我告诉你们，皇太子去世了。"

我叫了一声，跌坐在煤箱上。大家开始叽叽喳喳议论起来，罗莎莉说："请默哀一分钟吧，女士们。这是官方消息，刚刚收到了电报，皇太子被祖鲁人杀害了，朱利安说的。"

消息早已传开，有人给我带来了《信使报》，上面斗大的黑体字写着"皇太子之死"，我震惊不已。

无论属于什么政党，无论是法国人还是外国人，这条消息势必会给人带来恐慌。

有件事我要说一下，这件事报纸没有提过。英国人是胆小鬼和谋杀犯。皇太子死得蹊跷，其背后一定隐藏着背叛和犯罪。皇太子，皇室的唯一儿子，党的希望都寄托在他身上，居然这么轻易就暴露在危险之下，这正常吗？一想到他母亲的伤心欲绝，我想，没有人会冷酷到无动于衷的地步。哪怕最悲惨的不幸、最残酷的失去，都会留下一线未来的希望，一种可能的安慰。而他的离世，却没有留下任何东西。确切无疑地说，这种悲伤令人悲痛欲绝。正是因为他母亲，他离开了人世，她未曾给过他片刻安宁，一直在折磨着他。连每月500法郎的生活费，她都拒绝给他，这让他难以为继。儿子和母亲在交恶中各奔东西！你能体会到其中的可怕吗？你能理解母亲的感受吗？

每当波拿巴人仿佛瞎了眼一样求助于英国这个无耻的国家时，英国总会以无耻的态度回答。一想到这些，我心中就无比愤怒。

八月三日，星期日

我的狗儿可可二世不见了。

你无法想象我的悲伤。

八月四日，星期一

　　昨晚一夜未眠，想着我那可怜的小狗，我情不自禁落下了泪水。我向上帝祈祷，让我再次找到它。每当有什么请求时，我就使用一种特别的祈祷方式，反复念祈祷词。记得每次祈祷之后，都会获得某种慰藉。

　　今天早晨，家人叫醒了我。他们找到了小狗，把它交给了我。这条忘恩负义的小狗饿坏了，看见我时没有任何欣喜的表情。

　　妈妈欢呼道：找到它是个奇迹。之前，我们已经丢了4条狗了，从未找到过。当然，要是我告诉她是我的祈祷灵验了，她就不会这么激动了。这个秘密，我只会在日记里透露。即使如此，我也不太满意。有些隐秘的想法和祈祷，如果说出来，就会感觉滑稽荒唐。

八月九日，星期六

　　是走是留？行囊已打好。医生似乎不相信蒙多尔[①]的水疗效果。不管怎样，我可以在那里休息一下。等回来时，生活又会异常忙碌。白天，画水彩。晚上，画模特。

[①] 蒙多尔（Mont-Dore），法国多姆山省的一个市镇，属于克莱蒙－费朗区罗谢福尔蒙塔尼县。

八月十三日，星期三

昨天1点钟，我们到达了迪耶普①。

所有的海港都一样吗？我曾到过奥斯坦德②、加来、多佛③，现在又来到了迪耶普，它们都散发出焦油、渔船、绳索和柏油帆布的味道。风很大，在毫无遮挡的情况下遭遇这种天气，感觉糟透了，跟晕船没有什么区别。与地中海相比，这里真是天壤之别啊！地中海，令你神清气爽，没有这种难闻的味道，你可以自由呼吸，总有令你感叹之处。我更喜欢索登或施朗根巴特，它们像绿色的安乐窝。还有想象中的蒙多尔，都比这个地方强。

我来到这里，就是为了呼吸清新的空气。啊——好吧！无疑，城外和港口的空气更好些，可这些北部海港没有令我满意的。无论哪个旅馆，三层以下都看不见大海的景色。噢，尼斯！噢，圣雷莫④！噢，那不勒斯！噢，索伦托！你们绝不是浪得虚名，旅游指南对你们的夸赞绝不过分，更不存在诋毁！你们的确是清新迷人、赏心悦目的城市！

八月十六日，星期六

虽然这地方非常无聊，但我们还是笑得很开心，只不过笑是我的本性，完全不受心情的支配。

之前在疗养地的时候，我喜欢观察路人，这让我心情愉快。

---

① 迪耶普（Dieppe），法国北部一海港，重要旅游港、渔港和商港，有著名的海滨浴场。
② 奥斯坦德（Ostend），位于比利时西佛兰德省的一座海滨城市。
③ 多佛（Dover），英国东南部一海港。
④ 圣雷莫（San Remo），意大利西北部一海港。

现在，对所有这一切，我已无所谓了，无论身边的是人还是狗，我都无动于衷。但绘画和音乐，还是我最喜欢的。我希望自己在世上扮演着与现在截然不同的角色，但我的想法并不会如愿以偿，因为它无足轻重。

八月十九日，星期二

今晚，洗了第一次海水澡，整个过程令我厌恶不已，恨不得大喊大叫。我宁愿打扮成渔家女，也不愿衣着丑陋。此外，我性格悲观，渴求生活中的细节都能达到和谐完美。其他人认为漂亮或高雅的，我却经常认为缺乏艺术特色而给以颜色。我希望妈妈优雅风趣，至少更端庄一些。毕竟，生活本已糟糕，再强迫人们承受这种糟糕的生活，实在不合时宜。

你说，这些都是琐碎之事吗？其实，每件事都相互关联。如果图钉跟小刀造成的创伤一样疼痛，那哲人会怎么说呢？

八月二十日，星期三

没有抱负的情感，我想，自己根本无法体会；我鄙视那些无足轻重的人。

八月二十九日，星期五

听天由命，是懒惰者和绝望者的信仰。我绝望了，向你保证，我对生活全然无所谓了。如果这种情绪属于一时兴起，我就不会使用这种陈词滥调了。但我一直如此，即使最快乐的时候也是这样。我藐视死亡，如果除了死亡之外，我四大皆空——事情就简单了；如果除了死亡之外，还有什么眷恋的话，我就将自己托付给上帝。我认为，无论何种情况，自己都不会待在天堂；在这个世界里我所遭受的痛苦，还会在天堂里持续下去。我注定要遭受痛苦。

九月一日，星期一

希望你注意到，过去的一段时间里，我发生了巨大的变化，变得严肃而理智起来，比以往能更好地理解一些事情了。许多过去无法想明白的事情，现在都想通了。比如，我明白了，对一种思想深深的执着，跟炽热的情感别无二致。

对王子或朝代的忠诚，会唤醒我的激情，让我潸然泪下，甚至在冲动之下，贸然采取行动。但内心深处，我还有一种感觉，它让我对所有这些起伏不定的情感产生了疑虑。一想到伟人曾经当过奴隶，对伟人的崇敬之情，就会顷刻间消失殆尽。也许是因为自己愚蠢的虚荣，但我还是会以藐视的眼光看待奴隶。只有奴隶身处国王之位时，我才会真正成为保皇派。

就自己而言，也许会在国王面前低头，但对低头的那些人，我既不会爱他们，也不会尊敬他们。

我也许会接受英国或意大利那样的君主立宪制，但即使如此，仍有许多地方，我会持反对态度。那些皇室礼仪，令我心生厌恶，它们是毫无意义的耻辱之礼。统治者同情人们的时候，如宣传和倡导伟大理想的维克托·伊曼纽尔一世[①]以及和蔼可亲的玛格丽特王后[②]，皇室礼仪可以忍受，但最好还是拥有选举出来的国王，他会永远站在人民一边。

古老的秩序，是对进步和智慧的否定。

九月十七日，星期三，巴黎

今天是星期三，是我一周来的好日子，而17日，又是一个月的好日子，我要当模特，并已安排妥当。

十月一日，星期三

评论来了，刚刚读完约200页，可这只是亚当夫人第一期的评论，我感到有些心烦。下午4点钟时，离开工作室去公园散步。我戴了顶新帽子，吸引了大家的目光。可现在，我对这一切都无所谓了。我想，亚当夫人有充分的理由感到高兴。

[①] 维克托·伊曼纽尔一世（Victor Emmanuel I，1759—1824年），1802—1821年间为撒丁尼亚王国的国王。
[②] 玛格丽特王后（Queen Margaret，1492—1549年），即玛格丽特·德·那瓦尔，醉心于文化沙龙事业，为艺术家与作家大力提供赞助，在当时的法国和欧洲均产生了极为重大的影响。

十月三十日，星期四

法国是能给人带来愉悦的国家，也是招人喜爱的国家，这个国家的暴乱、革命、时尚、智慧、优美、高雅——总之，所有的一切，都赋予了生活以生气、魅力和变化。但我们寻找的既不是稳定的政府，也不是传统意义上的品行端庄的绅士，而是建立在爱情基础上的婚姻和真正的艺术。法国的画家非常优秀，但除了籍里柯和当代的巴斯蒂昂·勒帕热[①]之外，都欠缺神圣的火花。就艺术风格而言，法国永远不会，永远不会，永远不会创造出比肩英国和荷兰的作品。

在享乐和绅士风度方面，法国的确令人刮目相看，但其他方面呢？这就是法国。而其他国家，虽然永远不缺令人尊敬的品格，却总是那么单调。我抱怨法国，是因为我还没有结婚。对于年轻的女孩子来说，法国是个声名狼藉的国家——但愿这个词不是太重。交易、买卖、投机，用在了恰当的地方，值得称道，可用在婚姻上，就是可耻。然而，它们却是唯一能恰如其分描述法国婚姻的词语。

十一月十日，星期一

昨天去了教堂。我偶尔去那里，这样人们就不会认为我是虚无主义者了。

[①] 巴斯蒂昂·勒帕热（Jules Bastien-Lepage，1848—1884 年），法国自然主义画家和肖像画家，其作品在法国和英国受到广泛模仿。玛丽娅·巴什基尔采娃的朋友。

十一月十四日，星期五

如果这几天没有写日记，那是因为没有有趣的事情。

目前为止，我一直善待同胞，从未说过他人的坏话，也未对道听途说的事情乱嚼舌头。无论是谁，在我面前，但凡受到了诽谤，我都会替他打抱不平。我这么做，还有一点私心，就是希望别人也会这么对我。我从未真心想伤害过谁，如果我渴望获得财富或权利，也不是出于私心，而是为了做些慷慨、善良或慈善方面的好事。现在，想到这些，我都会感觉吃惊——在这方面，尤其是慈善方面，我一直做得不是非常成功。可是，我还会一如既往地给乞丐20苏①，因为他们这样的人让我心酸得流泪——但现在，我真担心自己变得堕落了。

我深深感到，内在的力量虽可以感动天地，但终是毫无意义！我不会将这一想法告诉大家，但其蕴含的愤懑，从我的表情就可看出。人们认为，只要不将这些想法呐喊出来，它们就无足轻重。但是，诸如此类的情感，最后总能显露出来。

十一月十九日，星期三

今晚，罗伯特－佛勒里过来看我，他的建议令我受益匪浅。在工作室里，我们坐在俄式茶具旁度过了一个愉快的晚上。他清晰地给我解释了为什么有必要设计光线。他这么指导我，既没有收取报酬，也没有任何私人目的。此外，他是个说话值得信赖的人。他反复告诉我，他如何告诉布莱斯劳夫人——她女儿和我是工作室里唯二具有绘

---

① 苏（sou），法国硬币单位。

画天赋的学生；对其他人，他一一给予了评价，认为他们虽然都自命不凡，但其实天赋平平。看到他这么直率地谈论其他人，我暗自高兴。

简而言之，他毅然决然地将我保护在他的羽翼之下。他对我这么另眼相看，为了报答他，我专门跟他预定了一幅自己的肖像，小尺寸的。而且还因为这笔开销，影响了我在他社交圈里的乐趣。

十一月二十一日，星期五

他（托尼）为卢森堡宫殿的屋顶画了一幅画。因为我今天大大夸奖了他一番，他投桃报李，以最为殷勤的方式将这幅画献给了我，说将它送给像我这样既懂画又会欣赏画的人，他不胜欣喜。

"可是，有许多人，"我说，"欣赏你的画。"

"不，不一样，不是一件事。"他回答道。

我在他面前早已无拘无束了，现在根本不怕他。在工作室整整两年，每周能看见他一两次，可是说到与他聊天并且让他帮我穿上大衣，还是感觉不自在。再进一步，我们就会成为好朋友的。要不是因为肖像，我会非常满足的，导师对我非常和蔼。

十一月二十三日，星期日

今天，去邀请朱利安共进晚餐，但他找了上千个理由，说如果他接受邀请，就会失去在我眼中的威信，就没办法继续教学了，尤其是如果他对我表现出任何亲近行为，都会被当成对我的偏爱，他们会说我可以在工作室里为所欲为，因为朱利安和我们一道就餐了，因为我有钱，等等。这个善良的人，说得有道理。

十一月二十四日，星期一

选中了37号画室，几乎都安排妥当了。

一整天都待在那里。这是个非常大的房间，灰色的墙。我带过来两块简陋的哥白林挂毯，可以遮挡进门处最远端的那堵墙。还有一张波斯地毯，几块中国坐垫，一大套方形的阿尔及利亚座椅，模特用的桌子，几件其他的物品和一些杂色的全丝绸缎，暖色调的。

我还带来了一些石膏像——米洛的维纳斯[1]、美第奇的维纳斯[2]、尼姆的维纳斯[3]、阿波罗、那不勒斯农牧神、肌肉和骨骼解剖图、半身浮雕、咖啡桶、镜子——花了我4法郎25生丁[4]，闹钟——花了32法郎，椅子、炉子、橡树抽屉——当彩盒用，茶缸——沏茶的全部用具，砚台、几支笔、小桶、壶、几块画布，漫画和素描习作。

明天，我还要取来一些作品——我担心，它们会令我的绘画看起来比实际上更糟糕——人体结构部位图里的胳膊、腿，人体活动模型，一盒木匠用具，还有安提诺乌斯[5]。

---

[1] 米洛的维纳斯（Venus of Milo），也叫断臂维纳斯，是一座著名的古希腊雕像。现藏于法国巴黎卢浮宫。
[2] 美第奇的维纳斯（Venus of Medicis），原为装饰劳伦佐·美第奇的别墅而作的，作于1485年间。现藏于意大利佛罗伦萨乌菲兹美术馆。
[3] 尼姆的维纳斯（Venus of Nimes），指1873年发掘出来的维纳斯像。
[4] 生丁（centime），法国货币单位，相当于1/100法郎。
[5] 安提诺乌斯（Antinoiis，110—130年），古罗马皇帝哈德良的男宠，死后被人神化。

⊙ 米洛的维纳斯

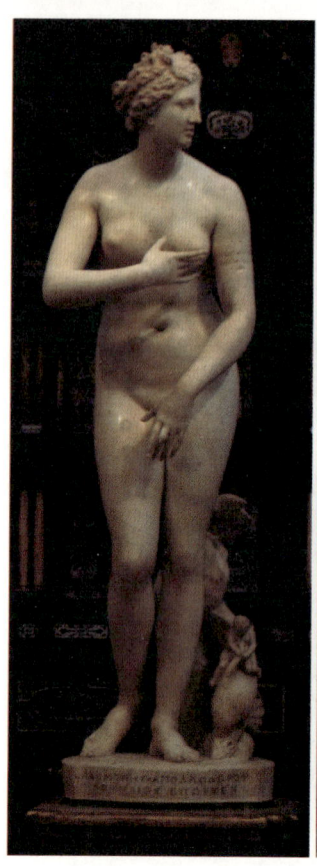

⊙ 美第奇的维纳斯（左）
⊙ 尼姆的维纳斯（右）

⊙ 安提诺乌斯

十一月三十日，星期日

我要生病了，浑身无力，无端叫喊。今天，离开工作室时，我去了卢浮宫商店。里面人头攒动，声音嘈杂，熙熙攘攘的，人们睁着好奇的眼睛，把脖子伸得老长——只有左拉才能描述这场景。

一年到头，竟以这种方式结束，多么可悲啊！我想等到午夜来临得知自己的命运后，再上床睡觉。可还是 11 点就上了床，很快就睡着了。

渴望
荣耀

巴克兰天才女艺术家玛丽娅·巴什基尔采娃的日记

1880年

一月一日，星期四

今天清晨，去了工作室。第一天就开始工作，预示着我要以工作贯穿整年。之后，看望了几个人，接着去了公园。

一月三日，星期六

继续咳嗽！是不是发生了什么奇迹？咳嗽没有让我丑陋起来，反倒让我增添了一种"病西施"的娇媚。

一月五日，星期一

好吧，不顺心就不顺心吧。

又开始工作了。没有彻底休息好，总感觉疲倦，没力气，这是过去从未有过的。画展近在咫尺了！和朱利安畅谈了一次，我们俩都认为我还没有准备好。

让我算一下。加上浪费掉的时间和用于旅游的时间——屈指可数，来这里学习有两年四个月了，已经够长了。我却没有足够用功，浪费了不少时间，劲头也没跟上。概而言之，就是没有准备好。"如果不断地用针扎，人会发狂的。"埃德蒙德说，"可如果换作用棒击打，只要没打到要害部位，但凡勇敢一点的人，都可以忍受得住。"

的确如此。我有一个永恒的标杆——布莱斯劳,她是1875年6月开始的,已经有4年半了,还有两年时间待在苏黎世或者慕尼黑,总共6年半。算上旅游和浪费掉的时间,就跟我一样了。参加画展时,她已经画了两年多一点,而我画了一年零四个月,却没有像她那样有优秀的作品可以拿出来展览。

就我自己而言,这无关紧要,我有勇气,可以等。要是有人告诉我再等一年,我会打心底里说:"好的。"

但公众,包括家人——不会等那么久。我可以送幅画应付一下差事,但朱利安希望我画肖像,而对这个,我实在画得拿不出手。看见了吧,什么是重要的。工作室里,有的学生已经参加画展了,有的虽然画得没有我五分之一好,却没有人对此说三道四。大家谈论的只是——"为什么画这个?"他们问我。"你不必学的,也不必为一幅画花50、100法郎的,你需要的只是功成名就。别人参加画展还情有可原,你不值得。"

这也是我自己的想法,但公众、家人、朋友,还有在俄国的亲人,他们会说什么呢?

一月十七日,星期六

医生让我相信,咳嗽只是神经性的。也许如此,我既没感冒,也没喉痛或胸疼,只是呼吸困难,右肋疼痛。即使如此,回家时也有11点了。一直希望自己突然病倒,这样就不用参加舞会了,也不需要打扮自己。我看起来挺漂亮的。

一月二十日，星期二

今天从画室回家时，看见了 G 夫人，她来过家里，希望见我。她非常气愤，因为我像个老太婆似的对自己的身体毫不在意。她原本答应要给我们明天的票，可却给了罗斯柴尔德夫人。

噢，不要让别人送票！要独立自主！

一月三十一日，星期六

今晚，参加了一场音乐会和一场舞会。这些活动是伊丽莎白女王为了资助穆尔西亚①洪水的受害者而在大陆酒店举行的。女王听完音乐会后，不惜屈尊来到了舞厅，待了一个小时。

我不是非常喜欢跳舞，在男人的臂弯里转圈似乎不是我的所爱。但通常来说，也无关紧要。对于华尔兹，我永远不明白意大利人的感受。

跳舞时，我什么都没想，一心惦记的只是那些看我的男人。

愿意每天都像今天这样，早上8点到中午画画，下午2点到5点还是画画，5点时把灯拿进来，一直画到7点半。

晚上7点半换衣服，8点吃晚饭，读书到11点，然后睡觉。

可是，不间断地从下午2点工作到晚上7点半，还是感觉有点累。

对于今年画展的画，我是这么构思的：一个女人坐在桌旁读书，双手托着脸颊，肘部挂在桌子上，灯光落在她漂亮的金红色头发上。标题是《离婚问题》，作者大仲马。大仲马的这本书刚刚出版，就激

---

① 穆尔西亚（Murcia），西班牙东南部城市，穆尔西亚自治区的首府，濒临塞古拉河。

丽娅·巴什基尔采娃《在读大仲马〈离婚问题〉的少女》，布面油画，130cm×98cm，1880年，并参加同年的巴黎沙龙展，家收藏

怒了全世界。我还构思了另一幅画,画的是戴娜。她穿着白色的绉纱衣,坐在古色古香的休闲椅里,双手轻柔地交叉一起,放在腿上。她的这种姿态,悠闲而又优雅。那天晚上,我试图给她摆造型的时候,她无意间摆出了这个样子,我迫不及待地想给她画个速写。她的样子,有点像雷卡米耶夫人[1]。为了不让腰部显得臃肿,我给她加了一条彩色腰带。

今天,我感觉自己变成了超人——伟大,快乐,无所不能——在天空翱翔。我对自己的未来充满信心。

⊙ 雅克-路易·大卫《雷卡米耶夫人》,布面油画,174cm×224cm,1800年,藏于法国巴黎卢浮宫

---

[1] 雷卡米耶夫人(Mme. Recamier),雷卡米耶夫人是法国著名沙龙主办人,而《雷卡米耶夫人》是法国著名画家雅克-路易·大卫的油画作品。

二月十六日，星期一

今天，去法国歌剧院看了萨尔杜[①]创作的《丹尼尔·罗切特》（*Daniel Rochat*）的首次公映，场面盛大。

我们坐在了有6个座位的包厢里。剧场装修豪华，所有的重要人物，无论是社会名流还是政坛大佬，一并出席。

对于这部剧，我还得再琢磨一下。我认为，它有些拖沓、无聊。观众一会儿鼓掌，一会儿吹口哨，有时喝彩，有时责骂，我几乎连剧的一半都没看好。男主人公是位非常优秀的朗诵家——带有无神论者甘必大[②]的风范。女主人公是位年轻姑娘——英裔美籍的新教徒，思想开放，是共和党人。

可以想象一下，在当前的情形下，这种素材的戏剧可能怎么样了。

三月三日，星期三

现在，必须停止晚上外出了。这样，才能够神清气爽地早晨8点开始工作。

距离完成画作，只剩下16天了。

[①] 萨尔杜（Victorien Sardou，1831—1908年），法国剧作家。其知名作品包括《潦草的小字》《费朵拉》《托斯卡》等。此外，他还写过多部轻松的喜剧。1877年，他当选为法兰西学术院院士。

[②] 甘必大（Léon Gambetta，1838—1882年），法国律师及共和派政治家。

三月十二日，星期五

如果妈妈明天走，戴娜会陪她一起走。现在，只剩下 7 天时间了，再也找不到模特了。即使明天找到一个模特，也只有 6 天时间，想完成画是不可能的了。因此，必须放弃今年参加画展的希望了。不瞒你说，我流下的泪水，都是愤怒的泪水，不仅因为这件事，还因为自己的一事无成。我想到了一幅画的构思——也许在画的过程中会有些瑕疵，但它的主题会引起轰动，让我一夜成名，而这原本是我一年之内都不敢奢求的事情——可现在，一切都结束了。这么多天的努力，已付之东流，再无挽回的希望，这也许就是所谓的不幸。设身处地为我想想，虽然保罗的浪漫多情，可以让我无动于衷，可现在我的伤心，却足以令自己恼怒不已，陷入绝望。这种悲伤，无以言表，但绝不是出于自私。就算是出于自私，也足以令我悲伤不已，悲戚难忍。所以，我愿意原谅自己的自私。

三月十九日，星期五

12 点 15 分，托尼来了。"你为什么没早点开始画这幅画呢？"他问道。他说，这幅画魅力十足，可惜没有完成，多遗憾啊！总之，他安慰了我，但他说我需要更多的时间。

"你可以现在这样子寄出去，"他还说，"但这样就辜负了你的一番辛苦，这是我真诚的建议。申请更多的时间，你会画出名副其实的杰作。"

然后，他卷起了袖子，拿起了调色板和画笔，东一笔西一笔地补光。我会再画的——如果他们给予我更多的时间。他待了两个多小

⊙ 玛丽娅·巴什基尔采娃（1880年摄）

时。他是个有魅力的小伙子，我过得非常愉快。只要心情好了，画究竟怎么样，就不那么重要了。那些托尼填补的色彩，其实就是一堂生动的教学课。

即使不知道妈妈和加维尼付出的努力，后者甚至还给图尔奎特写了信，请求给我几天宽限，我也早已恢复了士气。好吧，我要接受这6天的宽限。

不知道该为此感谢谁。我们和加维尼一家今晚一起看了戏，我感谢了老加维尼。我想，正是他的努力，我才得到了这几天的宽限。我精神焕发，情绪高昂。

三月二十二日，星期一

看到我这么短的时间内画了这么多幅，托尼十分吃惊。当然，除了背景、头发和肌肤之外，还只是些模糊的轮廓，没有多少新东西。我本可以画得更好一点，托尼就是这么认为的，但他还算满意。他说，但凡有可能被画展拒绝，他都会第一个告诉我不要把它寄去。他说，看到我的进步，他感到惊讶，"这幅画构思好，布局好，手法好，充满了和谐典雅之美"。

啊，是的，但我不满意的还是皮肤。想象一下，人们会说，这就是我的风格！粗糙得像牛皮纸！要是有人帮助我，让这幅画变得光彩照人，我会感激不尽！我就是这样一个人，喜欢靓丽而简朴的画风，总想一笔就画出理想中的效果！说实话，实际作画时，为了展示自己的想法而花费的力气，绝非一点一滴。可画出来时，却往往与自己理想中的样子差之千里——即使与日常绘画也有着天壤之别。诚然，我从未画出过自己十分满意的作品，但这幅画只是轮廓有些模糊，需要再加润色。托尼说，布莱斯劳今年已显露了勒帕热的影子。布莱斯劳的表现，显示了勒帕热的影响；而我的表现，却显示了布莱斯劳的影响。

托尼真是个大好人，说我可以做得更好！可悲的自我贬低！可悲的缺乏自信！但愿我没有犹豫，而是对自己说："生存还是死亡，这是个问题！"——请不要让我为过去的蠢行而悲伤了。

不知道为什么，整晚都在想意大利。这个念头，唤醒了我内心痛苦的思绪。在平时，只要可能，我总是尽量避开的。我已经放弃了读罗马史，它让我的想象恣意泛滥，我还是读法国大革命史或希腊史吧。只要想到意大利的阳光、意大利的空气，就会想到罗马，就会情不自禁，心驰神往！

甚至连那不勒斯，啊，月光下的那不勒斯！奇怪的是，没有一个男人出现在这场景中——要是让我选择的话，我还会去那不勒斯。一想到这些，我就几乎按捺不住自己的情绪！

渴望荣耀

三月二十五日，星期四

完成了最后一笔。除非重新画，否则再无可润色的地方了。就如此糟糕的作品而言，算是完成了。

这是我的处子秀，不，是第一次公开展出。终于实现了，我的标号是9091，"玛丽娅·康斯坦丁诺娃（俄国）"。我希望我的画能被公众接受，我会把号码寄给托尼。

四月七日，星期三

必须跟你说一下，朱利安今天早晨告诉我，画展接受了我的画。真奇怪，听到这个消息，我并没有体验到丝毫的满足感。妈妈高兴坏了，这让我有些恼火——这种成功根本不值一提。

我们整晚都在P夫人的家里度过。她的家人和蔼可亲，可家里却笼罩着一种奇怪的氛围。她们穿的衣服都是上个世纪的，而且没有任何名人在场，这种聚会让我感觉困倦烦躁。

妈妈离开座位，把我介绍给一个墨西哥人，或许是智利人。这个人"笑的样子"，像是在做鬼脸，露出来的是那种习惯性的滑稽表情，这是一种因爱而产生的紧张感。此外，他还有张圆圆的大扁脸！他家财万贯，妈妈在打着如意算盘，让我嫁给这个男人——几乎就是让我嫁给一个没鼻子的家伙！可怕啊！我可以嫁给老头，嫁给丑八怪——他们对我来说都一样——但嫁给妖怪，决不！

除了成为别人的笑柄，这个百万富翁对我还有什么意义呢？那里有好几个人我们都认识，但气氛还是令人昏昏欲睡——表演的人都是些业余选手，唱歌的只会挤眉弄眼，还不时露出牙齿；拉小提琴的，连声音都听不见；有位先生，看起来挺英俊的，在得意扬扬地扫视观众一番后，把手放在了钢琴上唱起了舒伯特的《小夜曲》。我真是无法理解，一位绅士怎么会在大庭广众之下如此展现自己呢？

女人们呢，脸上扑上了白粉，头发看起来脏兮兮的，好像刚刚填满了的垫子，又像刚脱完粒儿的稻草。她们这么打扮自己，真是要多愚蠢有多愚蠢，要多恶心有多恶心！

四月二十九日，星期四

今晚，我们在西蒙尼德家吃的晚餐。他们家里的东西，每件都有些古怪。丈夫年轻英俊，妻子——我在朱利安家认识的——虽然漂亮，但也有35岁了。他们非常恩爱，过着离群索居的生活，只与为数不多的艺术家接触。他们画出来的作品与众不同，有点像文艺复兴时期的风格，可主题却幼稚得让人惊掉了下巴！《贝缇丽彩之死》《劳拉之死》（这个女人将情人的头埋在了花瓶里，花瓶里的头后来生出了芽），都是几个世纪之前的那种画风。平日里，妻子爱穿着薄伽丘时代的衣服。今天晚上，她穿着柔软的绉纱，袖子又长又窄，系在后面，就像童贞女玛利亚的装扮。她还穿了条素裙，褶皱垂直而下。腰带是古朴的金银丝边，这样腰看起来会细些。胸衣上戴着一束铃兰花。脖子上挂着项链，还戴上了金耳环、金手镯，都是精心制作的古式风格。她有着黑色的鬈发，瞪着羚羊般的眼睛，面色苍白，整个人看起来像个十足的幽灵。如果她稍

⊙ 巴斯蒂昂·勒帕热《圣女贞德》，木板油画，254cm×279.4cm，1879年，藏于美国纽约大都会艺术博物馆

有点品位，就不会把头发一气儿都扎起来，看起来有点吓人。要是打扮恰当的话，她还是挺迷人的。

四月三十日，星期五

我有个美国小朋友，叫爱丽丝·布里斯班，她10点钟过来看我。我们一起离开的家。我一直想去画展，单独或找个伴去都行，看看我的画是怎么挂的。到画展时，我非常紧张，想到了可能发生的最坏的情况。这样，自己就不会太失望了。可是，所有的预感都落空了，画还没有挂出来。

至于巴斯蒂昂·勒帕热的画，观赏者只要看上一眼，就会为其立体效果——户外的那种立体效果——所吸引。《圣女贞德》——真正的圣女贞德，一位农家女孩——倚靠在苹果树旁，左手拿着树枝，右胳膊舒缓地垂在一旁。她的手，还有胳膊，惟妙惟肖。值得称道的——她的头甩在后面，颈部伸着，眼睛看着远方——还有她那双清澈、漂亮的眼睛。她脸上的表情也令人痴迷，这才是农家女该有的表情；土地的女儿，为自己所预想的一切感到震惊和痛苦。画的背景是一个果园，环绕在房子周围，这才是真正的大自然。但有个地方——概括地说，就是画的角度似乎不是太好，所有景色都挤在了前面，损坏了人物效果。

画里的人物本身无可挑剔，令我难以忘怀，以至于写他时，几乎控制不住激动的泪水。

这幅画，是画展里最吸引我的。现在，还是谈谈我自己吧。早饭之后，我们要一起去画展，至少我是这么想的……还是不要了，索菲姨要去教堂，妈妈也想去教堂。但是，看见我受到了伤害，她们就决定陪我一起去看画展，可还是非常勉强。不知道是不是因为我不自信的态度令她们感觉不悦了，才不愿意去画展，但有这样一个家庭，真是一言难尽啊！最终，不知道妈妈是为自己的漠不关心感到羞愧，还是有什么其他原因，她跟我一起去了画展。戴娜也去了，我们在那里遇到了所有工作室里的人，又见到了一些熟人，最后还看见了朱利安。

五月一日，星期六

你所能想象到的，世上最愚蠢、最难以驾驭、最讨厌的事情居然发生在我身上！明天是复活节，我们今晚要去做大弥撒。这次大弥撒，俄国殖民地里所有的人，从大使馆算起，都要参加——殖民地里所有的美丽、高雅和虚荣，都要在前台展示出来。俄国女人和她们的礼服注定要进入每个人的眼帘，随时接受大家的评判。

终于，他们把我的礼服拿来了，可它看起来就像一堆旧丝绸。我还是穿了，可没有人知道我内心深埋的愤怒。礼服的腰部歪歪扭扭的，靠粗糙的胸衣掩饰着。袖子又长又不合身，弄得胳膊上到处是褶子。总之，我的样子滑稽透了。而且，礼服的纱料，白天看起来还行，晚上却显得脏兮兮的。

五月七日，星期五

加维尼夫人今天又来了，她告诉妈妈我看起来非常疲惫。的确，她说的没错，但并不是因为画画。为了不累倒，我每天晚上必须10点或11点前睡觉。可有时，我还会熬到深夜1点，早晨7点起床。

昨晚，正是白痴S——勾起了这一切。我正在写作时，他过来和我说话，然后去和索菲姨玩牌。我一直等着没睡，只是想听他说几句傻兮兮的爱我的情话。他和我道了20次晚安，我让他走了20次，他又请求了20次要吻我的手，我最后笑着说："好吧，反正我无所谓。"他吻了我的手。虽然不好意思，但我得承认，他的吻给了我快感，不是因为吻我的这个人，而是——因为很多其他理由。毕竟，我是个女人。

今天早晨，我还能感觉到他在我手上的吻，这个吻绝不仅仅出于礼貌。啊，你们女孩子多么令人难以捉摸啊！

你以为我会爱上这个大鼻子的年轻人吗？不，你没爱上？好吧，A的事情与这个并无两样。我曾经尽己所能爱一个人，主教和教皇也给予了帮助，我当时也曾心驰神往，浮想联翩。至于爱情——哦，不！我不再15岁了，也不像那时候那么傻了，我不会夸大事实，事情原本是什么样子我就按什么样子讲述。

这个吻，给我带来了快乐，更令我心生烦恼。因此，我决心以冷淡的态度对待S。但他又是那么好的一个人，心地单纯。要是我装腔作势，会很愚蠢，也不值得，最好像对待亚历克西斯·B那样对待他。今晚，戴娜、他和我一起待到了11点，S和我读诗，做些拉丁语翻译，戴娜在一旁倾听。我吃惊地发现，这个家伙知识渊博，至少比我知道的多。过去的许多知识，我都忘了，可他就像刚刚通过硕士考试一样耳熟能详。那么，该和他交朋友——不要，他还没有讨我的欢心到那种程度——只能算作一个老相识。

五月八日，星期六

如果有人对我说话，哪怕他声音再大，我还是听不见！今天，托尼问我是否见过佩鲁吉诺①的什么东西,我回答说"没有",却没听清他在问什么。

五月十三日,星期四

耳朵嗡嗡作响,我要尽最大努力才能阻止耳鸣对我造成的困扰。

哦,可怕啊!和 S 在一起时,这不算什么问题,因为他坐在我旁边,只要我想,就可以告诉他:他让我感到厌烦。G 那些人,他们要提高嗓音,才能跟我说话。在画室,他们嘲笑我,说我要变聋了。我假装说自己只是心不在焉而已,而且还不忘自嘲一下。可是,失聪,真是好可怕啊!

五月十六日,星期日

今天一大早,就去了画展,只有那些有入场券的人在里面。我看了好长时间《圣女贞德》,又花了更长的时间观看了莫罗特②的《好心的撒玛利亚人》。我拿着长柄眼镜坐在画前,只是为了好好地琢磨它。这幅画,是我所看见的画中最为赏心悦目的,它没有任何逼仄的感觉,画风简单、真实、自然,所有的物体都模仿真实世界,没有任何元素令人想起学院派丑陋而庸俗的审美观。这幅画打动人心,即使驴子的头部也完美——风景、斗篷、脚指甲,所有的一切都和谐、准

---

① 佩鲁吉诺(Pietro Perugino,约 1445—1523 年),意大利画家,擅长画柔软的彩色风景、人物和脸以及宗教题材,是著名画家拉斐尔的老师。
② 莫罗特(Aimé Nicolas Morot,艾梅·尼古拉斯·莫罗特,1850—1913 年),法国学院派画家和雕塑家。

艾梅·尼古拉斯·莫罗特《好心的撒玛利亚人》，布面油画，268cm×198cm，1800年，藏于法国巴黎小皇宫美术馆

确，都是事物原本的样子。

圣女贞德的头，是高贵的头。这两幅画，位于相邻的房间，我从一个房间到另一个房间，来回穿梭。在透过眼镜审视着莫罗特的作品时，我想到了那个可怜的家伙S。当时，他正在我面前走过，却没有看见我。我正要离开时，又看见了他，他正向一个人指着我的画，那个人看起来像记者。

六月十八日，星期五

今天一整天都在画画。晚上，S来了。他情绪明显低落，我以为是他恋爱的缘故，可事情远不止这些。他兄弟开了家银行，他是这家银行的董事，因工作需要，要去布加勒斯特或者里尔。最关键的，他想结婚。啊，他的心思在这里！我笑着告诉他，他胆子不小，而且还自以为是。我向他解释说，我没有嫁妆，所有的嫁妆只不过是一些零花钱，他得给我提供住所，养活我，要努力打拼，让我生活得快乐。

可怜的家伙，我还是为他感到难过。

他吻我的手有上百次，恳求我时不时地要想想他。"你会想我吗？我恳求你，请说吧，告诉我你有时会想我。"他说道。

"我有时间的话。"

可是他一再恳求，我不得不最终让步，敷衍了事地说了"是"。啊，我们的告别令人伤感——至少在这方面。我们站在客厅门口，我把手递过去让他吻别。这样，他也许就带走了分手时的浪漫回忆。之后，我们郑重握手告别。

他走之后，我足足呆立了一分钟。我会想念这个男孩的，他会给我写信的。

⊙ 玛丽娅·巴什基尔采娃（1880 年摄）

六月二十日，星期日

早晨，一直待在画廊里，画展今晚就要结束了。《好心的撒玛利亚人》获得了最高大奖。

巴斯蒂昂·勒帕热的风景有瑕疵，伤害了人物的美感，但画中的人物还是令人赞叹不已！人物的头部，傲然高扬，藐视一切，真不愧为艺术佳作。今天，我发现莫洛特的画有些讨厌了，而对巴斯蒂昂·勒帕热却比以往更加敬佩了。我从一幅画看到另一幅画，来到了一幅名叫《睡着的头部》的画像前，这是由埃内尔[①]创作的，还有一幅小仙女的画也是他创作的。埃内尔的作品本身是优雅的，并不全然属于真实世界，但是——不，一定属于真实世界，这一点令人钦佩。他的《暮光中的仙女》，超凡脱俗、美妙无比。他很少变化手法，却

[①] 埃内尔（Jean-Jacques Henner, 1829—1905 年），法国画家，因在其肖像画、宗教画和裸体画作中同时运用晕涂法和明暗对照法等绘画技法而闻名。

总是那么有魅力。但他画的卢森堡宫殿里的裸体人物像，却没有后期的作品出色。他去年的画作，是我见过的最出色的，我渴望买到它，能每天欣赏它。啊，要是我有钱就好了！莫洛特的画作，对我产生的影响有些特别，与巴斯蒂昂·勒帕热和埃内尔相比，他有些沉闷。埃内尔！他的魅力难以言表！

⊙ 让·埃内尔《睡着的头部》（上），布面油画，21cm×26.7cm，1800 年，藏于法国巴黎奥赛博物馆
⊙ 让·埃内尔《暮光中的仙女》（下），布面油画，22.2cm×35.6cm，1800 年，藏于法国巴黎让·埃内尔国家美术馆

七月二十日，星期二，蒙多尔

昨天，和维勒维耶伊尔[①]一起去朱利安家取我之前落在那里的钥匙。这个男人给了我巨大的鼓励，让我心情愉快地离开了巴黎。我从他那里得到的安慰是，不再害怕布莱斯劳了。"她（指的是我）的问题，"朱利安说，"不是在画上，而是在目标上。即使她没有实现目标，你也可以看见她在这方面付出的努力。"

我们被安排的住处不太好，房间挤得满满的，餐食也糟糕。

七月二十一日，星期三

我开始了治疗周期。他们用不透气的轿子接我，给我带来了白色的法兰绒裤子，长得一直拖到脚面，还有带兜帽的宽大上衣。

接着是沐浴，灌洗疗法，喝水，气熏，我都一一顺从。这是我最后一次顺从这些安排。要不是害怕听不见，我是不会这么乖的。我的听力好多了，事实上，好像已经彻底好了。

七月二十三日，星期五

我那挥霍掉的、被偷走的、消失的青春，谁会帮我找回来啊！我还不到20岁，几天前却拔出了3根白发，我为它们自豪。我没有夸

[①] 维勒维耶伊尔（Joseph Villevieille, 1829—1916 年），法国画家、美术教育家，毕业于巴黎美术学院，与画家保罗·塞尚和朱利安都是好友。

大事实，头发就是那要命的见证。要不是身材似少女，我看起来就是老太太。在我这个年龄，正常吗？

我嗓音甜美，这是上帝赐予我的礼物，我却丢掉了它。声音对于女人，就像男人的口才一样，可以征服一切。

今天，在窗口可以俯视到的花园里，我遇见了罗斯柴尔德夫人，马夫牵着马跟着她。看到这个幸运女人，我一阵心痛，但我必须勇敢一点。痛苦达到极致时，就会获得解脱。而痛苦达到某一程度时，会得到缓解。在等待心灵危机到来期间，才会感受到痛苦的折磨；而当危机真正来临时，痛苦反而会得到慰藉——人们会寻求爱比克泰德[①]的帮助，或者依赖祈祷，但祈祷中还是伴有痛苦，它搅动我们的情感。

七月二十七日，星期二

今天，我尝试画一幅风景画，结果却白白浪费了画布。一个小女孩，4岁左右，一直站在我旁边看我画画。而我呢，不是去观察风景，而是在观察小女孩；她明天还要过来陪我。人类所喜欢的素材，还有比这更好的吗？

耳朵往下一直到颈部，又开始疼了，几乎令我发狂。我对此只字未提——那样的话，只会令索菲姨烦恼，我知道这是由喉咙肿痛引起的。

过去的24小时里，痛苦一直未停过，我难以入睡，也做不了任何事。即使是看书，也不得不停下来。我想，这种痛苦让我的世界变得黑暗起来，宛如煎熬般的痛苦啊！

[①] 爱比克泰德（Epictetus，55—135年），希腊新斯多噶派哲学家、教师。代表作：《语录》《手册》等。

七月三十一日，星期六

离开巴黎之前，读了乔治·桑的《安蒂亚娜》。向你保证，我没发现它有什么可读之处。我只读了《安蒂亚娜》中的《小法黛特》这一章，还有乔治·桑的两三本小说，也许不该对作家妄加非议，但迄今，我还是不喜欢这个作家。

今天，我想兜风，却没有心情。如果整天无所事事，就会感到深深的内疚。有些日子，我也曾无事可做，这时，我会对自己说，如果我想做事，就会去做的，然后是自责，最后我会大喊道："还是丢掉一切吧！人生不该有这些烦恼！"说完之后，就坐下来抽烟，读小说。

八月十七日，星期二

从未有毅力完成任何一件作品。有趣的事情发生时，就会突发奇想，要写文章，进行构思。可第二天早晨，却发现报纸上的某篇文章要么与自己的相似，要么让自己的文章变得毫无意义。艺术研究告诉我：为了成功，一开始就需要努力，而且要坚持不懈。

"万事开头难"，这句谚语，从未像现在这样令我刻骨铭心。

最重要的，还有个环境问题。即使意志最为坚定，环境也只会令我灰心泄气。家庭成员里，大部分是未接受过教育的普通人。再就是G夫人了，是家庭妇女的典型代表。此外，你知道，家里的客人都是什么样子的。我敢说，要不是自己有朋友，还肯读书，我肯定不会比现在聪明。

八月十八日，星期三

今天骑了很长时间的马，足有 5 个小时。要是没有这种消耗身心的治疗，我会寂寞死的。

医生声称我身体虚弱，可我担心这种疗法，会证明这个愚蠢的医生这一说法是对的。当然，他向我保证过，只要坚持治疗，只要每天像我这样沐浴 21 次，我就一定非常健康。医学，是遗憾的科学。

我们爬上了桑西山顶，蒙多尔为这片山峦所环绕。从山顶望去，地势一片平坦。从桑西山顶俯瞰到的景色，的确壮丽辉煌。我应该更喜欢从这里看日出。远处的地平线上，淡淡的蓝色调让我想起了地中海，那里如这里一样美丽动人。步行非常累人，可一旦爬到了山顶，就仿佛征服了世界。

八月十九日，星期四

今天早晨，没有一个地方对劲，眼睛疼，头疼。想想，要周六才能离开这个地方啊！今天太晚了，明天周五，要是周五出行的话，就该想到，一到这种场合，这些倒霉事就毫无例外地会降临到我头上。

八月二十九日，星期日，巴黎

早上 8 点钟。我的画室看起来多么惬意迷人啊！

一直在读带插图的周报和小册子，一切都一如从前，就好像我从未离开过。

下午2点钟。我安慰自己说，我的所有烦恼与其他艺术家所遭受的烦恼别无二致。所幸的是，我既不贫困，也没有暴虐的父母需要忍受——而这些，难道不正是艺术家经常哀声抱怨的吗？

我决心已定，突然犯了愚蠢的错误，恍如梦游啊！我蔑视自己，蔑视所有人，甚至蔑视自己的家人。哦，家人！索菲姨使尽了伎俩，只为了让我坐在没有开窗的一边。我厌倦了抵抗，最终同意了，条件是另一边的窗户必须开着。可我一入睡，她们就立刻把窗户关上了。于是，我醒了，大叫道要把窗户踢开，可惜我们早已到站了。后来吃早饭时，我还是一脸怨气，皱着眉头，饭菜一口未动。显然，这些人是爱我的，可我认为，要是爱一个人，就该更懂她的心思。

愤怒让我变得伶牙俐齿。

九月七日，星期二

天在下雨，生活中经历的点点滴滴都在眼前掠过。有些事情，早已久远，可想到它时还是令我心灵震颤，不自觉地紧握双拳，仿佛剧痛突然袭来。

为了身体着想，应该改变一下环境。之前知道，在诸如此类的场合母亲和索菲姨会说什么，接待客人时她们要我穿什么衣服，何时出去散步，何时去乡下——所有的这些，都令我烦恼不已，它们对我产生的效果，如同听到切割玻璃的杂音。

我需要彻底改变一下环境，这样才会心态平和，才会毫无保留地百分之百地爱她们。相反，她们却非常担心我。我要是拒绝吃饭，她们的表情就紧张起来，绞尽脑汁不再用冰块，认为这会伤害到我。我打开窗户，她们就像贼一样偷偷溜过来把窗户关上。诸如此类数不胜数的蠢事，令我意乱心烦。这所房子里所有的一切，让我恨得牙痒痒。最令我烦恼的，莫过于这种孤寂生活给我带来的思想上的锈蚀。忧郁，正用所有沉闷的色彩笼罩着我的思想，而思想，又用忧郁加以回击。我担心，这些黑暗的氛围会对自己的性格造成永久的影响，让我的性格变得尖酸刻薄，郁郁不乐。我不希望变成这样，但还是担心这会因为自己奋力压抑的怒火而成为事实。家人不断在我心中激起愤怒，为了不让愤怒爆发，我不得不强压怒火。

九月十日，星期五

今天，我要深深地感激索菲姨！一周之前，福韦尔医生检查了我的肺部，当时没有发现任何问题。今天又检查了一遍，却发现我得的是支气管感染。因为没有预见到病情这么严重，他似乎既紧张又激动，甚至有点困惑。他开了治疗肺结核的药方——鱼肝油，涂在胸前的碘酒，热牛奶，法兰绒内衣，等等。最后，他建议我到赛伊医生或者波坦医生那里就诊。我能想象到索菲姨的表情！而我，却暗自高兴，早已猜到自己患上了这种病。我整个冬天都在咳嗽，现在还咳嗽，还感觉呼吸困难。要是什么病都没有，那才是奇迹呢。假如患上病，我该高兴啊，这样就一了百了了。索菲姨吓坏了，而我却高兴不已。死的想法吓不倒我，我不敢自杀，却愿意了结一生。你要是知道——我不穿法兰绒衣服，不会在胸前涂碘酒——就会明白了。我不想治好病，要不是还有许多事情要做，我会认为人生已知足，健康也无所谓。

九月十七日，星期五

昨天又去看病了，医生还是把我当失聪治疗。他坦承，没有想到病情这么严重，告诉我今后听力不会恢复到以前的样子了。他的话彻底吓坏了我，这太可怕了！我当然没有聋，可是，耳朵听到的声音仿佛透过雾气而来。比如，闹钟的滴答声，我再也听不到了，也许永远不会再听到了——除非把耳朵贴近闹钟。真是悲哀，我会错过许多谈话。好吧，还是感谢上帝吧，没有让我变成盲人或者哑巴。

九月二十八日，星期二

昨晚开始，我一直处于快乐之中，我梦到了他。他病了，看起来很丑，但无所谓。现在知道了，爱情不取决于所爱之人拥有的美丽容颜。要是现在又见面的话，我们会如以往一样像朋友一般交谈。我所渴求的，就是我们之间的友谊不会僭越界限，那样的话，话题也会随之改变。

这也是我清醒之时所珍惜的梦想。总之，我从未如昨晚那样快乐。

九月二十九日，星期三

昨晚，我的皮肤娇嫩欲滴，眼睛妩媚含情。即使脸的轮廓，也比以往柔美起来。可惜的是，没有人看到这一刻的我。说起来有点傻气，我站在镜子前足足有半个小时，享受着自我欣赏带来的满足感。

这样的事情许久没有发生过了。

十月一日，星期五

噢，法国人总会抱怨自己既不自由又不快乐！可同样的事情又发生在了俄国，与白色恐怖时期的法国如出一辙。啊，人要获得幸福，还有多少事情要做啊！

十月三日，星期日

今天，我很难过。

不，我无药可救了。4年来，一直被最有名的医生当喉炎治疗，这段时间里，我的身体状况与日俱下。

头4天，我还能听见声音，可现在，开始听不见了。

那么，我做个预测吧：我要死了，但还不够——那样的话，我就太走运了——因为痛苦会一了百了；相反，我会继续苟延残喘过上几年，不停地咳嗽、着凉、发烧，生各种各样的病。

十月四日，星期一

不久之前，我给那不勒斯的音乐教师写信，请求他给我写曼陀林的曲子，刚刚收到他的回复。我承认，虽然自己有现实主义倾向（这个词很难理解），也有共和主义情绪，但对这些意大利人浪漫多情的性格，我还是非常熟悉的。

为什么这两种情感不能融合在一起呢？

这种浪漫多情的性格，专为意大利人所拥有，放在其他人身上，看起来就会非常滑稽。啊，我何时能去意大利？

与意大利相比，其他地方多么平淡无奇啊！现在，单单想起意大利，就令我感慨万千，这是任何国家、任何人都无法比拟的。

为什么不返回意大利呢？我的绘画呢？难道我已了解的够多，不再需要进一步接受指导了吗？我说不出来。

不，今年冬天我要留在巴黎，然后在意大利过狂欢节。1881至1882年的冬天，我将在圣彼得堡度过。如果没有嫁给有钱人，我会在1882年或1883年返回巴黎或意大利。那时，我会跟一个拥有百万家财的贵族结婚，他一定会乐意接受我的嫁妆和我本人。在做出让步之前，给自己3年的自由时光，难道还不理智吗？

十月五日，星期二

我已回天无力，只好顺其自然。更确切地说，我需要唤起所有的勇气，直面自己，问自己人生是否已无关紧要？以何种方式生活，很重要吗？我必须学会控制自己的情绪，附和着爱比克泰德说：人需要拥有力量，才会把罪恶当成善行接受，也才会对一切都默默承受。顺从这种方式的死亡，就是把死亡当成人生的出路。人所要遭受的痛苦，该多么可怕啊！而且是在了解了一切之后，在遭受了不可名状的痛苦之后，在陷入彻底的绝望之后，才开始理解人生怎样才能生不如死。如果要努力生活下去，必须至少学会平静地接受命运。这不是虚荣的幻想，而是一条出路。

身体遭受的痛苦，在达到一定程度之后，要么变得麻木，要么变得癫狂。思想的痛苦亦是如此。思想，在遭受一定的痛苦之后，灵魂就会得到升华，就会开始蔑视之前的种种遭遇，像古时的烈士一样昂首挺胸迎接命运。

还有50年左右的光景要生活，无论因于监狱还是高居宫廷，无论活于市井还是离群索居，又有什么区别呢？结局如出一辙。我所烦恼的，不过是生活中感受到的情感纠葛。可人生过去之后，又会留下什么呢？人生转瞬即逝，过去之后又毫无踪迹，为何如此烦恼呢？我有才华，所以我所关心的，就是如何发挥自己的特长，实现艺术追求——只有它，才会在我千古之后证明我曾经存在过。

十月九日，星期六

这周无所事事，懒惰令我思想愚钝。浏览了俄国之旅的日记，我才有了兴致。

对乔治·桑这位作家，我毫无共鸣之处，她甚至不具备戈蒂耶[①]那种令人钦佩的生命力和勇气，所以，根本谈不上喜欢她。乔治·桑——好吧，她虽然不错，但在当代作家中，我最喜欢都德。他的作品虽然只有小说，却充满了探索精神，揭示了现实世界，具有真实的情感，而且人物也生动鲜活。

对左拉，我并不十分崇拜。在《费加罗报》《权利报》和其他共和党的媒体中，他自认为恰如其分的攻击，其实既品位低下又与他这种天才及其崇高的文学地位难以匹配。

[①] 戈蒂耶（Théophile Gautier，1811—1872年），法国诗人、剧作家、小说家、艺术批评家。代表作：《莫班小姐》《珐琅与雕玉》等。

但是，在乔治·桑的作品中，大家看到了什么呢？作品文笔优美，没错，可除此之外还有什么呢？在我看来，她的作品的内容无聊，与巴尔扎克、大小仲马、左拉、都德甚至缪塞[①]永远无法相提并论。维克多·雨果，即使在自由奔放的浪漫散文中，也永远不会无聊，总能让人感受到他的天才魅力。但乔治·桑啊！300多页里到处是名言警句，典范行为，有《瓦朗蒂娜》，有《本尼迪克特》，有她叔叔的，有园丁的，诸如此类的，可谁会有这个耐心都读完呢？她的主题千篇一律：用爱——一种无耻的爱——实现阶级的平等。

让阶级差别销声匿迹——很好，但不要用这种方式，以更为高贵的方式吧。

描写女伯爵和男仆之间的私情，还就这一主题写下了长篇大论——乔治·桑的天才呈现的就是这些。她写过一些好作品，这是事实，但只是对乡村生活的琐碎描述，我所需要的作家远不是这样。

正在读《瓦朗蒂娜》，这本书令我厌恶。虽然它很有趣，我也想读完。可是，每次放下书来，都发现脑海里除了模模糊糊的繁杂的印象之外，空空如也，感觉自己因这些琐事降低了层次。然而，我会继续读下去，一直读完，只为了证明它和她的《最后的爱》一样无聊至极。可不管怎样，《瓦朗蒂娜》还是我所读过的乔治·桑的最好的作品。《维尔梅侯爵》也还不错，但我相信，里面不会有马夫爱上伯爵夫人的情节。

十月十日，星期日

大清早就来到了卢浮宫，卢浮宫里的画作令我眼花缭乱。之前没

[①] 缪塞（Alfred Musset，1810—1857 年），法国贵族、剧作家、诗人、浪漫主义作家。代表作：《一个世纪儿的忏悔》《埃梅林》《弗烈特立克和贝尔纳莱特》《提善的儿子》等。

有看懂的画作，现在豁然开朗。我像大多数人那样看着，欣赏着。啊，要是像现在这样可以感受艺术、理解艺术，灵魂就不再平凡了。感受到事物的美丽，知晓它为何美丽——这才是极致的幸福。

<h3 style="text-align:center">十月十一日，星期一</h3>

今天，还处于昨天的幸福和兴奋之中。昨天得到的启迪，让我决心画自己的作品。要是不能成功，简直无法想象。

<h3 style="text-align:center">十月十九日，星期二</h3>

天哪！一切都要结束了。在苟延残喘了几年之后，终以死亡告终。总是感觉自己要以这种方式结束，拥有我这种思想的人是不会长寿的，就像那些早产儿，注定要夭折。为了自己的幸福，我要求得太多。而现实情况是，我被剥夺了一切，甚至包括自己的健康。

两三年前——即使在半年前，为了治好嗓子，总要去见不同的医生。每次医生都会问我，是否感觉到有什么症状。我回答说没有，他就会说："好吧，支气管和肺部没事，是喉咙感染了。"现在，我开始感觉到了之前医生猜测到的所有症状。因此，支气管和肺部一定是感染了。当然，现在还没事，或者说好像没事。福韦尔订购了碘酒和起疱膏，我自然吓得大叫起来，宁愿折断胳膊也不愿烫得浑身起疱。3年前，德国一家疗养院里的一位医生发现了问题——不知道是什么——它出在我肩胛骨下的右肺上，这让我开心得要死。5年前，在尼斯，我又感觉到同一地方疼。然而，我唯一担心的，就是自己要变成驼背，像我的两个姑姑那样丑陋。现在，又一次，像几个月前一样，医生问我是否感觉到什么了，我不假思索地回答说没有。可是，咳嗽时，甚至深呼吸时，我都会感觉疼，在右肺的后边。所有的这些症状，让我相信那里真的出问题了。生病的症状出现了，我感到自豪，却并不开心。这是一种丑陋的死亡，非常缓慢——1年，4年，5年，也许10年，人会日渐消瘦，容颜衰老。

目前来看，我并没有消瘦，跟以往没什么区别，只是看起来倦怠。我咳嗽得很厉害，呼吸也困难。在过去的4年里，一直有位医生在治疗我，连喝的水都是他们订购的，可非但未恢复我清脆的嗓音——这清脆的嗓音，我一想起来就会哭——反而令嗓音每况愈下，用一个可怕的字眼说，我甚至还有点聋了。

只要死亡早点降临，我就停止抱怨。

十月二十二日，星期五

下雨了，天冷，阴冷阴冷的，我的状态亦如天气，在不停地咳嗽。啊，多么可悲啊，我过的是多么可怕的生活啊！3点半时，光线不够画画的了，我也读不了书，因为靠灯光读书，眼睛会太疲劳，无法第二天画画了。我几乎不刻意躲避任何人，只是因为担心听不到他们说的话。有些日子，我听力很好；有些日子，听得就模模糊糊——那时，会感到莫名的痛苦。上帝不可能允许这种情况继续下去的，而且我已做好了遭受任何痛苦折磨的准备，只要不让我去见人就好。每次门铃响起，我都会颤抖。这个刚刚降临的不幸，真是可怕，让我对之前所渴望的一切都担心起来。想一下，对于我这样天性快乐、好开玩笑的人，这意味着什么啊！我能像法国剧院的萨马里小姐那样尽情大笑，可我的笑与其说是出于习惯，莫过于说是为了掩盖自己的情感。我会永远笑下去。

一切都结束了，不但我相信一切都结束了，而且我也渴望如此，没有任何语言可以表达我此刻忧郁的心情。

十月二十五日，星期一

正在读《惩罚集》，维克多·雨果真是天才。也许，我曾经妄加猜测，认为他的抒情诗过于华而不实。可是，我错了，再不会说他无聊了。不，事实不是这样的，他的诗优雅、高贵，即使有时表现手法夸张一些，可表达的是真实的人性，自然而然，充满魅力。他的诗，朴实感人，这是我最喜欢的地方——比如《欧那尼》的最后一幕，素儿小姐恳求老爷爷怜悯的那一情节，还有当孙子头部中了两枪时，老奶奶说的一番话。

十一月一日，星期一

我们的工作室和男人的工作室享有同样的待遇了，就是说，男人每天画的裸体模特，我们也一样可以画，而且模特的造型都一样。所以，现在我们的构图，比以前精细多了。要是几个月前，这无关紧要，可现在我的画技增长了，这可以让我从中受益。现在，工作室里只有8个学生，其他的学生，一直到22号，都会去朱利安位于薇薇安街51号的工作室——这间工作室，是他新开的，与之前的工作室条件没有区别。

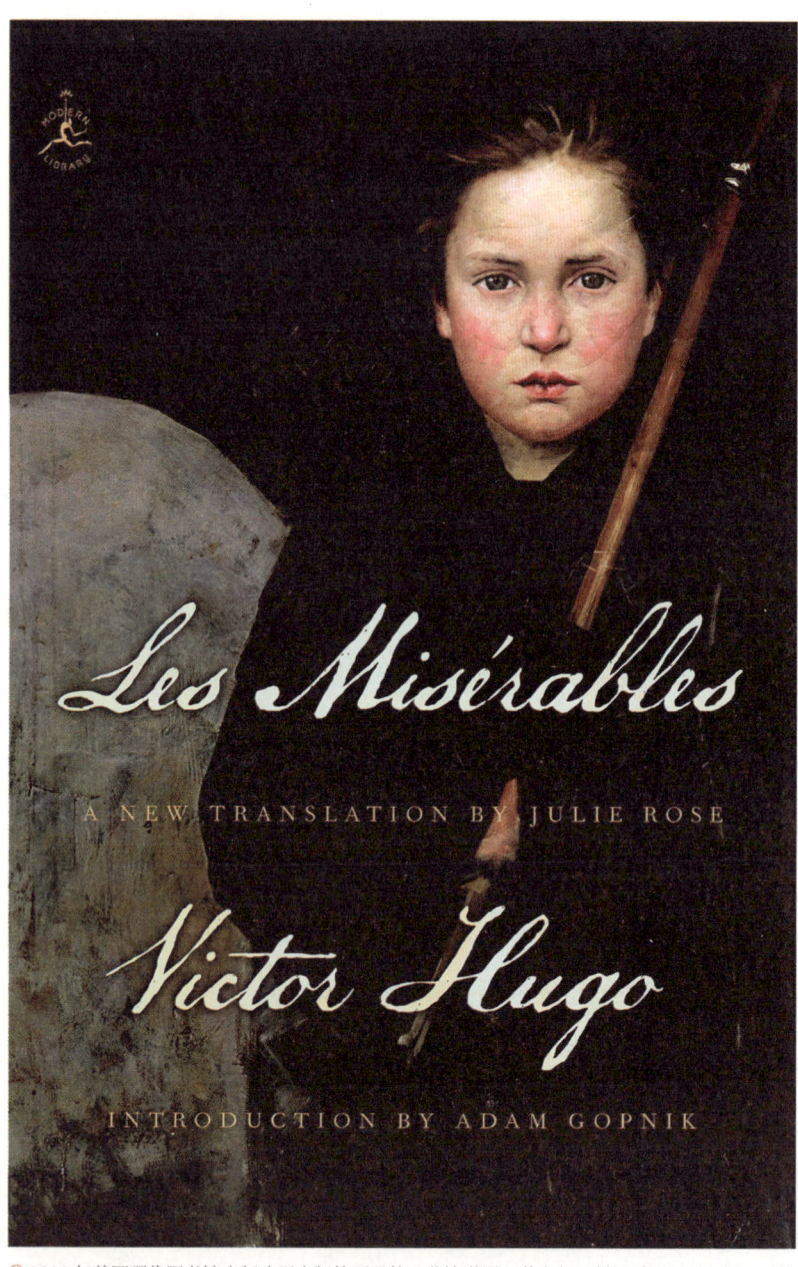

⊙ 2008年美国现代图书馆出版公司出版的雨果的《悲惨世界》英文版，封面采用了玛丽娅·巴什基尔采娃的油画《雨伞》

十一月二日，星期二

过去的一周，我都是从家把饭带到工作室。相比于在香榭丽舍大街和薇薇安街来回奔波，这更为理智，不会浪费掉一天中最好的时光。这样，我就可以从早8点一直画到中午，再从下午1点画到4点。

十一月十日，星期三

整整3年，我都在不间断地画画，真是可怕，可到头来，却发现自己仍一无所知。

十一月十六日，星期二

几天前谈论教堂的时候有些夸大其词了，感觉有点后悔，可要是让我正式道歉的话，就得碰机会了。无可否认，教堂一直是上帝传播真理的媒介，在野蛮民族中传递上帝的威名和文明，极大提高了人类社会的状况。我无意冒犯宗教，只是认为，文明的传播可以不需要天主教的帮助——一般说来，教堂一直是有用的机构，如封建制度一样，发挥过或者说差不多发挥过应有的作用。天主教里有许多事情，超出了人们的理解力，让人类震惊不已。这些事情谈不上丑陋——可是，神圣却与幼稚的传说纠缠不清。世界早已获得了启蒙，那些神圣却虚伪的洞穴，不再受到尊崇。不幸的是，现在是过渡时期，大众受到的启蒙还不足以对付这些无聊的迷信，叫人们蔑视宗教，追随无神论的脚步。

当然，有些人真心信教，但不是还有一些人是真正的君主主义者吗？有人认为，君主制是实现国家富裕的必然途径。且慢，几天前我还没想到这点；几天前我还说，为了提倡君主政府，需要一个人骨子里就是奴才。

十二月五日，星期日

波坦大夫今早来了，他希望我在南方过冬，至少待到3月。否则，用不了多久，我就不能自由呼吸了，连床都下不了了。我真的在好转啊！过去的4年，最好的医生让我做的事情，我都一一照办，可病情却日渐加重。我甚至遵照他们的医嘱，用残忍的手虐待了自己美丽的身体，将碘酒涂在右胸上。那个地方，现在还感觉疼痛。我所遭受的持续不断的折磨，会损害健康吗？万幸的是，喉咙和支气管，没有受到精神状态的影响。我不知道该怎么想，他们告诉我做的，我都做了；轻率的事情，我都竭力避免，洗漱都只用温水，可病情依然没有好转。

维勒维耶伊尔昨天告诉我，托尼周六来工作室改画了。为了参赛，他特意过来看我们的画。他谈到了我的画，说除了眼睛画得古怪之外，还是有些优点的，比如，色彩就挺漂亮的。总体来说，他对参赛的画不太满意。如果没有拿奖，真得好好琢磨一下。

十二月二十一日，星期二

我不再耳鸣了，听得非常清楚。

十二月二十二日，星期三

薇薇安街工作室的一名学生获奖了，她是新来的——美国人。我第一次获得了提名。

十二月二十六日，星期日

波坦希望我马上出发，我断然拒绝，半真半假地向他抱怨起了家人。我问他，经常生气会不会影响嗓子，他肯定地说会。我不会走的，出门旅行固然好，可不能和家人一起，他们事无巨细的关心叫我心烦意乱。我知道该为他们定规矩，可他们烦透了——不行，不行，不行！

现在，我几乎不咳嗽了。只是，所有的这一切都让我快活不起来。我以为自己无法从中自拔了——从什么中自拔呢？我根本毫无头绪，但我可以抑制住自己的泪水。不要认为，这泪水是失望的泪水，是因为嫁不出去而流下的——不，这是与众不同的泪水。也许，也是失望的泪水，可我认为不是。

周围的一切昏昏沉沉，无处发泄自己的情感。可怜的索菲姨过着如此离群索居的生活，几乎跟她见不到面。晚上，我不是读书就是玩耍。

再也无法在写到自己或说到自己的时候不流泪了，我真真切切地病了。啊，抱怨是多么愚蠢啊！死亡难道不会终结一切吗？

虽然有华美的诗句，虽然确定死亡会终结一切，可是，为什么还要不停地抱怨疾病呢？

我知道，自己的生命跟其他人别无二致，都将以死亡告终——在灰飞烟灭中结束。在我眼里，所有的生存，无论多么想美化，都是卑微且可怜的。可是，我还是无法自甘沉沦，在浑浑噩噩中死掉！生命，是一种力量，拥有存在的意义，不是稍纵即逝的短暂芳华，无论在宫殿里度过，还是在监狱里熬过，难道都无所谓吗？生命，还有更为广泛的、比我们尝试用愚蠢的语言所表达的思想更为高尚的意义吗？这就是人生——不是短暂的一段，也不是毫无价值——是我们所拥有的最宝贵的东西，实际上，是我们所拥有的一切！

人们说，人生一文不值，因为它不能永恒。啊，蠢人啊！

人生就是我们自己，它属于我们，是我们所拥有的一切，怎么可以说它一文不值呢？！如果人生一文不值，那么请告诉我，什么才价值千金呢？

十二月三十日，星期四

今天去看了托尼，回家后感觉欣慰了不少。我们海阔天空地谈论了我的许多事情。他说，我只学习了3年，怎么可能期望硕果累累呢？他还说我想进步更大些，他确定我会成功的，还有许多诸如此类的话。总之，我要求他跟我讲实话，想让他把心里话都说出来。此外，欺骗我，他也没这个兴趣，而且他说的话也无关紧要。我精神好了不少，准备开始画画了。

托尼，真是善良的好人！他说，只有经过十几年的努力，最伟大的画家才会有所成就；还说博纳画了 7 年还默默无闻呢，8 年过后才展示出了才华。我当然知道这些，但我原本打算 20 岁之前出名的。你可以想象得到，听到这些话时，我的感觉是什么了。

渴望荣耀

乌克兰天才女艺术家玛丽娅·巴什基尔采娃的日记

1881年

一月八日，星期六

我挚爱读书，喜欢把书放在书架上，数着书的册数，凝视它们。只要看见书架上摆满了书，我就心情愉悦。我退身远端，像欣赏画那样欣赏书。虽然只有700本，可都是有分量的大部头书，无论有多少普通书，也难以相提并论。

一月九日，星期日

因为总不听话，波坦大夫拒绝再为我治疗。啊，要是能离开这里去意大利，去巴勒莫①就好了。噢，为了那万里无云的天空，蓝色的海洋，美丽、宁静的意大利夜晚！只要想到再次见到意大利，就令我内心发狂！虽然我还不知道如何在意大利好好享受一番，可还是感觉美好的事情仿佛在等待着我。不，那不是我想要说的，我想说的是，有美妙的幸福在等待着我，我想要好好享受，不再受人照顾，不再有焦虑。每当我自言自语"要去意大利"时，立刻就会想到"不，还不是时候"。首先，我必须奋斗，要工作，然后——不知道需要多久——要安定下来。意大利！不知道你的魅力何在，但你的名字对我产生了神奇、美妙且不可言喻的影响。

噢，是的，必须离开了！我病得很严重，夏科大夫、波坦大夫都命令我离开！我以为南方的空气会立刻治愈我的病，可怪就怪他们。母亲为什么不能来呢？他们说，我要求母亲这么做不合情理。但情

---

① 巴勒莫（Palermo），位于意大利西西里岛西北部，是西西里岛的首府。

况是，她还是不回来。好吧，终于结束了！我还有一年，也许——1882年，是我在所有懵懂的梦里所期盼的重要一年。我关注1882年，这一年决定我的命运——但以何种方式，我不甚明了。也许，以我的死亡。

今晚，在工作室，他们将骷髅打扮成了路易斯·米歇尔[①]——她系着红纱巾，嘴里叼着烟，手里拿着画刀和匕首。在我身上，也隐藏着一个骷髅，我们都终将变成这个样子。湮灭！可怕的想法！

一月十三日，星期四（俄历新年）

还是有点儿咳嗽，一呼吸就感觉疼痛。除此之外，身体变化不大，既不瘦削也不苍白。波坦大夫不再来了，他认为我需要的只是阳光和清新的空气。是的，波坦诚实，不希望用无效的药物填补我的身体，可他还是要求我喝驴奶和水麦芽汁。我确信，在温暖宜人的户外待上一冬天，我一定会好的，但是——更重要的是，再没有人比我更清楚这一点了。我嗓子娇嫩，心情时常烦躁，因此，嗓子每况愈下。

毕竟我什么事都没有，就是咳嗽和失聪。而且如你所见，这些都无关紧要。

一月十五日，星期六

今天，考特先生开始上班了，替托尼在工作室上课。虽然朱利安

[①] 路易斯·米歇尔（Louise Michel，1830—1905年），法国无政府主义者，巴黎公社里的重要人物之一。她是第一个举起黑色旗帜的人，并使这种做法在无政府主义运动当中传播开来。路易斯·米歇尔现在仍然是具有重要影响力的革命家和无政府主义者。

指着我说，我是他提到的那个人，可我还是没给考特看自己的画。"这位小姐，"朱利安说，"准备在这里画。"他给考特看了那块巨大的画布，这是他们昨天费了好多力气才挪进工作室的。

托尼这个人——著名艺术家、院士、艺术权威，知道自己该做什么，得到这种人的传授，真是荣幸。绘画如文学，首先要学会艺术法则。然后，本性会告诉你，是去写戏剧还是写诗歌。要是托尼被暗杀了，我就会让勒菲弗尔、博纳[①]、卡巴内尔[②]取而代之——这可不是什么好事。像卡罗勒斯-杜兰[③]、巴斯蒂昂·勒帕热、埃内尔那样有脾气的画家，会不顾你的意愿强迫你模仿他们，说只有通过临摹，才会知道别人的缺点。只画单一人物的画家，我不会选择他们作为自己的导师。可是，有些作品里至少有半打的人物。相比于这些作品，我还是喜欢那些人物单一的作品。我想看到的画家，应该为各个时代的历史人物所簇拥。这些历史人物，他们的声望就是对画家最好的站脚助威，让我甘心倾听这位画家的建议。

有些情况下，即使最无趣的脸也会变得生动起来。我见到的模特中，有些人长着最普通的脸，可借助于帽子或衣饰，就会改头换面，漂亮起来。我说这些，就是要告诉你我的变化。每天晚上，我从工作室回家，一番梳洗之后，穿上白袍，头上扎上白色的细布头巾，要么模仿夏尔丹[④]画中的老女人，要么装扮成热鲁兹[⑤]画里的少女。经过这一番恰到好处的打扮，我的脸显得格外美丽动人。今晚，我头上披的头巾非同一般地大，让我看起来像埃及人。不知道为什么会这样，但我的脸看起来还是蛮富态的。通常情况下，"富态"这个词不适合描

[①] 博纳（Léon Bonnat，1869—1949年），法国著名油画大师、法国美术学院艺术教授、院长。朱利叶斯·卡普兰（Julius Kaplan）将博纳称为"一位自由主义的老师，强调艺术简约性凌驾学术成就，且整体效果凌驾细节"。
[②] 卡巴内尔（Alexandre Cabanel，1823—1889年），法国学院派画家。他的绘画以学院艺术风格著称，取材以历史、古典及宗教题材为主。
[③] 卡罗勒斯-杜兰（Carolus-Duran，1837—1917年），法国画家、艺术教授。
[④] 夏尔丹（Jean-Baptiste-Siméon Chardin，1699—1779年），法国画家，著名的静物画大师。
[⑤] 热鲁兹（Jean-Baptiste Greuze，1725—1805年），法国肖像画家。

述我的脸，但衣饰创造了奇迹，令我焕然一新。

最近养成了习惯，晚上头上不包点东西，就感觉不舒服。而且我那"可悲的思想"，也喜欢隐藏起来。在家里，我更自命不凡——也好像更为放松。

我还是不明白，为了挚爱的东西——像我这样的凡人——或者为了爱情，人会牺牲生命。

但可以理解，为了自由的信念，为了任何可以改善人类状况的目标，人要忍受折磨，甚至死亡。

对我而言，无论为了法国还是为了俄国，我都愿随时捍卫它的美好。祖国位于人类之后，毕竟不同的国家有差异，但我总以简单且宽厚的态度对待每一件事。

在这一点上，我不会为感情所左右，我既不是路易斯·米歇尔，也不是虚无主义者——什么都不是。如果认为自由受到了严重威胁，我会第一个拿起武器捍卫它。

⊙ 让·巴蒂斯特·格勒兹《破壶》，布面油画，109cm×87cm，1771年，藏于法国巴黎卢浮宫

⊙ 让·巴蒂斯特·西梅翁·夏尔丹《老妇人》，木板粉彩画，46cm×38cm，1775年，藏于法国巴黎卢浮宫

一月二十六日，星期三

周二从工作室回来后，发烧了。黑暗里，我坐在扶手椅中，浑身颤抖，一直处于半梦半醒之间，像上周每晚的情景一样，自己的画不断在眼前浮现。这种状态一直持续到了早晨7点。

一天没有进食，只喝了些牛奶。晚上，病情更糟糕了。一开始我睡不着，快要睡着的时候，之前上的闹表又叫醒了我。画还是在我眼前晃动，我的想象力又在帮我画画了。总有一种无法抵抗的欲望，想灭掉所有画好的东西，却又总忙中出错，把画弄得一塌糊涂。我无法保持平静，试图说服自己这只是一场梦，却徒劳无功。"那么，这是发烧引起的癫狂吗？"我自问道。我想，有这方面的因素。我知道它意味着什么，要不是心神俱疲——尤其是肢体上的疲劳——我是不会后悔的。

癫狂之中最奇怪的事情，莫过于幻想自己在等朱利安，想让他对我之前修改过的人物提些建议。

他是昨天来的，发现我所做的一切都错了。在入梦之前，画里所有可以赞扬的地方，我早已涂抹掉了。

昨天晚上，很奇怪，我突然可以听到声音了。

感觉浑身伤痕累累。

二月三日，星期四

现在，眼前出现了父母的肖像，是他们结婚之前的。我把肖像当成"文献资料"悬挂起来。左拉，还有一些更大名气的哲学家曾经说过，要想知道果，必须了解因。我出生时，母亲年轻漂亮，充满活力。她的头发是棕色的，眼睛是褐色的，肌肤鲜嫩欲滴。父亲头发金黄，脸色苍白，身体脆弱。祖父身体健硕，可祖母一生多病，年纪轻轻就去世了，留下了4个女儿，或多或少地出生时都有些毛病。外祖父和外祖母天生身体健硕，生了9个孩子，都健康活泼。有些孩子，比如说母亲和艾蒂安，模样清秀。

我们杰出的臣民——多病的父亲，后来变得强壮起来了。可年轻时娇嫩如花的母亲，却不得不过上了可怕的生活，变得体弱多病、神经兮兮起来。

前天读完了《小酒店》[①]。这本书讲述的真相，给我留下了不可磨灭的印记，几乎令我痛不欲生，感觉就像跟这些人在同呼吸、共命运一样。

二月七日，星期一

我的画，当初因为画不出自己喜欢的人物，暂时被搁置一边。现在又摆在了前台，自己有点飘飘然的感觉。

[①]《小酒店》(*L'Assommoir*) 是法国作家埃米尔·左拉的《卢贡－马卡尔家族》系列小说的第七部，发表于1877年，是一部研究酗酒后果的小说，把第二帝国时期巴黎下层人的生活描写得活灵活现，一开始是在《公共福利报》上连载，引起轩然大波。文艺批评家阿尔塔·米罗的批评说："这不是现实主义手法，这是肮脏描写；这不是裸体展示，这是色情表演。"不久便停止刊载，但这部小说赢得了福楼拜、莫泊桑、龚古尔兄弟的赞美。小说内容描述一位名叫古波的老实人，原本是勤恳的盖房顶工人，跟洗衣妇妻子绮尔维丝·马加尔努力地工作存钱，开了一家洗衣店，又生了小女儿娜娜，一家人过着快乐的生活，每逢星期日夫妻俩会去圣杜安散步。但有一天古波在工作时从医院的屋顶上摔下，受伤期间酗酒不事劳作，使家庭关系陷入危机，绮尔维丝无法忍受前任情夫朗蒂埃又来纠缠她，因为生计困难，竟堕落到企图卖淫的地步，最后跟着古波一起借酒消愁。他们的娜娜小时候目睹母亲与朗蒂埃偷情的场景，在内心深处埋下放荡的种子，喜欢打扮得花枝招展，在15岁那年做了花店的学徒，因无法忍受醉酒的父亲暴力相向，最后与一名商人私奔，成为左拉第九部作品《娜娜》的原型。

我喜欢的巴斯蒂昂·勒帕热展出了一幅威尔士亲王的画像。亲王穿着亨利四世款的服装，脸色如酒鬼般。画的背景是泰晤士河和英国舰队，与《蒙娜丽莎》色调相仿。总体上讲，这幅画有霍尔拜因[①]的风格——也许有人会以为是霍尔拜因画的。我不喜欢这样，为什么要模仿他人呢？

　　啊，要是能画得像卡罗勒斯-杜兰那样该多好啊！这是我第一次刚看见什么东西，就垂涎三尺，想占为己有——任何我想拥有的东西，只要是绘画作品就行。这里参展的其他作品，似乎都低俗、枯燥，纯粹是乱涂乱画。

⊙ 巴斯蒂昂·勒帕热《威尔士亲王肖像》，布面油画，39cm×28.7cm，1881年，藏于法国巴黎奥赛博物馆

[①] 霍尔拜因（Hans Holbein the Younger，约1497—1543年），德国画家。最擅长油画和版画，属于欧洲北方文艺复兴时期的艺术家，他最著名的作品是许多肖像画和系列木版画《死神之舞》。

⊙ 小汉斯·霍尔拜因《德西德里乌斯·伊拉斯谟肖像》，木板油画，73.6cm×51.4cm，1523年，藏于英国伦敦国家美术馆

⊙ 卡罗勒斯－杜兰《吻》（上），布面油画，92cm×91.5cm，1868年，藏于法国里尔美术宫
⊙ 卡罗勒斯－杜兰《快乐》（下），布面油画，90.2cm×139.7cm，1870年，藏于美国底特律艺术学院博物馆

二月十二日，星期六

今天中午时，管理员冲进了工作室，激动得脸色涨红，大声说道：朱利安先生获得了十字勋章。大家都沸腾起来，诺威格立斯和我到威洋·罗索家订购了一大束漂亮的鲜花，系上了红色的蝴蝶结。威洋·罗索不是一般的花匠，他是位艺术家——150 法郎买他的花，不算贵。

维勒维耶伊尔 3 点钟回来的，是专门为他导师庆祝而来。朱利安系着绶带，宣称这才是真正的自己。人生第一次，有幸看见一个男人幸福到极致的样子。"也许有些人还有所求，"他说，"但对于我，已拥有了自己渴望的一切。"

维勒维耶伊尔和我下楼到校长的房间去看花篮。大家欢呼、庆祝，激动不已。朱利安向我们谈了自己上了年纪的母亲，他担心这消息让她承受不了。接着，他还谈到了年过花甲的叔叔，叔叔听到这个消息时像个孩子一样哭了，还说："难以想象，他来自遥远偏僻的小村庄！想象一下，这会带来怎样的影响——一个农村的穷孩子，来到巴黎时身无分文——却获得了法国骑士荣誉勋章！"

⊙ 玛丽娅·巴什基尔采娃（1881 年摄）

渴望荣耀

二月十三日，星期日

刚刚收到母亲动情的来信，信的内容如下：

我可爱的天使，我的宝贝玛丽娅，你不知道没有你的日子我多么难过，尤其是你的健康令我整日担忧，多么希望尽快去看你啊！

我的骄傲，我的荣耀，我的幸福，我的快乐！但愿你能想象得到，没有你我要遭受多么大的痛苦啊！我现在捧着你写给阿尼茨科夫的信，像读情书一样一遍一遍地读它，泪水已经把信打穿。我亲吻你的小手、小脚，我祈求仁慈的上帝，希望能尽快在现实中也能亲吻到它们。

让你亲爱的索菲姨带去我真情的拥抱。

妈妈
哈尔科夫大饭店
1月27日

二月十四日，星期一

两个小时，爱丽丝·布里斯班画像中的头部就完成了，朱利安告诉我不要再修它了。有时候，需要花上一周的时间描描抹抹。连衣裙和胸衣的一些地方，也需要点缀一番。

⊙ 玛丽娅·巴什基尔采娃《爱丽丝·布里斯班画像》，第二次世界大战期间被毁

三月三日，星期四

我病情严重，咳嗽得厉害，呼吸也困难，声音里透露出不祥的兆头。我想，我得的是所谓的喉结核。

三月十八日，星期五

画，已经完成了，只是还需要最后的润色。

三月十九日，星期六

朱利安为我的第一幅画想好了主题，还告诉了我。为此，他对自己很生气，大声抱怨道："哼，这要是你的第二幅画就好了。""啊，随便，"我回答道，"那就把它留到明年吧。"

朱利安发现我能够抛弃虚荣，不去展示未完成的平庸作品，他看我的眼神中闪烁着希望的光芒。我要是放弃这幅画，他会高兴的，我也会高兴，但其他人呢？我的朋友呢？他们会说，教授认为我的画非常糟糕，说我画不好——总之，我的画被画展拒绝了。

我和朱利安严肃地谈了次话，向他解释了自己的感受。他非常理解，我也非常理解他的想法。他说我的画会被认真对待的，甚至还会取得一定的成绩，但这并不是我们的梦想。看画的人不会走到画前说："什么？！这幅画是女人画的？"最后，为了挽回面子，我提议让这幅画看起来像发生了什么意外，但他就是不同意。他承认，他对这幅画并不非常满意，但他认为还行，会成功的。这样，我就不得不参加画展了！

好吧，到此为止吧，我无奈放弃了。在5月1日之前，我该多么焦虑啊！但愿有个好名次！

⊙ 玛丽娅·巴什基尔采娃（1881年摄）

三月二十四日，星期四

刚刚在床下发现了一罐焦油，这是罗莎莉为了给我治病放的，是听从了一个算命先生的建议！家里人说，这个仆人表现出来的忠诚非常感人，反正母亲很感动。可是我呢，我在床下的地板上泼了一罐水，打碎了一块窗玻璃，然后怒气冲冲地回书房睡觉去了。

三月二十九日，星期二

在工作室听说，布莱斯劳的画被画展接受了，却没有我的任何消息。一直画到中午，然后去兜风，似乎这天长得没完没了。

三月三十日，星期三

假寐到 10 点，只为了不去画室，心情郁闷。

四月一日，星期五

不是愚人节的玩笑，我要成为女王。昨天，离开勒菲弗尔家后，朱利安深更半夜过来亲口这么说的。博吉达尔①自告奋勇,去楼下一个叫缇蒂埃赫的年轻人那里打探消息,宣称我得到的是2号,这让我有了更多的期待。

四月三日,星期日

从未像昨晚那么有精神头听帕蒂唱歌。她的声音多么有力量,多么清脆,多么动人啊!天哪!我也曾有过动人的歌喉!它也曾强劲有力,动人心扉!我的声音,也曾令人激动不已。可现在,连记忆都不曾留下!

那么,永远也不会恢复嗓音了?我还年轻,也许还有可能。

帕蒂没有触动人的心灵,却可以让人热泪盈眶。她的歌声,使人想起了烟花燃放时的情景。昨晚,在唱到某一段时,她的歌声清脆婉转,像鸟儿在啼鸣,令我痴迷陶醉。

四月五日,星期二

天大的惊喜!父亲来了!来工作室看我了。回到家时,我发现父母待在厨房里,母亲对父亲百般呵护。看到这夫妻恩爱的场景,戴娜和圣阿芒也深受感动。

---

① 博吉达尔(Prince Bojidar Karageorgevitch, 1862—1908年),塞尔维亚艺术家、艺术评论家、翻译家、旅行家。与法国作家皮埃尔·洛蒂、俄罗斯画家玛丽娅·巴什基尔采娃都是挚友。玛丽娅去世时,他曾一直陪伴在其床前。

四月六日，星期三

被父亲耽搁到9点，他坚持今天不让我画画，但我太喜欢那幅人体肖像了。直到晚饭时，才又见到了一脸严肃的家人。之后，他们去了剧院，而我留在家里。

父亲想不明白，一个人怎么会想成为艺术家？也想不明白，成了某种人之后怎么会令人荣耀起来？有时，我认为，他是假装有这种想法。

五月一日，星期日

亚历克西斯来得较早，他有一张票可以进两个人，我也有这种票，所以我们可以去4个人：父亲、母亲、亚历克西斯和我。我对自己的服装不太满意——深灰色的毛大衣，黑色的帽子，虽说漂亮，但有点普通。我们一进去就找到了我的画，位于荣耀厅左边的第一个厅，第二排。能在这样的位置展览，我很高兴。而且，自己的画看起来那么漂亮，也让我非常吃惊。不是因为它漂亮，而是因为我预料它看起来吓人，现在看起来还不错。

可是，他们犯了个错误，目录里漏掉了我的名字（我已经提请他们注意了，他们会修正）。第一天，人们总想一下子把所有的画都看完，所以，是欣赏不到好画的。亚历克西斯和我不时地会离开众人四处转转，可转眼之间，就再难找到大家了。我挽着他的胳膊——我是主动这么做的——我们大大方方地走来走去，不惧怕任何人。遇到了一大帮熟人，听到了许多赞扬——这些赞扬似乎并不是强拉硬扯的。这个自然，这些人最懂得如何恭维人，只要看见一幅大型画作，画里面有许多人物，他们就认为够了。

一周前，我给穷人发了1000法郎，没有人知道这件事。我去了校长室，做完事情没有等说感谢就快速溜了出来。校长一定认为钱我是偷的，才会把它送人。我的钱，上帝会给予回报的！

阿贝玛[①]一直和博吉达尔在各屋转悠，他给我递了话，说对我的画感到满意，说画得有力量，有气魄，等等。没隔多久，我们又碰面了，还认识了一位叫莎拉·伯恩哈特[②]的朋友，她是位名人，非常优秀，她的表演令我印象深刻。

我们在画展沙龙吃的早饭。加起来，跟艺术已经共处6个小时了。我不想再提画了，可还是要好好表扬一下布莱斯劳的作品。她的这幅作品有许多美妙之处，可惜画法粗糙，颜色过于厚重了。那些人

⊙ 阿贝玛《莎拉·伯恩哈特》，藏地不详

---

① 阿贝玛（Louise Abbéma，1858—1927年），法国画家、雕塑家、设计师。
② 莎拉·伯恩哈特（Sarah Bernhardt，1844—1923年），法国舞台剧和电影女演员。在17世纪70年代——"美好年代"的初期，伯恩哈特就以她在法国的舞台剧表演而出名，其后闻名于欧洲和美洲。她在一系列早期剧情电影中担任女演员并获得成功，还得到了"神选的莎拉"（The Divine Sarah）的绰号。

1881年

物的手指，看起来像鸟爪子！那些鼻子，鼻孔居然开着！还有那些指甲！画得那么僵硬，那么沉重！总之，她的画给人留下学院派的印象，模仿的是其导师巴斯蒂昂·勒帕热。

自然界里怎么会找到这种色彩和视图啊！

尽管如此，她的这幅画还是拥有许多值得肯定之处的，尤其是那三个头颅，位于巴斯蒂昂·勒帕热的《沃尔夫①》和《行乞者》之间，格外引人注目。

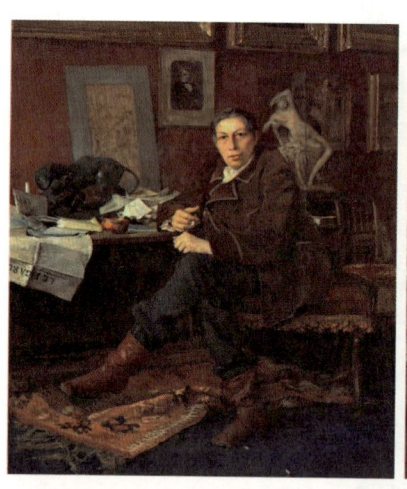

⊙ 巴斯蒂昂·勒帕热《沃尔夫》（左），布面油画，32cm×27cm，1881年，藏于美国克利夫兰艺术博物馆
⊙ 巴斯蒂昂·勒帕热《行乞者》（右），布面油画，193.5cm×180.5cm，1881年，藏于丹麦哥本哈根新嘉士伯美术馆

---

① 沃尔夫（Albert Wolff，1835—1891年），法国作家、剧作家、记者、艺术评论家。勒帕热是沃尔夫非常欣赏的画家。

⊙ 路易丝·布莱斯劳《朋友》，布面油画，85cm×160cm，1881年，藏于瑞士日内瓦艺术历史博物馆

五月六日，星期五

今早去了画展，见到了朱利安，他引荐我认识了勒菲弗尔。勒菲弗尔告诉我，我的画有许多可圈可点的地方。在家里，家人总说世道要变——他们惹恼了我。父亲的观点，有时很荒唐，自己不这么认为，却硬要说我应该同意在俄国过夏天，好像这最重要似的。"人们会看见，"他说，"你没有与家人分开住。"

我曾经与他们分开住过吗？好吧，静等其变吧。但不管怎样，我不会出门的，我要静静地待在这里！那时，我会独自坐在扶手椅里逍遥自在。虽然有点可悲，可只有这样身体才舒服。

唉，这可怕的疲倦！我这个年龄就这样，正常吗？

这就是令我绝望的地方。要是命运好一点儿，我还能够享受幸运吗？还可以充分利用这唾手而来的机遇吗？有时，我想，虽然自己还算有远见，却没有别人那么灵光了。

晚上，我筋疲力尽、昏昏欲睡时，上帝的乐声就会飘入脑海，它跌宕起伏，如奏鸣的交响乐，我的意志却无法左右。

五月七日，星期六

父亲希望明天离开巴黎，母亲要陪他走。这解决不了任何事。

而我，要陪他们一起走吗？我可以到户外写生，然后及时赶回比亚里茨①。

啊，一切都无关紧要了，已没有什么可以盼望的了。

五月八日，星期日

看到自己的身体每况愈下，我却有点高兴。老天拒绝给我幸福。幸福被彻底毁了的时候，一切会发生改变，到那时就为时已晚。

毋庸讳言，大家都遵守人人为己的法则。家人假装爱我，却什么都不为我做。现在，我已一无是处，在我和世界之间似乎隔着一层薄纱。但愿有人知道世界的那边是什么——我们不知道，正是我的这种好奇心，让死亡这一念头不再那么可怕。

每一天，我都呼喊十几次"我想死掉"，这是一种绝望的表现。

---

① 比亚里茨（Biarritz），法国西南部一旅游地。

有人会自言自语："我渴望死去。"可这并不是真话，只是在以另一种方式表达人生的难以忍受。无论怎样，人们总是希望生存下去，尤其是我这个年龄的人。没必要为我悲伤，在死亡这件事上，没有人该受到怪罪，这是上帝的意志。

五月十五日，星期日

要是他们再等上一周，无论如何，我都要和他们一起去俄国。颁奖时，我要是在现场的话，会控制不住自己的。这深深的懊悔，除了朱利安之外没有人知道，我离开巴黎也是这个原因。我用假名去一位著名的医生 C 那里看病。他说，我的嗓子永远不会复原了，而且状况不容乐观。右肺的胸膜已经病变，而且有一段时间了。我问得非常直接，所以在检查之后，他不得不告诉了我实情。

必须去阿勒瓦尔①进行一个疗程的治疗。好吧，从俄国回来后，我会去那里的，再从那里去比亚里茨。我要和托尼一起到乡下采风，在户外写生，这对我的健康有好处。写到这儿时，我已郁闷难耐。

家里的情形也足以让人哭泣。一方面，他们必须走，这让母亲感到绝望；另一方面，我却不愿意跟她一起走，同样不愿意索菲姨留下来。家里有个荒唐的观念，索菲姨必须留下照顾我。

我精疲力竭，一整天都未说话。这样，自己才不会号啕大哭。我感到窒息，不断耳鸣，还产生了奇怪的感觉：骨头正穿过肌肉，慢慢融化掉。可怜的索菲姨，想让我高兴起来，要我和她待在一起陪她说话！我再说一遍，我精疲力竭，再不相信有什么好事了。我认为，所有糟糕的事情都有可能发生。我既不想走也不想留下，只是在想，自

---

① 阿勒瓦尔（Allevard），法国伊泽尔省的一个市镇。

己要是走了，他们不会待在那里很长时间的。另外还有一个不想说的原因：布莱斯劳获了奖，这件事让我渴望离开这里。啊，在所有的事情上，我都不走运！我——如此相信未来的人，如此虔诚祈祷的人，一定会死得很惨。好吧，在家人苦口婆心地劝说之下，离开的日期定在了周六。

五月二十日，星期五

我又开始犹豫去俄国的事了。波坦大夫今天来看我，我指望他帮助我留下来，而且不惹恼父亲。那样，不去俄国的事情，就有了眉目。

但博吉达尔给了我致命一击。今天，委员会审查了参展的画，他们非常欣赏布莱斯劳的作品！听到这个消息，原本已经流出的泪水，开始如泉涌一般喷了出来。父母以为是波坦说的话令我悲伤，我却无法对他们说出实情，但两个理由都足以让我流泪。

毕竟波坦说的话不是什么新闻了，而且要是我愿意的话，他可以帮我留下来。但布莱斯劳的画是致命的！我曾经让波坦告诉家人我的病情，说得再严重些，这样，父亲就不会因为我留下而生气了。

五月二十三日，星期一

终于都收拾好了，我们去了车站。在离开的瞬间，我的犹犹豫豫还是让家人发现了。我开始哭泣，母亲陪在我旁边，戴娜和索菲姨也围拢过来。父亲问他可以做什么，我用泪水回答了他。汽笛响起了，我们之前没有订座位，所以大家都向车厢跑去，可进的却是普通车厢（我反对这么做）。我本要跟他们走，但门早已关上，车厢里又挤得满满的，所以，还没来得及说再见，他们就离开了。平日里，与家人总是恶语相对，互相说着不招人喜欢的话，可到了分手时刻，这一切都已抛到了一边。因为不愿和他们一起走，我曾经哭过。可现在我哭泣，却因为我留了下来，跟布莱斯劳没有关系。不管怎样，在这里，我能够照顾好自己，不会白白浪费时间。

五月二十四日，星期二

没有和家人一起走，我感到绝望……我要给柏林拍电报，告诉他们等我。

五月二十五日，星期三，柏林

昨天离开了巴黎。离开之前去见了托尼，他病得很厉害，我给他留了封感谢信，也给朱利安留了封信。朱利安没在家，这也许是好事，因为他会让我改变主意留下来，可我必须走。过去的一周，家人都不敢互相照面，只担心眼泪会掉下来！自己留下来时，想到这一切对索菲姨是多么残酷，我就经常哭泣——她一定看得出来。想到她留下来的事情时，我也哭泣过，她认为我根本不关心她。一想到这个人过着怎样自我牺牲的生活时，我的心都融化了，眼泪就不自禁地掉下来了。她是一个好人，可连爱都不曾被人爱过！我爱她，胜过了爱任何人！终于到柏林了！家人和加布里埃尔到车站接我，我们一起吃了饭。

失聪，是我最恐怖的，也是我所遭受的最可怕的打击。现在的我，害怕曾经渴望的一切；现在的我，更有经验了；现在的我，潜能马上就要发挥出来了；现在的我，更懂得如何应对，似乎整个世界都尽在我掌控之中。我唯一需要的，就是一如既往地继续忍耐。给我看病的医生说，出现我这种状况，只有千分之一的可能。"尽管放心，"他们说，"喉部发炎，不会让你失去听力的，那种情况很罕见。"可它却偏偏发生在了我头上。你根本无法想象，我无时无刻不处于紧张状态。为了隐瞒这可怕的疾病，我付出了怎样的努力。那些熟人，那些偶尔碰面的人，我都可以瞒住。可对工作室里的人，我却无法隐瞒。

它会对智力产生怎样的影响呢？我怎样做，才能充满活力、拥有智慧呢？

啊，所有的一切都结束了。

五月二十六日，星期四，法斯克伊（基辅附近）

我必须进行这次长途旅行。四周景色壮观，到处是一望无际的草原。草原，令我充满好奇。那种浩瀚无际的感觉，让我心情愉快。而草原上的村庄和森林，却有点煞风景。最吸引我的，莫过于这里的官员，他们和蔼可亲，热情好客，即使最卑微的海关官员也是如此，他们会和你像熟人一样聊天。虽然行驶了 84 个小时，可还有 30 个小时的路程，一想到这些，我就感觉眩晕。

五月二十九日，星期日，加夫兰兹

昨天晚上，我们到达了波尔塔瓦。

保罗壮实多了，看起来有点凶。皮塔恩库、瓦夫卡维斯基和其他一些人过来看我们，父亲非常高兴。可是，在离开5年之后重新回来，我却感到了一丝忧郁。他看到我这个样子，心里有些不安。我不想掩盖自己的情绪，而且跟父亲已经没有陌生感了，不想再试图做什么去取悦他。

晚饭时，上了一道菜，菜上点缀了些洋葱。我站起身离开了厨房，公主和保罗的妻子惊讶不已。保罗的妻子非常漂亮，有一头非常迷人的黑发，肤色娇美，身材也不错，是个好女人。

六月四日，星期六

朱利安写信说，托尼在开敞篷车从他母亲那里回家时着凉了，危在旦夕，他为托尼哀悼，好像托尼已经死了似的。

六月五日，星期日

昨天，给朱利安拍电报打探托尼的消息，我非常担心托尼的病情。

六月六日，星期一

托尼脱离了危险！听到这个消息，罗莎莉喜极而泣。她说如果托尼死了，我一定会卧病不起的。她有些夸张，但是——她是个善良的好女孩。朱利安的信也随电报一起到了，带来了同样的好消息。

六月十三日，星期一

我开始画一幅农家女的画，真人大小，农家女倚靠在枝叶交错的树篱前。

六月二十七日，星期一

已经画好了草图，我对这个主题感到满意，它已酝酿了好久，我都迫不及待地想画了。

七月六日，星期三

画完成了，比之前所有的画都好。头部画了3次，尤其出色。

七月十一日，星期一

妮妮，她妹妹，还有戴娜过来找我。我一直在户外作画，她们过来带我回家。不知道谁碰巧谈到了一个迷信的话题：镜子破了是不吉利的征兆。这让我想起来，曾经有一两次，我发现自己的房间里同时点了三根蜡烛——这意味着我要死掉吗？有时，死的想法吓得我毛骨悚然。但是，只要一心崇拜上帝，虽然不能让自己与死亡达成和解，却也可以减少恐惧。或者，也许它意味着我要失明，但失明和死亡又有什么区别呢？我一定会自杀的。但是，在另一个世界，又会发现什么呢？这又意味着什么呢？至少可以逃避现实的悲伤。或者，也许我会完全失聪，也许我会失明。一想到这个词，我就愤懑不已，仿佛要将写字的笔烧着一样。我的上帝——我甚至不会跟以往一样祈祷，要是它预示着我的亲人——比如父亲——的死亡，又该怎么办啊？要是换成母亲呢？如果那样的话，我内心永远得不到安宁，因为我曾说过那么多不吉利的话。

毫无疑问，上帝最不满意我的地方，就是我记录下来了所有的心路历程——全部发自内心的真实想法。这些想法可以算成功劳，也可以当成过错。如果一个想法，具有某些值得称道之处，那么，从认识这些优点的那一刻起，其优点就已经丢掉了。如果我的冲动具有慷慨、高贵和虔诚的优点，我会很快知道，因此，就会不自觉地表现出满足感，因为冲动令我的灵魂受益匪浅。可一旦将冲动付诸行动，要是只想着其益处，那么，它的益处反而会失去。从我走下楼投入母亲的怀里，请求她原谅我过去对她恶言恶语的那一刻起，满以为这种冲动会给我带来好处，可是，其好处也会因此寿终正寝。后来，我感觉到，实现自己的意图，往往并不能给自己带来很多益处。除去自身的原因，我做的要么风度不够，要么有点狼狈。再者，母亲和我之间真正诚恳的感情交流几无可能，她总认为我玩世不恭，要是我做了与平时不一样的事情,她反而会认为我不正常,认为我是在演戏。

今天是圣保罗节,我穿上了靓丽的服装,戴娜看起来非常迷人。我、里奥贝和米莎谈着笑着,我很开心,看起来也挺可爱的。其他人站在一旁,倾听我们之间的逗趣。后来,大家跳起舞来,父亲和母亲一起跳,保罗和妻子跳的是贴面舞,而戴娜,情绪高昂,独自跳着,一曲接着一曲。她跳得很棒,优雅迷人。我,尽管遭受可怕的折磨(失聪)——这令我心情惨淡,可还是跳了一会儿,却提不起丝毫兴致,即使装装样子也无法办到。

七月十五日,星期五

我们到了哈尔科夫,我咳嗽得厉害,呼吸也费劲。刚刚在镜子中看过自己,期望看到诸多病兆。但是,没有,还看不见什么迹象。我身材苗条,但远未达到那种消瘦的样子。裸露的肩膀看起来光滑、红润,根本与咳嗽对不上茬儿,嗓子里的咳嗽声也听不到。可我还是如以往一样听不见声音。我着凉了,这也许就是我咳嗽得厉害的原因吧。好了,随便吧!

今天,母亲和我去了当地的一家修道院。母亲跪在圣母玛利亚的雕像前祈祷,比以往都更加虔诚。人们怎会向雕像祈祷呢?的确,我本打算这么做,却做不到。在自己的房间里时——因为祈祷过了,感觉就好一点儿——当欲望自然而然地到来时,事情才会发生变化。我相信上帝会治愈我,而且也只有上帝才能治愈我。可是,在治愈我之前,他还要原谅我的种种过错!

七月十六日，星期六

今天早晨，我过去的崇拜者帕夏到了这里。他变得更结实了，但还一如既往地粗鲁，没教养，但并不伤人。

七月二十一日，星期四

我们到了基辅。据弗拉基米尔①所说，它是"圣城""俄国城市之母"。弗拉基米尔曾亲身接受过洗礼，之后就给其他人洗礼。不管愿不愿意，他不分青红皂白就把大家赶到第聂伯河里。有些人，我猜，一定呛了不少水。可是，最令这些呆子困惑的是神像的命运，在他们洗礼的同时，神像被投进了河里。世上有些人，对俄国一无所知，所以，有必要告诉你一些你之前不知道的事情。第聂伯河是世界上最美丽的河流之一，两岸风景如画。基辅的房子，看起来就像把房子不管三七二十一地胡乱扔在了一起，有上城和下城，街道非常陡峭。道路不太好走，距离又远，好在风景不错。古城的遗迹，已难觅踪影。当时的俄国文明，满足于建筑简陋的庙宇，既无艺术感也不结实，这也许就是我们过去没有或者说几乎没有标志性建筑的缘由吧。如果夸张一些，我会说城市里的教堂和房屋一样多如牛毛。此外，还有许多天主教堂和修道院。事实上，人们会不时看见三四座这样的教堂并排而立，教堂上面都有巨大的镀金圆顶。墙壁和立柱粉刷一新，屋顶和飞檐是绿色的。建筑的前脸，经常装饰着圣人的塑像，还有他们生活的场景，可做工却非常粗糙。

---

① 弗拉基米尔（St. Wladimir，约965—1015年），古罗斯政治家、军事家、诺夫哥罗德王公、基辅大公（978—1015年），他是留里克王朝早期最重要的成员。

我们首先参观的基辅大修道院①，每天都有来自俄国各地数以千计的朝圣者到此膜拜。圣像屏，也叫隔墙，将祭坛与教堂主楼分开，上面覆盖着圣人的塑像，要么是画上去的，要么是镶银的。圣龛和大门都是镶银的，一定花了不少钱。圣人的棺椁也镶嵌着银器，枝状大烛台和蜡烛台亦是如此，一定价值不菲。人们说，僧侣的珍宝，都是一麻袋一麻袋装的。

母亲带着前所未有的虔诚祈祷着，我确信父亲和戴娜也在为我祈祷。然而，奇迹并未发生。你尽管嘲笑吧！可对于我，几乎就指望着祈祷了。我不关注所谓的教堂、圣迹或弥撒，但我依赖祈祷，依赖本人的祈祷，一如既往地依赖它。迄今为止，上帝还没有听到我的祈祷，也许终有一日，他会听到的。

在教堂里，上帝可能不会突然之间令我恢复健康，我不值得他这么做，但他会同情我，派遣某个医生治愈我——也许他过一段时间才会派这个医生来，但不管怎样，我都不会停止祈祷。

对母亲来说，她信仰神像和圣物——简而言之，她自己的宗教是异教——与大多数民众一样，他们虔诚却并不明智。

要是相信了神像和圣物的力量，也许奇迹就会发生。但让我跪下的同时还祈祷，我无法办到。我所见到更多的是，随便找个地方跪下，然后敷衍了事般向上帝祈祷。可是，上帝无所不在。为什么要相信那些东西呢？

---

① 基辅大修道院（La Lavra，乌克兰语：Києво-Печерська лавра），位于乌克兰首都基辅的一座修道院。修道院修建于1051年，当时乌克兰处于基辅大公国时代。自中世纪至近代，修道院都对乌克兰的宗教、教育和学术有巨大的影响。在1990年，洞窟修道院和圣索菲亚大教堂一并列入世界文化遗产。

⊙ 基辅大修道院

七月二十六日，星期二，巴黎

终于到了！这才是生活！我去了不少地方，还去了工作室，他们用热吻和欢呼迎接我。

七月二十七日，星期三

我向朱利安提到了自己一直想画的一个题材，但他对此并不热情。两个小时里，他都在谈论我的病情，毫无掩饰，他认为我病情严重。他有理由这么想，两个月的治疗并未让病情好转。我自己知道病情严重，且每况愈下，而我也日渐憔悴。但与此同时，我不愿相信这可怕的事实。布莱斯劳获得了荣誉奖，收到了一些订单。M夫人对她很感兴趣。在M夫人的家里，布莱斯劳遇到了巴黎最著名的艺术家，M夫人还预订了她的画，用来参加即将举行的画展。布莱斯劳已经出售三四幅画了。总之，她正走向幸运之路。而我呢？我是个结核病患者！朱利安试图吓唬我一下，以为这样我就能好好照顾自己了。要是对治疗效果有信心的话，我会照顾好自己的。在我这个年龄，遭遇这样的事情，可谓命运多舛。朱利安的确说得对，一年之后，我就会看见自己变成什么样子了，而到那时，我就一无所有了。今天，去看科利尼翁了，她已奄奄一息。有些人的确变了！去之前，罗莎莉给我打了预防针，可看见科利尼翁时，我还是吓着了——她看起来就像一具死尸。

她变成这个样子，是不是太残酷了？要是英年早逝的话，我至少能唤起大家的同情。想到自己的命运，我就不胜悲伤。不，这似乎是不可能的啊！尼斯、罗马，我的少女之梦，那不勒斯狂欢、艺术、抱负，无尽的梦想——所有的一切都将在棺椁里结束，仿佛不曾拥有过一般——即使是爱情！

我是对的。像我这样从孩童起就注定有此命运的人，有这样的体质，可能活下去吗？在这种情况下，要想寿终正寝，有些痴心妄想了。

然而，还是有些人，虽然他们要比我曾经希望的甚至做梦都没想过的还要幸运，可他们还是希望自己寿终正寝。

每种悲伤，都可找到慰藉，但如果虚荣遭到了打击，就再无法慰藉，它比死亡本身更可悲。失落、失恋，又能如何呢？至少还没有死掉。我无法抑制自己的眼泪，我想，自己的身体每况愈下，无法挽回，已经离死期不远了。但这并不是我所要抱怨的，我所抱怨的，是自己变成了聋子！刚才是布莱斯劳，但布莱斯劳给予的打击是个意外；而我，无时无刻不受到打击，无时无刻不受到排挤。

那么，好吧，让死神降临吧。

八月九日，星期二

今早去看病了，两周之内这是第二次了。虽然治疗一样，可医生还是让我来，这样，他每次就可以得到两路易了。

这真的令人发狂。据说，1000个病例中，不超过一个病例是失聪，而这碰巧发生在了我身上。每天都看见有人患上喉炎、肺病，却没有人失去听力。啊，这真是千载难逢的霉运啊！我失去了嗓音，失去了健康，这还不够，还要在这无法启齿的不幸之外，遭受其他的考验。

我经常为琐事抱怨，这一定是报应。

一直处于痛苦之中。在家人面前，总是不自禁脸上发烫；家人跟我说话时要提高音量，我还不得不为他们这种善意心存感激！每次走进商店，都因害怕耳聋被人发现而心里打怵！可是，这还不够糟糕。每次与朋友在一起时，都不得不使尽浑身解数掩盖自己的病情！不，不，不，这太残酷了，太可怕了，感觉太糟糕了！还有那些模特——在画画的时候，我总是听不见她们在说什么！想到她们在跟我说话，我就不时发抖。你认为我在工作中没有表现出来病情吗？罗莎莉在时，她会帮助我，但自己一个人时，我就变得木讷起来，舌头也不好使了。"请大点声说话,我听得不是很清!"我的上帝啊!可怜我吧!先是嗓子发炎,然后是肺部感染,现在又失聪了。我必须接受失聪治疗!可我一直在接受治疗,克里萨贝医生要对此负责,正是因为他的治疗,我——

上帝,我必须以如此残酷的方式切断与外部世界的交流吗?我,我,我,必须忍受这一切。对许多人来说,这算不得不幸,可对我而言——

这是多么不幸啊!

八月十一日,星期四

每天都去帕西①,但还没开始画画,就想到了自己做过的事情,有点可怕。我累伤了眼睛,为了平复心情,只好浪费点时间读书了。

自己的疑惑,没有人可以商量。托尼在瑞士,朱利安在马赛。与他人相比,我固然无可抱怨。也许事实如此,但我不再擅长做任何事了,这也是事实!社交生活、政治运动、智力活动——所有这些领域,仿佛要穿透一层雾,我才可以加入;我的感官在钝化,如坠云雾一般。

要是冒险去寻求乐趣,只会被人当成傻瓜嘲笑。所有的古怪行为,心不在焉地发作,意外唐突的行为,只是为了向圣阿芒②掩盖我听不见的事实!这足以令最坚强的心脆弱起来。正值青春年少的我,就承认自己失聪了,还假装不耽误做事,怎么可能呢?在这种情况下,还恳求得到娇惯和怜悯,怎么可能呢?做这一切还有什么用呢?

---

① 帕西(Passy),法国巴黎的一个地区,位于塞纳河右岸的巴黎十六区。帕西是巴黎的传统富人区之一。1860 年,帕西被并入巴黎。美国建国元勋本杰明·富兰克林曾经居住在帕西,现在帕西有富兰克林街。此外帕西也出现在许多画家的作品当中。
② 圣阿芒(Saint-Amand,584—675 年),基督教主教,在法国和比利时地区被尊为圣。

帕西地区，从埃菲尔铁塔俯拍

我的头在炸裂，再也不知道自己身处何地。哦，不！我想象中的上帝，根本就不存在。有一个至高无上的神，有一个真正的世界，有一个，有一个——但我每天都祈祷的上帝，并不存在，他居然拒绝给予我一切——那好吧，可他居然以这种方式折磨我到死！让我沦落得比街上的乞丐还更悲惨、更寄人篱下！我到底犯了什么罪？我的确不是圣人，不会一生在教堂里度过，也不禁食，但你知道我的生活是怎样的——除了对家人有些不敬之外，我不应该这么对待他们——我别无可自责之处。因情绪失控，对家人说了些不恭敬的话，于是就每天晚上祈祷原谅，有什么用呢？如果真的因为自己对母亲说了些尖刻的话而受到责备，你很清楚那只是在刺激她，让她有所行动。

八月十二日，星期五

也许你认为，我已经为画定下了主题？可我还是束手无策。确信自己无能，这一可怕的想法一直占据我的心头。数数花在旅行当中的时间，自己一直无所事事，这样的日子早已过了一个多月了。还没开始工作，我就已经失望了。我看见了想象中的画，却在画里看不见一丝痕迹的生气、美丽或才气，它丑陋不堪！我却无能为力！

八月十三日，星期六

你不知道吧，我的右肺感染了。尽管这些医生到现在还不告诉我真相，可毫无疑问，你会欣喜地知道，我的左肺也感染了。在基辅的地下墓穴时，我第一次产生了这种症状，以为这是由潮湿引起的暂时性疼痛。从那时起，我就不时感到疼痛。今天晚上疼得尤其厉害，几乎无法呼吸了。我清晰地感觉，疼痛是在肩胛骨和胸部之间，在医生经常敲击的那个部位。

我的画呢？

八月十四日，星期日

昨晚几乎一夜未眠，今天早晨仍感到胸部疼痛。

我已经放弃了这个想法——早已定下来的画。为了它，我失去了多少时间啊！不止一个月。

至于布莱斯劳，一定受到了荣誉奖的激励，事业正在蓬勃发展。而我，手已经生了，不再相信自己了。

八月十八日，星期四

正在看纪念册，通过它可以追随自己前进的脚步。我经常对自己说，我还没开始画画时，布莱斯劳就已经上手了。"那么，这个女孩，就是你的整个世界吗？"你会问。也许是的，害怕对手，这种感觉不可小觑。我从一开始就知道，无论教授或同学怎么说她没才华，她都是有才华的。你现在知道了，我是对的。只要一想到这个女孩，我就心烦。感觉她落在我画上的每一笔，都是在敲击我的心，因为我知道她的力量，最终不得不屈服于她。她总是在我和她之间进行比较，连工作室里迟钝的学生都说她永远不知道该如何画画，说她不懂着色，只知道描画——现在他们就是这么说我的，这也许是对我的一种安慰。的确，这是我剩下的唯一的东西了。

1876年2月，她的素描获奖了。在瑞士学习两年之后，在1875年6月她开始画画。据我亲眼所见，有两年的时间，她遭受了最彻底的失败。在苦苦挣扎之后，终于开始在绘画上有所建树。

1879年，她听从了托尼的建议，开始参加画展。那时，我已经画画有六个月了；而再过一个月，对我来说，从开始画到现在就整整三年了。

现在的问题是，我是否有能力与她在1879年时画得一样好。朱利安说，她1879年比1881年画得还好，只是因为他们不是好朋友，他就没有努力推她前进，可他也没有做任何阻止她进步的事情。她去年的画和我的一样，都放在画室里了，就是说放在美术馆外间的画廊了。

今年，布莱斯劳与朱利安和好了，在新学校也受到了关照，开始走上正轨，接下来理所当然就获奖了。

八月二十日，星期六

我去看了那个雕塑家法吉埃尔①，给他看了自己的一些画，告诉他我是美国人，希望学习雕塑。有些画，他认为很不错，其他的画还行。他指给我他上课的工作室，说要是那里安排不了的话，在我家或他家都行，他随时可以指导我。他真是太好了，可我已经有了自己仰慕的导师圣·马索②，在工作室画就行了。

九月十六日，星期五，比亚里茨

与朋友告别之后，星期四清晨我们离开了巴黎。我们在波尔多过的夜，莎拉·伯恩哈特正在此演出过。我们花了50法郎买了楼上前排的两张座位。她演的是《茶花女》，可不巧的是，我感觉非常劳累。这位女演员受到了热烈追捧，我却不知道该如何评价她。我期望她的表演与众不同，可看见她讲话、走路、落座时情绪激昂的样子，我感到有些吃惊。我只看过她四次演出，一次是在孩子时，在《狮身人面像》里；一次是在不久之前，也是在《狮身人面像》里；第三次是在《陌生人》里。我无时无刻不在关注她，我想，不管怎样，她还是有魅力的。

确定无疑的是，比亚里茨除了美丽，还是美丽！

整日里，大海都带着迷人的色彩，那无与伦比的灰色调！

---

① 法吉埃尔（Alexandre Falguière，1831—1900 年），法国雕塑家、画家。
② 圣·马索（Saint Marceaux，1845—1915 年），法国雕塑家。

九月十七日，星期六

迄今为止，还没有在比亚里茨见到自己期望的那种超凡脱俗的自然美景。至于海滩，从艺术家的角度看，丑陋不堪，无法入眼。

噢，尼斯！噢，那不勒斯湾！

九月十八日，星期日

在这儿穿的衣服，只有简朴的长裙，细麻纱或者白法兰绒做的，没有镶边饰物，但做得很漂亮。靴子是在这里买的，帽子是白色的，就像幸福女人经常带的那种，让人看起来年轻。整套衣服穿出去，吸引了许多关注的目光。

九月二十七日，星期二

昨天，像一家人一样，我们在巴约纳①度过了一天。今天，我们又一起在富恩特拉比亚②过了一天。我很少出门，但喜欢骑马，可惜骑马服不合适，而且陪我骑马的人，要么我不认识，要么是个呆板的俄国人，我感觉无聊死了。

---

① 巴约纳（Bayonne），位于法国新阿基坦大区大西洋岸比利牛斯省阿杜尔河与尼夫河交汇处的一座城市。此地与刺刀的命名甚有渊源。于17世纪的一场农民争执中，当时兴奋的农民将小刀插入来福枪枪口内，用以袭击敌人。因此军用刺刀便以出现地命名为Bayonet。
② 富恩特拉比亚（Fontarabia），西班牙巴斯克自治区与法国交界处一小城，属吉普斯夸省管辖。

这儿有轮盘赌，我试了试运气。输了 40 法郎后，我不玩了，转而画素描了。我坐在阴凉的角落，不希望有人看见我。

周四早晨离开了比亚里茨，昨天晚上到了布尔戈斯①。比利牛斯山脉②壮丽的美景，令我赞叹。我画了张大教堂的速写，但该如何描绘出由色彩鲜艳的雕塑、华丽的外表、镀金饰物融合为一的恢宏建筑呢？教堂边的小礼拜堂，装有巨大的窗格和幽暗的壁龛，美极了。大教堂里，有列奥纳多·达·芬奇的《抹大拉》。坦白地说，这幅画很丑陋，与我看见的拉斐尔的《圣母》一样，没给我带来任何感觉。

从昨天早晨起，我们一直待在马德里。今天早晨去了博物馆。与这里的收藏相比，卢浮宫、鲁本斯、尚帕涅③，甚至是凡·戴克以及所有的意大利画家都黯然失色。世上没有任何作品可与委拉斯开兹④相媲美，可我还是有点头眼昏花，无法清晰地给出判断。还有里贝拉！他真是棒极了！这些画家，他们才是真正的自然主义大师！还有比他们更令人钦佩、更神圣真实的吗？啊，这场景令我无比感动，可也令我多么郁闷啊！我多么渴望拥有过人的天赋啊！这些画作，敢与色彩苍白的拉斐尔叫板，敢与虚幻的法国学派媲美，就是这些作品！这种色调！拥有我这种色彩感觉的人，是不可能创造出来的啊！

今天早晨 9 点钟，我已经在博物馆了，徜徉于委拉斯开兹的绘画之中。与委拉斯开兹作品并排而立，其他艺术家的作品看起来又冷又硬，甚至里贝拉的作品也不例外。的确，里贝拉难以媲美委拉斯开兹。在《无名雕塑家的肖像》里，其中的那只手，揭示了卡罗勒斯－杜兰为什么对委拉斯开兹高超的手法如此钦佩，而后者，众所周知，

---

① 布尔戈斯（Burgos），西班牙北部的一个城市，布尔戈斯省省会，有建成于 1569 年的哥特式大教堂，旅游胜地。
② 比利牛斯山脉（Pyrenees），位于欧洲西南部，山脉东起于地中海，西止于大西洋，分隔欧洲大陆与伊比利亚半岛，也是法国与西班牙的天然国界。
③ 尚帕涅（Philippe de Champagne，1602—1674 年），法籍比利时裔巴洛克时期画家。他把巴洛克的自然主义和法国艺术含蓄的古典主义相结合，形成一种独树一帜的个人风格。
④ 委拉斯开兹（Diego Velázquez，1599—1660 年），文艺复兴后期西班牙最伟大的画家，对印象派的影响也很大。他通常只画所见到的事物，所画的人物，几乎能走出画面。

正打算编辑委拉斯开兹的作品集。

我们买了一把西班牙吉他和曼陀林。世人不知道西班牙如何，他们说，与其他我们要看的城市——托莱多[①]、格拉纳达[②]、塞维利亚[③]——相比，马德里的特色并不是那么突出。尽管如此，它还是吸引我来到这里。我急不可耐，想在博物馆里临摹作品，再画上一幅画，即使要在这里待上两个月也无所谓。

⊙ 委拉斯开兹《无名雕塑家的肖像》（左），木板油画，109cm×107cm，1636年，藏于西班牙普拉多博物馆
⊙ 拉斐尔《西斯廷圣母》（右），布面油画，265cm×196cm，1513—1514年，藏于德国德累斯顿历代大师画廊

[①] 托莱多（Toledo），西班牙中部的一个自治市，位于马德里西南约70千米。托莱多是托莱多省的首府。
[②] 格拉纳达（Granada），西班牙南部一城市，是安达卢西亚自治区内格拉纳达省的省会。
[③] 塞维利亚（Seville），是西班牙南部的艺术、文化与金融中心，也是西班牙安达鲁西亚自治区和塞维利亚省的首府。

◉ 布尔戈斯大教堂

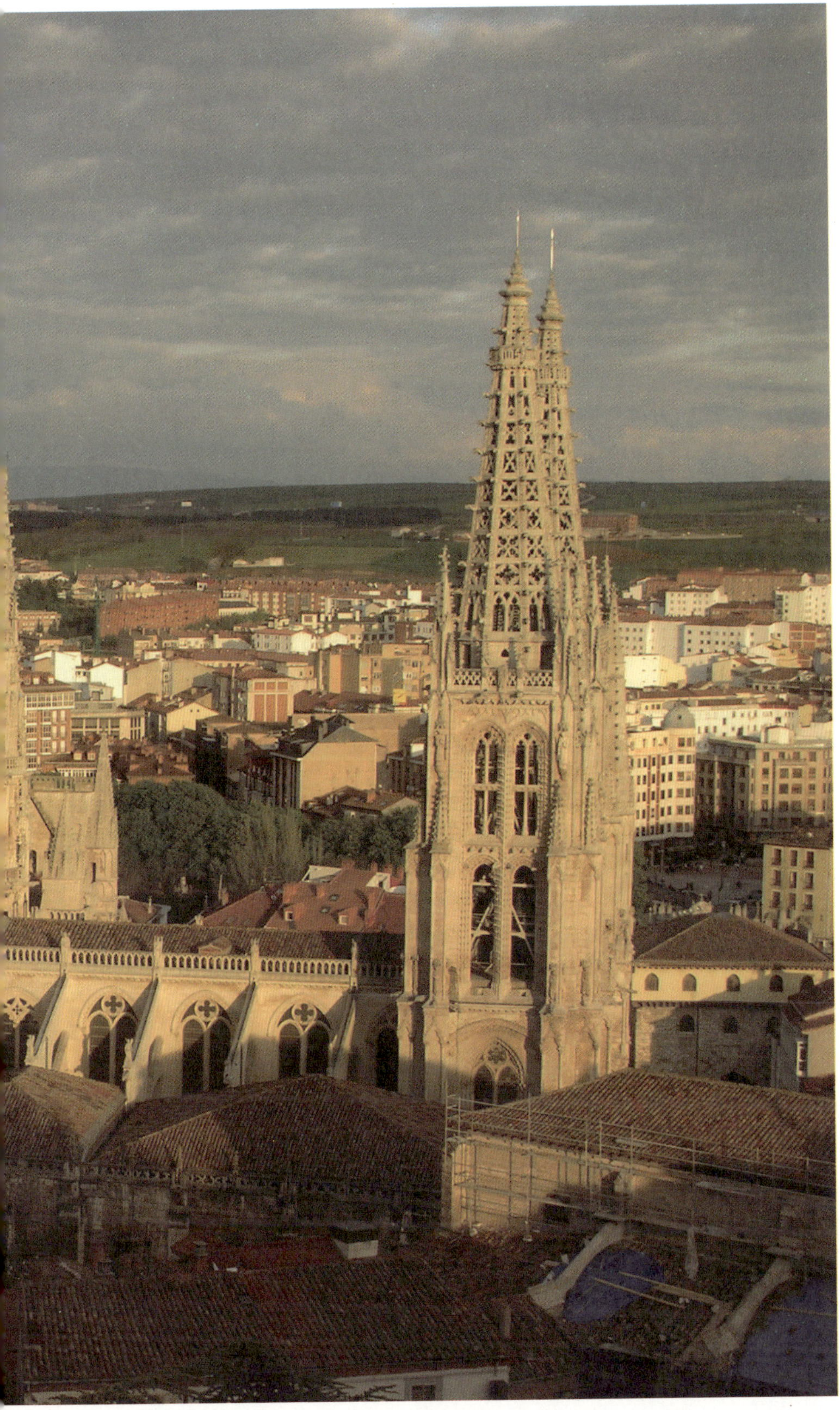

十月六日，星期四

临摹了委拉斯开兹画作中的手。我去了博物馆，穿着低调的黑色衣服，像当地妇女一样披上了薄头纱。画画时，有许多人过来站在我身后——有一个男人尤其特别。

在献殷勤方面，马德里的男人似乎比意大利的男人丝毫不逊色。有时，他们会在情人的窗下弹吉他，并长久逗留。有时，他们会在大街上尾随你没话找话，但他们又好移情别恋，在教堂里随意交换情书，每个年轻姑娘都有五六个爱慕者。男人对女士特别殷勤，却又小心谨慎以免越过红线。他们在街道上尾随你，说你很漂亮，仰慕你。知道你是位淑女，他们就信誓旦旦请求你允许他们陪伴你。

在这里，看见男人把披风铺在地上，你可以安心踩过去。对我而言，这一切都很有趣。如我一贯的风格，每次走在大街上，我的穿着都朴素而典雅，于是男人会停下脚步欣赏我，让我感觉获得了新生——这是一种浪漫新奇的生活，散发着中世纪的骑士光彩。

十月九日，星期日

在博物馆作画时，有两个男人，既不年轻也不英俊，走上来问我是不是巴什基尔采娃小姐。我回答说是，他们看起来非常高兴。索达坦科夫先生是来自莫斯科的百万富翁，他到过许多地方，仰慕艺术和艺术家。波拉克后来告诉我，他自己是位艺术家，和博物馆馆长的儿子马德拉佐一样，都非常喜欢我的临摹作品，请求介绍给我认识。索达坦科夫问我是否愿意与我的画说再见，我竟愚蠢地说，不。

就绘画而言，我在这里还有许多东西要学。现在，我可以观赏到

⊙ 委拉斯开兹《冶炼场的伏尔甘》（上），布面油画，223cm×290cm，1630年，藏于西班牙普拉多博物馆
⊙ 委拉斯开兹《纺纱女》（下），布面油画，220cm×289cm，1657年，藏于西班牙普拉多博物馆

⊙ 拉菲尔·桑西《雅典学院》,湿壁画,500cm×770cm,1509—1511年,藏于梵蒂冈博物馆

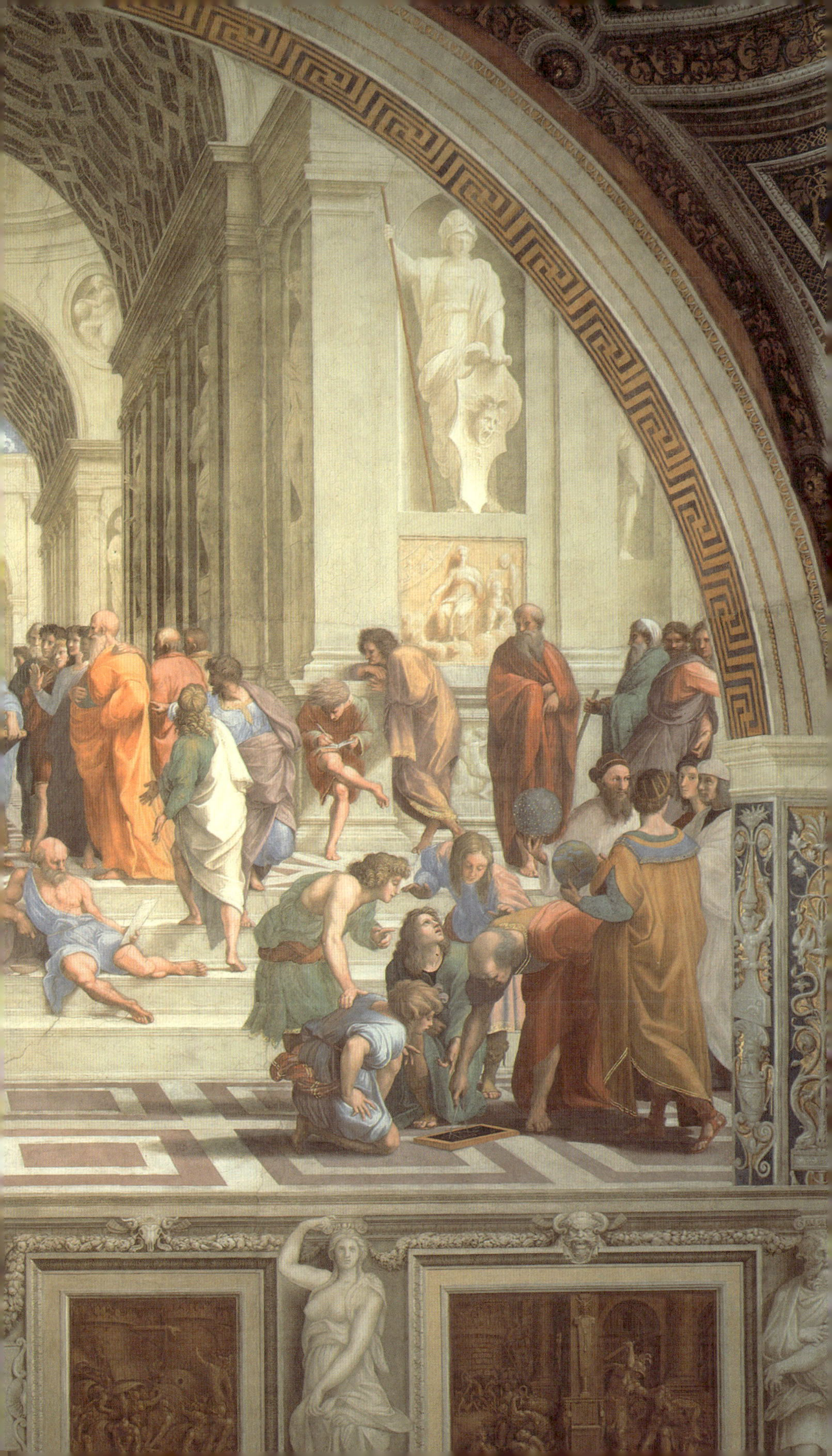

许多之前看不见的东西。我睁大双眼,踮着脚尖到处游走,屏气凝神,唯恐魔咒被打破——这个魔咒名副其实,希望自己最终会实现梦想。我想,我现在知道了如何画画,将所有的精力都集中到一个精彩绝伦的目标之上——创造美好的事物,真正有血有肉的东西——有生命力的东西。我要是能做到这一点,就能够创造出更伟大的作品了。因为所有的一切——都取决于技法。委拉斯开兹《冶炼场的伏尔甘》是什么?他的《纺纱女》又是什么?要是撇开这些作品中的技法,留下来的就只是再稀松平常的人物了。我知道,很多人会非常反对我的这种说法,尤其是那些假装崇尚情感的蠢人。情感,的确重要,它是作品风格的诗化,是艺术的主要魅力所在。这种说法,千真万确。可是,你欣赏原始社会的艺术吗?欣赏它那粗糙枯燥的形式和直白的表现手法吗?当时的艺术新奇有趣,但人们不会欣赏它们。你欣赏拉斐尔漫画形式的《圣母》吗?也许,有人会认为我缺乏品位。但我必须说,漫画形式的《圣母》的确打动不了我。作品不仅要有情感,还要有高贵的风格,但即使我欣赏不了它们,仍会对它们示以敬意。拉斐尔还有一些作品,比如《雅典学院》,画得美妙绝伦,尤其是这些作品的雕刻版和摄影版,更令人赞叹。这些绘画作品中,彰显了情感、思想和无与伦比的才华。我不喜欢的,还有充斥着肉欲的鲁本斯,以及形式华美却没有灵魂的提香。在绘画作品中,灵魂和身体哪一样都不可或缺,真正的艺术家应该如天才那样构思,如诗人一样处理画面。

十月十日,星期一

昨天晚上,梦见他们向我解释右肺的病因,因为氧气进入不到右肺,造成了空气的大量累积——描述起来真是恶心。总而言之,右肺感染了。我确定是这个情况，因为过去一段时间我感受到了病症——浑身乏力——却又无法解释原因。我有种奇怪的感觉，仿佛自己与众不同，正在被沮丧郁闷的氛围所包裹，胸中充斥着一种异样的情绪，我——为什么要描述这些症状呢？用不了多久，病情就会原形毕露。

十月十二日，星期三

临摹完了委拉斯开兹的《冶炼场的伏尔甘》，根据大家的反应判断，我画得一定不错。有些艺术家，挺可怜的，经常靠临摹缩微版的名画维持生计，在我白天画画时，他们会过来观看。还有美术学院的一些学生和很多参观者也过来围观，有法国的、英国的、西班牙的，相互探讨我的作品，说着一些夸奖我的话。

十月十四日，星期五

昨天7点钟，我们出发去托莱多。之前听到过许多这个城市的事情，真想看看它到底美在哪里。莫名其妙地，我心目中的这个城市，应该有诸如此类的场景：风格有点像文艺复兴时期或中世纪的，建筑恢宏，大门上刻有花纹图案，因时间久远而暗淡，阳台也雕刻着精美的图案。我十分清楚，这座城市一定与我的想法不同，但之前的印象还是深深地凝固在脑海中。而当城市呈现在我眼前时，却与我的印象形成了鲜明的对比。它薄薄的城墙、破旧的城门，令我心目中的托莱多大打折扣。托莱多坐落在要塞一般的高坡之上，街道狭窄弯曲，如迷宫一般，阳光根本照射不进来。居民似乎都露宿在外，房屋几乎不像普通民宅。托莱多就是一座保存完好的庞培城，却呈现出一副因岁月流逝而随时要土崩瓦解的模样。它土壤干裂，高墙在阳光下受着炙烤。它也有风景如画的庭院，清真寺改成的教堂粉刷着白漆。仔细看去，在墙皮脱落的地方，门上的绘画和阿拉伯花饰色彩依然鲜艳。带有木刻的棚顶被分成了一个个隔断，也因岁月久远而发黑了。横梁在头上犬牙交错，妙趣横生。大教堂跟布尔戈斯的一样精美，装饰华丽，大门美得令人赞叹。回廊中间的庭院里长满了夹竹桃和蔷薇，于是，回廊就成了进入美术馆的通路，围着柱子和肃穆的雕像蜿蜒而行——阳光落下来时，这里充满了无法言表的魅力。

没见过这里的人，无法形成对西班牙教堂的印象——衣衫褴褛的向导，身着丝绒大袍的圣器守司，要么四处游走要么跪下祈祷的陌生人，不时狂吠的野狗——所有的这一切，都散发着与众不同的魅力。从教堂出来，一定会突然在某个石柱之后与自己的精神偶像不期而遇。

难以想象，一个离欧洲的腐败中心如此之近的国家，居然还如此古朴，如此原始，未受到任何玷污。

还有那些列柱、壁柱和古香古色的大门，上面镶嵌着巨大的西班牙式或摩尔式的钉子！每一处都是一幅绘画作品，随处望去，所看到的一切都美妙无比。

十月十六日，星期日

最有趣的一处所在，就是跳蚤市场。街道上到处是摊床，像俄国乡村里的商店，商品琳琅满目，应有尽有。在灼热的阳光下，这是怎样的生活，需要怎样的活力啊！美妙啊！在这里，肮脏的房子里隐藏着精美的饰品。在商店的后屋，浪漫的台阶上，都能找到意想不到的物件。

可怜的主人，似乎根本不关心这些东西的价值。墙上镶嵌着精美的物品，可为了挂上旧画，他们不惜将钉子钉在了精美的物品之上。他们在铺着刺绣的地板上、在古朴的家具上走来走去，画、雕塑、圣器、银具和生锈的钉子随意堆放。我买了一张刺绣窗帘，猩红色的，他们要700法郎，最终却150法郎给了我。有一件布裙，刺着浅色的花朵，要价20法郎，却100苏成交了。

今天，埃斯科瓦尔过来接我们去看斗牛。这是斗牛季的最后一个周日了，据说有8头公牛参赛。国王、王后、公主都到场了，场面极其盛大。斗牛场内，人们情绪高昂，不停地挥舞着手绢，不时将帽子抛向空中。在炫目的阳光下，音乐声、狂呼声、顿足声和嘘声，交织在一起，其壮观的场景，着实罕见，令人震撼。虽然不愿意来，甚至还带着一丝厌恶的情绪，可开场不久，紧张激烈的斗牛表演还是感染了我，带动了我的情绪。这屠戮的场景，在众目睽睽之下，带着最精致的残酷在进行着。我目睹了一切，可仍在刻意保持着平静，是高傲令我心态平和。我一直在目不转睛地观看着。这场景，令人血脉偾张，甚至产生一种冲动，想用长矛插向每个身边经过的路人。

在桌上切甜瓜，我把刀插进甜瓜里，好像刀就是斗牛用的扎枪，正在插进公牛的身上，而果肉就像公牛受伤的皮肉，在颤抖着。这一情景，令人脑袋发胀，双腿发软。然而，做这些事的人，都是体面的文明人，娴熟的动作中带着高贵和尊严。

这种人与兽之间的角斗，兽类似乎更有优势，无论在个头上还是在力气上，它们都强于人类。有些人认为，这种角斗是高尚的，可是，要是从一开始就知道角斗者中哪个必须屈服的话，它真的还可以称为角斗吗？必须承认，一看见斗牛士，人们就会浮想联翩。他们穿着耀眼的服装，健美的身材一览无余。在站定之后，先向观众敬礼三次，然后来到公牛前面。他们气定神闲，手中拿着短刀，披风搭在两臂。

这是斗牛表演里最精彩的一幕，从这一刻起，就要见到流血的场景了。动物所遭受的折磨，西班牙人并不在意。对于这种野蛮的娱乐行为，我已经默认了吗？我并没有这么说，但它有其令人称道甚至是英雄主义的一面。在竞技场中，挤满了四五万观众，仿佛看到了古代的战场——我非常钦佩的古代场景。另一方面，它也有其杀戮、恐怖、令人不齿的一面。要是从事这种活动的人不那么技术娴熟，要是他们受到一两次重伤，我无话可说。但令我反感的是，它展示的是人类的怯懦。虽然说斗牛士这个职业需要狮子一般的勇气，我却不这么认为。动物的袭击固然可怕，可这些人知道如何躲避袭击，而且这些袭击都是他们自己挑起的，他们有备而来。真正的危险存在于斗牛的过程中。斗牛士刻意激怒公牛，于是被激怒的公牛发起了袭击，而斗牛士胸有成竹，在公牛即将用牛角钉牢他的时候，把短刀插进了公牛的肩膀之间——这需要非凡的勇气和高超的技巧。

十月十九日，星期三

我咳嗽得太厉害了，担心以后会对肺部造成伤害。随之而来的，是我变瘦了，准确地说，我是越来越瘦。只要看一下我的胳膊，就会知道，它们虽然还算漂亮，可一旦伸出来，就显得很瘦弱。而在此之前，我的胳膊粗壮得有些说不过去了。迄今为止，我没抱怨过。我苗条，但不瘦弱，这真是一个有趣的阶段。外表上看，我有些慵懒，可这也正是我的迷人之处。但要是现在这种状态继续下去，用不了一年，我就会变成一具骷髅。

十月二十日，星期四

今天早晨，在科尔多瓦①待了两个小时，正好有时间看一下这座城市，它还是挺迷人的——以其独有的方式。我喜欢科尔多瓦这样的城市，有一些古罗马的遗迹藏身其中，令我痴迷。清真寺也是其中不折不扣的奇迹。

十月二十二日，星期六

现在，我们到了塞维利亚，这个经常受到过分赞誉的城市。我真的在这里浪费了许多时间。我参观了博物馆——只有一个大厅，挂满了穆律罗的作品。在这里，我更愿意看到他的其他作品，可只有《圣母》和一些神学画作。虽然我蒙昧无知，对其他人的意见也往往置若罔闻，但对圣母有自己独特的理解。在这里，我没有看见一幅圣母像与自己想象中的一样。拉斐尔的《圣母》，在照片里看起来很漂亮。穆律罗的《圣母》，脸蛋圆圆的，双腮桃红，可她既没激发我的想象力也没打动我的心。我尤其喜欢卢浮宫里的圣母，虽然有许多临摹版本，但那是唯一带有感情的画作。真的，它可以成为圣画中的代表。

雪茄和烟草！这里弥漫的是什么味道啊！如果单有烟草的味道，还不错！但大楼里还挤满了裸着颈部和胳膊的妇女、小男孩和小女孩，他们大多非常漂亮。我们的来访，引起了大家的兴趣。西班牙妇女被赋予了独特的高雅。无论是卷烟工，还是在咖啡厅唱歌的女人，都带有女王的气质，走起路来昂首挺胸！她们的胳膊漂亮诱人、圆润

---

① 科尔多瓦（Córdoba），西班牙南部城市，因城市中的古遗址众多而闻名。

穆律罗《圣母》，布面油画，192.5cm×145cm，1660—1678年，藏于波多黎各庞塞艺术博物馆

纤细、肤色鲜嫩，真是迷人而美妙的尤物。

十月二十五日，星期二

我们参观了大教堂。我认为，这是世界上最大也是漂亮的教堂了。我们欣赏了带有漂亮花园的阿尔卡萨城堡，看了苏丹浴池，后来到街上闲逛。我说我们是唯一戴帽子的女人，一点都不夸张，也正因如此，受到了格外的关注。

真希望穿得更高雅一些，但我穿的是灰色呢制服，黑色的大衣，黑色的旅行帽。在这里，当地人把陌生人看成有学问的猴子，他们停下来审视着陌生人，不是冲他们大叫，就是向他们恭维。

孩子们冲我大叫，但大人都说我漂亮，说我"沙拉达"——"沙拉达"的意思就是"很酷"。

塞维利亚是白色的——到处是白色，街道狭窄，好几条街道加一起，才能通过一辆马车，而且没有想象中的那么风景如画。啊，托莱多！我想，我现在就是个野蛮人！

可是，这些衣衫褴褛半似野蛮人的女人和儿童，都是色彩大师。虽然白房子看起来单调，却令人着迷。这里整天下雨，没多久，我就习以为常了。

在塞维利亚，真希望经历无数次充满情趣的冒险。几乎整天待在宾馆里，我都无聊透了，可天却一直在下雨。

这里，没有浪漫、没有诗歌，甚至没有青春，什么都没有——再说一遍，在塞维利亚，什么有趣的东西都没有，感觉自己要被活活掩埋了——就像今年夏天在俄国的那种感觉。既然如此，旅行的目的何在呢？我的画怎么办呢？离开工作室已经5个月了。这5个月里，花费在旅行中的有3个月——我多么需要工作。一提到布莱斯劳，就唤醒了我内心的思想世界，准确地说，是将思想世界拉近到我身边，将那个遥远的获得画展奖牌的梦想变成现实，赋予了它真实的色彩，而这是我在睡觉之前编织的浪漫故事里才出现的情景：梦见自己接受了法国骑士荣誉勋章，甚至成了西班牙女王。维勒维耶伊尔过来告诉我布莱斯劳有可能获得提名奖时，她似乎认为我也该获此殊荣——必须承认，我敢于梦想获奖，是其他人给了我梦想获奖的勇气，更准确地说，我敢于对自己说，因为其他人认为我有希望获奖，我就有可能获奖。总之，在过去的5个月里，我一直珍藏着这个梦想。

我似乎有点跑题了，但人生的所有事件都是相互关联的。洛伦佐的工作室，就是个画画的好题材。

十月二十七日，星期四

噢，幸福！离开了那可怕的塞维利亚！

我说可怕，特别是因为从昨晚起，我们到了格拉纳达[①]；因为从一早开始，我们就在一路观光；因为我早已看过了必看的大教堂、赫内拉利费宫[②]以及吉卜赛人洞穴般的房屋。我处于狂喜之中。在比亚里茨和塞维利亚，感觉自己的双手仿佛被捆绑，一切都好像已终结——死掉。粗看科尔多瓦，感觉它是座具有艺术气息的城市，自己可以一直在这里工作而兴趣不减。至于格拉纳达，我唯一遗憾的，就是不能待上半年或一年。我不知道自己该转向何处，有这么多的东西要看。

[①] 格拉纳达(Grenada)，西班牙安达卢西亚自治区内格拉纳达省的省会，位于内华达山山麓，达若河和赫尼尔河汇合处。
[②] 赫内拉利费宫(Generalife)，西班牙格拉纳达苏丹的夏宫，距今有800多年的历史。赫内拉利费宫和花园，修建于格拉纳达苏丹穆罕默德三世的统治时期(1302—1309年)。赫内拉利费宫包括水渠庭院(Patio de la Acequia)，有长长的水池，两侧有花坛、喷泉、柱廊、凉亭框架以及苏丹花园(Jardín de la Sultana)，被认为是维护最好的安达卢斯式中世纪花园。

⊙ 赫内拉利费宫（上）
⊙ 阿尔罕布拉宫（下）

这么漂亮的街道！这么迷人的景色！这么诱人的风貌！

明天，我要去参观阿尔罕布拉宫①，要给一个罪犯画头部素描，这个罪犯是下幅画的题材。

---

① 阿尔罕布拉宫（Alhambra），位于西班牙南部城市格拉纳达的于摩尔王朝时期修建的古代清真寺宫殿城堡建筑群。阿尔罕布拉宫最初的原址建有要塞，称为 Al-Andalus，宫殿为原格拉纳达摩尔人国王所建，现在则是一处穆斯林建筑、文化博物馆。1232 年在老城改建的基础上逐步形成现存规模，宫墙外围有 30 米高的石砌城墙，有两组主要建筑群：一组为"石榴院"，另一组为"狮子院"。1984 年被选入联合国教科文组织世界文化遗产名录。

十月二十八日，星期五

昨天在格拉纳达监狱待了一整天。只要有一点自由，囚犯就非常高兴。监狱的院子看起来像个市场，连门都关不上。总之，这个监狱与我们读过的法国监狱好像完全不同。

死囚犯，与因轻罪而判一两年的囚犯一样可以在院子里自由走动。

十月二十九日，星期六

终于看到了阿尔罕布拉宫。我竭力克制自己，不过多关注它的美丽。原因有二：其一，这样就可以不必过于迷恋格拉纳达了；其二，有向导陪伴，会妨碍我欣赏艺术。我暗下决心再来一次。

格拉纳达，从塔上看去，美不胜收——山脉覆盖着皑皑白雪，高大的树木，灌木丛，奇异的花朵，晴朗无云的天空，还有城市本身，置身于自然美景之中：摩尔人的城墙，赫内拉利费宫和阿尔罕布拉宫！极目望去，海一般湛蓝的天穹。的确，单单海洋，还不足以将这个国家变成世界上最赏心悦目的国度，但没有任何景致，可与这些壮丽恢宏的超级帷幕相媲美。我的脑海里，到处是布阿卜迪勒王[①]和他的摩尔同伴的身影，他们正穿过美妙绝伦的宫院。

[①] 布阿卜迪勒王（Boabdil），即格拉纳达穆罕默德十二世，格拉纳达王国的末代国王。

十月三十日，星期日

格拉纳达风景如画，充满艺术气息，而塞维利亚虽以学派闻名，却毫无出色之处。

格拉纳达的街道，景色宜人，令你眼花缭乱，应接不暇。随便临摹一处景色，都是一幅美丽的画面。

明年8月，我还要回到这里，要一直待到10月。

十月三十一日，星期一

很高兴寒冷将我逼走，否则，我还真下不了决心离开这个国家。我是该回巴黎了，有5个月没看见托尼了。我想租间工作室，这样，闲暇的时候就能竭尽全力进行创作参加画展了。第一年不算数，除去其他的不足外，当时时间仓促，无法好好准备画，但是今年，我希望送去参展的画会引起人们的关注。

我想画洛伦佐琳琅满目的商店——耀眼的灯光落在远处的台阶上，背景处有个女人在柜台上摆放布料，前景是另外一个女人，她正弯腰清洗铜饰品。一个男人站着看她，手插在兜里，嘴上叼着雪茄。

女人穿的是轧光印花布做的长袍，这个可以在马德里买到。所有的饰品，我几乎一应俱全，需要准备的就是装饰台布了，需要大约100法郎。此外，还有必要找一间足够大的工作室。好吧，你瞧好吧。今晚就开始，我几乎无法抑制自己的兴奋了。

我有个毛病，往往为了吃东西而吃东西，既浪费时间又有损智商。在西班牙的旅行有好处，改正了我的这个毛病。现在，我跟阿拉伯人一样饮食有度，吃的东西都是严格控制——必须对身体有益。

十一月二日，星期三

我们又来到了马德里。一周之前我来过这里，待了将近3天，希望重新修改一下洛伦佐商店的素描。

虽然索菲姨几天前就听我说过这件事，知道到马德里对我是多么重要，按理说她自然要来的，这还用说吗？可她居然在打扮一番之后对我说："我们今天去购物吧？"我回答说要画画，她吃惊地看着我，说我疯了。

我突然有了灵感，认为找到了画画的好素材，我挖空心思，要把头脑中的构思描绘出来。我完全沉浸其中，绞尽脑汁琢磨如何构图更和谐一些——自认为找到了，趁它还未在脑海里消失就赶紧给它锁住。正在这时，家里的某位亲戚来了，我每次咳嗽都令她忧心忡忡。她的到来打断了我的思路。难道我还不够敏感？与其他艺术家相比，我的确认为自己非常现实，但如你所见，还不够。啊，没心没肺的家人啊！他们永远不会明白，要不是我这么坚强、这么精力旺盛、这么充满活力，也许早就一命呜呼了！

十一月五日，星期六

回到了巴黎！多么幸福啊！坐在火车上，心情激动，在到站之前一直数着时间。一回想起炙烤的太阳，灼热的西班牙空气，就让这所美丽的城市带上了凉爽、柔和的气息，令我神清气爽。我还欣喜地想到了卢浮宫的陶器作品——之前要是想到它们，会令我感到无聊死的。

朱利安认为我应该再晚点回来——可那时，我又要生病了。也许，我的确根本不该回来。

啊，同情，多么甜美啊！归根结底，艺术是多么甜美啊！

十一月十五日，星期二

我给朱利安看了一幅素描，他表示认可，但他不再能给我信心了，跟我说话时，他总好像心不在焉，可以想象得到他在想什么。

托尼仍跟我走得近，可我还没有跟他培养出像跟朱利安那样的友谊。好吧——随缘吧。

十一月十七日，星期四

昨天，我几乎迈不动步了。我着凉了，喉咙疼、胸疼、后背疼、咳嗽，吃不下东西，一整天好几次一会儿冷一会儿热的。

今天好点了，但还没彻底好。想想，过去很长一段时间，还有现在，都是世界上最好的医生在治疗我啊！从第一次失声起，他们就一直在给我治病。是的，我扔进大海的，是波利克拉特斯[①]的戒指[②]——这当然违背了我的意愿。

[①] 波利克拉特斯（Polycrates），公元前 6 世纪时希腊萨摩斯岛的著名僭主。
[②] 戒指（the ring of Polycrates），波利克拉特斯为躲避灾难，曾将戒指扔进大海，可却阴差阳错，失而复得，喻指结盟关系的终结。

十一月二十一日，星期一

他们上星期三请的波坦，波坦今天才到。可能，我现在已经死了。

我非常清楚，他一定会叮嘱我去南方。我牙根紧咬，声音颤抖，使尽了浑身气力才没让眼泪掉下来。

去南方！那就是承认我臣服了。不管怎样，折磨家人，事关我荣耀的大事，我要站稳脚跟。离开这里，就等于给了工作室的害虫们获胜的理由——他们会说："她病情严重，家里人带她去南方了。"

十一月二十二日，星期二

被流放到南方，这种失望的情绪，无法描述。本应知道一切都结束了。我回到这里，陶醉于过平静生活的幻想之中——倾尽一生致力于画画——与时俱进，努力创作，毫无松懈地创作。现在看来，一切都结束了！

在巴黎这个艺术之家，所有人都在稳步前进，可我却因无所事事而日渐沉沦。即使在户外画画，也是在做无谓的努力。我所处的困境，想起来都感觉可怕。

还有布莱斯劳——为她赢得荣誉的，不只是她画的那个农家女——想到这一切，我的心都要碎了。

今晚，看见了夏科，他说我的病情没有去年严重。过去6年我所遭受的痛苦，都是因着凉引起的，本该很快痊愈。至于我去南方的事情，他和波坦看法一样——要么去南方，要么像囚犯一样将自己关在家里。右肺已经感染，虽然看起来有治愈的希望，但会冒很大风险。

这种病可以治疗，只要我不耍性子轻举妄动，待在一个地方不出来，就不会变厉害。他们去年就这么说，要我去南方，可我就是不听。现在，我犹豫了。从4点起，就无所事事，一直想着离开巴黎，这又干扰了我画画。

当然，要是过去3年我经常这么病着，在巴黎待着也毫无益处。

屈服，承认自己被打败了，说"是的，医生说得对——是的，我病了"——这种想法，会令我彻底绝望。

十一月二十六日，星期六

要是你记得，我本要去看托尼的，给他看我的素描，然后决定我画的主题，在他的指导下创作。可是，我却没出门。我浑身乏力，吃不下东西，很可能还发烧。一直都是这种状态，什么都做不了，真是可怕又可悲，是因为，因为——不知道因为什么，是因为没有力气吧。夏科又来访了。

母亲和戴娜昨天来了，是索菲姨愚蠢的电报招来的。今天早晨，戴娜收到了她妹妹的第一封信，问我怎么样了。

我着凉了，我知道，但人人都可能着凉。

可我不一样，我的一切都结束了。这次着凉和发烧，令我的听力岌岌可危。我还能渴望做什么呢？还会取得什么成就？再没有什么可以盼望的了。几乎一周之前，仿佛面纱就已在我的眼前被掀开。一切都结束了——所有的一切。

十一月二十九日，星期二

好吧，已经持续两周了，也许还要再持续两周。纳切特夫人今天给我带来一束紫罗兰，我一如往常接受了。虽然发烧，两周了烧还没退，而且还得了胸膜炎，右肺充血，还有两处水疱，但我并没有屈服。每天正常起床活动，只是奎宁让我耳朵发背。几天前的一个晚上，我以为自己要死了，当时连手表的嘀嗒声都听不见了。但看来，我还要继续遭受折磨。

要不是因为这个病，我几乎感觉自己挺强壮的；要不是因为这个病，我就不会半个月什么都不吃了。我居然没有意识到自己病了。

可是我的工作、我的画，我那可怜的画啊！今天是11月29日，年底前我绝不可能开始画画，那么，我必须在两个半月内完成作品，多么可悲的命运啊！我生来就不幸，就要与命运抗争，这样的人生有何意义？！你知道，在某种意义上，画画本是为了躲避世俗杂事的，何况有时我还听不见呢！因为听不见，与模特的关系就比较尴尬，精神上也备受折磨，更无心画画了。出路只有一条，就是果断承认自己耳朵有病——这件事，我还没有勇气承认。还是因为这个病，我不可能继续工作了，不得不把自己在屋子里关上一个月。真让人受不了！

戴娜一步也不离开我，她真是个好人！

保罗夫妇昨天到的。加维尼、格雷、博吉达尔和亚历克西斯也来了。我鼓足勇气，要将自己从接连不断的尴尬中解脱出来，于是，就不停地逗强说笑话。

刚刚闲聊时，谈到了医生。波坦不能每天都亲自来，所以派了个医生替他。

我佯装疯疯癫癫的，不停地胡言乱语，这么做能叫我的心情痛快一下。

十一月三十日，星期三

朱利安昨天晚上来了，可以看出他强打着精神，他认为我病得很严重。至于我，正深受折磨。什么事情都做不了，画也停滞不前。最糟糕的，就是我什么都不做，却仍心安理得！你能想象出那种痛苦吗？其他人都在工作，都在进步，都在准备画，我却闲着两条胳膊无所事事！

满以为上帝给我留下画画的本领，是为了帮助我躲避麻烦，我也因此彻底屈从于上帝！可看啊！现实令我失望，我什么都做不了，只剩下了哭泣。

十二月一日，星期四；十二月二日，星期五

已经是12月的第二天了！我该在工作，该为自己的画搜寻画布和放在背景处的大花瓶。为什么想得这么多呢？这只会令我流泪。我感觉坚强多了，吃睡，几乎如常。

左肺还是充血，右肺充血——这是慢性病——似乎好多了，但已无关紧要。要命的是那种急性病，虽说可以治愈，却要把我关在屋里好几周的时间，足以叫我恨不得投河自尽。

啊，以这种方式折磨我，上帝是多么残忍啊！我有自己的烦恼——家里的问题——但它们并没有触碰我的内心深处。我曾多么希望成为伟大的歌唱家啊——可我失声了——这是第一次打击。后来，我已习惯了失去，已自暴自弃了。假如治愈了，还可以借此安慰自己。

"非常好，"命运走进来说，"既然你接受了这些，就没必要拥有

工作能力了。"整个冬天，都要耽搁了——我以前可是把一生都奉献给了绘画。只有那些处境与我一样的人，才能理解我此时的心境。

十二月七日，星期三

最令我恼火的，就是我的病。因为伟大的波坦大夫一周只能出诊两次，所以，每天来一次的是波坦的替补大夫。昨天，这个讨厌的替补大夫好像随意似的问我，是否已准备好旅行了。

他们的南方！光是这个想法，就令我火冒三丈！晚饭时，想到这件事，我就咽不下饭。要不是朱利安来了，我整晚都会气得大喊大叫。那么，好吧，任其雪上加霜吧。但我不会去他们的南方。

十二月九日，星期五

《现代生活》[①]刊登了一幅布莱斯劳的画。要不是哭得太厉害了，我也许还能有时间在生病时画些素描，但我的手还是发抖。

肺部不充血了，但体温还是 38 摄氏度。我所扮演的，一定是可怜角色，否则不会想得这么细的。

感觉自己没有希望了，不敢提问，以免再听到布莱斯劳成功的消息。

啊，我的上帝，听我说，给我力量吧，可怜我吧！

---

① 《现代生活》(*Vie Moderne*)，法国著名的艺术类期刊。

十二月十五日，星期四

已经病了四周零两天了。波坦替补来了，我故意耍赖，大吵大闹。他不知道该怎么做才能让我安静。后来，我不再跟他耍心眼了，不再蛮不讲理，也不再像以往一样寻他开心。我开始倾诉自己的怨气，还流下了真诚的眼泪。我跟个孩子似的结结巴巴地倾诉着充满孩子气的抱怨。想想看，我做的一切都是蓄意而为，说的没有一句真话！即使在真实的剧情里，我也会表现得一分不差——我一脸真诚，流下的是真挚的泪水。总之，我想自己一定会成为了不起的演员。但目前，我所能做的，就是咳嗽，咳嗽几乎让我喘不过气来。

父亲大人今天早晨过来了。一切进展顺利，只有一个例外，就是保罗的妻子。她明白过来了，看出了保罗对她的无动于衷中不乏厌恶。至于我，对她做的可谓仁至义尽，将她母亲给我的漂亮的绿宝石送给了她——我留着也没用。

后来，我感觉有点后悔，也许可以把宝石送给戴娜，她喜欢宝石，但已于事无补了。

不能说父亲惹人生气，相反，他有点像我，身体上和精神上都像（这是恭维他），但他永远不会懂我。

出乎意料的是，他已经想好了，要带我们回祖国过复活节。

不行，这太过分了，太欠考虑了。就我目前的身体状况，根本谈不上回俄国，无论2月还是3月！我要自己做出决断。放弃这个想法吧——更不要提其他的事情了！啊，不，是我拒绝去南方的！不，不行，不行！不要再提这件事了，就这么定了，绝不行。

十二月十八日，星期日

一有苦恼，我就向朱利安倾诉。而他总会先竭尽全力安慰我，然后建议我每天画速写，无论看见什么，想到什么，都画下来。还有什么可以打动我的呢？你认为在我生活的环境里，还能找到什么可以打动我的吗？布莱斯劳虽然贫穷，可她生活在艺术氛围浓厚的环境里。玛丽最好的朋友是艺术家，苏贝虽然是普通人，可她有创造力，还有萨拉·珀泽[①]，既是艺人又是哲学家，和她一起可以谈康德、谈人生、谈自我、谈死亡，你所听到的和读到的，都能启迪你的思想，令你难以忘怀——所有的一切，都带有艺术气息，即使在她的街区莱斯泰尔内也是如此。而我所住的街区，如此干净整洁，井然有序，见不到一丝贫穷的迹象，甚至连没有修剪的树都看不见，每一条街道都那么笔直。那么，我还抱怨自己的命运吗？不，但我想说，悠闲的环境往往妨碍艺术才能的发展，一个人的环境相当于半个个体。

十二月二十一日，星期三

今天，我出去兜风了！我裹着皮衣，脚上包着熊皮，马车车窗也是关着的。波坦说，今天早晨如果风停了，我可以出去，但要做好预防。天气棒极了——还说什么预防呢！

都不是问题，只有布莱斯劳，"才不会放走自己的猎物"。我为画展作的画已经被采纳了。今年夏天，我还要展出什么样的画放在她旁

[①] 萨拉·珀泽（Sara Purser, 1848—1943 年），爱尔兰艺术家，因其在花窗玻璃方面的创造性作品而闻名。

边呢?

这个女孩是我人生的动力。固然还有其他人,但她和我不仅住在同一处巢穴中,而且还关在同一个笼子里。从一开始,虽然当时我对艺术几乎一无所知,但我就已经预想到她的才华了,然后又告诉了你们。我鄙视自己,不相信自己有才华,不知道为什么朱利安和托尼竟然那样说我。我一无是处,身无长物。与布莱斯劳相比,我像个又薄又脆的硬纸板,而她像装饰华丽的橡木箱。我为自己失望,认为自己一无是处。要是我对导师说出自己的看法,他们一定会相信的。

但不管怎样,我还要盲目前行,还要伸出双手摸索灯光,即使随时有可能被吞没,也在所不惜。

十二月二十九日,星期四

已经一周没写日记了,这说明,我的华丽人生为工作和社交占据了。没有什么新鲜事,哦,还是有的,我身体好了,可以正常出门了。周六和母亲、戴娜去了公园,试了新外衣,还去了朱利安的家。周日去了教堂,这样,人们就不会说我离死不远了。迷人的伯莎跟大家就是这么说的。

令她失望的是,我获得了新生。我的胳膊,10天前还那么瘦弱,现在变圆了,我比生病前好多了。

再过一周多,必须减肥了,那时就一切正常了。我可不想拥有3年前那么大的屁股。朱利安昨晚来看我,认为我现在的身材更好了。我们一晚上都在笑。我画了保罗妻子的画像。昨天,我气力恢复了,想画画了,一口气给戴娜、妮妮和艾尔玛都画了像。

⊙ 玛丽娅·巴什基尔采娃《戴娜的肖像画》,布面油画,61cm×50cm,1883年,参加同年巴黎沙龙展,藏于法国巴黎奥赛博物馆

十二月三十日，星期五

他们一整天都在这儿争吵。为避开争吵，我去见了托尼，跟他探讨保罗妻子的画像草稿。他认为草稿非常有创意，开端不错。托尼有同情心，看见我身体好起来很高兴。我们一起闲聊了一会儿后，触到了严肃的艺术话题，说到了布莱斯劳和其他一些事情。"她的画当然非常棒，"他说，"她很有天赋。"

啊，将我的情感抄录下来——我的高烧，还有心中满怀的怒火——是不可能了。噢，我必须没白天没黑夜地工作，画出我名副其实的作品！没错，托尼告诉我，终有一天，我一定会画出与布莱斯劳相媲美的作品。没错，他认为我的才华与布莱斯劳不相上下。可是，我随时会哭泣，会死掉，会将自己掩藏起来——在任何地方——我行吗？啊，托尼对我有信心，我却没有自信。想要有所成就，这一想法已令我心力交瘁，我知道了自己的无能——现在，我不能再写下去了，否则，读者一定会根据字面意思理解我的话，他们也许会认为我所说的都是真实的——可是，我之所以说这些，就是希望有人反驳。

啊，天哪！我把时间花在了写日记上，花在了选词择句描写我所遭受的烦恼上，而布莱斯劳呢，她比我聪明，将时间都花在了画画上。

⊙ 玛丽娅·巴什基尔采娃《保罗的妻子——亚历山德拉·帕琴科肖像画》，布面油画，92cm×73cm，1881年，藏于荷兰阿姆斯特丹国家博物馆

渴望
荣耀

MARIE
BASHKIRTSEFF

1882年

一月四日，星期三

整晚，朱利安都在调侃我对托尼的崇拜和他对我的青睐。半夜时，我们吃了巧克力。戴娜从来不让人感觉尴尬。

在衣着打扮上，我总是非常上心。与艺术家相处时，我的穿衣风格与往常完全不同——长礼服，要裙摆飘逸些的。处在社交圈里，我发现自己的腰还不够纤细，礼服也不够时髦。所以，我所有美妙的幻想——在社交圈里过于奢侈了——只会在美术领域给予我帮助了。我仍抱有梦想：拥有自己的沙龙，社会名流会不时到访。

一月六日，星期五

艺术，即使就其最卑微的爱好者来说，也会使其灵魂升华，让他在某些方面优越于那些不属于这一神圣群体的人。

一月十一日，星期三

明天，是我们的除夕夜，我们将举行一场社交晚会。上周，他们一直在张罗这件事。应许多朋友的请求，已经发出去了250多张邀请函，还没有人拒绝邀请，我想一些重量级的人物一定会光临的，这次晚会定将是一次盛会，一定非常有意思。埃当塞尔在《费加罗报》的评论中提到了这件事,她赞美了玛丽娅小姐,说她漂亮,还懂艺术,等等。即使她不说这些,我还是认为她是丑人堆里最漂亮的。还有50来个我认识的女人,她们都没有埃当塞尔吸引人。埃当塞尔既带有名人的印记,也带有法利赛人那难以名状的特征。我所说的,你好好观察一番,就知道绝对没错。但凡名人,无论男人女人,还是儿童、年轻人和老年人,声音里都带有特定的腔调和神态,没有例外,我称之为名人的群体特征。

有两位柯克兰参加了晚会。大柯克兰[①]昨天来了,检查了一下房间,探讨了有关艺术品方面的问题。G当时在场,他表现出的鉴赏家的那种态度令我厌恶——当然,他有点鉴赏力,可他居然得寸进尺,给柯克兰提起建议来,而柯克兰呢,态度随和得不得了。顺便说一下,柯克兰是个非常好的人,跟他说话时,不会让你感觉在名人面前所有的那些尴尬。

一月十三日,星期五

两位柯克兰表现得都非常出色,房间里气氛热烈。一些漂亮的女士也出席了——有迷人的勒韦索侯爵夫人,她是简维尔·德·拉·莫特[②]的女儿;图弗内尔夫人;还有乔利夫人,凯斯勒伯爵夫人——总之,几乎是所有的漂亮女人。用托尼的话说(他没有来,朱利安也没来),她们都是"理想中的客人"。G夫人非常高兴,晚会快结束时还与普莱特伯爵跳了支舞。

晚会之前,举行了招待晚宴。

[①] 大柯克兰(Benoît-Constant Coquelin,1841—1909年),法国著名舞台剧演员,通称大柯克兰,以与其著名演员弟弟小柯克兰相区别。
[②] 简维尔·德·拉·莫特(Janvier de la Motte,1823—1884年),法国政治家。

艺术家方面，巴斯蒂昂·勒帕热的弟弟没来（星期四我们要去拜访巴斯蒂昂·勒帕热本人）。到场的艺术家，有乔治·伯特兰，他去年展出了一幅画叫《旗帜》，非常感人，令人难忘。我在一个短评里提到过这幅画，他给予了非常友善的回复。于是，我送给他一封签名"保琳·欧瑞尔"的邀请函，是波拉克把他介绍给我的。非常有趣的是，他对我的画也好一番夸奖。虽然我想把画藏起来，但戴娜还是把它们出示给了那些她认为有权利看的人。加里埃贝勒斯[①]为我眼睛的魅力所征服，晚会结束时变得既温柔又伤感。

这个人很容易坠入情网，也许他已经坠入情网了，但……

我们3点钟吃的饭。加布里埃尔坐在我右手，大约有6个人留了下来。妮妮看起来漂亮迷人：她肩膀上的装饰光彩夺目，跟戴娜、母亲和索菲姨一样，都穿着精心制作的长裙。我穿的长裙，是杜赛和我一起做的，几乎是热鲁兹《破壶》的翻版。我把头发在前面散开，后颈上方扎了个结，一长串孟加拉玫瑰在短裙的褶皱处散开；短裙是软薄细绸做的，打着褶。上衣是绸缎的，非常长，前面有花边，一块纱巾横系在胸前。我还穿了个短裙，丝绸布料的，缎子露在外面，前襟开着，后部收紧，形成裙撑，上面装饰着玫瑰花。我的这身打扮，令我看起来漂亮迷人。可恶的波坦替补像影子一样跟着我，只要我想跳舞，他就会当场阻止。

一月十五日，星期日

对我们举行的晚会，埃当塞尔发表了一篇长篇报道，可没有达到我们期望的效果，母亲和索菲姨都不太满意。埃当塞尔将我比成了

[①] 加里埃贝勒斯（Carrier-Belleuse，1824—1887年），法国著名的雕塑家，也是"法国艺术家协会"的创建发起人之一。

⊙ 约翰·艾佛雷特·米莱《奥菲利亚》，布面油画，76.2cm×111.8cm，1851年，藏于英国伦敦泰特不列颠美术馆

《破壶》，她们担心波尔塔瓦人会把这称呼当成一种侮辱。她们太愚蠢了！这篇文章写得非常好。只是，两天前，她说我是俄帝国最漂亮的女人之一，而这次，她仅仅满足于描写我的长裙，有点令我失望。

我为艺术气息所包裹。我想，在控制了胸膜炎的同时，我还在西班牙抓住了神圣的艺术之火。从做学生起步，我现在开始迈入艺术家的行列了。这一突如其来的力量令我欣喜若狂，我已描绘好了未来的画面，梦想画一幅奥菲利亚①的画。波坦答应我去趟圣安妮，研究一下当地疯女人的脸，到那时再画阿拉伯的疯老太婆在吉他的伴奏下坐

---

① 奥菲利亚（Ophelia），莎士比亚作品《哈姆雷特》中的人物。剧中奥菲利亚躺在水里，脸色苍白而悲凉。她的父亲被喜爱自己的哈姆雷特所杀。她怎么能接受这个事实？于是她疯了，整天唱着歌四处游荡。她编好了一个花环，正想将它挂上树枝，还没来得及挂上，自己却已经跃落水中。莎士比亚在原文中写道："她的衣服四散展开，使她暂时像人鱼一样漂浮在水上，她嘴里还断断续续地唱着古老的歌谣，好像一点都感觉不到处境险恶，又好像她本来就是生长在水中一般。"她选择了自杀来离开这个罪恶深重的世界。她如此平静，仿佛知道自己正飘向无忧的净境。

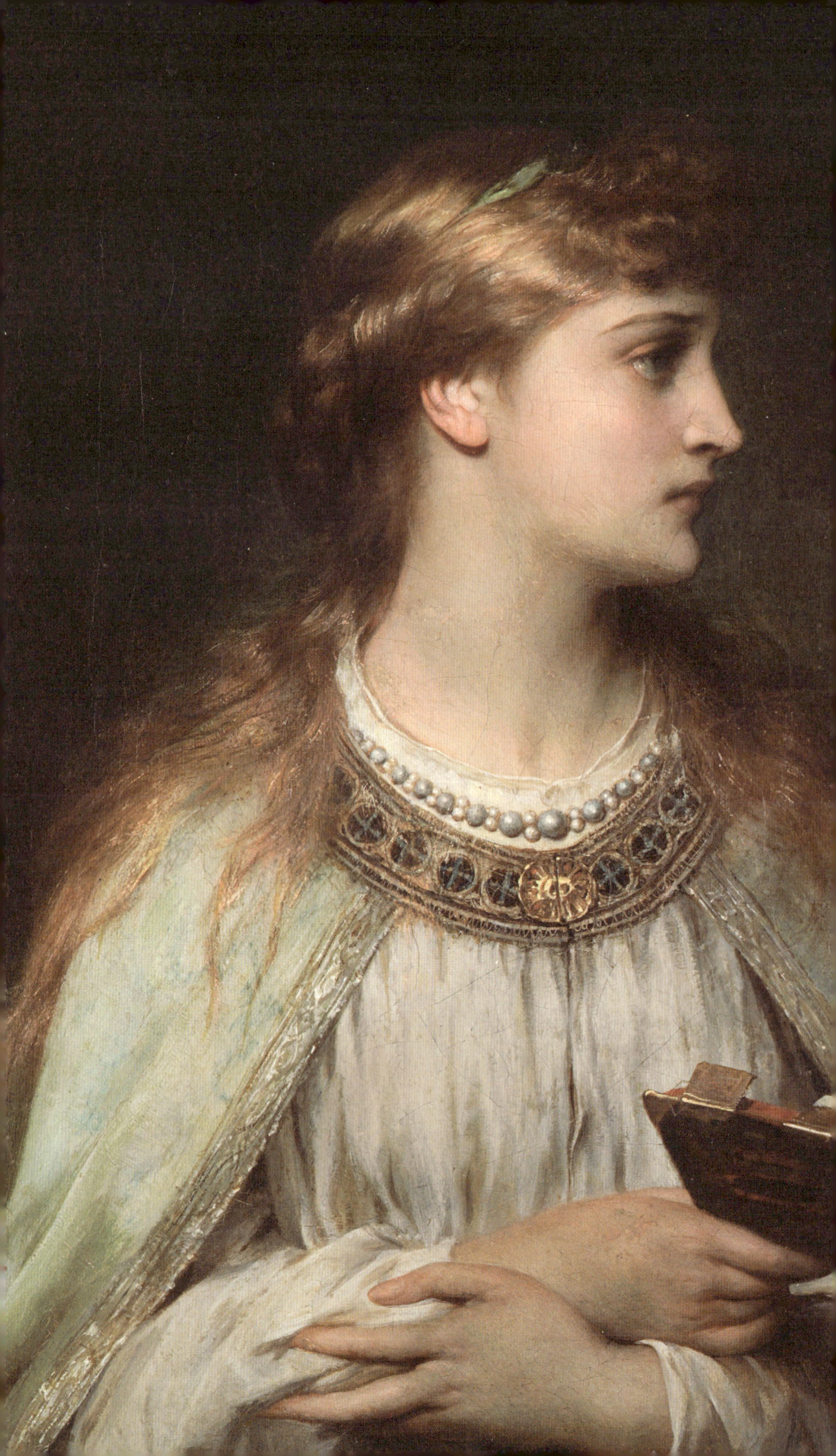

着唱歌时，就会才思如泉涌了。我还想为即将到来的画展奉献一幅力作——狂欢节的场景，要不是为了这个，我就去尼斯了——为此，要先去那不勒斯过狂欢节，然后再去尼斯，我在尼斯有别墅，可以在户外画画。说了这么多，可我还是希望留下来。

一月二十一日，星期六

C夫人过来领我去见巴斯蒂昂·勒帕热。到他家时，看见那里有两三个美国女人，还有巴斯蒂昂·勒帕热本人。他非常矮，皮肤很白，留着布列塔尼女郎那样的发型[①]，鼻子上翘，蓄着青年人才有的胡须。他的长相，令我感到吃惊。他的画就在那里，可以任你钦佩、惊叹或羡慕，可对他像导师那样尊敬，我却做不到，只想把他当成同志。在他的作品里，有四五幅是真人大小，画的是大自然的景色，令人钦佩。有一幅画，呈现的是一个8岁左右的小女孩在地里放牛的情景，整幅画如诗般动人。树木已脱光了叶子，奶牛倚靠在树枝下，小女孩的眼睛，展露的是孩子才有的那种梦想——那种与大自然相依相伴的梦想——是语言无法描述的。这个巴斯蒂昂——拥有所有矮个好男人的那种自我满足感。

我及时赶回了家，帮助母亲招待客人。一个朋友说，你看，在巴黎举行晚会，就是这种忙忙碌碌的样子。

[①] 布列塔尼女郎那样的发型（a la Bretonne），额前梳成正方形的发型。

⊙ 巴斯蒂昂·勒帕热《可怜的颤音歌者》，布面油画，162.5cm×125.7cm，1881年，藏于英国开尔文格罗夫美术馆和博物馆

一月二十二日，星期六

现在，我对狂欢节充满了幻想，而且用木炭画出了草图。假如我是天才，就能把草图变成一幅画，那可太美妙了。

一月三十日，星期一

已经定下来了，我们要去尼斯的格雷别墅。周六过得不错。几天前的那个晚上，在大陆酒店举行的一场舞会上，我见过巴斯蒂昂。那场舞会由女王主持，是专门为布列塔尼①的救生员举行的。今天，巴斯蒂昂过来看我，待了一个多小时。我给他看了我的一些作品，他给出了自己的意见，其中不乏真诚的夸赞。他说我极富天分，这话似乎不仅仅是夸赞了。我真是欣喜若狂，几乎要捧住这个男人的脸亲吻。

不管怎样，听到他对我的评价，我开心极了。他给出的建议与托尼和朱利安的如出一辙。难道他不是卡巴内尔的学生吗？每位艺术家都有自己独特的秉性，可就艺术法则而言，却有必要从导师那里学到。无论巴斯蒂昂，还是其他什么人，都无法将天赋传递给他人。但凡学到的东西，有一些得依靠自己，其余都是教出来的。

德贝罗尼夫人今天来了，与这个出类拔萃的女人暨伟大的艺术家一起，我度过了愉快的15分钟。大家先是围着火炉而坐，然后来到了棕榈树下。至于其他客人，我不想提及，我把他们都留在了正式会面的客厅里与母亲待在一起。

尼斯——我们晚上8点离开的巴黎。有保罗、戴娜、我、妮妮、

---

① 布列塔尼（Breton），法国西北部的一个半岛，文化及行政上的一个地区名称。布列塔尼半岛的北部面向英伦海峡，南部对着比斯开湾。

罗莎莉、巴西利和可可。格雷别墅就是我们渴望的一切，它坐落在乡下，距离盎格鲁街只有10分钟的路程，有花园和露天阳台，是一所又大又舒适的别墅。

为了迎接我们，一切都已准备就绪。毕库斯先生为每个人都准备了鲜花。

今晚，我在有轨电车上坐了一会儿，心情好了起来。一路所见，既有意大利人的快乐也有法国人的快乐，却没有在巴黎人中间遇到的那种低俗。如我给朱利安写信所言，这里的生活如巴黎一样舒服，又如格拉纳达一样风景如画。距离盎格鲁街5码之内，就可以找到如此多样的服装，变化多样的面孔，一切都如花儿一般！为什么去西班牙？噢，南方！噢，尼斯！噢，地中海！噢，我可爱的祖国，因为你，我遭受了这么多的痛苦！噢，我童年的快乐，我最深切的悲伤！噢，我的童年，我的梦想！

不懈努力吧，这些日子将会成为我人生的里程碑，陪伴着那些抹黑我豆蔻年华的痛苦回忆，留下的都将是快乐——这些快乐，将永远成为记忆中最美丽的花朵。

我满腔怒火。沃尔夫用了十多行——极尽赞美之词——写布莱斯劳。我没有什么可内疚的，做了自己该做的事情。布莱斯劳一门心思搞艺术，而我既要为自己的长裙设计新的样式，又要想新的垂褶方法，还要想着如何报复尼斯的社交圈。即使要我像她那么做，也不意味着我一定有她那样的才华。她遵从了她自己的本能，而我遵从了我自己的本能。可我的双手被束缚着，过于偏信自己的无能了，时不时受到蛊惑要放弃努力。朱利安说，要是我想做的话，就会做得跟布莱斯劳一样出色。如果我希望——可必须有能力，才会有希望。有些人成功了，因为他们想要成功，他们为一种神秘的力量所支撑，而我却缺乏这种力量。想想看，有时，我不仅相信自己有力量取得成功，而且感到神圣的天才之火在内心燃烧！噢，悲惨啊！

现在，至少没有人应该受到责备，这就不会令人发狂了。最可怕的事情，莫过于对自己说："要不是因为这个因为那个，我也许就会成功了。"我知道自己已尽力了，可还是一事无成。

噢，我的上帝，请允许我自欺欺人吧，我自认平庸的看法也许是错误的。

二月十日，星期五

遭受了沉重的打击，有3天的时间，我都过得闷闷不乐。

现在，我不会画那幅巨作了，只会画些简单的东西——在我能力所能驾驭的范围之内。我已郑重下了决心，不再浪费一刻，不再毫无目的地画上一笔，我要潜心钻研。巴斯蒂昂建议我这么做，朱利安和幸运的布莱斯劳也这么建议。是的，布莱斯劳的确幸运，该沾的运气她都沾了。我愿意毫不犹豫地奉献自己的所有幸福和财富——10万法郎——换来持久的独立和才华，有了这些，就拥有了一切。

这个女孩，多么幸运啊！每次想到沃尔夫的文章，我就闷闷不乐。这种感觉并非忌妒使然，我无心分析这种感觉，更无心措辞去描绘它。

二月十三日，星期一

我第一次采取透明水彩画速写！每天都忙忙碌碌的，定下了一幅画的主题。除了琐事之外，必须拿幅大作品给朱利安看。这幅作品画的是站在门口的三个男孩，我认为是个好题材，其中还加入了现实主义手法。

沃尔夫的文章给我的打击反而成全了我。当时，我被彻底击垮了。但对这种情绪的反应，给予了我力量，领悟了之前曾折磨我的那些艺术上的困惑。要是怀疑困惑是否存在，就无法找到困惑，这迫使我做出积极的努力。我也开始领悟了有关艺术家所遭受的考验和折磨的那类文章，我曾经嘲笑过它们，以为都是些毫无根据的煽情故事。那位著名的布莱斯劳——为方便起见，我这么称呼了——的坚强意志，我现在明白了，必须付出巨大的努力才能获得，而我曾幻想它是天空掉下来的馅饼。问题是，迄今为止，我真正付出的努力还不够，超乎寻常的天赋反而害了我。布莱斯劳如愿以偿了，但是在经过了艰苦的努力之后。至于我，成功不会一蹴而就；不付出努力，就一事无成。我必须控制自己的情绪。因此，在诸如打草图、做炭笔素描时，为了画出理想的线条，必须付出巨大的努力。现在，之前认为自己无法办到的事情，认为其他人通过诡计甚至是巫术做到的事情，我都做到了。向别人承认自己欠缺什么品质，是多么困难啊！

二月十五日，星期三

我们是逐渐认识事物的本质的。之前，在画中我所见到的，就是主题和构图，而现在——啊！要是能将我的所见复制出来，一定是非常伟大的作品。我看见了风景，真的看见了，我爱这片风景，这片水，这色彩——这色彩！

二月二十七日，星期一

经过千百次的犹豫不决，我毁掉了自己的画布。男孩不会摆姿势，我又无法让他们摆好姿势——都是自己无能。我一遍又一遍地尝试，终于如愿以偿。这些淘气的小魔鬼到处乱跑，笑着、叫着，互相打闹。我还是给他们简单地画下来吧，完成一幅画真是不容易。

四月二十日，星期四，巴黎

从西班牙回来时，已经物是人非。又一次看见巴黎，我并没有为之着迷，只是开心而已。另外，我过于沉迷于自己的画，几乎对一切都麻木不仁了。想到别人要对自己的感情说三道四，我就战战兢兢；要是再想到布莱斯劳，我就彻底崩溃了。大众对待她的态度，仿佛她早已是成功的艺术家了。昨天，我去看朱利安了（从昨天早上开始，我们一直在巴黎），他对待我的态度，好像我不再认真对待艺术了一样。"太棒了，"他说，"但还是没有深度，没有意志力。"他所希望的、所盼望的，是更好的作品。谈话中他告诉我的这一切，都深深地伤害了我。我要等待，等着他看见我在尼斯的作品，但我对好作品不再期待了。

四月二十二日，星期六

不，要继续活下去，我所需要的是过人的天赋。我永远不会拥有

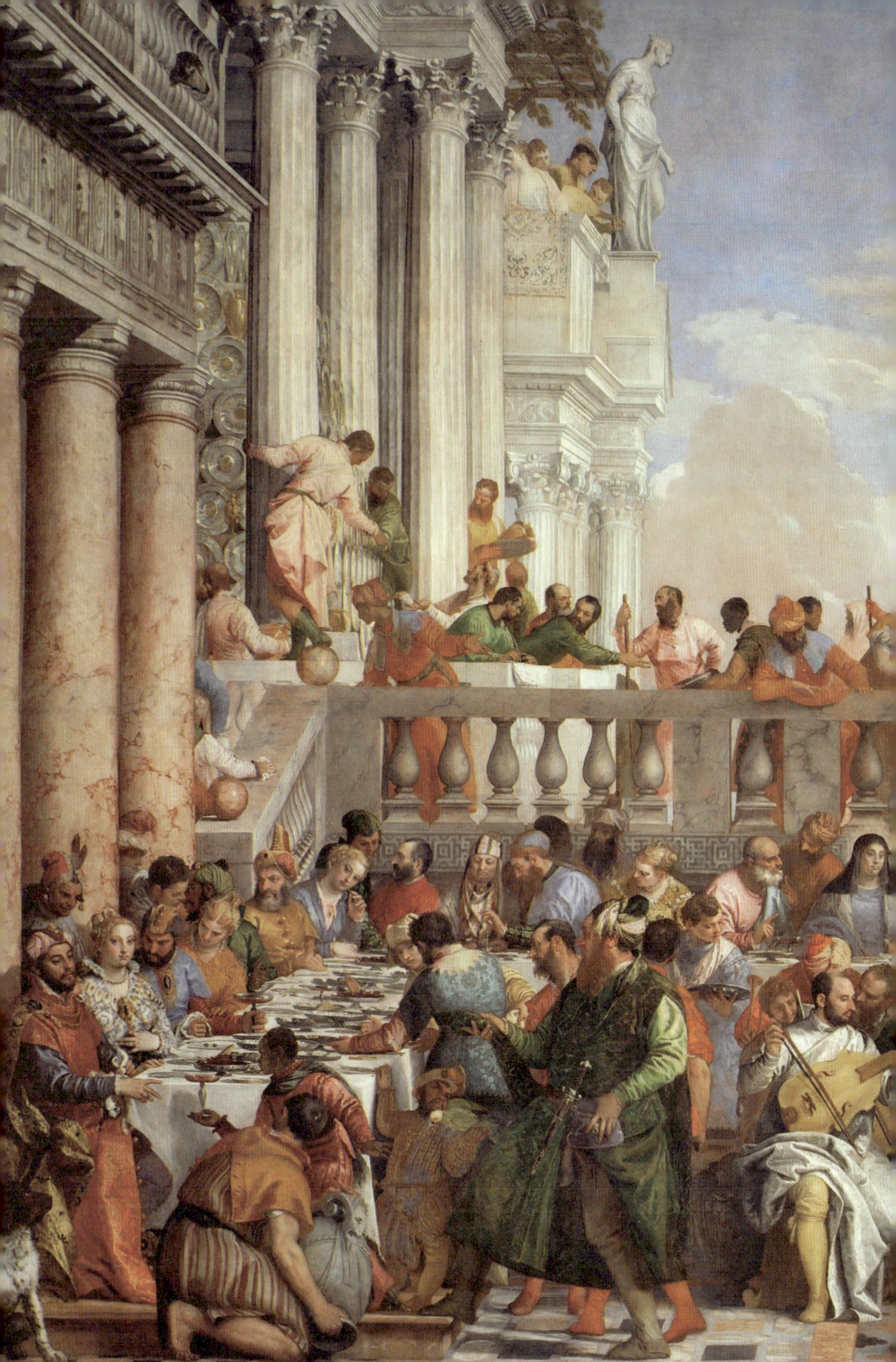

⊙ 保罗·委罗内塞《迦纳的婚礼》，布面油画，677cm×994cm，1563年，藏于法国巴黎卢浮宫

《迦纳的婚礼》(局部)

普通人的那种快乐。为人所爱，功成名就，如巴尔扎克所言，这才是快乐！为人所爱，是功成名就的必然结果。布莱斯劳，瘦小枯槁，还是斗鸡眼，虽然模样长得还行，但除了天赋之外，毫无女人的魅力。相反，如果我有她那样的天赋，就会比巴黎任何一个女人都更迷人。那一天一定会到来的，我对它的渴望近乎疯狂，它一定会到来的，而且它应该到来，我对此充满信心。

  旅行，工作的干扰，没有人给予建议和鼓励——都是毁灭性的，恍如刚从穷乡僻壤回来，对这里发生的事情一无所知。

  啊！不管怎样，自己喜欢的东西，都无法与绘画相提并论。绘画，可以带来无穷的乐趣！错误的职业、偏差的才华、放错的希望！也许，我是在伤害自己。今天早晨，去了卢浮宫。要是有人跟我一样看得那么仔细，介绍藏品时就会如我一样烂熟于心了。之前，我非常自信，可那是来自自己的无知。后来，我看见了之前从未看出来的艺术奥秘。今天早晨，我看懂了保罗·委罗内塞，他光彩照人，荣耀无比；其作品色彩丰富，美妙绝伦！真是无法解释，之前这些杰出的作品，在我眼里似乎只是庞大而无趣的画作，色彩单调，手法平淡！之前，我的眼睛仿佛受到了蒙蔽；而现在，我可以真正欣赏到这些美丽了。之前，我欣赏那些名画，完全是跟从他人的意见；而现在，我自

⊙ 雅各布·鲁伊斯达尔《从牧登博格村俯瞰纳尔登市的教堂》，木板油画，34.8cm×67cm，1647年，藏于西班牙提森－博内米萨博物馆

己感受到了乐趣,并为之痴迷。我感受到了色彩的层次变化,懂得了欣赏颜色。鲁伊斯达尔[1]创作的风景画,让我禁不住返回来再看一遍。我现在所看到的,在几个月之前根本看不见——无论是气氛,还是空间感!总之,这不是绘画,而是世界本身。

好吧,我用上了眼睛,体会到了之前无法看见的美丽。我的手,难道不会发生同样的奇迹吗?

四月二十三日,星期日

刚才一直在浏览于尼斯时创作的习作,从这些习作中一定能找到值得欣赏的东西,这一想法令我充满期待。托尼、朱利安和巴斯蒂昂,他们似乎对我无足轻重,可他们的话对我的影响却非同凡响!

迄今为止,我还没有规划好未来。周一,我要去工作室,回到习以为常的工作中去。

天空灰暗,暴雨将至。终于下雨了,刺骨的风在刮着。我的心情与自然和谐一致,我的感受只来自于感官印象。

还有些事情,我想写写——有关爱情的,这是今天早晨读书时想到的。

爱情——这是个用之不竭的主题。如果你接受了一个没有你出色的男人,他会把你当成天上下凡的仙女——这叫人无限痴迷。如果你知道这一点,你的目光就会在周围播撒出幸福——它反映了人类仁慈的一面,使人类慷慨的本性更富有魅力。

---

[1] 鲁伊斯达尔(Jacob Isaackszoon van Ruisdael,1628—1682年),荷兰著名风景画家。作品多藏于法国卢浮宫和英国伦敦国家画廊。

四月二十五日，星期二

自己的焦虑已不少了，还不算家人表现出来的那种焦虑，他们都在观察我，看我透露出什么样的情绪。

托尼是这样评价我的画的：戴娜的服装非常好，非常好；站在海滩上的那个人，也非常不错；特蕾莎的头像也不错；可惜，风景的色调与服装不和谐；局部风景非常不错；那个老人画得不错，但还不够简洁，等等——简而言之，风景还是画得挺迷人的。"好吧，"你会说，"你应该满足了。"啊！撇开他的评价不说，我还要为自己的画负责，这样，他就会关注到我的进步了。他还说，只要我愿意把画寄给他，他随时愿意为我效劳。

我本该满足的——可是，没有，我几乎崩溃了。他说得还不够，他本应该对我说："好的，这次你成功了，不错；你的处理手法与布莱斯劳不相上下，其他地方，你画得比她好。"

只有这样，才会令我满意，也才足以将我从过去一年多因绘画而陷入的绝望中解救出来。我为什么不该对这所有的"好"满意呢？在我对"非常好"记忆犹新的时候，托尼又送来了布莱斯劳两年前在布列塔尼创作的一张小幅作品。

我在尼斯创作的那小幅作品，他也说过同样的话。可在我看来，分量却不一样。为什么呢？离开尼斯前，他对我说，布莱斯劳的《渔家女孩》"非常棒"。现在，同样是《渔家女孩》，而且已经在画展上获得了认可，还得了第三名，可他只说"还不错"。总之，我不满意。为什么呢？首先，家人对我的这些习作给予了极高的期望，所以，只有极高的赞扬才会令他们满意。其次是——思想问题。因为春季天气的影响，每当我过于激动时，像我现在这个样子，就感觉胳膊灼痛，在胳膊肘上面的位置，非常奇怪。有学问的医生向我解释了原因。

四月二十九日，星期六

我不是画家，只是在学画画，就像学习任何东西一样，我竭尽自己所能——仅此而已。3岁时，常在乡下的牌桌上用粉笔画人物，后来就一直画下去了。我发誓这是真正的职业，可是你看见了！还有什么可说的，一切都需要时间的磨炼。我的胳膊总是无力地垂落在一旁。到底发生了什么？什么都没发生。布莱斯劳学画画的时间要比我多一倍。必须承认，我和她天赋不相上下，事情的发展有其自然规律，我画了3年，而她已经画5年了。

四月三十日，星期日

从早晨起，我和维勒维耶伊尔、爱丽丝和韦伯一起看给画上光。我一袭黑衣，看起来很漂亮。遇见了许多巴黎熟人，我很开心。卡罗勒斯-杜兰过来跟我说话——这个人魅力十足。布莱斯劳的画挂得很高，效果不太理想。原以为她可能获奖，我心里还感觉有些怪怪的，可现在这个情况，让我获得了巨大的心理安慰。对此，我不否认。她的朋友有些困惑不解，过来问我的看法。我说，我认为这幅画不是非常好，但他们应该把它挂在更好的位置上。

今天过得不错。后来，在和朱利安聊天的过程中，他责备我浪费了时间，没有好好兑现我之前给出的承诺，等等。总之，他认为我太变化无常了，我也是这么认为的。我是否能渡过难关，拭目以待吧。我告诉他，我已经意识到了自己可悲的状况，感觉有些绝望，我认为一切都结束了。他给我讲起了我曾做过的那些聪明事，说他手里有一幅我的速写，它曾让所有人都驻足观看，等等。没有折磨得我当场就被布莱斯劳击垮——至少不是在今天。我不知道该如何表达自己的情感，才能让它看起来不那么卑鄙。如果布莱斯劳的画是我原来认为的那样，那么，就我现在的工作状态，我会死得很可怜。我从未希望她画得不好——那是一种卑劣的心态，但要是她获得空前的成功，我会浑身颤抖的。打开报纸时，我会难以抑制激动的情绪。

五月九日，星期二

今晚，托尼和朱利安与我们共进晚餐。我穿了件漂亮的衣服，我们一直聊到 11 点半。喝过香槟之后，朱利安非常开心。托尼外表英俊，和蔼可亲，从容淡定，只是神态有些慵懒。这个人，虽心态平和，却忧郁多情，叫人想触及他内心的最深处。这位教授，真的会沉迷于情感之中吗？我无法想象。他头脑冷静，思维清晰，遇到关键问题时，总会从容不迫地阐述原因及其进展，好像在阐释画的特色。总之，他非常有魅力。

萨尔金特[①]的一幅画令我难以忘怀。它好看极了，是一幅高雅之作，配得上与凡·代克、委拉斯开兹放在一起。

五月二十日，星期六

啊，我心灰意冷！自从来到巴黎，我取得了什么成就呢？我不再是个怪物了。在意大利，我又有什么收获呢？我曾经还让那个愚蠢

[①] 萨尔金特（John Singer Sargent，1856—1925 年），美国艺术家，因为描绘了爱德华时代的奢华，所以是"当时的领军肖像画家"。

的 A 偷偷吻过。好吧，后来呢？啊，想到这件事，我就感到恶心。不止一个姑娘做过同样的事情，有些人还天天在做，可却没有人说三道四。我要声明，当听到有人乱嚼舌根时，就像我刚刚听到的那些闲话，尤其是关于我的闲话，我就会怒不可遏。

我们昨天去了画展，一起去的还有巴斯蒂昂的弟弟以及博梅斯。巴斯蒂昂·勒帕热要画一幅画，是一个农村小孩在看彩虹，这幅画一定会令人刮目相看——我敢打赌。他真是了不起的天才，真是了不起的天才啊！

五月二十二日，星期一

我确信，我不会爱上任何人——但有一个人例外，也许他很可能永远不会爱我。朱利安是对的——报复的最好办法就是出人头地——嫁给既有钱又有地位的名人。那绝对是太美妙了！或者，就是拥有像巴斯蒂昂·勒帕热那样的天才。到那时，我只要一出门，所有的巴黎人都会定睛转目。那该多么美妙啊！说这样的话，好像这种事会发生在我头上，可惜，我一生中遇到的只有不幸。噢，我的上帝！请允许我以上面的方式报复吧！我会同情那些遭受折磨的人！

五月二十五日，星期四

今天早晨，我们去看卡罗勒斯-杜兰，他既迷人又优雅。他什么都会干一点儿，所以，人们总是拿他取笑。他枪法准，还会骑马、跳舞、弹钢琴、吹口琴、弹吉他、唱歌，样样都行。大家说他跳舞不好，但他做起其他事情时却非常潇洒。他自认为是西班牙人，是另一个委拉斯开兹。他外表迷人，谈吐风趣，和蔼可亲，一副知足常乐的样子。他对自己的欣赏，叫他心情愉快，他又把这种愉快的心情传递出来，以至于人们都无法对他心怀恶意——相反，要是有人偶然讥笑他，反而会被他的人品迷住，尤其当讥笑他的人想到自己必须忍受的那些人，或者想到连杜兰四分之一的品质都不如的那些人时，就会对他更心生敬意。

杜兰对待自己非常严格。要是处在他的地位，哪个人不会有种飘飘然的感觉呢？

五月二十八日，星期日

菲茨·詹姆斯伯爵夫人今天来了，说今晚要将我们介绍给她的儿媳，还说要举行一场舞会。母亲说，没有人比伯爵夫人更和蔼可亲了。她们经常见面，但见多少次我说不好。我们同意接她，然后一起走。

一切都完美，这里的社交圈是最棒的。年轻姑娘身着漂亮的长裙，清新迷人。老伯爵有好几个外甥、侄女和孙子、孙女。我所听说的客人，都是巴黎最有名最高贵的达官贵族。对我而言，参加这样的沙龙，虽说非常高兴，可我还是无法将今早完成的蜡笔画从脑海里抛开，一想到它需要改进的地方，就有些心烦意乱。

处于这种状态的人，是无法融入社交的——我至少需要几个月的适应期。你以为，我从内心里觉得这种沙龙有趣吗？我觉得它愚蠢、空虚而且单调！想想吧，有些人就是为了这个而活的！至于我，跟贵族老爷们不一样，他们纯粹是为了休闲，而我愿意偶尔放松一下，只是有种兴趣，想了解时尚界发生了什么事情，别无其他。如果不跟上

⊙ 玛丽娅·巴什基尔采娃（1882年摄）

形势，就会被看成乡巴佬，就会被当成外星人。

五月二十九日，星期一

　　昨天，我们和阿德琳去了公园。阿德琳庆祝我们这么快就进入了巴黎的贵族圈。今天，我们拜访了女王、两位菲茨·詹姆斯伯爵夫人、蒂雷纳伯爵夫人以及布里埃夫人。最后，还见了个美国人。
　　我一直放心不下的，还是为明年画展准备的那幅画的主题。这个主题，我喜欢，而且感同身受，为之着迷。过去的两年里，我都在想一个好主题：当亚利马太的约瑟将耶稣的尸体放进坟墓时，石头滚到了墓前，人们离开墓地，夜幕降临。而抹大拉的玛利亚和另一个玛利亚却留了下来，守在了墓口[①]。

六月二十日，星期二

今天，没有什么新鲜事需要记录，只有几次拜访，我的画——还有西班牙！啊，西班牙！是戈蒂耶的作品，才让我产生如此多的感慨。我曾经在托莱多、布尔戈斯、塞尔维尔、格拉纳达待过，真的吗？格拉纳达！什么？我真的去过这些城市吗？只要提到这些名字，就感到自己仿佛高贵起来。我已激动不已，必须返回那里！必须再次目睹那些奇迹！无论是独自一人还是与志同道合的朋友，我都必须故地重游。当时，是家里人陪伴我到的这些地方，也给我带来了不少痛苦。噢，诗歌！噢，艺术！啊，人生苦短啊！人生竟如此短暂，我们是多么不幸啊！

六月二十一日，星期三

我抹去了画上的一切，甚至连画布都处理掉了，就是为了不让它出现在我眼前！它要折磨死我了！噢，艺术！我永远无法抵达艺术的

[①] 当亚利马太的约瑟将耶稣的尸体放进坟墓时，石头滚到了墓前，人们离开墓地，夜幕降临。而抹大拉的玛利亚和另一个玛利亚却留了下来，守在了墓口。（出自《圣经·马太福音》27：55-61。）

巅峰。毁掉了自己不满意的东西，就该感到宽慰了，自由了，心无旁骛地重新开始了。我画画的工作室，是一个叫查特威克的美国人借给乐淑姿小姐的。美国人今天回来了，我们只好将圣殿还给他。

六月二十三日，星期五

5点钟时，L、戴娜和我去拜访埃米尔·巴斯蒂昂，他要做我的模特。

我要用巴斯蒂昂本人的调色板、颜料和画笔，在他的工作室里画画，而他的兄弟，又做了我的模特。

好吧，这是一个梦，一种孩子气的行为，一个愚蠢的幻想！瑞典小女孩手里端着调色板，我将巴斯蒂昂用过的油彩拿走留作纪念。做这事时，我的手在颤抖，我们两个都不由自主地笑了起来。

六月二十四日，星期六

已经决定了，我们要租安培路的房子，它有带厨房和台球室的地下室。一楼往上跨十个台阶，有个走廊，漂亮的玻璃门通向前厅，从这里的台阶可以上到其他楼层。右手是个房间，被改造成了客厅，从客厅可以进入朝花园开门的那个房间。还有一个餐厅，一个马车可以出入的院子，从院子进来，可以下楼到达客厅和餐厅。

二楼有五间卧室，挨着卧室的是梳妆室。还有一个客厅，带浴室的。三楼属于我，有一个前厅、两间卧室、一间书房和一个储藏间。画室和书房门对开着，构成了一个大房间，几乎有36英寸长，21英寸宽。

房屋的光线超好，可以从三面投进来，屋顶也可进来阳光。总之，租来的房间能这样，真的再适合不过了。它处于安培路 30 号，在布雷蒙蒂埃路的拐角处，也许从维利尔斯大道可以看见。

七月十二日，星期三

正在准备我的杰作。这是一件令我煞费苦心的作品，必须选择一处理想的背景。要选一个在岩石上凿开的墓穴——我愿意在巴黎附近画这幅画——比如在卡布里岛，它整体上具有东方特色。还需要模仿一下真正的墓穴，阿尔及利亚有许多，耶路撒冷更多——随便就可以找到在岩石上凿开的犹太人墓穴。那么模特呢？哦，那些地方一定可以找到许多很棒的模特——还有其特色服装。朱利安说这很蠢。他说，他清楚伟大的艺术家，或者说艺术大师，应该怎样现场作画。艺术家唯一追求的，就是自己所匮乏的那件东西。可是，我匮乏的东西太多啦！好吧，似乎正是这个原因，我才应该现场作画的。我获得成功的唯一源泉，就是自己对大自然的忠诚。我这样一个没有其他优势，或者说，几乎没有其他优势的人，为什么还要拒绝这一优势呢？

啊，但愿画好这幅画我就能取得成功！

成功取决于自己，那么，我还是不能成功吗？这部作品，是用双手创作的，而我的意志——热情、坚韧、执着——难道不足以将其变成自己希望的那样吗？我所珍视的那种强烈的渴望，想要表达自己的感情，难道还不够吗？我怎么会怀疑呢？这幅画占据了我的眼睛、我的大脑、我的思想甚至我的灵魂，难道就不能战胜眼前的困难吗？我认为自己有能力实现理想。我唯一担心的，就是自己的病，我每天祈求上帝，不要让我生病。

那么，我的手难道不能将自己的思想表现出来吗？能的，我能！

啊，上帝啊！我跪倒在地，恳求您不要拒绝我的这一快乐！人性，是在您亲眼见证之下，在泥土中塑造成形的。我恳求您——不必助我一臂之力——只需设计好一切，允许我不必在前进的路上遭受过多的障碍。

八月八日，星期二

一直都在想创作都德的作品《流亡王族》①，我曾经读过这本书。正因为读过，才觉得它值得再读一遍。作品分析精准，表达清晰，无论是令人开心的章节，还是令人落泪的情景，都令我难忘。

八月十八日，星期五

没在家里找到巴斯蒂昂。粗略看了他从伦敦带来的东西后，我给他留了张便条。大街上，有一个报童依靠在路灯杆上，车辆在街上驶过，声音清晰可闻。画的背景还没有完成，但那个人！啊，什么人啊！

有人说，巴斯蒂昂只是在处理手法上高人一筹——他们多么白痴啊！巴斯蒂昂是位有创新精神的伟大艺术家，他还是诗人、哲学家。与他相比，其他艺术家就是技工。从本性上讲，他从骨子里就伟大。几天前，托尼·罗伯特-佛勒里不得不认可了我的观点：为了模仿大

---

① 《流亡王族》（*Les Rois en Exil*），法国作家阿尔封斯·都德的长篇小说，于1879年出版。

自然，你必须成为艺术家，也只有艺术家，才能领悟大自然，也才会模仿大自然。画家的理想，表现在他选择的主题上。至于处理手法，就是完善那些无知者所谓的现实主义手法。无论选择恩古兰德·德·马利基尼①还是阿涅丝·索蕾②作为主题，随便哪一个都行，但请让他们的手、他们的头发、他们的眼睛真实自然，有生气，有人性，而主题本身反而变得无关紧要。毫无疑问，从任何方面来看，现代主题最吸引人，但真正的、唯一的、真实的现实主义，存在于它的处理手法之中。毫无疑问，一定会有一种主题，比其他主题更吸引人——尽管如此，如果巴斯蒂昂·勒帕热要画的是德·拉·瓦里埃尔小姐③或者玛丽·斯图亚特④，即使她们已死，化为了尘土，在他的润色下也会起死回生。大柯克兰也有一个小幅画作——我无法用语言表达对他的钦佩之情——这幅画惟妙惟肖，仿佛画中人正在打手势，眨眼睛。

八月二十三日，星期三

没有画画，而是出门了。是的，本小姐要观察自己感兴趣的艺术去。今天，去了两次孤儿院——早晨一次，下午一次。

---

① 恩古兰德·德·马利基尼（Enguerrand de Marigny，1260—1315 年），法国腓力四世宫廷大臣和宫廷管家，是腓力四世依赖的两位重臣之一。
② 阿涅丝·索蕾（Agnès Sorel，1421—1450 年），号称法国史上最美的女人，查理七世的情妇。传言查理七世对她一见钟情，相见第一晚便辗转难眠。后世更认为是她给予查理七世无比的勇气与自信，得以从英国人手上将诺曼底省夺回。
③ 德·拉·瓦里埃尔小姐（Françoise Louise de La Baume Le Blanc de La Vallière，1644—1710 年），从 1661 年到 1667 年，是法国国王路易十四的一个情妇。她后来凭借自身能力成了拉·瓦里埃尔女公爵。
④ 玛丽·斯图亚特（Mary Stuart，1542—1587 年），苏格兰女王玛丽一世。

⊙ 让·富凯《圣母与圣婴》，画中圣母模特即阿涅丝·索蕾，木板油画，94.5cm×85.5cm，1452—1468 年，藏于比利时安卫普美术馆

8月二十八日，星期一

今天读了第二遍薇达——她才华并不出众——写的一本书，书名叫《阿里阿德涅》，用英语写的。

8月二十九日，星期二

可是，这本书搅动了我的心灵。虽然说薇达不是乔治·桑，也不是巴尔扎克或大仲马，但她创作的这本书，从专业角度看，还是令我痴迷。她曾在意大利生活过，有关艺术方面的创意和观点，是在意大利的工作室获得的，极其公正。

她讲了许多道理。她说，对于真正的艺术家——不是工匠——而言，创意要比处理手法重要不知多少倍。还有，伟大的雕塑家马里克斯看到女主人公——未来的天才女子——首次当模特时，他说："让她来吧，她会获得她所渴望的一切。"托尼·罗伯特-佛勒里在工作室仔细审视了我的画之后，也说过同样的话，他说："努力工作，小姐，你会得到你所渴望的一切。"

可毫无疑问，我的工作一直是一厢情愿。圣·马索说我的画具有雕塑家的风格，对形式的喜爱超出了一切。

我也热爱颜色，但现在，读了这本书——即使在之前也一样——感觉与雕塑相比，绘画似乎是件可悲的事情。那么，像憎恨模仿一样，我应该憎恨每种欺世盗名的行为。看见人工作品——无论是艺术品还是墙纸——被临摹下来，画在了光滑的表面，仿佛公牛看见了红色一样，心中怒火中烧。比如，有时会看见模仿作品出现在墙上——居然在卢浮宫里也有——甚至有木刻画或纺织品出现在装饰一新的公寓墙上，还有比这些更丑陋的吗？那么，是什么阻止我成为雕刻家的呢？什么都没有。我是自由的，我所处的地位已拥有了所有的艺术需求。我独自拥有整层楼——前厅、卧室、书房、光线通透的工作室，还有个花园，可以随时随地画画。我还安装了听筒，这样就不会被上楼的人打扰了，也不必过于频繁地下楼。

有了这一切之后，我该画什么呢？画一个把黑色衬裙卷起搭在肩上的小女孩吧，要不就画一个手里撑着阳伞的小姑娘。我在户外画画，可几乎每天都下雨。这意味着什么呢？与大理石所表达的思想相比，这又意味着什么呢？3年前，在1879年10月，我画的素描有什么用呢？在工作室，他们给了我们阿里阿德涅这一主题，引起了我的很大兴趣，就像我对《坟墓中的神圣女人》一样感兴趣。朱利安和托尼也认为这个主题不错。从我初次下决心学习雕塑开始，已经3年了，总感觉如果主题普通，就发挥不出气力。而那可怕的问题"为了什么"，总会令我手足无措。

是的，对线性透视法的偏爱就是走入了误区，对色彩的偏爱也等于放错了情感——调色，纯粹是机械化的行为艺术，它会逐渐吸收人的所有潜力，令人再没有创新的余地。

艺术家，也是思想家或诗人，他的处理手法，一般说来，即使再精湛，也较原创略逊一筹。对于这一真谛，我怎可自欺欺人，怎可带着疯狂的执着紧紧抓住不放呢？

八月三十日，星期三

一直在画《抹大拉》，我的模特非常完美。3年前，我看见了这张我所渴望的脸。这个女人有着与抹大拉一样的面部特征，一样悲伤失望的表情。

⊙ 玛丽娅·巴什基尔采娃（1882年摄）

　　没有任何作品，像巴斯蒂昂·勒帕热的《圣女贞德》那样令我震撼。在圣女贞德的表情里，有一种超自然的神秘感。而这种强烈的神秘感，是由圣女贞德的目光迸发出来的——只有画它的艺术家才可以领悟，它庄严、神圣、富有人性，激发灵感——事实上，具有所有这一切品质。可在作品完成之前，人们根本无法体会得到。

九月一日，星期五

　　收到了母亲的一封信。她告诉我，年轻的邻居们和他们的朋友正在家里做客，他们要举行一次盛大的狩猎活动。她正准备回来，可我之前问过她，如果——她曾经做过这样的事。母亲的信令我陷入了犹疑和焦虑之中。如果去俄国，为画展作的画就会半途而废。要是整个夏天都在画画，还有借口说要休息，但事实并非如此。当然，这样非常棒，但各种可能性都存在。4天4夜的火车，牺牲一年的劳动，试图征服某个从未谋面的陌生人——这么做既不合常理也不明智。如果开始就想做这种蠢事，我也许会感到内疚，因为我已经无法掌控自己的所作所为了。要去找预言家雅各妈妈问问，她曾预言我要得一场大病。

花了20法郎，就买到了好运气，至少够用两天的。雅各妈妈从纸牌里预测到，我将碰到最开心的事情——当然，说得有点含糊其词。但只要锲而不舍，好事就会发生。我将取得辉煌的成功，所有的报纸都会报道我；我将成为伟大的天才，好事会接踵而至；我将有一桩完美的婚姻，还能到处游玩。

你也许会说，这么多的好事，叫我有些失去理智了，可毕竟才花了20法郎啊！我不会去俄国，我要去阿尔及利亚，因为要是所有的好事都会发生，那么，在俄国发生的事情，在阿尔及利亚也可以发生。晚安，这对我有好处。我明天要好好画画。

九月六日，星期三

我不是艺术家，但我渴望成为艺术家。因为我聪明，对艺术知识能了解得更为透彻。那么，如何解释在我刚开始学画时，罗伯特-佛勒里说的话呢？他说："学不到的东西，你早已掌握了。"他在欺骗我，仅此而已。

做任何事情，都要靠智力和技巧，画画也是如此——仅此而已。那么，为什么在4岁时，我就会用粉笔在牌桌上画头像呢？

所有的孩子都画画，那么，在离开俄国之前，后来在尼斯，还有在我只有11岁时，那持续不断的画画和临摹雕刻的渴望，又从哪里来的呢？人们当时认为我有画画的天赋，于是我就学画画了，跟从不同的大师，学了好几年。回想一下，我发现自己不但有画画的渴望，而且有对艺术的冲动。于是，在没有人指导的情况下，我仍在努力画。后来，来到了意大利——罗马。小说里说，有些人虽然没有接受过指导，却仍能欣赏到艺术之美。我承认，自己是慢慢才学会欣赏艺术之美的，或者说，慢慢才学会欣赏绘画的优点的。可现在，我却失去了信心，丢掉了勇气。在某种意义上，我是有欠缺的。我懂得欣赏色彩的美丽，而且已经画了两三幅很好的作品，在色彩和技法上也都不错，可仍然不能准确地把握色彩。我画了些好作品，可这并不意味着我可以画好其他作品，如果那样的话，就是对我的褒奖。我要放弃艺术家和画家的角色——尤其是画家的角色。总之，我画得糟糕透了，但我认为，自己可以成为更出色的雕塑家，我有创意——表现形式、造型、神态——那些无法用色彩表达的东西。

九月二十四日，星期日

日复一日，时光在不间断的单调中过去。从早8点到晚5点画画，晚餐前一小时洗浴，然后晚餐。晚餐在沉默中度过，因为我吃饭时读报，与索菲姨只是偶尔说上一两句话。她一定寂寞死了，可怜的女人！而且，我并不非常友好。索菲姨从未享受过人生的快乐。之前，因为母亲是家里的美女，她为母亲牺牲了自己；现在，她又要为我们、为我生活。然而，我却不能在我们偶尔在一起的宝贵时间里保持友好愉快的态度。当时，我享受沉默，因为只有在沉默之中，我才不会想到自己的病。

十月十四日，星期六，俄国

索菲姨将我留在了边境，剩下的旅程由我和保罗完成。我们必须再等5个小时的列车。这个地方叫作兹纳缅卡[①]。天气寒冷，乌云密布。若天气不这么冷的话，待在户外还是不错的。我一直在观察农民。因长期经受苦寒天气，他们的外衣已经褪色。我理解了巴斯蒂昂·勒帕热的画里对自然界的描绘是多么真实了。"灰色调，气氛呆板，人迹罕至。"有人会这么说，可他们并不善于观察世界，只知道画室里有关大自然的夸张效果。而这里，才是真实的大自然，巴斯蒂昂对大自然的阐释再真实不过了。啊，巴斯蒂昂应该是个快乐之人！一想到受伤的《渔夫》，我就充满了懊悔之情！

我要努力在3月份完成它，以便赶上画展。是罗伯特-佛勒里给我的建议，他让我再把画润色一下。背景和服装可以了，没有什么可润色的，但头部需要修饰一番。

十月十五日，星期日，加夫兰兹

我们直接赶到了加夫兰兹，早晨7点才上床睡觉。父亲、母亲、戴娜和甲必丹到车站接我们。保罗的妻子有了一个两周大的男孩，而女孩已经一岁大了，非常漂亮，黑睫毛长长的。年轻的P明天到。米契卡去看他们了，没有和别人在这儿等我。

[①] 兹纳缅卡（Znamenka），乌克兰的城市，位于该国中部。

十月十九日，星期四

终于等到他们了。在吃早饭时，他们与米契卡一道及时赶来。老大维克多，外表与众不同，身材虽瘦削，但相当结实，皮肤黝黑，有个很大的鹰钩鼻，嘴唇饱满，态度和蔼；弟弟巴西利，身材几乎跟哥哥一样高，但要更结实一些。他皮肤白皙，面色红润，眼睛里透出狡黠，看起来好斗嘴，不安分，残酷，是的——还有些低俗。我跟昨天穿一样的裙子——白色的毛衣，短小而且极其简朴。古红色的娃娃鞋，头发卷成一个结扎在后面。现在不是我最出风头的时候，当然，也不是最糟糕的日子。

我认为，自己不会征服这兄弟俩中的任何一个人。我身上没有任何可以取悦他们的优点。我中等身材，虽然体态匀称，不黑也不白，有双灰色的眼睛，但是，我既没有大胸也没有蜂腰。至于我的智商，不是夸奖自己，我想，要比他们足足高出一截，所以不会得到他们的欣赏。虽然是见过世面的女子，但我并不比他们中意的女人迷人多少。

火车到达圣彼得堡站时，当地人用嘘声迎接了莎拉·伯恩哈特。看到她既不高又不黑，眼睛也不大，头发还乱蓬蓬的，人们感到失望。除了这种愚蠢的看法之外，我认为，当地人对女演员和女人的判断是公正的。我与俄国杂志的观点一样，认为德拉波特[①]要比她更出色。而且我认为，除了她朗诵时声音如音乐一般动听之外，她身上没有任何值得钦佩的地方。

[①] 德拉波特（Marie Delaporte，1838—1910 年），法国女演员，常在巴黎和圣彼得堡两地巡演，以谦逊、优雅和仁慈著称。

十一月十五日，星期三，巴黎

我在巴黎！我们星期四晚上离开的俄国。尼古拉斯叔叔和米契卡一直陪我们到下一站，而保罗夫妇更是陪我们一直坐到基辅。亚历山大叔叔的女儿在基辅上学，14岁，是个甜美的小姑娘。

十一月十六日，星期四

我去见了一位很棒的大夫，他是外科医生，在医院出诊。我用的是假名，还悄悄化了妆，这样他就不会骗我了。

他真的不是位随和的大夫，只是告诉我，我永远不会彻底恢复听力了，但是，听力会变好，所以，我的失聪还是可以忍受的。事实上，早已经这样了。但如果不严格按照他的医嘱治疗，耳聋就会加剧。他给了我一位年轻医生的地址，这个医生可以关照我几个月的时间，而他两周才能看我一次——这些治疗都是必要的。

第一次，我有勇气说："医生，我要变聋了。"在此之前，我一直使用"我听力不是非常好""我的耳朵似乎不好使了"，等等。这次，我有勇气说出这些我憎恶的话，而医生从职业的角度给了我残酷的答案。

我只是希望，在梦中笼罩着我的厄运不再残酷。但是，在老天对我的打击还没有到来之前，还是不要自寻烦恼为好。暂时，我只是轻微耳聋。

医生说，我的听力肯定会好转。只要有家人陪伴，在需要他们的时候，他们照顾我，帮助我，听力就会好转。但假如我独自一人，处于陌生人之中，情况又会如何啊？！

如果命中注定要嫁给不争气的丈夫，如果他不那么体贴，又会如何啊？！但愿这是为了即将降临到我头上而我却不配拥有的好运注定要付出的代价！但是——为什么人们说上帝是仁慈的，上帝是公正的呢？

我的听力永远不会恢复了。如果要忍受这失聪之苦，那么，我与世界总会隔着一层薄纱。风儿吹动树叶的沙沙声，小溪的潺潺流水声，雨水敲打窗格的嗒嗒声，还有那些悄悄话——我都永远听不到了。可是，有家人的帮助，我并未感觉到尴尬，至少没在餐桌上感到尴尬。只要谈话气氛活跃，就没有什么可抱怨的。但在剧院里，我会错过许多台词；与模特在一起时，也会错过许多话——沉默如此沉重，以至于模特们都不敢提高声音讲话。好吧，过去的一年，在某种程度上，我已经有所预见，应该习惯了，可是，它依旧可怕。

对我最宝贵的，对我的幸福最不可或缺的，反而给了我致命一击。

但愿它停止打击，到此为止！

十一月十七日，星期五

那么，从此之后，我将残疾且病态。

我将不断需要家人的照顾，不断需要陌生人的体贴。独立，自由，都将不复存在。

曾经如此高傲的我，将会无时无刻不害羞、犹豫。

将这些写下来，只是为了让自己习惯这种思维——并不是因为我相信它，毕竟它太可怕了，只是我还没有意识到残酷，残酷得令人难以置信。

镜中的我，面色红润，而每当看到自己这个样子，又会勾起无限伤感。

是的，那些以伤害我为乐的人，都会知道，或不久就会知道，"她耳朵聋了"。噢，我的天哪！为什么偏偏是这个难以预料、可怕至极的打击呢？

十一月二十一日，星期二

从昨天开始，就在工作室画画。我转向了最简单的习作，记录的既不是模特的美丽也不是其他任何东西。

"这种状态坚持6个月，"朱利安说，"就会取得你所希望的一切。"他确信，在过去的3年里，我没有任何进步，最终我会相信他的话的。实际上，从开始画画，我的进步就屈指可数。这是因为我没有之前那么努力吗？不，相反，我比之前努力多了，是因为我的选材对我来说太难了。

可朱利安却说，是因为我不够努力，没有进步。

对一切，我都厌烦了，甚至对自己都厌烦了！听力永远不会恢复了，你懂得这多么可怕、多么不公平、多么令人发狂吗？

我可以平静地接受这一事实，因为我已有所准备。但是，不——

那不是理由，因为我不相信自己会永远听不见。

你能理解这意味着什么吗？我的一辈子那么长——一直到我死掉。

但是，我要再说一遍，我无法相信这是真的。这不可能，只要做点什么，就不可能永远是这样，不可能在我死去的时候，还与世界隔着一层薄纱，不可能永远、永远、永远听不见！

无法相信这一审判是不可撤销的终审判决，难道不对吗？希望，还没有被蒙上阴影？

工作时，一想到自己的听力，我就紧张，处于不间断的恐惧之中，唯恐模特或其他人跟我说话，我没有听见；或者，有人嘲笑我的病；或者，为了让我听见，他们不得不提高音量。

模特到我这里时，我还能把话说明白吗——说什么？说我听不太清吗？像那样坦白自己的病情，试试看！一句话，这个病，太令人感到羞辱、太愚蠢、太可怜了！

我还没勇气坦白，仍然抱着希望，抱着不为人察觉的希望。

十一月二十三日，星期四

这周做得糟糕透了，自己都无法理解。朱利安把我叫过去，说了这么多毫无意义、残酷无情的话——我无法理解！去年，他几乎说过同样的话；现在，在回顾过去一年的习作之后，他说道："做得不错，你现在不可能做得比这更好了。"相信他的话，意味着过去3年里，我没有任何进步。就是说，实际上，从3年前我开始画画起，他就已经开始惋惜、责备和嘲讽了。

也许他认为该以这种方式强迫我画画。可恰恰相反，他的这种方式令我无法正常工作，做任何事都超不过3小时——我的手发抖，胳膊灼痛。

去年夏天，我画了艾尔玛大笑时的肖像，大家都认为不错。今年夏天，从西班牙回来病愈之后，我创作了一幅蜡笔画，大家也认为非常棒。此外，我还创作了一幅画，大家也认为挺好的。从那儿以后，我还画了什么呢？我糟蹋了《渔夫》，然后在俄国过了6周的假期。回来时，恰好遇到了自己不喜欢的模特，又给模特选了一个糟糕的姿势。尽管如此，我还是强迫自己不管不顾地继续画画。可想而知，画出来的东西定然惨不忍睹，于是我干脆毁了它。接下来，我试着画一只胳膊。刚一开始，朱利安就看见了，认为它太难看了，还私下里告诉了我。我非常清楚，我不是布莱斯劳；我也清楚，自己需要练习。正因为知道这些，知道自己已无可救药。所以，我清楚自己无法再画下去了——我发誓，一定会有人认为，我对艺术一无所知！

要是我在油画方面没有取得与素描一样快的进步，朱利安就没有理由说出这么可怕的话了。

十一月二十七日，星期一

朱利安总是说我在装模作样地画画。现在，我回到了工作室，他就不会再这么说了。这种连续不断的挑刺，真是无聊。前天，他说，在过去的两年里，我没有任何进步。可在过去的两年里，我病了5个月，有6个月的时间在恢复之中。剩下的时间，都在为画展准备——一个真人大小的女人，来源于俄国生活；还有《尼斯的老人》、特蕾莎、艾尔玛、戴娜的肖像，都是大幅画作；还没包括习作。我知道，它们都不太理想——但这与鞋匠为了解闷画的东西，绝对不一样。

我猜，他认为他的话会刺激我前进。也许，他说得很对，可这么说话，多令人灰心泄气啊！当然，我与布莱斯劳的处境不一样，她身处艺术圈，说的每句话，做的每件事，都与艺术相关。可是，这些我都能做，在我所处的环境里，我的确都能做。

毫无疑问，为了习作，我浪费了大量时间。比如晚上，布莱斯劳都用来画画、构思，而我的精力都分散了，花费在了周围的人身上。

环境——在学画画期间，一半的进步取决于它。要是自己揪着环境不放，就会让自己对周围的人，要么疏远起来要么怒目相视。如果不害怕招来厄运的话，我就会说上帝不公平。可是，我为什么要说这

玛丽娅·巴什基尔采娃《尼斯的老人》，第二次世界大战期间被毁

个？我为自己的变化感到害怕。我身材变结实了，肩膀早已足够宽了，可还在变宽；胳膊更圆了，胸部比之前更丰满了。

十二月五日，星期二

一口气读完了《奥那林》①。为了成为那个令人神魂颠倒之人的情人，有什么不可以牺牲的呢？也许那样，读者才会对我单调的生活产生一丝兴趣。

真是奇怪，这部记载了自己的失败和默默无闻生活的书，居然成了自己获取长久所渴望的名望的手段。可一旦有了名望，就意识不到这些了。另外，为了让读者读完这没完没了的日记，难道我不应该先

---

① 《奥那林》(Honorine)，法国作家巴尔扎克《人间喜剧》中的一部作品，于1843年出版。

有点名望吗？

两三天之前，我们去了巴黎的德鲁奥宾馆，那里在举行宝石展。母亲、索菲姨和戴娜对珠宝饰品爱不释手。可是我，对什么都不太瞧得上眼，只有几块巨大的宝石，让我产生了马上拥有的渴望。我想，拥有一对这样的宝石，一定会很开心，但这种事，我想了也是白想。可万一有朝一日，嫁给了百万富翁，说不定就会拥有一对耳环，镶嵌着这么大的宝石，哪怕胸针也行，因为这么大的宝石对于耳环来说太沉了。这是我第一次，完完整整地欣赏了漂亮的宝石。昨天晚上，我得到了两块宝石，是母亲和索菲姨为我买的。我之前虽然说过想买，可根本没想过真的要买。"这些宝石，才是我想真正拥有的。"它们值25000法郎，可惜是黄色的，否则就得三倍的价钱了。

整个晚上，我都在把玩宝石。雕塑时，我把它们放在口袋里。迪索图瓦在玩牌，博吉达尔和其他人在聊天。整个晚上，我和宝石寸步不离，睡觉时都把宝石放在枕边。

啊，要是其他看似不可能的东西，都可以如此轻易得到就好了。即使它们是黄色，仅仅花了4000法郎，没有花25000法郎也行！

十二月七日，星期四

和朱利安聊了几分钟，现在，我们像以往那样长时间友好地聊天，已经不可能了。我们不再有话题，该说的都说过了。我们都在等待，等待着我有所成就。我责怪他对我不公，更准确地说，我责怪他为了激励我所采取的方法。

我的蜡笔画要送到一家俱乐部，然后再送到画展。"好得不能再好了。"朱利安说。我真想拥抱他。

好吧，我必须有一幅画，让艺术家们都驻足观望，但现在还做不到。啊，我就是认为，只要努力，无论多么艰苦，最终都会成功的！我信心倍增，可目前，感觉比登天还难。

十二月十四日，星期四

今天早晨，我们去看巴斯蒂昂本人从乡下带回来的画作，发现他刻意做了些改变。我们的聚会像朋友聚会，他那么和蔼，那么真诚！

也许，他不是这样的人，但他的确才华横溢！是的，他很有魅力。

至于那可怜的建筑师弟弟，完全被罩在哥哥的光环之下。朱尔斯带来了几幅《乡村夜色》的习作：一位农民，从田里劳作归来，停下脚步和一位村妇讲话；村妇正向远处的一座房子走去；这座房子的窗户，为升起的月光所点亮。这幅画将暮色的效果画得淋漓尽致，令人感受到了弥漫四周的静谧，充满了诗意和魅力，色彩也棒极了。

还有一幅画：一位老人在铁匠铺干活。这幅画很小，却很精致，不逊于在卢浮宫里看见的美妙的黑色画作。此外，还有一些陆地和海上的风景画——威尼斯和伦敦——以及两幅大型画作：一个英国的卖花女和一个田里劳作的农村女孩。

这位天才，不为一种风格所羁绊，用大师般的手法呈现了各种风格，展现了其全方位的才能和力量。只要看上一眼，就会为其所倾倒。

这幅《英国男孩》，比我所提到的那两幅作品要好许多。至于去年的那个男孩，叫作《无所事事》，简直就是一幅杰作。

⊙ 巴斯蒂昂·勒帕热《乡村夜色》系列之《乡村爱情》，布面油画，194cm×180cm，1882年，藏于俄罗斯莫斯科普希金造型艺术博物馆

⊙ 巴斯蒂昂·勒帕热《无所事事》，布面油画，132cm×89.5cm，1882年，藏于苏格兰爱丁堡国家画廊

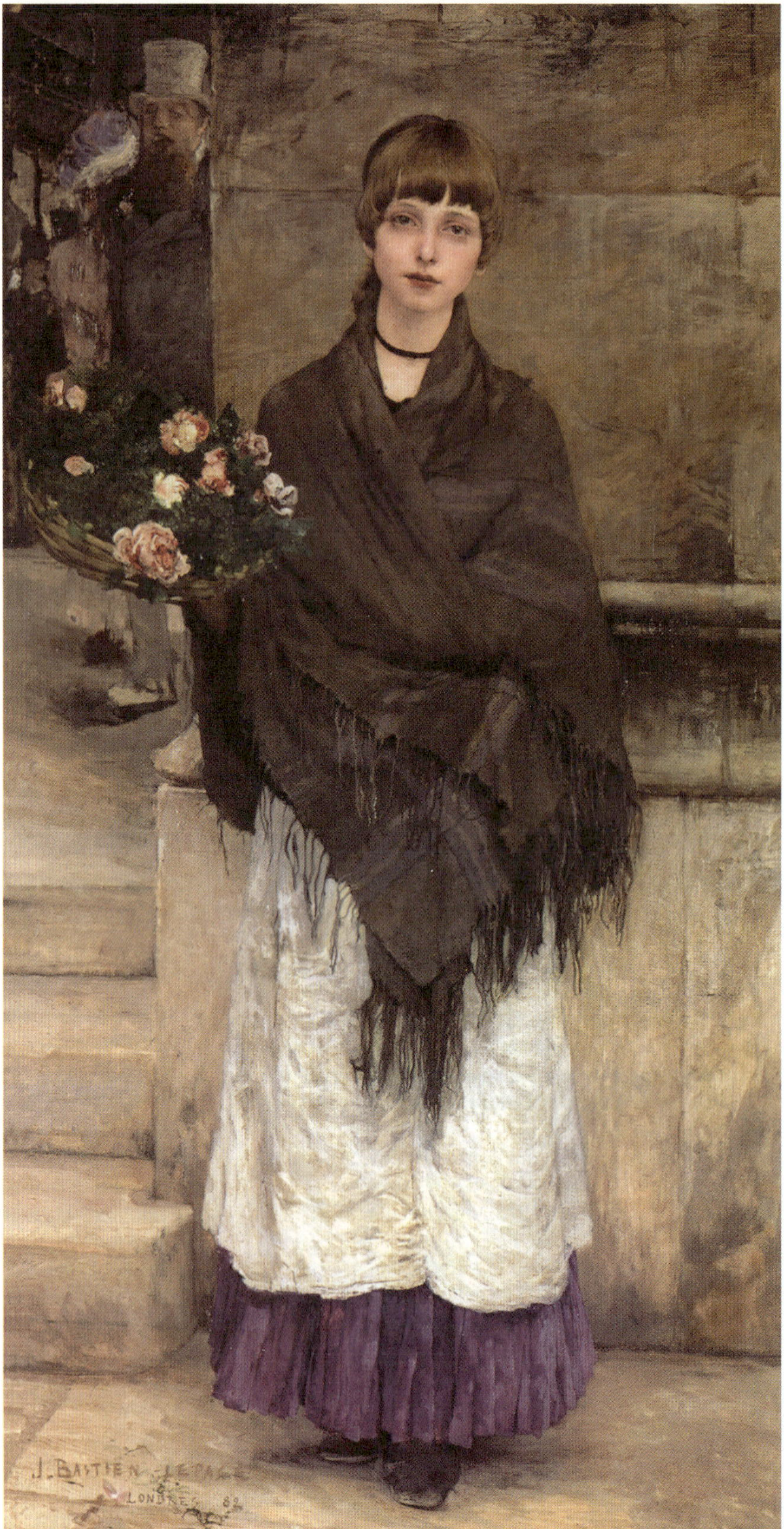
J. BASTIEN-LEPAGE
LONDRES 82

⊙ 巴斯蒂昂·勒帕热《伦敦花市卖花女》（左），布面油画，174cm×90cm，1882年，私家收藏
⊙ 巴斯蒂昂·勒帕热《秋收田间的女村女孩》（右），布面油画，81cm×59cm，1881年，藏于挪威奥斯陆国立艺术、建筑和设计博物馆

十二月十七日，星期日

今天，真正的、唯一的、伟大的巴斯蒂昂·勒帕热过来看我们了。迎接他时，我有些尴尬，因自己没有什么值得给他看的作品，所以有些不知所措，甚至感到一丝羞愧。

尽管竭力阻止他看我的作品，可他还是花了两个多小时的时间看。这位伟大的艺术家和蔼可亲，试图让我放松下来。我们谈到了朱利安，是他造成了我现在心灰意冷的状态。巴斯蒂昂没有把我看成社会女孩，他的意见与托尼·罗伯特-佛勒里和朱利安一样，只是他没有像后两位那样开着可怕的玩笑。朱利安说我一切都结束了，永远不会有所成就，没有希望了——这些话伤害了我。

巴斯蒂昂招人喜欢，或者说，我钦佩他的才华。我想，自己在他面前表现出的尴尬，恰好是自己所能给予他的最为贴心最为受用的恭维了。他在理查兹小姐的影集上画了张素描，理查兹小姐曾经也请我在这个影集上画过。因为颜料渗了，在底下那页留下了印迹，巴斯蒂昂希望在中间垫张纸。

"不用垫了，"我说，"这样，她就有两张素描了，而不是一张。"不知道为什么要帮助理查兹小姐。有时，给予某人意外的惊喜，或给予陌生人快乐，令我开心。

十二月二十日，星期三

为画展准备的题材，还没有定下来，而一切都不会自动浮现的。这就是折磨！

十二月二十三日，星期六

今天晚上，伟大的、真正的、独一无二的巴斯蒂昂·勒帕热及其弟弟和我们共进晚餐。我们没有邀请其他人，这叫我有些尴尬。因为是第一次一起进餐，我们好像有些过于亲昵了。另外，我还担心不能招待好他们。

至于这个弟弟，他所得到的友好接待几乎与博吉达尔一样。可我们关心的，还是这个真正的、伟大的、独一无二的人。这个善良的矮个子男人，他的天才比体重兑换成的金子还要宝贵。我想，要是以这种方式对待他，他一定会深感荣幸，满心欢喜的。还没有人称他为"天才"，我也没这么称呼他，只是像对待天才那样对待他。凭借这种小伎俩，让他尽享最奢侈的赞扬。博吉达尔晚上待了一会儿，他态度友好，我说的什么话他都赞同。我们像家人那样对他，见到像巴斯蒂昂这样的名人，他自然也很高兴。

为了不让巴斯蒂昂认为我过于崇拜他了，每当谈到他时，我都要带上圣·马索，总是说"你们俩"。他一直待到半夜，说我画过的一个瓶子非常棒。

"你就该这样画，"他补充道，"要耐心，集中精神，尽最大努力忠实地临摹大自然。"

十二月二十六日，星期二

好吧，看起来我真的病了。给我看病的医生跟我不熟，没兴趣欺骗我。他说，我右肺感染了，永远不会彻底痊愈了，但如果我注意保养的话，右肺不会更严重，我会和其他人一样长寿。话虽如此，可要阻止疾病的恶化，必须采取非同寻常的手段——火烧或者水疱疗法——总之，都是些轻松愉快的方法啊！水疱疗法！那意味着一年左右的黄斑。的确，为了掩盖瘢痕，晚上出门时，可以在右肩戴上一束花。

还要再等一周，如果那时还不好，我就要同意接受这种暴行。

十二月二十八日，星期四

好吧，病情确定了——我得了肺结核，他今天告诉我的。"照顾好自己，"他说，"努力治好，否则会后悔的。"

这位医生，是个看起来挺聪明的年轻人。鉴于我反对使用水疱疗法及其他可怕的方法，他说，如果不遵从医嘱，我会后悔的。他还说，他一辈子都没见过我这样与众不同的病人：从外表上看，没有人会猜到我的肺部已感染。的确，虽然双肺都已感染，而且右肺比左肺严重许多，但我看起来还是健康的模样。

第一次感觉到左肺有东西，是在离开神圣的基辅地下墓穴时，我们去那里向上帝和圣人祈祷我恢复健康。为了使祈祷效果更好，还花钱做了许多次弥撒。一周之前，左肺还好像没什么感觉。医生问我家里人是否有患肺结核的，"有，"我回答道，"我祖父和他的两个妹妹：图卢兹·罗德列克伯爵夫人和斯特拉尔伯恩男爵夫人，还有一位曾曾祖父及两位姑奶。"不管怎样，我终究得了肺结核。

与这个对如此古怪的病人还有兴趣的好心医生会面之后，下楼时，我双腿发抖。如果遵从他的医嘱，这种病可以得到遏制；就是说，要将起疱膏涂到胸部，然后去南方——让自己变丑一年，成为遭人嫌弃之人。与一生相比，一年算得了什么呢？我的人生如此美好！

我心态平和。我是唯一知道这不幸秘密的人，心里有种怪怪的感觉。那位预言我有多么幸福的算命人，又是怎么回事呢？雅各妈妈告诉我，我会生一场大病，真的应验了。要是她的预言全都应验，还会有许多事情要发生：一次前所未有的成功，获得财富、婚姻，还有爱上一个已婚男人。可是，左肺出了问题，还是令我心烦。波坦永远不会承认我肺部感染了，他会用通常的字眼，如支气管炎等说法。最好知道准确的病情，那将决定我要做的一切——只要不在今年离世就好。

明年冬天，我旅行的借口将是《神圣的女人》。今年冬天出行，不过是重蹈去年的蠢行。我将竭尽所能做该做的一切，只要不去南方——我相信上帝的恩典！

医生之所以把话说得非常严重，是因为从他治疗我以来，我肺部的病情就在逐渐加重。在他治疗我耳朵时，我曾偶尔笑着问自己的肺部情况。一个月前，他检查了我的肺部，开了一些处方，特别强调了起疱膏的作用。然而，肺部问题还是没有解决，只希望它不会像之前那样迅速恶化。

我得了肺结核，可肺部是在两三年前感染的啊。虽然这种病令人沮丧，可终究没有严重到要了我的命。

从外表上看，我还是如花似玉一般。而且，得病之前做的衣服，当时还没有人知道我会生病，现在腰身却瘦了。这些现象，都该如何解释呢？我想，自己该突然变瘦了才对。

如果再给予我10年的生命、10年的爱情和10年的荣耀，那时，我将30岁了，我会含笑而终的。如果可以与人做出这个约定，我会这么做的——在活到30岁时，含笑而去。

但还是希望身体痊愈，疾病得到遏制。虽然这种病治不好，但的确还是可以活很长时间——跟其他人一样长。我将遂了他们的心意，尽可能将起疱膏涂在胸前。可不管怎样，我必须继续画画。

啊，我是对的，预测到了自己的命运——英年早逝。在为不幸扼住喉咙之后，死神来了，要结束这一切。我清楚地知道自己要早逝，我的生命，终究不会持续下去。对拥有一切的渴望，对拥有雄心抱负的渴望，不会继续下去——这一点，我也非常清楚。几年前在尼斯时，我就模模糊糊地预见到了什么可以维系我的生命。而其他人拥有的，要比我所渴望的还要多得多，可他们仍然健康地活着。

我不会对任何人说自己的病情，只有朱利安例外，他早已知道了。今天晚上，他和我们一起吃饭，我不自觉地与他单独待在了一起。我严肃地向他点头示意，指着我的喉咙和肺部。他无法相信这件事，我看起来如此健康。他试图安慰我，说他朋友的医生曾对他朋友说了同样的话，可后来证明医生错了。

他问我，我是怎么看待天堂的，我告诉他，天堂给了我太多的委屈。"天堂，"我补充说，"我几乎没有想过。"然而，他认为我相信有来世。"是的，"我说，"差不多吧。"我给他读了缪塞的《寄托于上帝的希望》，他背诵了弗兰克的祈祷作为应答。"我一定要活下去！"

我也希望活着。虽然被判了死刑，可我还是开心。这是一次自我展示的大好时机，一次全新的感受。我内心拥有一个秘密：自己已被死神的手所触及。冥冥之中，有什么东西令我迷恋——最重要的，它是新生事物。

其次，能够真诚地谈论自己的死亡——这让我开心，而且挺有意思的。只是遗憾，除了可以向朱利安袒露心声之外，不能随便向其他人说。

十二月三十日，星期六

病情严重了。我又开始夸大其词了？不是的，这次病情真严重了，这是事实，而且我永远都不会好了。仁慈的上帝，既不仁慈也不公平，而且，还会因为我说这些话，很可能给我施加更多的折磨。他用如此可怕的思想恐吓我，让我臣服于他的意志——这种臣服，他可能并不在乎，因为它是恐惧的产物。

只要——最糟糕的是，我咳嗽得很厉害，那种不祥的声音在胸部还能听到。好吧，让一切都留到十四日①吧。但愿那时我还能保持健康！但愿我不再发烧！但愿我不被送到床上。可是，那是不可能的。也许，病情早已失控，这种病恶化得非常快。双肺！噢，我的命好苦啊！

十二月三十一日，星期日

天太阴暗了，无法继续画画，我们就去了教堂，然后去看了展览。展览位于塞泽街，展览的是巴斯蒂昂、圣·玛索和卡赞②的作品。这是我第一次看见卡赞的画作，它们令我痴迷不已。这些画，本身就是诗。虽然巴斯蒂昂的《乡村夜色》在任何方面都绝不逊色于诗人画家卡赞，可人们总是说卡赞在处理手法上更高出一筹——这种说法不公平。

在画展那里，我度过了愉快的一小时。那里要欣赏的东西可真不少啊！像圣·玛索那样的雕塑家，真是凤毛麟角。用人们常说的有点陈腐的话，叫作"栩栩如生"来描述他的作品，绝对再恰当不过了。

除了这一重要特征——这就足以成就一位艺术家了——之外，他的作品中，还饱含深邃的思想，强烈的情感以及无法言表的内涵，证明了圣·玛索这位艺术家，不仅才华出众，甚至可以说是位天才。

他不仅年轻有为，而且还朝气蓬勃，所以，我对他不吝赞美之

---

① 十四日（the fourteenth），《圣经·民数记》9章，耶和华吩咐摩西，以色列人要在二月十四日黄昏的时候，守逾越节，要用无酵饼与苦菜和逾越节的羊羔同吃。
② 卡赞（Jean-Charles Cazin，1841—1901年），法国自然派画家、风景画家、陶瓷艺术家。

词，有夸张的地方敬请原谅。

目前为止，我倾向于将他放在巴斯蒂昂之上。

现在，我有了一个执着的念头——不但想拥有一个人的画作，而且还想拥有另一个人的雕塑作品。

⊙ 让·卡赞《午夜》（左），布面油画，88cm×89cm，1891年，藏于美国克利夫兰艺术博物馆
⊙ 万国邮政联盟纪念碑（右），圣·玛索代表作，位于瑞士首都伯尔尼

渴望
荣耀

乌克兰天才女艺术家 玛丽娅·巴什基尔采娃的日记

1883年

一月一日，星期一

受伤生病，长期卧床的甘必大，刚刚去世了。虽然有好几位医生都可以挽救他的生命，虽然他是世界关注的焦点，所有的祈祷都希望他恢复健康，可他还是去世了！我为什么要折磨自己呢？为什么希望恢复健康，为什么要悲伤呢？死亡，令我感到恐惧，好像自己早已与死亡面对面了。

是的，死亡一定会到来——马上。啊，我感觉自己多么渺小啊！为什么呢？在坟墓之外，一定还有什么，这次短暂的生存不可能是全部人生——这既不合情理，也无法满足我们的愿望。一定还有额外的什么东西。如果没有，这种人生会毫无意义，上帝会令人感觉荒唐可笑。

来生——有时，一定可以捕捉到那些令人恐惧的神秘时刻。

一月十六日，星期二

埃米尔·巴斯蒂昂带我们去了甘必大在阿弗雷城[①]的故居，他哥哥在那里画画。

巴斯蒂昂·勒帕热坐在床脚画画。房间里还保持着甘必大生前的样子——床单，羽绒被罩，仍然留有他身体的印记，还有床上的花朵，一如从前。绘画，就是对人如实的写照。甘必大的头，往后仰

---

① 阿弗雷城（Ville d'Avray），法国法兰西岛大区上塞纳省的一个市镇，属于布洛涅－比扬古区沙维尔县。

着，占据了四分之三的视角，带着那种虚无的表情，形象地再现了其深深的痛苦——栩栩如生的安静表情，却含有永久安息的意味。感觉眼前看见的，就是甘必大本人。他的身体，一动不动地在床上伸展着。可他的生命，却刚刚从床上离去，令人难忘。

巴斯蒂昂·勒帕热，该是多么快乐的人啊！在他面前，我自愧弗如。他有25岁年轻人的体格，平和自然，和蔼可亲，毫不矫饰做作。这种态度，只有那些伟人——比如维克多·雨果才会有。总之，他拥有无限的魅力，这种魅力，来自对自我能力的自信——既没有傲慢，也没有自满。

墙上，可以看见子弹留下的痕迹，正是这颗子弹结束了甘必大的生命。巴斯蒂昂要我们关注这弹痕，这房间的静谧，凋谢的花朵，还有透过窗户照射进来的阳光——所有这一切，让泪水湿润了我的眼睛。然而，他仍沉浸在画中，背对着我。为了不失去这展现情感的机会，我猛然握了一下他的手，然后匆匆离开了房间，任泪水在脸上滑落。我希望他注意到了我的眼泪。可恶，真是可恶，必须承认，人们总是想到做事的后果。

一月二十二日，星期一

过去两个月，我一周两次去见医生。这位医生是杜坡莱先生推荐的，因为他没有时间亲自治疗我。本以为会取得好疗效，可惜并没有。我没有好转，但他们希望病情不再恶化。

"如果病情不恶化，"他说，"你就可以认为自己非常幸运了。"可是，这很难。

二月二十二日，星期四

一直在工作室里播放肖邦的钢琴曲和罗西尼[①]的竖琴曲，我独自一人。月光明亮，透过工作室的大窗户，可以看见美丽无云的蓝色天空。我想到了自己画的《神圣的女人》，沉迷于画中，心驰神往。突然，被一种莫名的恐惧抓住：唯恐有人在我之前将它画了出来。这个想法，令这无限平静的夜晚不再安宁。

今天整晚都非常快乐。一边读着英文版的《哈姆雷特》，一边沉浸于昂布鲁瓦·托马斯[②]的音乐之中。

有些戏剧，永远不会失去感动灵魂的力量。其塑造的人物，也同样具有不朽的力量——比如"奥菲利亚"，美丽而苍白！她在我们心中占据了一席之地。奥菲利亚！她让我们渴求体验到了痛苦的爱情。奥菲利亚戴上了花，奥菲利亚死去了！这一切多么美妙啊！

啊，愿上帝给予我力量完成画作——那巨大的画作，是我真正的画作。而我今年的画作，只能算是习作了——是巴斯蒂昂激发的灵感吗？是的，当然是。他的绘画，把大自然临摹得如此真实，所以，任何人想要临摹大自然，就必须先临摹他。

画中人的脸，栩栩如生，不仅仅像卡罗勒斯的脸那么漂亮，它们更是艺术品，有血有肉，会呼吸，有生命。关键的问题，不是技能，不是润色，而是大自然本身，大自然崇高无比！

[①] 罗西尼（Gioacchino Antonio，1792—1868年），意大利作曲家，他生前创作了39部歌剧以及宗教音乐和室内乐。
[②] 昂布鲁瓦·托马斯（Charles Louis Ambroise Thomas，1811—1896年），19世纪法国作曲家。托马斯一生创作了20余部歌剧，其中以《迷娘》与《哈姆雷特》著称于世。《哈姆雷特》是托马斯最成功的歌剧创作，完成于1868年，是他所有流传于后世的歌剧作品中最长盛不衰的一部。昂布鲁瓦为了使莎士比亚的名剧符合19世纪法式歌剧的演出风格，删减了剧中很多重要角色与章节，堪称歌剧史上独一无二的作品。

二月二十四日，星期六

你知道，因为经常想巴斯蒂昂·勒帕热，我感觉有点心累。我不断重复着他的名字，却竭力不发出声音，好像是一种羞耻。当我真的说出来时，声音里却带着温柔和亲昵。他的出众才华，我的种种表现，看起来似乎很自然，却也容易为人误解。

天哪！他不能像他兄弟那样经常来看我，真是遗憾！

但要是他来了，我该怎么办？与他成为朋友，当然！什么？你不相信有一种朋友间的友谊吗？我崇拜那些有名的朋友，不是出于虚荣，而是因为我为他们的才华——智力、能力和天才——感到自豪。被赋予了天才的人，是与众不同的族群。只有逃离了平庸，才会沉浸于更纯洁的氛围之中。那时，才可以与上帝的选民携起手来唱歌跳舞，为了纪念——我要说什么啊？真相就是，巴斯蒂昂·勒帕热的大脑令人无限痴迷。

我的确担心有人发现我在模仿他。我要如实地临摹自然，可我知道，自己虽然在画画，可心里却在想着他的画。任何天才的艺术家，只要热爱自然，只要渴望真实地模仿自然，就会与巴斯蒂昂有相似之处。

二月二十七日，星期二

这些天的快乐一个接着一个。我唱歌、聊天、大笑，巴斯蒂昂·勒帕热的名字像口头禅一样，不断出现在我的脑海里。不是他本人，不是具体的那个人，也不是他的天才——只是他的名字。我心中为恐惧所填塞。要是我的画真的像他了，该怎么办？除了著名的《无所事事》之外，他最近还画了不少男孩女孩的作品。我还能比他画得更好吗？

我的画里，有两个小男孩，挽着手走在马路上。大一点的男孩，7岁，嘴里叼着一片树叶，一直盯着远处。另一个男孩，要小几岁，一只手插进裤兜里，正看着路人。

今天晚上，我享受了一小时的快乐。为什么？你会问。是圣·玛索，还是巴斯蒂昂来了？都不是，是我为自己画了张速写。

你没看错。3月15日一过，我就打算做雕塑。我一共做过两组，两三个上身像，都半途而废了。像我这样独自一人雕塑，没有人指导，只能偶尔做做自己感兴趣的东西。即使这样，仍可以将自己的生命、灵魂——所谓真实的东西——投入其中，而不仅仅是为工作室做些练习。

构思一个人物，将自己的身心投入其中，就是我希望做的。

会一塌糊涂吗？没关系，我天生就是雕塑家，已将自己对形体的热爱转化为崇拜。尽管我也喜欢颜色，可颜色永远不能像形体那样发挥超越灵魂的力量。可是形体！高贵的手势，美妙的姿态，凝固于大理石中，随你的心意任意欣赏。虽然轮廓可以改变，但人物却传递着同样的意义。

噢，幸福！噢，快乐！

我雕塑的人物是位妇女，她站在那里，在捂着脸哭泣。你知道，人哭泣的时候肩膀是什么样子。

我感觉到一种冲动，想在雕塑面前跪下。我对着它发表了上千次长篇大论。泥塑模型30英寸高，但雕塑本身却是真人大小。这么做，触犯了常识，可那又能怎样？

我撕碎了麻纱睡衣，用来包裹这脆弱的雕像。我爱这雕塑胜过爱自己。

我的视力不太好，当再也画不好时，我就致力于雕塑。

这件白色的湿麻纱，多么漂亮啊！它将这个小雕像弯曲有致的形

⊙ 玛丽娅·巴什基尔采娃仅存的一件雕塑作品《瑙西卡的痛苦》，青铜，高 83cm，藏于法国巴黎奥赛博物馆

体展现得淋漓尽致。我带着崇敬将雕像包裹起来——它是如此精致、如此细腻、如此美丽。

二月二十八日，星期三

明天，我的画就完成了。算上明天，我已经在它身上花了 19 天了。要不是重新处理了其中一个男孩，本来一两周就可以完成的——这个男孩看起来太老了。

三月三日，星期六

托尼过来看画，他对这幅画非常满意。他说，其中一个人的头像非常好。

三月十五日，星期四

我的画终于完成了！3 点钟，我还在画它。许多客人来了，我不得不离开。康罗贝尔夫人及小姐、爱丽丝、博吉达尔、亚历克西斯、公主、阿贝玛、坎切恩夫人以及托尼·罗伯特 - 佛勒里早晨都来了。他们都要去巴斯蒂昂的家里看他的《乡村爱情》。这幅画，画的是一个小女孩，倚靠在果园的篱笆上，背对着观众站着。她的眼睛凝视着地面，手里拿着鲜花。一个男孩子站着篱笆旁，面对观众，眼睛低垂

巴斯蒂昂·勒帕热《自画像》，布面油画，55.5cm×46cm，1880年，藏于法国巴黎奥赛博物馆

着，在看自己握在一起的双手。这幅画情感细腻，充满诗意。

至于处理手法——这不是艺术——完全是真实的世界本身。还有一幅德鲁奥夫人的小幅肖像，她是维克多·雨果的守护天使。这幅肖像就真实、情感和相似度而言，也是非常完美的。从远处看，这些画各有千秋，但展现的都是活生生的在你眼前走过的人。巴斯蒂昂不仅仅是画家，还是诗人、心理学家、哲学家和发明家。

他自己的画像，坐落在房角处，也是一幅杰作。可是，他最杰出的作品还没有出炉——就是说，我们希望看见他创作一幅巨制。借助这幅作品，他可以证明自己是天才，这样，就不会有人再对他说三道四了。

一位年轻的姑娘，头发梳成短辫子，背对着观众站着，这难道不是一首别有意味的诗吗？

没有任何画家，比巴斯蒂昂更深刻地融入现实生活了。没有任何作品，比他的作品更有高度也更具人性。那些真人大小的画像，对他的作品真谛所进行的阐释，尤其令人难忘。谁敢保证说能超越他？意大利画家——宗教画家，算是专注于传统题材的画家吗？虽然他们当中不乏高尚的画家，但他们必定是传统的，因此，他们的画作不会触及灵魂和思想。西班牙画家呢？妙不可言且充满魅力。而法国画家，才华横溢，极具艺术特色和学院派风格。米勒①和布列塔尼②，都是诗人，这毫无疑问，但巴斯蒂昂融合了两者，是画家中的王者，不仅因为他完美的处理手法，更是因为他所表达出来的情感，让这门发现的艺术传递得更为久远。巴尔扎克曾经说过，几乎所有的天才都善于观察世界。

三月二十二日，星期四

昨天，我派了两个工人为我的泥塑作品搭建真人大小的框架。今天，我自己动手，将它做成了自己想要的样子。脑海里，全都是今年夏天要画的那幅《神圣的女人》。要做雕塑，第一个想到的就是阿里阿德涅。另外，我雕塑的这个人物，实际上是另一个画中的玛利亚。放在雕塑里，如果不佩戴衣饰，而且模特还年轻的话，就会变成迷人的《瑙西卡》③：把脸埋在手中哭泣，将被人遗弃的神情真挚地表现出

---

① 米勒（Jean-François Millet，1814—1875 年），法国巴比松派画家。以乡村风俗画中感人的人性在法国画坛闻名。他以写实彻底描绘农村生活而闻名，是法国最伟大的田园画家。罗曼·罗兰在所著的《米勒传》指出："米勒，这位将全部精神灌注于永恒的意义胜过刹那的古典大师，从来就没有一位画家像他这般，将万物所归的大地给予如此雄壮又伟大的感觉与表现。"
② 布列塔尼（Jules Breton，1827—1906 年），法国现实主义画派画家。
③ 瑙西卡（Nausicaa），希腊神话中法埃亚科安岛的国王法埃阿克诺俄斯的女儿，英国画家弗雷德里克·莱顿将其创作成画。

弗雷德里克·莱顿《瑙西卡》,布面油画,144.7cm×66.9cm,1879年,私家收藏来，如此绝望、如此天真、如此真诚、如此感人，我不禁为之深深动容。

三月二十五日，星期日

从昨天下午2点开始，一直在担心。我告诉你发生了什么，你就知道怎么回事了。

维勒维耶伊尔过来看我，问我听到画展的消息没有。"没有。"我回答说。"什么！你什么都没听说？"她问道，"什么都没听说？你通过了。""我根本不知道。""不会有错的，他们已经接到了入选证。"就是这么回事。我的手在颤抖，几乎握不住笔了，身上感觉一阵阵的虚脱。

爱丽丝接着对我说："你的画已经被接受了。"

"接受了——这是怎么回事？没有拍号吗？"我问道。

"还不知道。"

我的画已经通过了，我对此不再怀疑了。

整件事让母亲、索菲姨和所有人都忐忑不安起来，尤其是我，最为心烦意乱。我一直尽最大的努力尽量保持无所谓的样子，强迫自己一如既往地待人接物。

我发了大约40份电报。后来，接到了朱利安的几行回复，我一字一字地抄录如下："噢，天真！噢，极端的无知！我终于将你点醒了！"

"你的画已经被接受了，号码至少是3，因为有我认识的人想给你号码2。你终于征服他们了。祝贺祝贺！"

这不是快乐，但至少能带来平静的心情。

我想，经历了这24小时令人感到羞辱的忐忑不安，即使给我

1号，也不会令我高兴起来。人们说，只有在焦虑之后才会感受到快乐，而我不是这样，艰辛、疑虑和痛苦毁掉了我的一切。

三月三十日，星期五

一直画到6点钟。因为还有日光，我打开通向阳台的门，只为了在拨弄竖琴的同时，听见教堂敲响的钟声，呼吸到春天的空气。

我心境平和，整天都在老实地画画。之后，我梳洗打扮，穿上白衣，坐下来拨弄竖琴。我心情平静，为能足不出户就安排好自己的事情，感到满足和快乐——这里有我想要的一切。能一直过这种生活——在等待功成名就之前，是如此快乐。即使功成名就，我也只可以牺牲两个月的时间，然后还得关起门来再继续工作10个月。只有这样，才可以挤出两个月的时间。令我烦恼的，是想到自己有朝一日必须结婚，可结婚是逃避创伤——因自怜自爱而遭受的创伤——的唯一出路。

"她为什么不嫁人？"有人会问。人们说我已经25岁了，这让我恼怒。要是我结过婚——可是和谁结婚呢？但愿自己还和之前一样身体健康。但现在如果我结婚了，我的丈夫一定要心地善良，情感细腻。他必须爱我，因为我还没有富裕到可以自己养活自己的地步。

说出这一切的，并不是我的心。人们无法预见一切，而这取决于——另外，也许有这种可能。我刚刚收到了下面的来信：

香榭丽舍宫法国艺术家协会年度美术展

小姐：

我谨代表委员会办公室写信告知您，您的蜡笔画《头像》在委员会获得了空前的成功，请接受我最真诚的祝贺。毋庸赘言，您的画得到了非常好的评价。

非常高兴,您今年真正获得了成功。

致以朋友般的祝贺,
托尼·罗伯特－佛勒里

那么,然后呢?信,已经写在这儿了,但首先要给我的朋友们看看。你认为我已欣喜若狂了?根本没有,我非常平静。无疑,还不到欣喜若狂的时候。这个消息不再令我激动,好像是世界上最平常的事情而已。给我写信,这件事本身就已令它失去了很多意义。假如我知道布莱斯劳接到了这样的信,我该十分烦恼,不是因为我只珍视自己没有的东西,而是因为自己过度的谦虚。我对自己缺乏信心。要是单凭信上的文字,我应该非常高兴。可当好运真正降临时,我又往往表现得犹犹豫豫,不敢相信它是真的,担心自己高兴得过早。不管怎样,高兴的理由还不十分充足。

三月三十一日,星期六

不管怎样,今天早晨,我还是去了朱利安的家,只为了再听一次表扬。好像布格罗[①]对他说过:"有个俄国人,她送来的画不错——真的不错。""你知道,"朱利安补充道,"布格罗连自己的学生都不在乎,他能说出这样的

[①] 布格罗(William Adolphe Bouguereau,1825—1905 年),法国学院派画家。布格罗的绘画常用神话作为灵感,以 19 世纪的现实主义绘画技巧来诠释古典主义的题材,并且经常以女性的躯体作为描绘对象。

⊙ 朱利安学院的布格罗工作室

话，意义非同凡响。"总之，似乎我要得到一些表扬了。

四月一日，星期日

咳嗽得厉害。虽然看起来没有消瘦，但我担心病情严重了。我只是不想惦记这件事,但如果病情重了,为什么给人的印象还是各个方面都没有问题呢?

我试图发现自己悲伤的理由,却一无所获,只发现自己在过去的两周里什么都没做。雕塑碎成了粉末,所有的一切,让我浪费了大量时间。

令我烦恼的,就是人们认为我的蜡笔画不错,绘画也应该不错。那么,好吧!我感觉自己现在能画出同样出色的画了,等着瞧吧!

我不难过,但发烧了,呼吸困难,右肺真的变严重了,仅此而已。

四月三日,星期二

天气晴朗,感觉又有了力气。仿佛有了力量,就可以创作出真正好的作品了。我感觉如此,也确信如此。

那么,明天吧。

好像内心有一种力量,可以将想象中的任何东西都真实地呈现给世界。我感受到了一种新的力量,一种对自己能力的自信,给予了自己之前三倍的力量去工作。明天就开始画画,主题是我非常喜欢的。我还有另一个非常有趣的主题,等秋天不好的天气来临时再画吧。我感觉每一笔都能说话,我心驰神往,陶醉于绘画之中。

四月四日,星期三,一个值得纪念的日子

这是6个小男孩的画像,他们围拢在一起。最大的大约12岁,

《见面》，玛丽娅·巴什基尔采娃代表作品，这部作品被认为是巴什基尔采娃最高成就的作品，去世当年（1884年）参加法国巴黎沙龙协会展的作品，虽未获奖，但受到极大关注。

最小的 6 岁。最大的男孩侧身背对着观众站着，手里拿着鸟笼，其他孩子站在一旁驻足观看。他们神情自然，姿态各异。

最小的男孩，仅仅能看见背部，双手叉在背后，仰着头。

这些人物画像，描述起来似乎没有什么特别之处，可实际上，当所有孩子都围拢在一起时，就变成了一幅兴趣盎然的场景。

四月十五日，星期日

疾病将我折磨得浑身乏力，做什么事都提不起兴趣。朱利安写信说我的画还没有挂起来，托尼·罗伯特-佛勒里不能承诺将它挂出来，但是，因为还没有挂出来，所以该做的事情还是会做的。托尼·罗伯特-佛勒里强烈希望以油画或蜡笔画的形式获得补偿。两个月前，我从未料想过这样的事情，可现在，我却对此无动于衷，仿佛都与我无关。

这次提名，我曾经以为会令我激动得昏过去。而现在，他们告诉我很可能甚至几乎可以确定我要获得提名，我却反而激动不起来。

人生所经历的事情都是有逻辑的，依照这个逻辑，一个事件为接下来的事件做好了铺垫，而这，正是我兴趣索然的原因所在。本来希望这个消息如惊天炸雷一般突然响起，本来希望这枚奖牌仿佛从天而降，甚至还没来得及喊"小心"，就瞬间将我砸进了幸福的海洋之中。

四月十八日，星期三

如果今年获奖，我的进步就比布莱斯劳快了。在师从朱利安之前，她画得非常刻苦。

刚才，我还在一直弹钢琴。开始弹的是肖邦和贝多芬美妙的进行曲，后来想到什么就弹什么了——琴声悠扬，有余音绕梁之感。可现在，好奇怪啊！无论我怎么尝试，居然连一个曲调都弹不出来了，哪怕是即兴弹奏，也弹不出调儿。虽说时间、情绪等因素必不可少，可最不可缺乏的，是神圣的和弦。如果有副好嗓子，我会唱出最令人沉醉、最为动人、最为古朴的歌声。目的何在呢？人生苦短，没有给予人足够的时间获取一切。我愿意从事雕塑，却不愿意放弃画画。不是因为希望成为雕塑家，而是因为我目睹了美丽，感受到了强烈的冲动，想将这美丽的画面呈现出来。

四月二十二日，星期日

只有两幅蜡笔画得到了1号——布莱斯劳的和我的。布莱斯劳的画没有挂在与视线平行的最佳位置上，但她的《费加罗报》编辑的女儿的画像却挂在了好位置上。我的画挂的位置也不怎么样，但托尼·罗伯特-佛勒里向我保证，这个位置还是不错的，而且它下面挂的也不是大型作品。《艾尔玛的头》，从某种角度来看，位置还行——属于所谓的值得夸耀的位置吧。总之，他说我的画挂的位置不错。

几乎每天晚上，都请人和我们一起共进晚餐。听他们谈话时，我经常扪心自问："这些人一生无所事事，只会说些蠢话，发表些言不由衷的评论，他们比我快乐吗？"他们所关心是另外一些事情，但遭受的痛苦却别无二致。像我一样，他们没有从所做的事情中获取快乐。很多事情，他们都没有注意到——比如，语言的内涵或者色彩的差异。对我来说，这些东西令我兴趣盎然，心情愉快。粗俗的灵魂是无法知道这些的。我听力偶尔会比别人差一些，从这个意义上讲，我不如他人。可是，比起大多数人来说，我更擅于观察自然界的美丽以及城市生活中的点点滴滴。这么说来，我终究还是得到了补偿。

啊，不，每个人都知道我耳背，提到我的名字时，他们首先要说的就是："她有点耳背，你知道吗？"我怎么会写下这样的字，我不明白。要自己习惯这种可怕的痛苦，可能吗？真是无法想象，这种事可以发生在老人身上，也可以发生在某个可怜虫身上，但怎么能发生在一个像我这样的女孩子身上呢？我是如此热情洋溢，朝气蓬勃，如此渴望生活！

四月二十七日，星期五

我认为，在艺术上，洋溢的热情可以在某种程度上弥补天才的匮乏。下面就是这样一个例子。我已经弹钢琴六七年了，换种说法，我有好几个月的时间不碰钢琴了，偶尔一年弹上一两次，每次弹五六个小时。因此，手指就不太灵活了，所以现在很少在大家面前弹琴，就连学校的小女孩都会令我相形见绌。

可是，但凡听到出色的音乐作品，比如肖邦或者贝多芬的进行曲，就会突然产生一种渴望，想要亲手弹弹。而且只需两三天的时间，每天练习不超过一小时，我就可以弹得非常完美，像迪索图瓦那样弹得不逊色任何人。他曾经过不间断的练习，拿到了音乐学院的一等奖。

四月三十日，星期一

与巴斯蒂昂·勒帕热交谈，真是幸福。

他向我讲述了他的奥菲利亚！

这个人，绝不是普通的艺术家。审视主题时，他不是从艺术家的角度，而是从探讨人性的角度。他对世界的观察，揭示了人类灵魂最深处的秘密。他没有把奥菲利亚看成一个疯女孩，而是将她看成一个深受爱情折磨之人。在她的疯癫之中，还有觉醒、苦涩、失望和绝望。对爱情的失望，在某种程度上搅乱了她的大脑。再没有比她的故事更悲伤、更感人、更叫人心碎的了。

我为之疯狂。啊，拥有天才，多么令人荣耀！这个矮个的丑男人，在我看来，比天使还要英俊，还要迷人，真愿意花上一生的时间

⊙ 巴斯蒂昂·勒帕热《奥菲利亚》，布面油画，52cm×60cm，1881 年，藏于法国南锡美术博物馆

听他侃侃而谈，看他挥毫作画。他的话简单明了，回应某人的评价时，他会说："我在大自然里真的找到了那么多的诗意。"语气无比真诚，令我痴迷不已。

我说得有些夸张，虽说如此，但这些的确是我的肺腑之言。

五月一日，星期二

那么，画展呢？好吧，风光不再。达仰[①]没有参展，萨尔金特中规中矩，热尔韦[②]平淡无奇，可埃内尔却魅力出众，他画的是一个正在看书的裸体女人。虽然灯光不是那种自然光，一切都沐浴在光雾里，但色调如此柔和，好像自己也被笼罩其中。朱尔斯·巴斯蒂昂高度赞扬了这幅画。还有一幅卡赞的作品，画的是朱迪斯从城里出发去见荷罗孚尼将军的情景[③]，可我更喜欢他的风景画。我没有花多长时间欣赏这幅画，所以并没有被它所迷住。但令我记忆犹新的是，朱迪斯的魅力还不足以迷惑住荷罗孚尼将军。

我对巴斯蒂昂·勒帕热的画不是非常感兴趣，可画中的两个人物

[①] 达仰（Pascal Dagnan-Bouveret，1852—1929年），法国写实主义画家。
[②] 热尔韦（Henri Gervex，1852—1929年），法国画家。其早期的人体作品因描绘巴黎妓女生活场景，被艺术沙龙拒之门外。此后，其作品多以现代生活为主题，主要作品有《罗拉》。
[③] 朱迪斯（Judith）和荷罗孚尼将军（Holofernes），都是《朱迪斯传》中的人物。《朱迪斯传》（Book of Judith），或译《友第德传》，是天主教和东正教《旧约圣经》的一部分。但是《朱迪斯传》由于是用希腊文写出的，没有希伯来文的原本，马丁·路德在修订《圣经》时，将这篇文章删掉。所以目前天主教和东正教的《圣经》中有保留这篇文章，在基督教新教和犹太教《圣经》中则没有这篇文章，算作次经。《朱迪斯传》，与部分其他《圣经》次经一样，是历史学上不认为其可靠的文献。文章中讲亚述大军侵入巴勒斯坦时，所向无敌，捣毁各地的神庙。直抵犹太的伯夙利亚城，这时城中一位年轻貌美的寡妇朱迪斯主动带领女奴出城，用美色诱惑亚述军主帅，夜里将其主帅荷罗孚尼（Holofernes）的头割下逃回城中。犹太军队乘势进攻，敌方因主帅死亡，无人指挥，大败而逃。朱迪斯是历代欧洲艺术家所喜爱的角色，有着大量相关的绘画、雕塑、戏剧作品，主要描述朱迪斯斩下敌军元帅首级的情节。几乎每一位文艺复兴时期的画家都有过以朱迪斯为主题的创作，可以说是较早期的"美人计"故事。

却无可挑剔。女孩背冲着观众站着，头部几乎什么都看不见，只能看见一侧的脸颊。她手里摆弄着一束花——这里蕴藏着一种情感，一种诗一般的魅力，一种无法僭越的大自然的真谛。

人物的背部是一首诗，而手，虽然只露出来一点，也画得非常精彩，感觉画家所渴望表达的东西，都已经表达出来了。女孩低垂着头，若有所思，好像不知道该如何放她的脚了。她所显露的神情，是那种令人痴迷的不知所措。男孩子画得也不错，而女孩所象征的优雅、青春和诗意，也都真实地表现出来了，感情充沛，精致优雅。

可总体上说，景色不甚理想，不仅绿色有些生硬，而且视野也不太开阔，缺乏空间感。为什么会这样呢？有人说，背景处的色彩过于稠密了。不管怎样，颜色太沉重了。

布莱斯劳呢？布莱斯劳的画不错，但我还是不太满意。处理手法挺好的，但没有表达出什么东西来。虽然画得色彩优美，但平淡了点。她画的是三个人——一个褐发女子，一个金发女子和一个年轻男子——在炉火边喝茶。在中产阶级的家里，这是稀松平常的情景。可画中人表情凝重，我们所寻找的社交氛围，在这个场景里都没有表现出来。一个这么喜欢谈论情感的人，在这方面却好像并没有多少才华。只能说，她的画还行，仅此而已。

而我的画呢？

艾尔玛的头部比较理想，手法也足够大胆，画得自然朴实。

可画里有一种肃穆的气氛，虽然是在户外画的，但看起来并不自然。墙不像墙——变成了天空，或者变成了涂色的画布，随你怎么说都行。头部还挺好，但背景糟糕。他们该给这幅画更好的位置，尤其不如它的画都位置不错。大家都认为，头像——尤其大一点男孩的头像——非常好。画的其他部分，处理得相对简单点，要是有更多的时间，很可能做得更好。

看着自己的画挂在眼前，我领悟到的东西比在工作室 6 个月来所领悟的还多。画展真是一所了不起的学校，我从未像现在这样懂得这一点。

⊙ 让·埃内尔《阅读》，布面油画，17cm×23cm，1883年，
藏于波兰华沙国家博物馆

五月二日，星期三

我该去剧院，可为了什么呢？去的理由，我想了好一会儿，是为了以最好的姿态展示自我吧。这样，有人夸我漂亮时，巴斯蒂昂也许会听到。可这又是为什么呢？我不知道。好吧，这个想法真愚蠢！让那些我毫不在乎的人喜欢自己，而且还是通过怄气的方式喜欢自己，是不是太傻了？我要好好想想。如果他是普鲁士的国王，我就应该去了。可对这个伟大的艺术家，我也没有什么理由抱怨。我会嫁给他吗？那么，我图的又是什么呢？

为什么要费尽心思研究每种情感。我有强烈的欲望，想要取悦这个了不起的男人，仅此而已，当然还包括圣·玛索。我更想取悦哪个呢？无论哪个，都行，都会让人生变得有趣起来。这个想法，增添了我的柔情，让我看起来更漂亮了。我的肌肤光滑细腻，娇艳欲滴；我的眼睛，神采飞扬。不管怎样，挺有趣的。要是这种胡思乱想都有这种效果，那么，真情实感还有什么不能实现的呢？

毕竟，问题不在这里。今天晚上，朱尔斯·巴斯蒂昂和我们一道进餐。我表现得既不像疯子也不像孩子，既不愚蠢也不淘气。巴斯蒂昂简单，快乐，迷人。我们非常投缘，聊个不停。他非常聪明，他让我相信，有天赋的人并不仅仅擅长某一方面，他们应该想成为什么，就能够成为什么。

他还有趣。我曾担心，对于那些介于风趣和戏谑之间的微妙的幽默，他会无动于衷。总之，他具备一切完美的品质，可以说是完美无瑕。唯一的缺憾，就是他有点麻木不仁——至少对我，几乎是麻木不仁，他是不是有点愚钝啊？

五月六日，星期日

许多人谈论年轻的罗什格罗斯①的作品，画的是阿斯蒂阿纳克斯②被人从他的母亲安德洛玛刻③的胳膊里拉出来扔出城墙时的场景。

这幅画对古典题材的作品进行了创新，没有模仿任何人，也没有从任何人那里寻找灵感。色彩和手法所表现的活力无与伦比——当代艺术家没有一个人可以做到这一点。另外，他是西奥多·庞维勒④先生的女婿——报纸是这么说的。

---

① 罗什格罗斯（Georges Antoine Rochegrosse，1859—1938年），法国历史题材和装饰画画家。
② 阿斯蒂阿纳克斯（Astyanax），希腊神话中特洛伊王子赫克托耳和安德洛玛刻之子。
③ 安德洛玛刻（Andromache），希腊神话中特洛伊英雄赫克托耳的妻子，史诗《伊利亚特》的女主人公。她以对丈夫无比忠贞的爱而闻名。当特洛伊战争爆发时，安德洛玛刻曾劝说赫克托耳不要参加战斗，因为她预感到丈夫将会阵亡。后来赫克托耳果然在战争中被希腊英雄阿喀琉斯杀死。在希腊人采用俄底修斯的木马之计攻陷特洛伊后，城中男性居民遭到屠杀，妇女则沦为奴隶。安德洛玛刻从大火中救出自己尚在襁褓中的儿子阿斯蒂阿纳克斯，但这孩子马上又被希腊人夺走，并被扔出特洛伊城墙摔死了。这样，安德洛玛刻就在战争中失去了全部亲属（父亲、丈夫，7个兄弟皆为阿喀琉斯所杀，母亲被阿耳忒弥斯的神箭射死，儿子在城破后被杀）。战争结束后，作为战利品的安德洛玛刻被涅俄普托勒摩斯占有，成为后者的侍妾。安德洛玛刻的故事激发了从古到今许多艺术家的创作灵感，也被用作妇女在战争中遭受苦难的象征。
④ 西奥多·庞维勒（Théodore de Banville，1823—1891年），法国诗人、作家。代表作：《人像石柱》《钟乳石》《短歌集》《奇歌集》等。

无论后一消息是真是假，罗什格罗斯的确才华出众，他才24岁，是第二次参加画展。

这是人们所喜欢的绘画方式——构图、色彩、素描，所有的一切都蕴含了无法描述的精气神。

这就是他的名字——罗什格罗斯——所要表达的品格，如雷声滚滚。在诗情画意般的巴斯蒂昂·勒帕热之后，乔治斯·罗什格罗斯像一股湍流迎头而至。可能，他的才华在今后将更为人所关注，他会像巴斯蒂昂·勒帕热那样，一心要成为绘画界的诗人和心理学家。

我呢？我的名字——玛丽娅·巴什基尔采娃——所要表达的是什么呢？我愿意改名，我的名字读起来生硬、古怪，虽然它像胜利的钟声，甚至还蕴含着某种魅力、高傲和名望的意味，但听起来絮叨、突兀。托尼·罗伯特-佛勒里——读起来难道不像悼文那么冷淡吗？博纳呢？得体，有活力，但短促、普通。马奈[①]听起来像有缺陷——一个50岁时才会出名的学生。布莱斯劳，声音洪亮、平静有力。圣·玛索，跟玛丽娅·巴什基尔采娃一样，听起来令人紧张，但不那么生硬。埃内尔平静而神秘，蕴藏着难以名状的古典优雅的韵味。

卡罗勒斯-杜兰是一张面具。达仰，仿佛隔着一层纱，微妙、细腻、甜美、强壮，等等。萨尔金特，让人想起他的画，想到假的委拉斯开兹，假的卡罗勒斯，虽没有委拉斯开兹伟大，但还算不错。

五月七日，星期一

我又从头画起了小流浪汉，是幅全身像，在一块更大的画布上，让这幅画看起来更富有情趣。

[①] 马奈（Edouard Manet，1832—1883年），法国画家，是法国写实派和印象派奠基人之一。

◉ 罗什格罗斯《安德洛玛刻和阿斯蒂阿纳克斯的分离》，布面油画，884cm×479cm，1883年，藏于法国鲁昂美术馆

五月八日，星期二

　　我只为艺术生存，下楼就是吃饭，不与任何人交谈。
　　感觉自己正上升到一个新阶段。
　　所有的事情似乎都琐碎无趣，所有的事情，但画画是例外。人生，这样度过，也许才美丽。

五月九日，星期三

　　今天晚上，来了一些客人。虽然他们与普通的客人完全不同，会令人大吃一惊，可我却发现他们非常有趣。
　　朱尔斯·巴斯蒂昂，特别强调要集中精力做一件事情。因此，不会在自己做的事情上花无用功的。而我，精力极其充沛，因此有必要发泄一下。当然，如果谈话或大笑令人疲惫，那么最好就管住自己。不管怎样，巴斯蒂昂说得一定对。
　　我们去了工作室。为了不让他看我的那幅大型画作，几乎和他吵了起来——当时画正冲墙放着。
　　我对圣·玛索极尽赞美之词，朱尔斯·巴斯蒂昂抗议说他嫉妒了，他要不遗余力地将圣·玛索从我的心中驱逐出去。
　　他早已说过好几遍了。虽然只是玩笑，可听见他这么说，我还是高兴。
　　我必须让他认为，我对圣·玛索的钦佩要胜于对他的钦佩——当然，从艺术的角度而言。
　　"你喜欢他，对不？"我对他说。
　　"是的，非常喜欢。"

"你像我一样这么喜欢他吗？"

"噢，不，我不是女人。我喜欢他，但——"

"但跟女人的喜欢不一样。"

"噢，是的，你对他的钦佩有那么点喜欢的意味。"

"不，真的没有，我向你保证。"

"噢，那么，是下意识的。"

"啊，你能猜出来？"

"是的，我忌妒他。我不像他那样，外表英俊，皮肤黝黑。"

"他像莎士比亚。"

"没错！"

巴斯蒂昂本人会不喜欢我吗？为什么他不喜欢我？我不知道，但我担心他不喜欢我。我们之间，总有一种相敬如宾的感觉——这些细微的情感，无法解释，可我感觉得到。我们不是心有灵犀，因此，我会特意说一些事，也许这样能让他喜欢上我一点儿。

在艺术上，我们心有灵犀，可在他面前，我却不敢谈艺术。这是我感觉他不喜欢我的原因吗？

总之，有什么东西——

五月十八日，星期五

如果一心想要维持与巴斯蒂昂·勒帕热的友情，那么，就会为这段感情付出太多的牺牲，这样反而会扭曲了友情。在我看来，这样会将自己引入歧途。他的友情，像卡赞或圣·玛索的友情那样，给我带来了巨大的快乐。可令我烦恼的是，想到自己竟然将心思放在他本人身上——从这点上看,他并不那么伟大,不像瓦格纳[1]那样,是艺术上的神明,但也只有在艺术上,才有可能对他持有深深的敬意。

我所渴望的,是在自己周围建立一个充满趣味的社交圈。可每当这种希望要实现时,就会发生一些令人扫兴的事情,不是母亲去俄国了,就是父亲病危了。

我原计划举行一次晚宴,晚宴后再举行个招待会。比如,每个周四、周六都举行晚宴,周四请社会名流,而周六请艺术家。周四晚宴后的招待会,我会邀请上个周六与我曾共进晚宴的那些最负盛名的艺术家参加。

现在,一切都结束了,但明年我会努力实施自己的计划。我要心平气和,就好像意识到自己有能力成功一样;我要有耐心,就好像自己会长生不老一样;我更要坚持不懈,就好像自己早已成功了一样。

我要画木板油画了——《春天》:一个女人坐在树下,闭着眼睛在笑,好像沉醉在美好的春梦里。周围景色宜人——柔软的绿地,淡淡的玫瑰香,苹果树和桃树开满鲜花,树叶露出了枝丫——所有的一切,都给春天添上了神奇的色彩。

玛丽娅·巴什基尔采娃《春天》,木板油画,91cm×101cm,1884年,藏于圣彼得堡俄罗斯博物馆

---

[1] 瓦格纳(Wilhelm Richard Wagner,1813—1883年),德国作曲家、剧作家,以其歌剧闻名。理查德·瓦格纳不同于其他的歌剧作者,他不但作曲,还自己编写歌剧剧本。他是德国歌剧史上一位举足轻重的人物,前面承接莫扎特的歌剧传统,后面开启了后浪漫主义歌剧作曲潮流,理查德·施特劳斯紧随其后。同时,因为在政治、宗教方面思想的复杂性,他成为欧洲音乐史上最具争议的人物。

1883年

巴斯蒂昂·勒帕热要画一幅有关年轻女孩葬礼的画，他的艺术观点总是很独到，一定能画出我一直梦想的那种场景。然而，我并不希望这样，相反，我倒希望他呈现的是一片邪恶的绿色——可是，这个绝妙的题材，要是他没能画出动人的场景，我还是会感到不安的。

五月二十日，星期日

周五一大早，母亲就到了俄国。周六收到了她的电报，说父亲的身体状况极其令人担忧。

今天，父亲的仆人写信说父亲的状况岌岌可危，还说，父亲遭了许多罪。很欣慰母亲能及时赶到。

明天就要发奖了，画展要关闭3天，周四重新开馆。

我梦见床头放着一口棺材，有人告诉我里面躺着一个姑娘，四周黑暗，鬼火闪烁。

五月二十二日，星期二

一直工作到7点半。每一个声音，每一次铃响，每一回可可叫，都令我的心"沉到冰底"——这句谚语说得真是入木三分，我们俄国人也这么说。9点了，还是没有消息——一直在胡思乱想！没有收到任何消息，令人沮丧！工作室里的人都非常有把握——朱利安、列斐伏尔和托尼，互相谈过许多次了，我不可能一无所获的。可那样的话，他们早该给我拍电报了。好消息总是姗姗来迟。

啊，如果获奖了，应该早得到消息了。

我有点头疼。

不是因为这个奖非常重要，而是因为每个人都认为我会得奖——七上八下的感觉真是可恶。

我的心在跳，在跳；可怜的生命！这种事，还有其他所有的事情，到底为了什么？人终要死掉的！

没有人可以逃避——这是所有人的宿命……

死掉，死掉，不再有生命——这才是可怕之处。想被上帝赋予天才，而且是能够持续永久的天才——用颤抖的手写下这些愚蠢的东西，因为可悲的获奖消息迟迟未到。

刚送来一封信。我的心有好一阵停止了跳动——这封信是杜赛写的，关于我的裙腰。我要喝些药，平复一下自己紧张的心情。看见我这么坐立不安，大家还猜测我在构思《神圣的女人》。这幅画已经打完了底稿，最近这段时间，在画它或者想到它时，我都坐立不安。

我无法集中精神做任何事。

9点15分了。一向谨慎的朱利安不可能说话不算数的，我不可能一无所获。可是，还是毫无声息！

我的脸颊灼烫，感觉为火焰所包围。做噩梦时，也会有这种感觉。

9点35分了。

这时，朱利安早该到了，他6点就一定知道结果了，该过来与我们共进晚餐的——还是没得到任何消息。

虽然不可能发生，但我还是认为自己没有获奖。这样，现在没有得到任何消息，也就符合逻辑了。

一直在看路过的马车。

啊，太晚了！

荣誉勋章没有颁给绘画界,而是颁给了雕塑界的达鲁[①]。

这跟我有关系吗?

如果换成我,会给巴斯蒂昂颁发荣誉勋章吗?不会,他可以画得比这幅《乡村爱情》更好。因此,这幅画不是他的最高水平。他们也许会给他那幅了不起的《圣女贞德》颁奖,其中的景色三年前我还不满意呢!

我该再欣赏它一次。

五月二十四日,星期四

我获奖了!

我又恢复了平静,虽然说不上快乐,但也许可以说满意。

我是从报纸上得到的消息。那些绅士居然怕麻烦没有给我写信告诉我只言片语。

现实,总是没有期望的那么好,但也没有期望的那么坏。

六月十一日,星期一

父亲去世了。

我们是10点钟接到父亲去世的电报的,就是在几分钟之前。索菲姨和戴娜认为母亲该立刻返回来,不用等到葬礼结束。我回到房

[①] 达鲁(Jules Dalou,1838—1902年),法国著名雕塑家。

间，心烦意乱，却没有掉眼泪。而当罗莎莉过来拿给我新裙子时，我对她说："没用了，先生去世了。"我情不自禁地号啕大哭起来。

对于父亲，我有什么自责的吗？我不认为有。我对他总是尽职尽责。但有时，却总认为自己有责任。我该和母亲一起去看他。

他只有50岁，遭受了那么多的痛苦！他从未伤害过任何人，身边的人都爱他。他为人正直，反对耍阴谋诡计，待人处世，受人尊重。

六月十五日，星期五

康罗贝尔一家给我写了封感情真挚的信。是的，大家都对我深表同情。

今天早晨，本不期望见任何人，可我还是冒险去了小皇宫①——它出于某种利益需要，展出了百幅杰作：有德岗②的，有德拉克洛瓦③的，有福图尼④的，有伦勃朗的，有卢梭⑤的，有米勒的，有梅松尼尔⑥(唯一活着的艺术家的代表)的，等等。首先，必须向梅松尼尔道歉，我之前对他知之甚少。上次画展时，感觉他的肖像画只是在构图上稍有不足。展出的画作都堪称艺术精品。

但真正吸引我离开独居之所的，是渴望看一下米勒的画。他的画，迄今还没见过，却不断听到别人对他的赞扬，人们说："巴斯蒂

---

① 小皇宫（Petit Palais），法国巴黎的美术馆，现为小皇宫美术馆。
② 德岗（Alexandre-Gabriel Decamps，1803—1860年），法国画家，因其东方主义作品而闻名。
③ 德拉克洛瓦（Eugène Delacroix，1798—1863年），法国著名浪漫主义画家。
④ 福图尼（Marià Fortuny，1838—1874年），西班牙著名的浪漫主义画家。作品多涉及历史、军事题材和东方主义。
⑤ 卢梭（Henri Julien Félix Rousseau，1844—1910年），法国卓有成就的伟大画家，也是法国后期印象派画家。以纯真、原始的风格著称。代表画作为《梦境》《沉睡的吉卜赛人》等。
⑥ 梅松尼尔（Jean Louis Ernest Meissonier，1815—1891年），法国古典主义画家、雕塑家。代表作为油画《拿破仑一世》等。

昂是米勒不太出色的模仿者。"终于，我禁不住诱惑去看了米勒所有的画，而且还会再去看的。如果愿意，可以说巴斯蒂昂是他的模仿者，因为两人都是伟大的艺术家，描绘的都是乡村生活，而所有真正的杰作都有着家族一般的相似性。

卡赞的风景画与米勒的相似度，要比巴斯蒂昂的更高。就米勒送展的6幅画来判断，他最令人钦佩的，是其整体效果，和谐的布局，营造的气氛和透明度。他并不重视人物，只是简单地进行了处理，却也处理得大方得体。而这一点，恰好是巴斯蒂昂在今天独树一帜之处——在人物的处理手法上，既细致，又饱满有活力——真实完美地反映了大自然。他的《乡村夜色》，只是一幅小尺寸的速写，却毫不逊色于米勒这种类型的作品。黄昏下，只能看见两个模糊的身影。可是，我还是无法忍受他的《乡村夜色》，背景实在不合适啊！他怎么会看不到这一点呢？的确，巴斯蒂昂的大幅画作有缺陷，色调和整体效果都有欠缺，这才让米勒的作品显得如此出色。无论人们持有怎样的反对意见，在一幅画里，人物应该处于核心地位，而其他元素都应处于附属地位。

就整体效果而言，《雅克神父》要比《乡村爱情》好，《垛草》亦是如此。《雅克神父》充满了诗意，摘花的小女孩招人喜欢，老人处理得也不错。我知道，将一幅大画作都赋予人物特征，极其困难，而这恰是米勒的擅长之处，也应该是画的目的所在。在小幅画作里，许多细节可以忽略。我谈到的这些画，技法主导一切（不包括过于拘谨的梅松尼尔），比如米勒的学生卡赞的画。所谓魅力，指的就是这种无法描绘的品质，它来自整体效果，而不是某一特定的细节。这种魅力，在小幅作品里，只需轻快的几笔就可以表现出来。而在大幅作品里，情况就不会这么简单了——情感要依赖于科学分析。

⊙ 巴斯蒂昂·勒帕热《雅克神父》，木板油画，199cm×181cm，1881年，藏于法国巴黎奥赛博物馆

巴斯蒂昂·勒帕热《垛草》，木板油画，160cm×195cm，1877年，藏于法国巴黎奥赛博物馆

六月十六日，星期六

好吧，我收回称呼巴斯蒂昂的作品为杰作的说法。为什么？是因为他的《乡村爱情》令我感到吃惊，还是因为我没有勇气坚持自己的观点？我们只会将不在世的人奉为神明，如果米勒没有去世，人们会怎样评论他？这里，只有米勒的 6 幅作品，难道在巴斯蒂昂的作品里找不到与这 6 幅作品同样出类拔萃的吗？《无所事事》《圣女贞德》《他兄弟的塑像》《乡村夜色》和《垛草》。我并没看过他的全部作品，而且他还在世。与其说巴斯蒂昂是米勒的追随者，不如说卡赞是米勒的追随者更为恰当。卡赞与米勒非常相似，只是卡赞年轻一点而已。巴斯蒂昂具有原创精神，他就是他自己。一开始，人们总好模仿他人，可逐渐地，个性就会表现出来，紧接着诗意、活力和优雅也逐渐呈现出来。如果为表现这些品质而付出的努力被称为模仿，那可真的令人心寒。米勒的画，我佩服得五体投地，而巴斯蒂昂的作品也同样让我敬佩不已，这证明了什么呢？

思想肤浅的人说，这是模仿的结果。他们错了，两位演员都可以以同样的方式感动你，因为真挚而火热的情感是息息相通的。

埃当塞尔给我写了十几行的信夸奖我，说我是杰出的艺术家，是个小女孩，也是巴斯蒂昂的学生。请注意这种说法！

看见了圣·玛索雕塑的勒南[①]的半身像。昨天，又看见了勒南本人乘坐小马车路过，与雕像还真的挺像的。

⊙《勒南的半身像》，圣·玛索作品

[①] 勒南（Ernest Renan，1823—1892 年），法国研究中东古代语言文明的专家、哲学家、作家。他以有关早期基督教及其政治理论的历史著作而著名。

六月十八日，星期一

有件事要说一下，驻圣彼得堡的《新时代周刊》记者写信要求采访我，我答应今天早晨 11 点与他会面。这是一家非常有名的期刊，要采访我的这位 B 先生负责给期刊写稿，其中就有关于对巴黎作家绘画作品的研究——"鉴于您在他们当中具有举足轻重的地位，我希望您允许我采访"，等等。

我让索菲姨单独和他待了一会儿，才下的楼。为了采访效果，索菲姨会告诉他，我很年轻等类似的事情，让他有所准备。他看了我所有的画，还记了笔记。"您什么时候开始画画的？"他问道，"在多大年龄、什么情况下？"，等等。我成了这份重要期刊的记者要采访写文章的艺术家了。

这才是个开始。正是这次获奖，令我获得了这些，但愿这份报道能起到好效果。我不知道他的那些笔记是否恰当，因为其中的说法我都没听过，真是尴尬。

是索菲姨和戴娜告诉了他——什么？我焦急地等着报道，两周后才会登出来。

报道里特意强调说我如花似玉。

六月二十一日，星期四

明天就发奖了。他们给了我长长一串儿的获奖名单，上面（绘画部分）有我的名字，真是开心。但对于出席与否，我还是有点犹豫——有点不太值，但如果——

我害怕的是什么呢？我说不出口。

⊙玛丽娅·巴什基尔采娃（1883年摄）

六月二十二日，星期五

看到出席颁奖的人物，我突然想到，站起来走到台前有点可怕。索菲姨和戴娜坐在我后面，只有领奖者才有资格坐椅子。

这一天终于结束了，与我想象中的截然不同。

噢，明年再获一个奖，终于实现自己的梦想了！有人为你鼓掌，成功了！毋庸置疑，得了二等奖，就会想获一等奖？当然。

之后，就是十字勋章？为什么不呢？再然后呢？

享受劳动的成果，奋斗的成就，继续工作，尽可能取得进步，努力快乐起来，爱他人并为他人所爱。

是的，等好吧，不急。5年之后，与今天相比，我似乎既不会变丑也不会变老。要是匆匆忙忙就嫁人，我会后悔的。不管怎样，嫁人是迟早的事。我22岁了，人们以为我很大了，不是因为我看起来大，而是因为我长得就这样。13岁住在尼斯时，就被人误以为有17岁了。

总之，要嫁就嫁给真正爱自己的人，否则，就成了最不幸的女人。而爱我的这个人，至少应该是理想的结婚对象。

只要功成名就！只要事业辉煌！一切就都迎刃而解。不，一定不要指望遇到一个人，他既尊重我又爱我，还能成为我的理想伴侣。

普通人害怕出了名的女人，而非凡的天才又凤毛麟角。

六月二十四日，星期日

最近，一直在想过去写的关于彼得罗的事情，真是不可理喻。比如，我说，总在晚上想到他，如果他突然来到尼斯，就会投入他的怀抱。人们会以为我爱上了他——读者们也会这么认为。

可事实永远、永远、永远不可能是这样。

经常在夏夜，当心中充满莫名的渴望，就感觉想要投入情人的怀抱。这种感觉，在我身上发生了上百次。这个情人有名有姓，是个真实的人，我能称呼他为——彼得罗。可是，还是别再提彼得罗了！

曾经幻想成为红衣主教的侄媳妇，他也许有一天会成为教皇——仅此而已。

不，我从未爱过。而现在，我永远不会恋爱了。现在的我，变得如此挑剔，要取悦于我，必须比其他人优秀很多，而且这是底线。只因他相貌英俊，就爱上他——不，这种事不可能再发生了。

七月三日，星期二

画没有进展，我绝望了。没有什么可以安慰我的。

终于，《新时代周刊》上的文章登出来了，写得非常好。但我还是感觉有些难为情，因为文章说我只有19岁。可我比这大，甚至有人认为我比实际年龄要大很多。

不管怎样，文章在俄国产生了巨大的影响。

爱情——那是什么？

什么是爱情？我从未体验过这种情感。建立在虚荣之上的那种幻想，它转瞬即逝，称不上爱情。因为想象力需要填补，所以，我喜欢上了某人。我喜欢他，因为这么做是我伟大心灵的需要，而不是因为他个人的德行。这就是区别，而且是天壤之别。

还是转向另一话题吧——谈谈艺术。我几乎不知道如何在绘画方面取得进步，我模仿巴斯蒂昂·勒帕热，这令人遗憾。模仿者永远不会与他所模仿的大师相提并论。本性，是阐释个人印象的手段，只有发现了表达自己本性的新渠道，才会成为伟大的画家。

我的艺术已不复存在。

在《神圣的女人》中，我已发现了一丝迹象，可在其他作品中呢？在雕塑里，情况不一样；可对绘画而言！

《神圣的女人》，我没有模仿任何人。我以为这幅画会产生巨大的影响，不仅因为自己用最忠实于大自然的手法处理这幅作品，而是因为这个题材带给我前所未有的热情。

小男孩的那幅画，虽然取材于街头，属于那种日常经常见到的普通场景，可还是令人想起了巴斯蒂昂·勒帕热。这位艺术家，总是让我产生一种无法描述的忐忑不安的感觉。

七月十四日，星期六

你读过司汤达①的《论爱情》吗？我正在读。

要么就是从未陷入爱河，要么就是不再爱某个想象中的人了，我是哪一种呢？

读读这本书吧。它比巴尔扎克的作品还要细腻，还要真实有趣，而且更富有诗意，它绝妙地表现了人之所想，我之所感。我总喜欢分析自己的情感。

我从未真正爱过，除了在尼斯之外，可当时我还是个孩子，对社会一无所知。

后来，对那不争气的彼得罗，我产生了病态的幻想。

记得在尼斯时的场景。当时，我独自站在阳台上，聆听着轻快的小夜曲。无须任何理由，这场景、这音乐，足以令人心驰神往。除了

---

① 司汤达（Marie-Henri Beyle，"司汤达"是他的笔名，1783—1842年），19世纪法国批判现实主义作家。他以准确的人物心理分析和凝练的笔法而闻名。代表作：《红与黑》《帕尔马修道院》等。

意大利，在其他任何地方，无论是在巴黎还是在其他什么地方，我从未体验过这种情感。

八月三日，星期五

巴斯蒂昂·勒帕热叫我绝望至极。每当我仔细观察大自然的时候，每当我寻求真实再现大自然的时候，就情不自禁想起这位伟大艺术家的作品。

他掌握完美阐释情感的秘诀。人们总好谈论现实主义，可现实主义者却不知道什么是现实主义。有人行为粗俗，却以为这就是自然而然的表现。现实主义绝不包含临摹粗鄙的事物，它创造的是真实事物的副本。

八月五日，星期日

人们说，我对C[①]充满天真的幻想，这是我不嫁人的理由。可是他们不明白，虽然我拥有豪华的嫁妆，却仍不是侯爵夫人或伯爵夫人。

愚蠢的人啊！幸运的是，为数不多的在读我日记的你们，不同于一般人，你们是我亲爱的密友，知道该相信什么。读到这些话的时候，所有那些我谈到的人可能已经去世了，而C很可能会将"一位漂亮的外国姑娘为这位骑士所倾倒"之类的甜言蜜语带进坟墓。愚蠢的

[①] C，指保罗·凯撒涅克（Paul de Cassagnac，1843—1904年），法国波拿巴主义者，玛丽娅曾深深爱过他。

人啊！其他人也会相信——愚蠢的人啊！你们非常清楚，事实并非如此。也许，因为爱情而拒绝成为侯爵夫人，这虽然浪漫，却成了我拒绝的理由。天哪！这的确是让我拒绝的理由。

八月十二日，星期日

单单想到巴斯蒂昂·勒帕热要过来，就令我非常紧张，无所适从。这么情绪化，真是可笑。

教皇与我们共进晚餐。巴斯蒂昂·勒帕热非常聪明，可还是没有圣·玛索出色。

我没有让他看我的作品。晚餐时，我几乎没有讲话，换句话说，我没有怎么表现自己。每当巴斯蒂昂·勒帕热引入有趣的话题时，我都无法回答他，甚至跟不上话题，因为这些话题虽然简洁明了，却意味深长，一如他的画作。如果我是朱利安，我就会引领话题，这是我最喜欢的谈话风格。巴斯蒂昂见多识广，聪明睿智，我还曾担心发现他某些方面的无知。

总之，他说的一些话，我本该及时回答的，以此显露自己的冰雪聪明。可我还是保持着沉默，任他继续下去。

几乎没有写日记，这一天令我彻底沮丧。

我渴望独处，只为了和自己交流一下他留给我的印象，因为这种印象既深刻又有趣。可在他到了 10 分钟后，我就已经在精神上屈服了，承认了他的驾驭能力。

本该说的话，一句都没有说出来。他的确是神明，意识到自己的力量；而我的表现，也更令他相信自己拥有神明的力量。在俗人眼里，他矮小丑陋，但对像我这样的人而言，却光彩照人。他怎么看待我的呢？我表现窘迫，笑得过多。他说，他忌妒圣·玛索。伟大的胜利！

八月二十一日，星期二

不，我要像科利尼翁小姐那样，活到 40 岁，才可以死去。35 岁时，我会病入膏肓；36 或 37 岁时，整个冬天都将躺在床上，然后结束一生。

遗嘱？我所要求的，就是我的一尊雕塑和一幅画，雕塑是圣·玛索做的，画是巴斯蒂昂·勒帕热画的，放在巴黎某个教堂中显眼的位置上，周围簇拥着鲜花。在我的诞辰，为了纪念我，最著名的歌手会唱起威尔第[①]或佩尔戈莱西[②]的弥撒曲。

另外，我将为两种性别的艺术家都设立奖项。

我的确喜欢活下去，但我非天生的天才，最好还是死掉。

八月二十九日，星期三

虽然天很热，但我还是不停地咳嗽。模特休息时，我斜躺在沙发上，迷迷糊糊地打着盹儿。这时，出现了一种幻觉，看见自己躺在沙发上，一根点着的大蜡烛立在我旁边。

那将结束所有的痛苦。

死亡？我惊恐不已。

[①] 威尔第（Giuseppe Fortunino Francesco Verdi，1813—1901 年），意大利作曲家。
[②] 佩尔戈莱西（Giovanni Battista Pergolesi，1710—1736 年），意大利作曲家、小提琴家、管风琴家。

九月十三日，星期四

司汤达说，一旦悲伤得到美化，似乎就不那样苦涩了。他的这一发现入木三分，可怎样才能美化自己的悲伤呢？简直是天方夜谭！悲伤是那么苦涩，那么乏味，又那么可怕。即使现在，每次提到它时，我都会痛苦万分。我有时耳背，怎样才能把这种悲伤表现出来呢？愿上帝的旨意成全！司汤达的这一说法，反复出现在我的脑海之中，引起了我的共鸣。无论给予自己怎样的关心，我终将死去，自然而平静。这样也不错，眼睛给我带来太多的烦恼了。过去的两周里，我既没画画也没读书，没有一点好转的迹象，眼睛一跳一跳的，总感觉黑色的小斑点在眼前浮动。

也许这是因为在过去的两周里我犯了支气管炎。这种病，无论是谁，都要卧床休息的。可我，还是如以往一样到处闲逛，好像没事人似的。

画戴娜的肖像，带有悲剧的色彩。完成时，我也许会双鬓染上华发。

九月十五日，星期六

今天早晨去工作室看巴斯蒂昂的画作。怎么评价它们呢？美得不能再美了。今晚，朱利安要和我们一起进餐。他说，有三幅画给艺术家带来了绝望。是的，绝望。从未有任何作品可以与这三幅画相媲美，它们栩栩如生，仿佛灵魂附体。其技法也令人赞叹，简直无与伦比，它们就是真实的世界。看到这些作品之后，如果还要继续画画，一定会疯掉的。

一幅是小型画作，叫作《麦子成熟了》。一个男人背对着观众，正在收割。这幅画不错。

其余两幅画似真人大小：《垛草》和《收获土豆》。

多么美妙的色彩！多么精巧的构思！多么高超的技法！这些画作，色彩丰富，只有在真实的大自然中，才可以找到；其中的人物，极富生命力！

把各种色调简单地混合在一起，这才是完美的艺术，令人感叹连连。

进入房间时，没有意识到画作就放在那里。看见《垛草》时，我才在它面前停下脚步，就好像一个人停在了突然打开的窗子前，透过窗户，看见了美丽的自然风光。

⊙ 巴斯蒂昂·勒帕热《麦子成熟了》，木板油画，50.7cm×105cm，1880年，藏于法国巴黎奥赛博物馆

1883年

⊙ 巴斯蒂昂·勒帕热《收获土豆》或《十月》，木板油画，180cm×196cm，1878年，藏于澳大利亚墨尔本维多利亚国立美术馆

大家对巴斯蒂昂不公平,他比其他画家不知好上多少倍,无人可与他媲美。

我病得非常非常严重,胸前涂了大量的起疱膏。你怎么还会质疑我的勇气和对生存的渴望呢?除了罗莎莉,没有人知道这些。我在工作室走来走去,读书、聊天、唱歌,声音美妙。因为我周日通常不工作,我的表现并没令大家感到吃惊。

九月十八日,星期二

俄国报界对我的关注,似乎引来了许多人的目光——其中就有大公夫人凯瑟琳。母亲与她的大管家及其家人非常熟,经过慎重考虑,他们才选我当伴娘的。

首先必须把我引荐给大公夫人。该做的事情都做了,但母亲错就错在任由事情发展,才落得了回到原点的地步。

然后——我的闺密需要一个灵魂姐妹。我永远不会有朋友的,克莱尔说我不会有女友,因为我没有其他女孩的那种小秘密和风流韵事。

"你太规矩了，"她说，"什么都不隐藏。"

十月一日，星期一

我们今天参加了屠格涅夫①遗体运回俄国的仪式。他是伟大的作家，两周前去世的。仪式之后，我们去了画展。看到巴斯蒂昂·勒帕热的作品时，我无法抑制自己的崇拜之情——由内而发的崇拜之情，可是，我担心大家以为我爱上了他。

梅松尼尔？梅松尼尔简直是魔术师！他画的人物如此细腻，需要放大镜才可以欣赏。他的画会令你先是惊讶不已，继而又赞叹不止。可一旦背离这种细腻的风格——头部只有一厘米那么大——他的画风就生硬而普通了。虽然他参展的画其实只能说不错，还行，可没有人敢这么说，因为大家都钦佩他。

可是，他画的那些人，都西装革履的，要么在拨弄琴弦要么在骑马——这是艺术吗？毕竟有许多风俗画家也可以画这些东西。

但是，梅松尼尔的那些画，的确令人钦佩。首先要夸赞的，就是《在昂提布的路上》，虽然人物的服装有点古朴，可临摹的却是真实的生活场景，明亮、透彻。接下来是他父亲和他本人骑马的那幅画，再就是《版画家》了，画中的一个人，正陷入沉思之中。另外，他还抓住了版画家的动作和表情，而且真实地表现了出来。这幅画饶有趣味，令人感动，其中的细节也很完美。还有那幅路易十三时期骑士的画，真人大小，骑士正向窗外望去，动作很合理，很人性化，简单自然——真的有些真实生活的意味。

---

① 屠格涅夫（Ivan Turgenev, 1818—1883 年），俄国 19 世纪批判现实主义作家、诗人和剧作家。代表作：《父与子》《前夜》《贵族之家》《猎人笔记》等。

头部两厘米长的那些画，只是些草图，人物越大，画得就越糟糕。

梅松尼尔的才华令我肃然起敬，但他没有打动我的心。反过来，再看看巴斯蒂昂·勒帕热的作品！要是我说它们比梅松尼尔的好，许多人会惊呼出来。然而，事实就是如此。巴斯蒂昂·勒帕热的画无与伦比。随你怎样反对他的其他作品——也许，你没有理解而已——可看看他的肖像画！再有没有比他画得更好的了。

⊙ 梅松尼尔《在昂提布的路上》，木板油画，24cm×32cm，1850年，私家收藏

⊙ 梅松尼尔《画家与父亲》，木板油画，24.3cm×19.7cm，1865年，藏于英国伦敦华莱士收藏馆

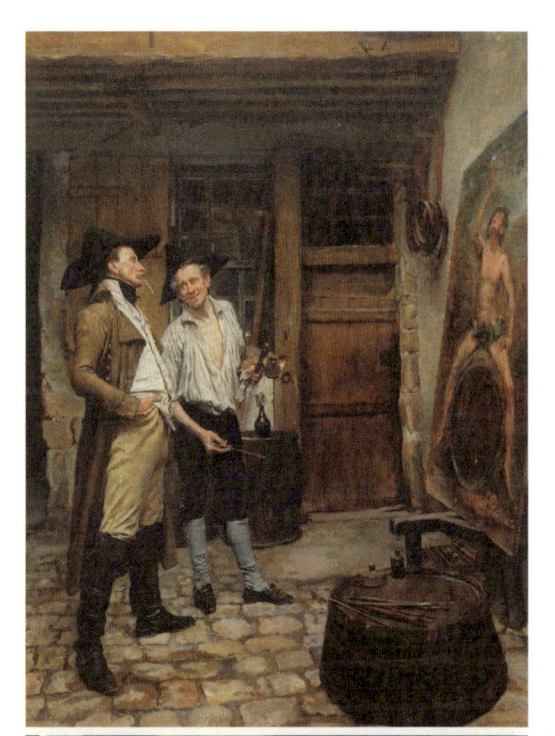

⊙ 梅松尼尔《版画家》（上），木板油画，105cm×90cm，1855年，藏于英国伦敦华莱士收藏馆
⊙ 梅松尼尔《路易十三时期骑士》（下），木板油画，65cm×45cm，1861年，藏于法国巴黎奥赛博物馆

十月六日，星期六

刚刚读完一部法文版小说，是才华横溢的屠格涅夫写的。这本书，让我知道了外国读者对他的印象。他是位伟大的作家，睿智而敏锐的思想家、诗人，又一位巴斯蒂昂·勒帕热。他的段落描写，文字优美。他是用语言，而巴斯蒂昂·勒帕热是用色彩，两者都在阐释着最细腻的情感。

米勒——多么与众不同的艺术家啊！巴斯蒂昂同米勒一样，都充满了诗意。我用这一愚蠢的词汇，就是为了让那些无法理解我的白痴能够听懂。

在音乐上、文学上或艺术上，只要是伟大的、浪漫的、美丽的、细腻的和真实的，都会令我想起这位杰出的艺术家和诗人。他选择的题材，那些时尚人士会以为粗俗，可他从中汲取的却是最为精华的诗意。

一个女孩在放牛，或者一个女人在田里耕作，还有比这样的题材更司空见惯的吗？"这些早有人画过了。"你会说。可是，他却独具匠心选择了它们，仅仅在一幅画里，他却给予了我们无限的浪漫情怀。遗憾的是，我们当中，也许不超过 10 个人能够理解他。

屠格涅夫描写的也是乡村生活——俄国农民的悲惨生活，却那么真实、那么质朴、那么真诚！他所描绘的场景，多么动人，多么富有诗意，多么壮观啊！

不幸的是，这一点只有俄国人才能欣赏到，只在社会科学领域，他才高人一筹。

十月二十二日，星期一

要是能证明自己的病情是幻想，我该不胜欣喜。

曾有一时，患上肺结核好像成了一种时尚，大家都试图表现出病恹恹的模样，甚至说服自己得上了肺结核。啊，但愿这种病最终只是凭空幻想！无论如何，我都渴望活着。无论因为正在遭受失恋的痛苦，还是因为个人的多愁善感，或者其他什么理由，我都不希望自己死掉。我渴望出人头地，享受这个世界上最极致的幸福。

十一月五日，星期一

树叶掉了，不知道怎样才能完成自己的画。我不走运。运气啊！多么可怕啊！多么神秘且可怕的力量！

啊，是的，一定要画完它，而且要快，要快！两周之后，给罗伯特－佛勒里和朱利安看，吓他们一跳。

要是能做到这一点，我就恢复了生命力。我痛苦，因为今年夏天没做什么有意义的事情，内心充满了深深的懊悔。我愿意更精准地为自己定位——好像总是无精打采的，却又那么心安理得。我猜想，刚刚失血过多的人，才会有我这样的感觉。

我已下决心——要等到 5 月。为什么这种状况要 5 月才会改变呢？不管怎样，谁知道呢？

想到了自己的才华，虽然是硕果仅存的才华，却仍让我找到了一丝内心的安慰。这种安慰，让我在晚餐时像其他人一样融入谈话——一副和蔼可亲的样子，神态平静而庄重，就好像第一次盘起头发变成了淑女时的样子。

总之，我体会到了一种内在的平静，我要心平气和地继续工作。从今往后，我所有的行为都要在平和中进行，充满柔情地俯瞰整个世界。

我一如既往地平静，也许因为我强大了，有耐心了，仿佛预知了自己的未来——谁知道呢？我真的感觉自己又被给予了新的尊严，对自己有了信心，我就是力量——然后呢？这难道不是爱情吗？不是的，可除了这种情感，我看不到自己感兴趣的东西。小姐，全身心投入到艺术当中，这才是你需要的。

每当幻想自己出人头地时，就好像被闪电闪花了眼，又好像触着了电，于是，情不自禁地从座位上跳起，在房间里来回踱步。

据说，要是17岁就嫁了人，就会变成另外一个人，这种说法错了。为了让我像其他人那样嫁了，才有必要让我变成另外一个人。

你真认为我曾经爱过？我不这么认为。那些飞逝的幻想看起来像爱情，但它们不可能是爱情。

那种过分的软弱，我还是能感受得到。也许，可以将自己比喻成松了弦的乐器。为什么会这样？朱利安说，我让他想起了秋天的景象，或者，在冬天的浓雾里，一个人在凄凉而人烟稀少的野外散步。我亲爱的先生，这正是我的写照！

十一月十二日，星期一

《自由报》的杜蒙先生过来看我们。他不喜欢我所选择的画风，但他还是说了许多夸奖我的话。谈话期间，他吃惊地问我，像我这样生活在高雅环境中的人，怎么会喜欢丑陋的东西呢？他认为我的那些小男孩丑陋。

"你为什么不选择漂亮的事物呢？"他问道，"它们也会达到同样的效果。"

冒昧地说，我选择的是富有表现力的脸，可有人却没有看见，无法体会到在街道四处跑跳的孩子们身上焕发出来的那些美丽的奇迹。这些人，应该去香榭丽舍大街，画些系着丝带的可怜的婴儿。他们一定可以找到那些婴儿的，当然，会有保姆守候在婴儿身边。

那么，哪里去寻找姿态呢？哪里去寻找原始社会才有的古朴的自由呢？哪里去寻找真正的表现力呢？因为即使是上层社会的孩子，也是要学习表现力的。

总之，我做的没错。

十一月二十二日，星期四

俄国的《插画世界》在首页登出了我的油画作品——《让与雅克》。

这是俄国最有名的插画期刊。可以说，有种回家的感觉。

难道不该欣喜若狂吗？为什么要欣喜若狂？这让我开心，但我不会因此忘乎所以的。

为什么不呢？因为这还不足以实现自己的抱负。如果两年前获得了提名，我会激动得晕倒的。如果他们去年给我颁了奖，我会将激动的泪水洒在朱利安的胸前。但现在——天哪！人生所有的事情，都环环相扣，紧密相关，互为铺垫。如果明年获了三等奖，这再正常不过了。可如果他们什么奖都不给我，我会怒不可遏的。

只有意外获得的东西——尤其是意外的惊喜，才会令人欣喜若狂。

十二月一日，星期六

到底可不可以不再欺骗自己了？谁会将那些最美好的岁月——也许，都白白浪费了！返还给我呢？

没有更好的事情可做，这足以回答那些庸俗的疑惑了。无论何时何地，让我过别人的生活，我都会苦不堪言。另外，我就不应该在道德上有所进步，它赋予我的是令人尴尬的优越感——对自己而言。司汤达至少与一两个心灵相通的人保持联系，而我，可悲的是，却发现每个人都平淡乏味。即使那些原本以为睿智的人，到头来也令人感到乏味。这是因为我走入所谓的误区了吗？不是的，但我想，当人们认为我有能力做些事情，从而给自己带来尊严、精致甚至高雅时，我有充足的理由表示吃惊和不满。

要知道，我需要有人真正懂我。这个人，我可以向他袒露一切，从他的话中看到自己的思想——那么，我的孩子，这就是爱情。

也许如此，可并不一定是爱情——有些人，他们对人有睿智的看法，你也想与之交谈——即使这样，已经够开心了。我不认识这样的人，唯一认识的人，就是朱利安，可他变得日益不好相处了。当他开始那些无聊且拐弯抹角的嘲讽时，尤其有关艺术方面的，我会恨得牙咬得嘎嘎响。他不明白，我并不眼瞎，我想要成功。他认为我有些自我陶醉。

可是，不管怎样，他有时还是个好知己。情感的绝对平等是不存在的，那种情感只存在于恋人之间！只有爱情，才能创造奇迹。难道不是情感的绝对平等才会产生爱情吗？是灵魂知己。而我发现，这一比喻，虽然已被人糟蹋了无数遍，却非常恰当合理。谁会是那个灵魂知己呢？那个人，即使你踮着脚尖也难觅到。

他的每一句话，每一个表情，都不应该令我对他产生反感，这是必要条件。不是因为我要求他达到无法实现的完美，也不是因为他应该高人一等，而是因为我要求他的善变应该是那种有趣的善变，不会降低他在我心目中的形象。他应该与我的理想相吻合——不是希望他成为那种天方夜谭般陈腐的神明，而是希望他身上的一切都应令我开心，我不会发现他有什么意想不到的呆笨、麻木、孱弱、愚蠢、卑鄙、虚假或唯利是图。这些瑕疵，无论多么不起眼，都足以毁掉他在我心目中的形象。

十二月二日，星期日

总之，我的心空虚、空虚、空虚。但为了开心，又必须沉迷于梦想之中。我几乎体验到了司汤达所提及的所有情感，可还是没有体会到真正的爱情，他所谓的激情之爱——数不胜数的异想天开和幼稚蠢行。而我们常常看见的情景却是，最令人讨厌的人在享受着快乐，因为他们在特定的某一天恰巧邂逅了真爱。

如果一个人——无论男女——总忙于工作，或者一门心思只醉心于功名，就不可能像一心一意只想着爱情的那种人去爱别人。

十二月三日，星期一

我聪明，有智慧，有洞察力。事实上，具有所有良好的道德品质，而且没有偏见。虽然具备了这些素质，却为什么不能对自己有清醒的判断呢？

我有艺术才华，或者说，会在艺术上有所建树，对吧？对我自己，毫无偏见的看法到底是什么呢？

这些问题比较可怕，因为与努力奋斗的理想相比，与其他人相比，我几乎很少想到自己。

人不可能对自己形成恰当的判断，所以——只要我不是天才。我从未创造出任何作品，可以使人们——即使是自己——对自己做出清醒的判断。

十二月十日，星期一

数以百计不知名的人，取得了像我一样的成功，可他们从未抱怨过自己没有发挥出才能。如果你发现自己的才华令你感觉尴尬，那是因为你没有才华。有才华的人，就有能力支撑起才华。

"才华"这个词，与"爱"一词相像，第一次写出来时总是感觉很难。可一旦写了出来，就会在任何时刻、任何场合都可以挥洒自如。与许多事情一样，开始时似乎艰难得令人感到可怕，觉得难以实现——可一旦了解了它们，就会全然投入其中，完全没有了之前的那种犹豫和恐惧。这一有趣的发现，似乎并不一目了然。不管怎样，必须竭尽全力。一直工作到7点，既然还有没写完的话，就必须让它们从笔端流出。

我瘦了。好吧——上帝，怜悯我吧！

十二月二十三日，星期日

真正的艺术家永远不会快乐的。首先，他们意识到，大多数人是无法理解他们的。他们知道，自己只在为少数人工作，而大多数人要么只知道追寻自己糟糕的品位，要么盲从于《费加罗报》的观点。

在所有阶层中盛行的无知，只要与艺术相关，都很可怕。

大谈特谈艺术的人，大多数都是在重复着道听途说的观点，而这些观点，则来自那些人们认为对艺术有鉴赏力的专家。

我认为，终有一天，人们会更敏锐地感受到这些——那时候，再没有人会为胡言乱语的评论捧场了；那时候，愚蠢的发现才会真正令人感到痛苦；那时候，听人们花费好几个小时交流着愚蠢的看法——既无新鲜感，又无可圈可点之处——成了一种十足的折磨。

我不属于那些与众不同之人，对来访者的陈词滥调难免要敷衍几句，客厅里的他们装腔作势、互相吹捧，话题除了天气，就是意大利歌剧的套话，着实令我作呕。但要求所有的聊天都应该有趣，我还没愚蠢到这地步。社交场合常有的客套话，虽然有时有趣，但经常枯燥无聊，可至少没有打扰我平静的心情。我偶尔，有时甚至带着喜悦，听着这些套话。我所痛恨的，是那些名副其实的蠢行，不可救药的愚蠢，真正缺乏——总之，那些世故且愚蠢之人常有的聊天方式。

倾听这种聊天，就像在慢火上遭受炙烤。

十二月三十一日，星期一

昨天，玛瑞夏尔和克莱尔与玛蒂尔德公主一起进了餐。克莱尔告诉我，列斐伏尔向她谈到了我，说我曾经质疑过自己的才华，列斐伏尔说我与众不同，社交广泛；另外，还说我受到一位著名画家的关注和指导（说这话时，她的眼神意味深长）。

克莱尔（紧紧地看着他）说："什么著名画家？朱利安？"

"不，是巴斯蒂昂·勒帕热。"

克莱尔："噢，您完全错了，先生，她一直在画画，很少外出。

至于巴斯蒂昂·勒帕热，她只在她母亲的客厅里与他见过面，他从未去过她的工作室。"

克莱尔是个可爱的姑娘，说的全是大实话。上帝做证，这位朱尔斯没有给予过我任何帮助。可是，列斐伏尔却不这么认为。

现在是凌晨2点钟，新年开始了。午夜时分，在剧院里，我手里拿着表，许下了只有两个字的心愿——这两个字，无论写下来还是说出来，都响亮、美丽、伟大，令人陶醉——名望。

渴望
荣耀

乌克兰天才女艺术家玛丽娅·巴什基尔采娃的日记

1884年

一月四日，星期五

那么，我得了肺病，这事是真的了。而且，病情很严重。我感觉病得厉害。我从未说过这件事，我每晚都发烧。

一月五日，星期六

今天，在美术学院要举行马奈画展的开幕式。

我要参加。

马奈去世还不到一年，我对他不是非常了解。一般来说，这种画展的藏品会与众不同。

它既幼稚，又奢侈、壮观。

展出的画中，有些荒诞不经，有些恢宏壮观。还差那么一点点，他就会成为伟大的画家。总体来看，他的画令人感到不舒服，有些纯粹就是绘图，但还算栩栩如生，其中不乏非常出色的速写。即使在最离谱的作品里，也会有引人关注甚至令人赞叹的东西——清晰地揭示了艺术家的自信，自信到了自负的程度。当然，还伴有毫不逊色的无知。这些画作，也许是杰出的天才在其童年时期创作的，有些几乎就是提香（比如，女性人物的速写和黑人）、委拉斯开兹、库尔贝[①]或戈耶[②]的临摹作品，因此可以说，所有这些画都是从别人那里偷来的。

[①] 库尔贝（Gustave Courbet，1819—1877 年），法国画家，现实主义画派的创始人。主张艺术应以现实为依据，反对粉饰生活，他的名言是："我不会画天使，因为我从来没有见过他们。"
[②] 戈耶（Francisco José de Goya y Lucientes，1746—1828 年），西班牙浪漫主义画派画家。

⊙ 马奈《草地上的午餐》，布面油画，208cm×264.5cm，1863 年，藏于法国巴黎奥赛博物馆

难道莫里哀没有从其他人那里大段大段地摘取过文章吗？

一月十四日，星期一

感觉好像去过当维莱尔[①]。埃米尔·巴斯蒂昂讲了许多有关当维莱尔的事情——有关作品的，还有他哥哥的生活方式，等等。据埃米尔说，要是这位艺术家没有邀请我们去看他在孔卡尔诺[②]的习作，那就是因为他从未邀请任何人看过。埃米尔甚至认为，邀请某人去看他哥

[①] 当维莱尔（Damvillers），位于法国默兹省的一个市镇，是巴斯蒂昂·勒帕热的出生地。
[②] 孔卡尔诺（Concarneau），位于巴黎以西，法国菲尼斯泰尔省的一个市镇，旅游胜地。

哥在乡下休假时画的琐碎习作，是他骄傲的象征。最后，他说，鉴于我们是好朋友，就没有必要再客气了，我们要是去那里，他哥哥一定会很高兴的，等等。他说，即使那些更为重要的作品，他也从未邀请别人去看过，他只是要求哥哥画完时，告诉一下自己的好朋友。

还有一件更重要的事情。当他哥哥跟他谈到我的作品时，他哥哥说：“我在巴黎的时候，你为什么不告诉我呢？我会去看的。”

"在巴黎时，我没有告诉他，"弟弟补充道，"因为要是他去了，按照你的行事风格，会将所有的画都藏起来。那么，除了在画展展出的作品之外，他什么都看不到。如果你继续这么表现的话，他就永远不会再关注你的画了，知道吗？"

"他会的，如果我希望的话——如果我让他给出建议的话。"

"他总乐意提建议的。"他说。

"不幸的是，我不是他的学生。"

"为什么不会呢？这是再好不过的要求了。你要是和他商量一下，他会感觉非常荣幸，会给出明智的建议——不偏不倚的建议。他的判断总是恰如其分，没有偏见，不偏袒任何一个学派。有你这样有趣的学生，他会非常高兴的。我向你保证，他一定会感到非常自豪，非常荣幸的。"

一月十六日，星期三

建筑师告诉我，他哥哥的画里，有一幅《伯利恒的牧羊人》。过去的两天里，我一直在思考这一题目，它给我留下了深刻的印象，令我无法释怀。也许，只有牧羊人怀有的情感——崇高的热情与深深的热爱，两者兼而有之的情感——才可与之媲美。

这一题材，他用神秘、温柔、高贵而质朴的情感来描绘，怎不会令人浮想联翩？熟悉他作品的人，通过观察《圣女贞德》和《乡村夜色》两者之间存在的神奇的相似之处——两者的效果，在《伯利恒的牧羊人》里一定程度上也体现了出来——就可以想象出来。也许你会认为，对这样从未见过的作品，甚至可以说根本不存在的作品，就抱有如此高的期望，是不是有点儿荒唐啊？好吧，假设在大多数人眼里，我看起来荒唐，可总有一些梦想者会与我感同身受。而且，即使没有这些作品，我也一样会浮想联翩。

《圣女贞德》没有得到法国人的欣赏，可在美国却大受追捧。无论在构图上还是在情感上，《圣女贞德》都不愧是一幅杰作。

《圣女贞德》在法国的遭遇，是在给法国人民丢脸。

难道只有《淮德拉[1]》和《黎明女神[2]》，才会大获成功吗？米勒、卢梭和柯罗[3]，只是在出名之后，其作品才为公众所欣赏。

今天，最可悲的事情，莫过于那些屈指可数接受过启蒙的人，他们假装没有看见当代艺术中的严肃与光华，却将那些追捧传统大师的画家捧上了天。对于艺术观中的谬误，指出来或者坚持下去，都有必要吗？有些艺术作品能完美地展现人物、服饰和景色，完美得让我们想去触碰它，想看看它们是否真实。与此同时，它们还被赋予了灵魂、精神和生命。如果这样的作品都不属于高雅艺术，那么，什么才算是高雅艺术呢？有人说，《圣女贞德》不是高雅艺术，因为艺术家描绘的人物，没有身披铠甲，贞德也没有女士该有的那种娇嫩白皙的双手，而只是一个生活在简陋环境里的农家女孩。

虽然《乡村爱情》要比《圣女贞德》逊色，可愚蠢而奸诈的批评家还是赞扬了它，他们就是想表现一种假象——该艺术家只擅长这种

---

[1] 淮德拉（Phaedra），古希腊神话中的人物，米诺斯与帕西法厄之女，忒修斯之妻。
[2] 黎明女神（Aurora，也译作奥罗拉），奥罗拉是一位美丽的女神，每天早晨飞向天空，向大地宣布黎明的来临。不过大多数时间她被称为黎明女神，因为奥罗拉的希腊文就是黑夜转为白天的那第一道光芒。
[3] 柯罗（Jean Baptiste Camille Corot，1796—1875 年），法国著名的巴比松派画家，也被誉为 19 世纪最出色的抒情风景画家。画风自然，朴素，充满迷蒙的空间感。

风格的作品，因为令他们耿耿于怀的是，专攻乡村生活的画家，居然还想画其他题材的作品，比如像《圣女贞德》那样历史上有名的出自农村的女英雄。

伪君子！

任何艺术家，都可以画人物，可谁能像巴斯蒂昂那样画出人物的灵魂和神圣的火花呢？没有。从这些人物的眼睛里，我可以读到他们的人生，感觉他们似曾相识。在看其他人的作品时，我也试图这么感受，可总会无功而返。

一个小女孩，在街道上与你擦身而过时，用清澈的目光看了你一眼。与这一题材相比，谁还会选择《简·格雷女士之死》[①] 或《巴亚捷》[②] 呢？

这位艺术家所拥有的才华，只有在艺术家也是信徒的意大利宗教画里才偶然一见。

有没有过这种感受：在一个乡村的傍晚，独自一人立于清澈的蓝天之下，感觉自己充满了神秘的渴望——一种对造物主的莫名的憧憬，仿佛自己就要与一桩伟大而超自然的奇迹不期而遇？在梦里，你是否曾幻想过进入了一个未知的世界？

如果没有，那么，你就无法理解巴斯蒂昂·勒帕热了，建议你买一幅布格罗的《黎明女神》或卡巴内尔的历史题材画去体会一下。

这一切，只是为了说明我崇拜巴斯蒂昂·勒帕热吗？

千真万确。

[①]《简·格雷女士之死》(*Lady Jane Grey*)，法国画家保罗·德拉罗什 (Paul Delaroche) 的作品。
[②]《巴亚捷》(*Bajazet*)，17 世纪法国剧作家拉辛的悲剧代表作。

⊙ 巴斯蒂昂·勒帕热《伯利恒的牧羊人》，布面油画，148cm×115cm，1875年，藏于澳大利亚墨尔本维多利亚国立美术馆

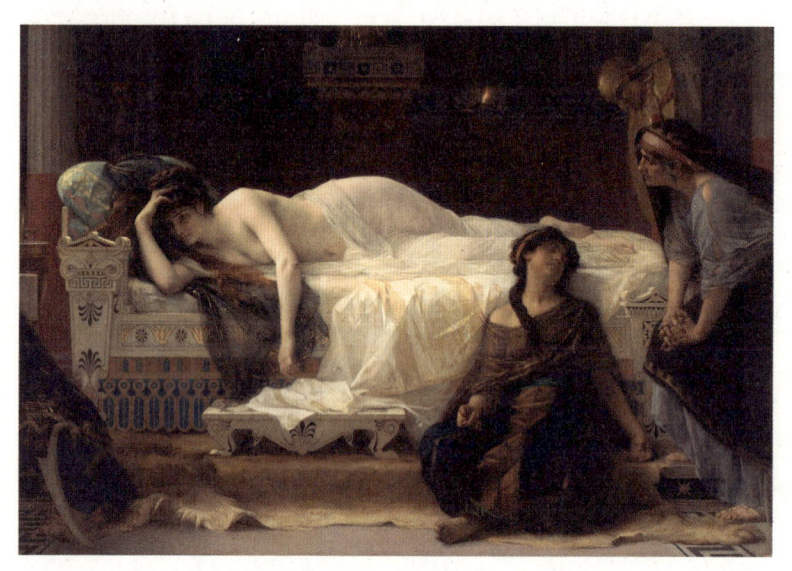

⊙ 亚历山大·卡巴内尔《淮德拉》，布面油画，194cm×286cm，1880 年，藏于法国蒙波利埃法布尔博物馆

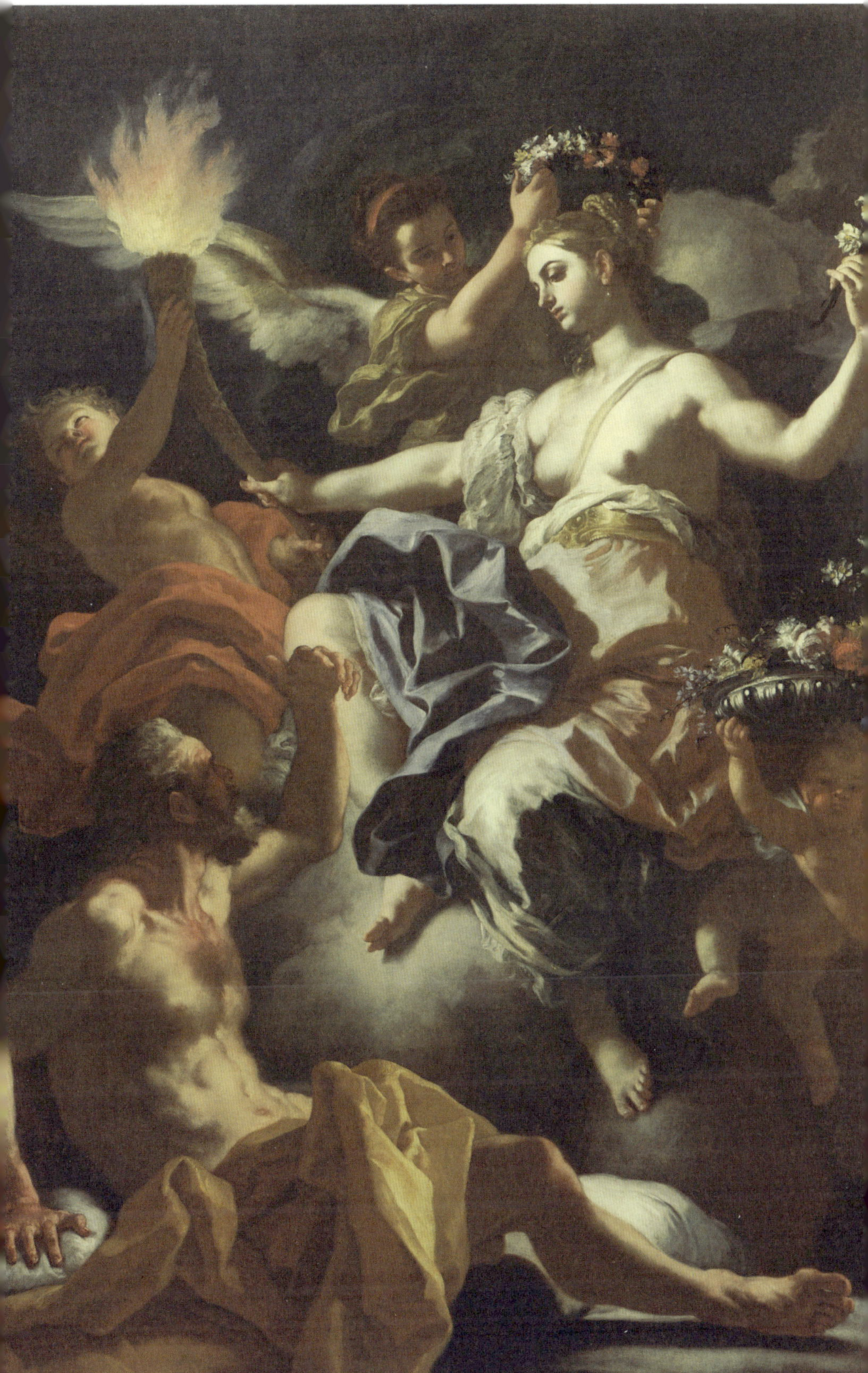

保罗·德拉罗什《简·格雷女士之死》，布面油画，246cm×297cm，1833年，藏于英国伦敦国家美术馆

⊙ 布格罗《黎明女神》，布面油画，214.9cm×107cm，1881年，藏于美国伯明翰艺术博物馆

一月二十日，星期日

我没有女性朋友。没有女人喜欢我，我也不喜欢女人——承认这一点有点尴尬。

我非常清楚，之所以没有女性朋友，是因为——没有人甘愿受到羞辱。真正的伟人从不为人所爱戴，我借此安慰自己。伟人身边总是簇拥着崇拜者，虽然崇拜者沐浴在伟人荣誉的光环之下，可从他们内心，却又对伟人充满了鄙视。一旦时机成熟，他们就会原形毕露。刚才，他们还在谈论为巴尔扎克树立雕像，报纸上也登满了巴尔扎克朋友的回忆文章。这样的朋友，是人类的差耻。

他们争先恐后，看谁最先能将伟人的隐私暴露在公众面前。这些人，我宁愿与他们成为敌人，也不与他们成为朋友。这样，至少他们的污蔑不会被人那么相信。

二月二十三日，星期六

大约一点钟时，玛瑞夏尔和克莱尔过来与玛德琳·勒梅尔[①]见面，玛德琳·勒梅尔想看我的画。这位女士，除了朋友众多之外，还是位出名的水彩画家，获得过许多高水平的奖项。她对我的画，说的只是些恭维话。

我想，自己一定不久就离别人世了，因为我的整个一生，所有愚蠢的点点滴滴，都浮现在眼前——这些点点滴滴，只要回想起来，就会让我流下委屈的眼泪。像其他女孩那样去参加舞会，不是我的习

[①] 玛德琳·勒梅尔（Madeleine Lemaire，1845—1928年），法国女画家，以经常举办文化沙龙而著称。

惯。我一年也许就偶尔——有那么三四回——参加过。过去的两年里，我想开了，也许该选择多去参加一些。

梦想成为艺术家，为没有获许参加舞会而遗憾，你会问，这是我吗？的确是我。我现在的遗憾是什么呢？不是舞会，而是其他类型的聚会，因为在那里可以见到思想家、作家、画家、歌唱家、科学家——总之，所有知识界的精英，他们都是最理性、最具有哲学头脑的人，渴望一周一次或两周一次与巴黎知识界的精英见面，有什么可害羞的呢？在所有事情上，我总是不走运！依靠自己的才能，有幸与巴黎最优秀的人相识，可得到的往往是羞辱。

三月十一日，星期二

下雨了，但让我沮丧的，并不只是下雨，而是我病了——上帝用厄运彻底打败了我。

我这个年龄，可以在任何事情上发现欣喜，即便是死亡。

我想，没有人会像我这样对一切都乐在其中——艺术、音乐、绘画、书籍、社交、服装、奢侈品、快乐、独处；泪水与欢笑、悲伤与欣喜；爱情、寒冷、酷热；俄国冷峻的平原、环绕那不勒斯的山脉；冬天的雪，秋天的雨，春天令人陶醉的快乐，夏日平静的日子和星光闪耀的夜晚——我爱这一切，并乐在其中。大自然的一切，呈现在我面前的，要么生机盎然要么宏伟壮丽。我渴望看到一切，渴望抓住一切，拥抱一切，进入一切的中心，然后死去——我一定会死去，无论一年之后，还是三十年之后，我都不在乎。在解开最后一个秘密——它既是万物的终结，也是神圣的开端——的狂喜之中，我呼出了自己的灵魂，然后溘然长逝。

这种博爱之心，不是疾病高烧的产物。一直以来，我都像这样强烈地感受到了它。我记得，十年之前，在1874年，在感受了不同季节的快乐之后，我写下了下面这段话："我无法抉择，所有的季节，人生的各个阶段，都同样美丽。"

今晚，好心的罗伯特－佛勒里与我们共进晚餐。他说，我的这幅流浪儿的画，改进很大，的确不错，画展会接受的。

我忘记说了，这幅画取名为《见面》。

三月十二日，星期三

戴娜的肖像不能按时完成了，所以，我要先报送《见面》。

今晚，奥松夫人在家里举行了聚会。来宾除了我们之外，还有于泽斯公爵夫人、科尔内伯爵夫人和玛瑞夏尔。此外，还有一些艺术家，如卡巴内尔、雅拉贝尔[①]、希尔伯特[②]、费里尔[③]、布朗热[④]等。聚会上还有音乐，萨拉瓦伊尔[⑤]演奏并歌唱了《亨利三世》中的一些选段。所有这些客人，包括卡巴内尔在内，都对我非常友善。

三月十五日，星期六

今天早晨，阿贝玛过来看我的画。

---

① 雅拉贝尔（Charles Jalabert，1819—1901年），法国学院派画家。
② 希尔伯特（Edward S. Siebert，1856—1944年），法国画家。
③ 费里尔（Gabriel Ferrier，1847—1914年），法国肖像画及东方主义画派画家，是巴什基尔采娃的同学。
④ 布朗热（Gustave Clarence Rodolphe Boulanger，1824—1888年），法国学院派和古典东方主义人物画家。
⑤ 萨拉瓦伊尔（Gaston Salavyre，1847—1916年），法国作曲家。

我以为 15 日永远不会到来。天气棒极了，周一或周二要去乡下采风。对巴斯蒂昂·勒帕热的钦佩，不会再白白浪费掉的。我的确对他还是知之甚少，他性格是如此的——内敛。另外，将精力花在工作上，要比花在崇拜上更好。

三月十六日，星期日

画送走了。我 6 点半左右回的家。虽然精疲力竭，但心里感觉甜滋滋的。也许你不相信，对我来说，每种无法抗拒的感觉，即使是痛苦，都是快乐。

记得几年前，曾有一次弄伤了手指，那种尖利的刺痛足足持续了半个小时，可我却以此为乐。

今晚感到的倦怠，也是如此。先是泡了个澡，然后上床睡觉。我四肢无力，脑海里胡思乱想。睡着后，不停地胡言乱语——卡巴内尔、画展开幕、玛瑞夏尔、布莱斯劳、艺术、阿尔及利亚、赤道、沃尔夫。

三月十九日，星期三

为了画画，我找了一个果园，在塞夫勒。回到家时非常疲倦。晚上，和朋友一起吃的饭。

昨天，俄国艺术家俱乐部当选会员产生了，大家一致推选了我。

克莱尔今天看见了一位熟人，他告诉克莱尔，不久之前去看巴斯蒂昂·勒帕热了，他病得很厉害。第二天，他见了巴斯蒂昂的医生，医生告诉他："这个人病情严重，我认为不是风湿病，问题出在这里。"他拍了拍胸前。那么，巴斯蒂昂病得真是严重了！三四天前，在母亲的陪同下，巴斯蒂昂去了卜利达[①]。

三月二十二日，星期六

塞夫勒的工作还没开始，但已准备就绪。

朱利安写道："你的画已经被画展接受了，至少是3号。"

这究竟有什么意义呢？

感谢上帝！我的画被接受了，我对此丝毫没有怀疑过！

三月二十四日，星期一

过去的几天里，生活在不和谐的氛围中，令我与他人隔离开来，但也给了我一个机会，能够好好审视一下自己的内心。不，一切都糟糕透了。但一味地抱怨，没有任何意义。我已彻底屈服。

刚刚重新读了几年前读过的一本书。当时并不喜欢它，可现在却喜欢得不得了。这本书的写作风格，尤其是叙事手法，可谓完美无瑕。可这本书所要表达的关键问题，并不仅仅在风格上——乌云遮蔽了我的思想视野，却令我越发清晰地看见了生活现实——现实如此艰难，如此残酷，若是写下来的话，我根本无法阻止自己的泪水，我真的无法将其写下来。写下来，又有什么意义呢？做任何事情，又都有

[①] 卜利达（Blida），阿尔及利亚北部城市，罗马帝国时代的军事要站，16世纪起成为贸易中心。

什么意义呢？我花了6年的时间，每天工作10个小时，又为了得到什么呢？艺术方面的知识，我还没来得及学到——就得了不治之症。今天早晨，去见医生。我谈起话来活力十足，医生对我说："看，你活得还蛮滋润的。"

名望，会弥补所有的痛苦。如果我仍然渴望出人头地，就必须活下去，而为了活下去，就必须照顾好自己的身体。

美梦，总是与残酷的现实相行相伴。

只有麻烦真正来临时，才相信它真的来了。记得我很小的时候，第一次乘火车出行——也是第一次与陌生人接触。刚刚坐下，我就用行李将挨着我的两个位置占上了。这时，有两位旅客进入了包厢。"这些座位有人。"我冷冷地对着其中一个男人说道。"很好，"这个男人说，"我跟乘务员说说。"

我以为这种威胁毫无意义——好像家人常对我说的那样。乘务员来了，将我的行李从座位上挪开，然后让两位旅客坐了下来。我当时吃惊的样子，简直无法描述。这是我面对的第一个现实。

很长时间，一直对自己说，我要病了，可实际上却并不相信自己病了——够了，我不该一有机会就对你说这么琐碎的事情。要不是在等模特，让我无所事事，我是不会发这种牢骚的。

3月的风开始刮了，天空灰暗低沉。

昨天，在塞夫勒一座古老的花园里，我开始画画了——一幅巨画。画的是一个小女孩，坐在苹果树下的草地上。女孩坐在那里，半闭着眼睛，陷入沉思。她的头依靠在左手掌心上，胳膊倚在膝盖上。苹果树花开朵朵，周围是鲜花盛开的树林。草地上栽种着紫罗兰和一些小黄花，星星点点。

手法要简单，观众必须能分享到女孩从春天的气息里所感受的那种陶醉之情，还有播洒在树枝之上的那些温煦的阳光。

画大约5尺宽，长度更长一些。

这么说，我只获得了3号，甚至不会被挂在观众一眼可及的位置上——连这儿都不行!

我感到灰心泄气,失望甚至绝望。我不是天才,这赖不着任何人。我沮丧的心情表明,我不再相信自己的才华了,也就没有再活下去的必要了。是的,如果我所渴望的成功,像今晚这样再一次令我失望的话,那么,我的确没有什么可以留恋的了,只有选择死亡。

三月二十七日,星期四

脑子里一直在想着画。为什么现在画不出可与三年前的蜡笔画一样出色的作品呢?

三月三十一日,星期一

今天几乎什么都没做。担心自己的画挂的位置不好,什么奖项都拿不到。

在热水里泡了将近一小时,肺部都有点出血了。

你会说,我真是愚蠢。你说得很对,但我不再对自己的身体谨小慎微了,我有那么多的事情要抗争。我心情沮丧,心烦意乱。

好吧,没什么可说的——没什么可做的。

如果这种状态持续下去,我可以活1年左右。可如果我心态放松下来,可以再活20年。

是的,这个3号很难忍受。既然齐尔哈特和布莱斯劳都得了3号,那么,我为什么不能得到2号呢?委员会里有40位评委,我好像收到了许多2号的票,大家都认为我会得到2号。假如有15张票投给了我，那么，就有25个人给我投了反对票。虽然委员会有15～20位专家，可还有20位卑鄙的艺术家通过玩弄伎俩得到了委员的位置——这众所周知，而且足以对我造成毁灭性的打击。可是，它无法阻止我看到事实的真相，我知道自己是怎样的人。我开始认为，如果我的画真的那么好的话——

啊，从未，从未，从未像今天这样，我跌入了失望的深渊。只要这不是最深的深渊，就存在希望。可是，如果有人像我一样，已陷入了黑暗而泥泞的深渊，像我一样对自己说："不该责怪环境，不该责怪周围的人，也不该责备世界，是自己没有才华。"那么，他就再没有了希望，也就没有了可以求助的向上的力量，无论这种力量是来自人类还是来自天堂。我不再画画了，一切都结束了。

这是一种无法抗拒的情感。好吧，按照我的理论，我该从中找到快乐的。我作茧自缚！

没关系，来点镇静剂，有助于睡眠。上帝是仁慈的，巨大的悲痛都能带来安慰。

无法想象，我不能向任何人诉说悲伤，甚至不能与任何人倾心交谈获取安慰——是的，真的没有人，没有人！

简单的人，是快乐的；信仰上帝的人，是快乐的，因为他们可以从上帝那里寻求安慰——我应该为了什么寻求上帝的安慰呢？因为我没有一生下来就是天才。

你看，这才是无底的深渊。而我，应该乐在其中的。

应该有人能看见我的惨状。

那些名人，他们可以通过朋友向世界诉说自己的悲痛——他们可以向朋友尽诉衷肠，而我，却没有朋友，即使应该向人倾诉自己的哀怨，我也只会说："是的，我不会再画了。"那又怎样？即使我恰好没有天赋，也没有人会成为输家。

没有人可以寻求同情，只好把痛苦隐藏在心中，而其中最大的也是最令人感到羞耻的痛苦，就是，感觉而且知道，自己一无是处！

如果这种状态持续下去，就无颜再活下去了。

　　　　　　　四月二日，星期三

　　今天去了小皇宫举行的画展——在塞泽街上。在那里待了一个小时，欣赏了巴斯蒂昂·勒帕热和卡赞的那些无与伦比的画作。
　　然后去了罗伯特－佛勒里家，带着无所谓的表情问他："委员会的事情进展如何？"
　　"噢，非常好，"他回答道，"审查你的画时，有些委员——不止一两个，有好几个——说，等一下，这幅不错，应该给它2号。"
　　"噢，先生，是真的吗？"
　　"是的，不要认为我说这些是为了取悦你，事实就是这样。然后就计票了。如果那天主席脑子正常的话，你就是2号了。"
　　"他们发现什么问题了吗？"
　　"没有。"
　　"怎么，没有。那么，还不错了？"
　　"不错。"
　　"然后呢？"
　　"然后，就是运气不好，仅此而已。现在，如果你能找到委员会的人，让他给你挂在好位置，他会这么做的，因为这幅画的确不错。"
　　"那么——难道你不能那么做吗？"
　　"我的职责只是保证号码的顺序不被打乱。但如果其他委员要求我这么做的话，我是不会反对的。"
　　接下来，我去看了朱利安。他嘲笑了罗伯特－佛勒里的建议，说我不必放在心上，说如果我没有挂在好位置，他会感到吃惊的，等等。罗伯特－佛勒里曾告诉我，他负责地认为，我应该得到2号；而且，从道义的角度讲，我应该得到2号，从道义的角度讲——那才是公平啊！

噢，不，本该属于自己的东西，还特意请求别人关照，哪有这样的道理？！

四月四日，星期五

巴斯蒂昂·勒帕热的画展真是太棒了。唯一的遗憾是，几乎都是旧作。其中有：①《德鲁埃夫人的肖像》，去年的；②一幅1882年的作品；③一幅1882年的风景画——两位妇女在洗漱，后面有棵盛开的苹果树；④一幅1875年的参赛作品，获得了艺术大奖（这是他第二次获艺术大奖）；⑤素描总计5幅，其中一幅是去年在孔卡尔诺画

⊙ 巴斯蒂昂·勒帕热《德鲁埃夫人的肖像》，布面油画，31cm×36cm，1883年，藏于法国巴黎维克多·雨果故居博物馆

的；⑥《三月的当维莱尔》；⑦《收割的农妇》，只露出了割草机的背影；⑧一幅流浪汉的画，流浪汉在树林里拾柴。《三月的当维莱尔》《收割的农妇》和流浪汉那幅画，光线明亮充足。风景画里的人物，同样值得称道，因为真正伟大的艺术家绝不仅仅只擅长一个方面。

在巴斯蒂昂·勒帕热的画室，我看见了《安德洛墨达①》，有点小，是一幅裸体人物习作——只有凤毛麟角的艺术家才能画出这样的作品。这幅画，轮廓清晰，人物外形高贵，神态典雅，色调精妙——可谓美轮美奂。另外，在技法上，它集粗犷与细腻于一体，展现了真实的世界和鲜活的人物。在描绘黄昏的作品中，《乡村夜色》堪称杰作。巴斯蒂昂诗一般的画风，有点像米勒，但他走得更远。我说像米勒，只是为了让大家理解方便。其实，巴斯蒂昂就是他自己。虽然米勒画过日落和月光这些场景，但这并不意味着其他人就不能再画了。

这幅《乡村夜色》的效果美妙极了，我为什么不买下来呢？

巴斯蒂昂还画了一些英国风景画——泰晤士河的风景，似乎可以看见水在流动——浑浊厚重的河水在河床里像蛇一样向前流动。但是，无论哪种画，都没有他的微型肖像画好，它们像古代大师的肖像那样精美。他母亲的肖像（真人大小），手法完美，栩栩如生，无论怎样审视，都有一种似曾相识的感觉。《圣女贞德》，更是天才灵感的结晶。

巴斯蒂昂·勒帕热35岁。拉斐尔是37岁去世的，身后留下了大量的作品，比巴斯蒂昂目前创作的还多。但拉斐尔可以说是在公爵夫人和红衣主教膝上的摇篮里成长的，他们为他争取到了伟大的佩鲁吉

---

① 安德洛墨达（Andromeda），希腊神话人物，埃塞俄比亚公主。她的母亲卡西俄珀亚曾骄傲地说安德洛墨达比所有的海中神女都美，因而触怒海神波塞冬之妻安菲特里忒，安菲特里忒要波塞冬帮她报仇。波塞冬派出海怪刻托（鲸鱼座）摧毁埃塞俄比亚。其父亲克普斯为此感到愤怒却别无他法，只能请求神谕。神谕揭示解救埃塞俄比亚的方法就是献上安德洛墨达，为此她被拴在海岸边一块岩石上准备献给刻托。碰巧珀耳修斯经过此地，用美杜莎的人头（据说任何生物对上她的眼就会石化）将她救出，之后两人成为夫妻。仙女座的传说由此而来。

诺的亲传。

拉斐尔15岁时就临摹自己老师的作品了，几乎与原作难分真假——15岁，他就已经是艺术大师了。这些伟大的画作，我们钦佩的不仅是它们创作的年代，还有它们取得的辉煌成就，可这些作品的主要部分都是由其学生创作的。许多作品，除了漫画之外，其实跟拉斐尔毫无关系。

相比之下，巴斯蒂昂·勒帕热为了谋生，很早就开始在巴黎的邮局挑拣信件。我猜，他第一次参加画展是在1869年。

在这方面，他绝不会比我更糟糕了。我生活在与艺术几乎无缘的环境里。的确，童年时的我像所有孩子那样上了点绘画课，后来又上了十四五次课，时间跨度足有三四年。之后，继续在这种环境里生活。在这里，我有六年零几个月的时间专心学画，可接下来就被旅游和重病打断了。不管怎样，我算是有所成就吗？

我所取得的成就，跟巴斯蒂昂在1874年所取得的成就可以相提并论吗？这个问题有点不可理喻。

要是让我在公众面前重复——即使面对的是艺术家本人——在这里所写的有关巴斯蒂昂的话，人们会说我疯了——有些人出于信念，有些人出于原则，否则，他们就不得不承认，一位年纪轻轻的艺术家居然取得了如此过人的成就。

四月五日，星期六

我的计划如下。

首先，在塞夫勒完成画作；然后，上午认真研究一下雕塑，下午研究裸体画——今天的速写已经做完了。这样，就到了7月，开始画《夜晚》。这幅画描绘的是一片牧场，有一条光秃秃的公路，一直延伸

J. BASTIEN-LEPAGE

- 巴斯蒂昂·勒帕热的素描（左）
- 巴斯蒂昂·勒帕热《三月的当维莱尔》（右上），布面油画，33cm×40.5cm，1882年，藏于美国旧金山艺术博物馆
- 巴斯蒂昂·勒帕热《收割的农妇》（右下），布面油画，45cm×60cm，1878年，藏于美国圣巴巴拉美术馆

⊙ 巴斯蒂昂·勒帕热《泰晤士河》，布面油画，56.7cm×77.2cm，1882年，藏于美国费城艺术博物馆

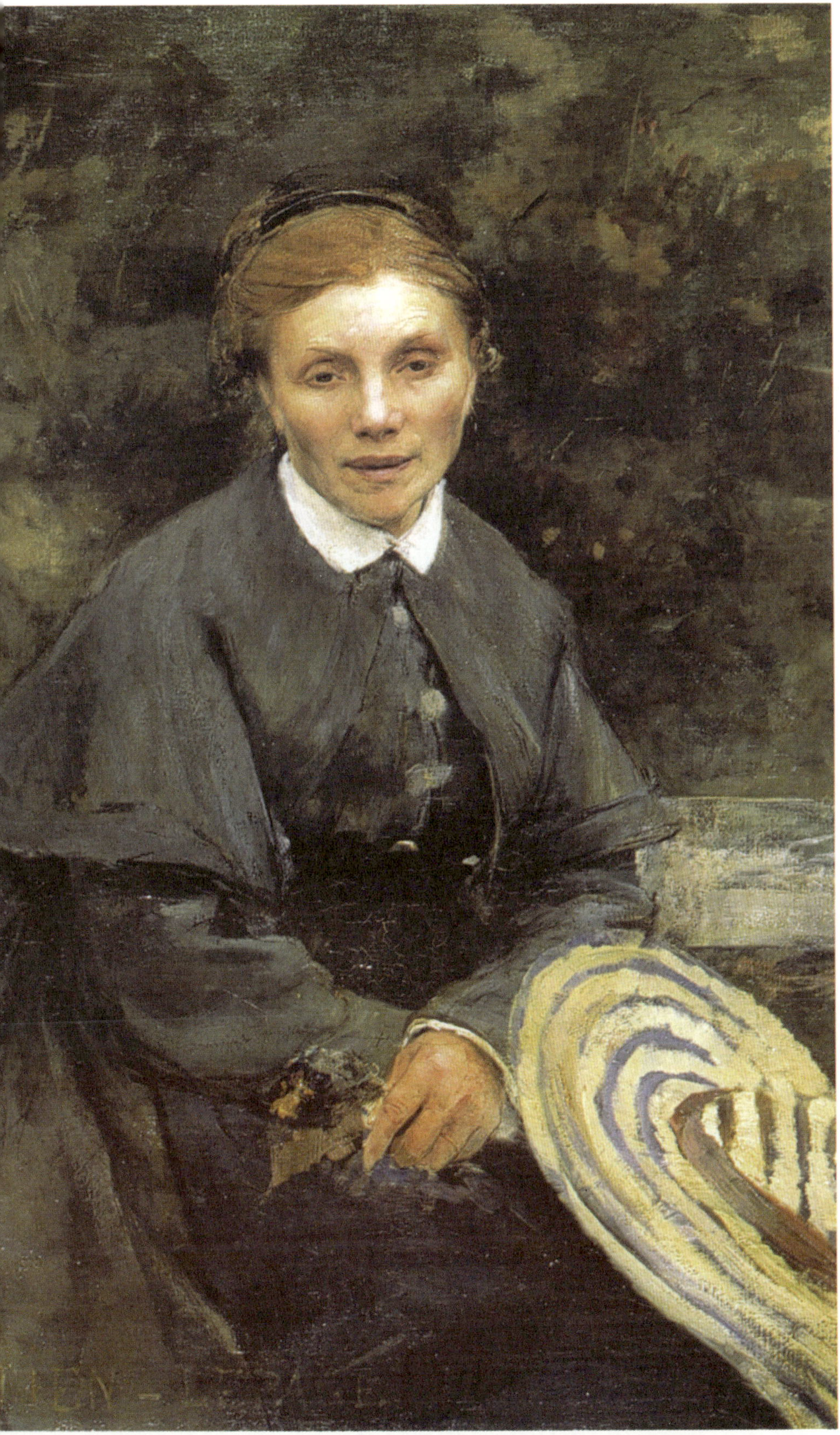

到一眼望不到尽头的日落之处。路上有一辆马车，由两头牛拉着，装满了干草。马车上趴着一位老人，脸枕在手上，老人的轮廓清晰地映衬在日落的天空之下，还有一个乡下小孩，牵着一头牛。

这幅画的效果，要质朴，壮观，富有诗意。

一旦完成这部作品，还有两三幅小型作品，我就动身去耶路撒冷，在那里过冬，既有助健康也对画画有好处。

明年冬天，朱利安就会称呼我为伟大的艺术家了。

我写下这些，是想在日后看看自己的计划最终结果如何，那一定有趣。

四月六日，星期日

索菲姨今晚动身去了俄国。

四月十二日，星期六

朱利安写信告诉我，我的画挂在了好位置。

四月十六日，星期三

每天都去塞夫勒，画完全占据了我。苹果树的花在盛开，周围的树木在发芽，阳光洒落在上面，小黄花点缀着草地。苹果树下面，有一个小女孩坐在那里,"倦怠而陶醉,"如安德烈·德瑞埃①所言,"沉浸在春天和煦的气息里。"

四月二十九日,星期二

明天是画展的开幕日。早晨,要看《费加罗报》和《高卢人》。他们会怎么评价我呢?说好话,还是说坏话,还是根本什么都不说?

四月三十日,星期三

事情还不赖,《高卢人》说了我不少好话,还专门给我发了一篇评论。

评论是富尔科②写的,他号称《高卢人》里的伏尔泰。

《伏尔泰报》与《高卢人》一样,同样夸奖了我,它们的两篇评论意义重大。

《艺术杂志》也提到了我,《不妥协派报》夸奖了我,其他的期刊将每天关注画展,但只有《费加罗报》《高卢人》和《伏尔泰报》简要介绍了开幕式当天的情景。

我满意了吗?回答这个问题,很容易,我既满意也不满意。这次成功,只是让我不再不快乐了,仅此而已。

刚从画展回来。直到中午我们才过去,5点时——闭馆前1小时才离开的。我头疼。

---

① 安德烈·德瑞埃(Andre Theuriet,1833—1907年),法国诗人和小说家。
② 富尔科(Louis de Fourcaud,1851—1914年),法国作家、艺术评论家、记者。

我们在画前的长凳上坐了许久。我的画引起了许多人的关注，我暗自发笑，没有人会想到，这个坐在画前衣着优雅、露着脚尖的女孩，就是画这幅画的艺术家。

啊，这比去年强了不少！

就成功的真正意义而言，我成功了吗？我想，几乎算吧。

布莱斯劳有两幅画，我只见过其中的一幅，令我大吃一惊。这是一幅临摹马奈的画——我不喜欢——没有她之前的好。也许你会对我的直率感到吃惊，但是——我没有感觉不好意思，可也并不感到高兴，毕竟每个人都有进步的空间。但我必须说，她的画不太好，让我的心情好了不少。

巴斯蒂昂·勒帕热只送来了去年的小幅作品《铁匠铺》参展。他身体还没好，无法画画。可怜的建筑师看起来非常沮丧，说他要投河自尽。

我也很难过。虽然有画作、雕塑、音乐和书籍为伴，可我相信自己已厌倦了人生。

五月三日，星期六

埃米尔·巴斯蒂昂今天大约 11 点半过来的。我下楼见他，对他的到访非常吃惊。

他有许多好事要告诉我，说我真的取得了成功。

"我指的不是与你之前的画相比，也不是与你画室里的同学相比，"他说，"而是与所有的艺术家相比。我昨天见到了欧伦托夫[1]，他说如果这幅画是法国人画的，国家愿意买下来。""是的，巴什基尔

---

[1] 欧伦托夫（Paul Ollendorff，1851—1920 年），法国出版商、策展人。

采娃小姐画得的确不错。"他补充道。(这幅画署名是巴什基尔采娃小姐)。"我告诉他,你是位年轻姑娘——而且是位漂亮的姑娘,可他不相信。大家跟我谈论这幅作品时,都认为它是一幅伟大的成功之作。"

啊,我开始有点相信了。对于好运,我总是半信半疑,以免自己失望。

简而言之,人们开始相信我是天才了,可我还是无法相信——似乎大家终于相信了。

"这是真正伟大的成功。"埃米尔·巴斯蒂昂说。这次成功,堪比朱尔斯·巴斯蒂昂在1874年或1875年的成功吗?但愿如此!可还是无法令我欣喜若狂,因为我还是有点将信将疑——我想,我该欣喜若狂的。

这位非常要好的朋友,让我签署了一份文件,同意授权给查尔斯·包德,一位雕刻家,也是他兄弟的好朋友,允许包德将画的照片和雕刻版发给《世界画报》,这会给我带来许多收益。

他还告诉我,弗里昂——一位才子——对我的画极其感兴趣。

还有不少从未见过的人,他们谈论我,对我产生了兴趣,探讨我的成就。多么幸福啊!啊,我已等待并期望这一时刻好久了。现在梦想成真,可自己仍然无法相信。

昨天,收到了一封陌生人的来信,请求将画的照片版权授予他。可是,我更愿意包德做这些事情,然而——巴斯蒂昂·勒帕热称包德为吝啬鬼夏洛特,曾给他写了封8页长的信。

现在,要去母亲的客厅了,接受那些白痴的祝贺。她们把我的画当成世俗女子的作品,给我的夸奖还会给予任何傻子的。

罗莎莉,我认为,是对我的成功最高兴的人,她简直是欣喜若狂。谈到我的画时,她表现出来的那股高兴劲儿,就像老保姆看到自己养大了的孩子一样。她见谁跟谁说,有点像女诗人那样啰里啰唆的。对她而言,这非同寻常,好运已经降临到她头上了。

五月五日，星期一

死亡，谈起来时总会轻描淡写，可真想到即将死去，就另当别论了。那么，我认为自己要死了吗？不，我害怕死掉。

事实无法掩盖，我得了肺结核。

右肺早已感染，左肺感染也有一年了。那么，是双肺了。要是我的身体有所不同的话，应该看起来瘦了。可是，我不但比许多女孩子瘦许多，而且比过去还瘦了不少。一年前，我身材完美——既不胖也不瘦。可现在，胳膊上的肉松弛了，肩膀附近曾经光滑软润的那部分胳膊筋骨清晰可见。总之，我的身体再难恢复了。

"可怜的人啊，"你会说，"为什么不好好照顾自己呢？"我就是过于照顾自己了。我采用前后胸火疗治法，在未来4个月里不能穿低领的衣服。为了能够入睡，要不时继续这种疗法。现在的问题，不是能不能治好。有人会以为我在夸大其词，不，我说的都是事实。另外，除了火疗之外，还有许多事情要遵守，我都做了。我要吃鱼、肝油、砷盐和羊奶——他们还为我买了头羊。

我也许可以苟延残喘一段时间，可终归宿命难逃。

问题在于，我有太多的事情要抗争了，它们随时都会要了我的命。这在预料之中，根本就不可怕。

我还可以做许多事情，让人生富有意义。而且，单单读书就足以让人生充实起来。

刚刚收到《左拉全集》和《勒南全集》，还有丹纳[1]的部分作品。

相比于米什莱的《革命》一书，我更喜欢丹纳的作品。虽然米什莱同情革命英雄主义，可还是说得有些离谱，缺乏思想深度。丹纳，则目的明确，就是为了阐述革命糟糕的一面，所以，我才最喜欢丹

---

[1] 丹纳（Hippolyte Adolphe Taine，1828—1893年），法国历史学家、批评家，实证历史的代表。代表作：《拉·封丹及其寓言诗》《英国文学史》《评论集》《艺术哲学》等。

纳的。

如何评价艺术呢？啊，但愿我们信仰的上帝是仁慈的，请他在关心自己的同时，也关心一下我们吧，将我们安排得妥妥当当！

五月六日，星期二

所有的时间都花在了读书上，读了左拉所有的作品。他真是位思想巨人。

他是天才，可惜并未得到法国人的欣赏！

刚收到了一封来自迪塞尔多夫的信，请求允许他雕刻并发表我的画，还有一些其他事情。真是开心，可我还是不敢相信。不管怎样，不得不承认，自己取得了成功——每个人都这么说，去年他们就没有这么说过。去年，因为蜡笔画，我获得了艺术家该有的名声，可无法与今年这幅画所给予的伟大声望相比。当然，这次成功并不令人吃惊。我的名字，今晚会在每个客厅响起，引起的可不是一般的轰动。

让自己确信已取得成功，让自己彻底快乐起来，十分必要。

提到我的名字时，全场顿时肃静下来，大家都将目光转向了我——只有这样，我才会心满意足。

自从画展开幕以来，不止一家报刊提到了我，但还是觉得不够。今天早晨，《巴黎报》上登了一篇埃当塞尔的文章，真的非常有创意！她把我放在了克莱尔之后，写我的字数跟写克莱尔差不多！我变成了另一个热鲁兹！一头金发，高傲的额头，眼睛水灵灵的，注定会功成名就。我衣着高雅，才华出众，追寻的是巴斯蒂昂·勒帕热的画风，代表了典型的现实主义流派，等等。我有着孩子般的微笑，脸上展现的是胜利者的荣光。我是不是有点忘乎所以了？不，根本不是。

五月八日，星期四

沃尔夫压根就没提我，这是怎么回事?！有可能他的确没有看过这幅画。在画展观赏画时，他的注意力也许被分散到其他地方了。我不可能不引起这种名人的关注的，因为他注意到了其他人——甚至是没我重要的人。

那么，怎么回事呢？像3号一样，运气不佳？将运气不佳变成没有成功的借口，我认为不好，这太容易安抚受伤的自尊心了。另外，这让人看起来有点傻，我宁愿将其归因于自己功力不够。

最令人吃惊的是，事实的确如此。

五月九日，星期五

正在读左拉的作品，我非常佩服他，尤其是他的评论和研究，我乐在其中。为了获得这个男人的爱情，还有什么不能做的呢？你认为我会像别的女人那样，有能力去爱吗？噢，天哪！好吧，我对巴斯蒂昂·勒帕热的爱，与我对左拉的爱别无二致。左拉，我从未见过，有45岁了，肥胖，还有妻子。我问你，如果与这样的男人——你所期望结婚的男人——交往，难道不荒唐吗？对这样的男人，整天该找什么样的话说啊？

今天，埃米尔·巴斯蒂昂和我们一起进餐。他告诉我，下周四早晨，他要带海姆[①]先生——一位有名的艺术鉴赏家——过来见我。

德拉克洛瓦、柯罗以及巴斯蒂昂·勒帕热的画，海姆先生都买

---

① 海姆（Charles Hayem，1839—1902年），法国著名艺术品收藏家。

了。他独具慧眼，能发现潜在的天才。

在巴斯蒂昂·勒帕热祖父的画像展出的第二天，海姆就去了这位艺术家的画室见他，给出了他祖父画像的报价。海姆似乎有着令人惊叹的敏锐嗅觉，总能发现天才。今天，埃米尔·巴斯蒂昂看见他站在了我的画前，在欣赏我的画。

"你认为它怎么样？"他问海姆。

"我认为非常好，"鉴赏家回答道，"认识这位艺术家吗？她年轻吗？"等等。

从去年起，这个海姆就在追踪我。他曾经看过我的蜡笔画，今年又看见了我的油画。

总之，他们周四要过来，海姆先生想买我的画。

⊙ 巴斯蒂昂·勒帕热《祖父》，布面油画，107cm×70cm，1874年，私家收藏

五月十二日，星期一

经历了一段极端寒冷的天气之后，过去3天的气温升到了二十八九摄氏度，热得让人受不了。

在等待海姆来访期间，我完成了一幅习作，画的是一个小女孩在花园里的场景。

忘记说了，我们在意大利大道的台阶上碰见了赫奇特，他热情地谈到了我的画。

我还没有取得自己所渴望的那种成功。可是，在巴斯蒂昂·勒帕热没有展出祖父的画像之前，他也没有取得他自己所渴望的成功。的确，可是——我注定不久就要死去，想要成功来得快一点。

所有的迹象都表明，巴斯蒂昂·勒帕热得了胃癌。那么，他的一切就都结束了。也许医生错了，这个可怜的家伙不会睡过去的——这太残酷了。连他的护工也许都非常健康；这太残酷了。

五月十五日，星期四

今早，埃米尔·巴斯蒂昂陪着海姆过来看画。这就像天方夜谭，我简直无法相信这是真的，我成了一名艺术家。认真地讲，不是开玩笑，我是有才华的。像海姆先生这种名人都来看我的画，都在乎我画了什么，不是在做梦吧？

埃米尔·巴斯蒂昂对一切都满意。几天前，他对我说："在我看来，好像受到关注的是我本人。"这个可怜的家伙非常难过，他的哥哥熬不过这一关了。

整个下午，都在房间里踱步。我欣喜若狂，一想到获奖，就感觉一阵阵的悸动。

事实上,与某种形式的奖牌相比,我更喜欢自己的成功,这不需要奖牌。

五月十七日,星期六

刚从公园回来,和斯塔里茨基小姐一起去的,她来巴黎好几天了。我在公园里遇见了巴格尼斯基小姐,她告诉我,她们正在讨论在博戈柳博夫家里举行的画展,有人提到了我的画,说它很像巴斯蒂昂·勒帕热的风格。

总之,我的画产生的震动令我受宠若惊。开始有人忌妒我了,也有人开始诽谤我了。我是名人了,如果愿意,可以装腔作势了。

可是,我还无法这么做,我的心都碎了,我要大声疾呼:"摧毁别人的信心,难道不可怕、难道还不够吗?我花了6年的时间——人生中最美好的6年——像奴隶一样在画室里画画,不见任何人,没有任何娱乐。终于,画出了一幅好作品,可他们竟然说有人在帮我画!我付出的所有努力,都被别有用心的人诋毁得一干二净!"

这些话,半是认真,半是玩笑。我躺在一张熊皮上,双手无力地垂在两边。可是,母亲却当真了,简直不可理喻。

设想一下,假如将荣誉奖颁给了X,很自然地,我会抗议说这不公平,令人感到耻辱,令人义愤填膺,等等。

母亲说:"看在上帝的份儿上,不要这么激动,还没有颁奖呢,这不是真的,他们还没有颁给他。如果他们这么做了,那就是故意的。他们知道你的脾气,知道你一定会怒不可遏的。他们是故意这么做的,你不要像个小傻瓜那样上当受骗。"

记住,这不是指控,只是一个假设。让我们一直傻等着X得奖吧，等着瞧吧！

还有件事。有位可怜的 Y 先生写了部小说，刚刚流行起来，发行了不知道多少版了。自然而然地，我又被激怒了。"你看，"我叫道，"这就是公众喜欢的东西，这就是他们的精神食粮。噢，什么是时尚啊！噢，什么是德行啊！"跟对待 X 的情形一样，母亲又开始了苦口婆心地规劝。这种情况发生不止一次了，她担心我哪怕受到最微不足道的惊吓都会一蹶不振，甚至会要了我的命，就想方设法帮我避开这种状况，因为我会高烧不退的。

还有一次。不知道是谁，来家做客时不经意间说道："拉罗什福科家里举行的舞会真是棒极了，你知道吗？"

我顿时怒不可遏。母亲发现了，几分钟后，她说了一些事情，好像是随意说的，其实是在故意贬低这个舞会——或者是为了证明压根就没有这个舞会。

所以，就有了这些——编造的谎言和幼稚的托词。一想到他们竟以为我这么轻易就相信了这些鬼话，气就不打一处来。

五月二十日，星期二

今早 10 点钟，我和 H 先生一起去了画展。他说我的画非常棒，所以人们才认为是有人帮了我。

骇人听闻。

他居然敢说巴斯蒂昂从未创作过画，只是肖像画家，画的都是肖像，从不画裸体画。这个犹太人的胆量令我吃惊。

他还谈到了奖牌，说他自己也感兴趣，他认识委员会的所有人。

我们从画展走到罗伯特－佛勒里家。我情绪激动，告诉他有人指控我的画不是自己画的。

佛勒里说，从未听说过这件事，委员会里没有人提到。如果有人提到，他当场就会反驳的。他认为我不该这么自寻烦恼，就跟我一起回家吃早饭，以示安慰。"你怎么会让那些事情搞得这么紧张呢？"他说，"这种事根本不值一提。"

"我只是在想，如果委员会里有人在我面前说这事，"他补充道，"我会当场反驳的，驳他个哑口无言。"

"啊，谢谢您，先生。"我说。

"不用谢，"他回答道，"你不必谢我。这不是友谊的问题，它事关公正。我知道，你能做得比任何人都好。"

他一遍又一遍地重复着这些让人开心的话，还说我获奖的可能性非常大。当然，谁也无法肯定，但好像我机会很大。

五月二十四日，星期六

今晚要颁发一、二等奖，明天发三等奖。

今天，天气暖和，我却感觉疲惫。《法兰西画报》请求我允许他们复制我的画。有个叫列卡德的人也写信要求复制我的画。两个我都同意了，他们想复制多少就复制多少吧。

奖励颁给了那些没有我画得好的画。噢，根本无所谓，真正的天才在任何情况下都会得到人们的认可的。只是，等待的过程有点折磨人。最好不指望它了，提名肯定是板上钉钉的事。虽然获奖还不确定，但我要是不获奖，那就有些不公平了。

显而易见。

五月二十五日，星期日

从5月1日起，我得到了什么？什么都没有。为什么呢？啊，我的命好苦！

刚从塞夫勒回来。那里真糟糕，不再是春天了，风景全变了，不再适合画画了。我那（在画里）盛开花朵的苹果树，已经枯黄了。我混杂了太多的油彩。我是白痴，改变了初衷。好吧，走着瞧吧。这幅画必须完成。画展、报纸、雨水、H，还有其他的这类乱七八糟的事情，都怎么样了？我已经25天没露面了，一切都令人发狂，可现在都要告一段落了。

今天发奖，现在4点了，瓢泼大雨哗哗在下。去年我注定要得奖，当时我所烦恼的，就是等待。而今年，虽然无法确定获不获奖，却比去年平静得多。

今年的关键，是获奖还是不获奖。如果获奖了，今晚8点前我就会知道。这段时间，我躺在窗旁的安乐椅上，在等待消息的同时，欣赏着外面的路人。

现在5点20分了。虽然整段时间都无所事事，也不需等待什么，可我还是感到一如既往的劳累。想到油彩将苹果花染成了黄色，就心烦意乱。第一次看到时，我惊得一身冷汗，还是希望这黄色不那么引人注目。再过两个小时，我就知道结果了。也许你认为我现在非常紧张，不是的，我保证。我现在的这种紧张，还赶不上整个下午无所事事独自打发时间时的那种紧张。

不管怎样，从明天的报纸上会看到结果的。

等待，令我厌倦死了。我发烧，还有点头疼。

啊，我不会得奖了。一想到母亲会说些什么，我尤其闹心！不希望有人窥探自己的隐私，随意评价我的情感。这种做法令我如坐针毡，好像自己做了什么亏心事一样。无论我的情感如何，只希望自己能安安静静地沉溺其中。母亲会想当然地以为我正在伤心，这叫我尤其气愤。

空气凝重，雾气蒙蒙，几乎无法呼吸。

现在 7 点 35 了，有人叫我吃饭。

一切都结束了。

五月二十六日，星期一

这样更好。我没有傻傻地等着，现在的我已经义愤填膺。这种情绪不必隐藏，更激人奋进。

昨天颁发了 26 个奖，还有 6 个奖没颁。M 画的朱利安的肖像得了奖。

我没有获奖，到底是为什么呀？那些显而易见没我画得好的画都得奖了。

不公平？这不是我喜欢的借口，每个傻子都会这么说。

他们可以欣赏或者不欣赏我的画，随他们便，但有个事实谁也无法否认：这幅画画了 7 个人，每个都如真人大小，在可圈可点的背景映衬下聚在一起。思想有见地的人，都认为它非常好，至少认为还不错，有人甚至说，我画画时得到了他人的协助。虽然老罗伯特-佛勒里不知道这幅画是谁的，可还是认为它非常好。布朗热曾对不认识我的人说过，他不喜欢这幅画的风格，这不假，但这幅画技法出色，令人刮目相看。

那么，没得奖的理由是什么呢？没有什么优点的画反而获奖了，我非常清楚，经常出现这种情况。但另一方面，但凡值得称道的艺术家都得过一两个奖项。那么，这是怎么回事？怎么回事？我有眼睛，还能看到，我的画是纯粹的自我创作。

假设画的是穿着中世纪服装的流浪儿，只需在画室里——比在户外容易多了——处理花纹图案的背景。

那么，就可以轻而易举地画幅历史题材的画，而且会在俄国受到大力追捧。

我该相信什么呢？

又有人来函请求复制我的画，是一位叫巴谢的，他是位著名的编辑。

这是我收到的第五封信了，那又能怎样？

五月二十七日，星期二

完了，我没有获奖。

真是丢人！今早之前我还抱有希望。真希望知道获奖的那些内幕啊！

为什么这个消息没有令我心情沮丧呢？但我还是感觉非常惊讶。如果我画得好，为什么得不到奖呢？

阴谋，你会说。

但不管怎样，如果我画得好，为什么得不到奖呢？我不希望表现得像未经世事的孩子，看不到阴谋之类的事情。但在我看来，如果我的画真的可圈可点——

要么就是这幅画不好了？不，不是这样的。

我亲眼看到的——那么，报纸又是怎么回事呢？

五月二十九日，星期四

整晚都在发烧，精神焦躁不安，几乎要发疯了。我的这种状况，不仅因为一夜未眠，更是因为没有获奖。

心情郁闷，真希望可以相信上帝。生病时，处于悲惨的境遇时，求助于上天的力量，这难道不正常吗？如果有个人，他无所不能，你就会向他求助，想获得他的帮助；你会向他倾诉衷肠，而不必担心受到羞辱；你会总想与他保持联系——这时，你就会假装信仰这个人了。医生不能帮助我们时，我们祈祷奇迹的发生。奇迹当然不会发生，可我们还是会等待。而在等待奇迹时，就不再那么悲伤了——等待，多少也算一种安慰。如果有上帝的话，他应该是公正的。如果他公正的话，他怎么会允许发生这种事情？天哪？如果萌生了这些想法，就不会再信仰上帝了。为什么活着？这种苟延残喘的生活又有什么意义？死亡，至少还是有好处的，可以知道人们经常谈论的另一种生活到底是什么样子？就是说，假如有另外一种生活——也只有死了之后，才会知道它是什么样子。

五月三十日，星期五

一直以为，不去思考人生中唯一值得拥有的东西到底是什么，看起来非常愚蠢——这件东西，可以弥补生活中的匮乏，叫人忘记曾经遭遇的悲惨境遇——用一个字来说，那就是爱。两个相爱之人，相信对方无论在道德上还是身体上都完美无瑕，道德上尤其如此。一个爱你的人，必须正直、忠诚、慷慨，随时可以心无旁骛地展示其英雄本色。

两个相爱之人，认为宇宙——比如哲学家和我——就是自己梦想的样子——完美无缺，令人无限向往。我想，这就是灵魂之爱的魅力所在。

与家人、朋友、社会交往的过程中，一定会发现人性的弱点，要么贪婪，要么愚蠢，要么嫉妒，要么卑鄙，要么不公；也会发现，我们所挚爱的朋友，向我们隐藏了自己的想法。如莫泊桑所言，人总是孤独的，因为即使在最亲密的时刻，朋友之间也会有所隐瞒。

爱情会创造奇迹，将两个人融为一体。但这只是幻想，即使的确如此，又有什么关系呢？我们认为存在的东西，就存在着。爱情让世界呈现了它本来的样子。如果我是上帝——

好吧，那又如何呢？

五月三十一日，星期六

维勒维耶伊尔告诉我，我之所以没获奖，是因为我对去年的提名有点小题大做，公然说委员会的人是白痴。我的确这么说过。

我的画既不是大幅巨制，风格上也不大胆。如果大胆一点的话，《见面》会成为一幅杰作。如果它是一幅杰作，可获得的是无关紧要的三等奖，又有什么必要呢？包德的木刻版登出来了，还附上了一篇文章，说公众为我没有获奖感到失望。有人说，我的画枯燥乏味，但他们对巴斯蒂昂的画也是这么说的。

世界上有没有这样一个人，说 M 的肖像要比我的好？

巴斯蒂昂·勒帕热的《圣女贞德》得到了 8 票；M 的肖像得了奖，他真了不起，居然得到了 28 票，正好多了 20 票。世界真的没有了良心，更没有了公正，我真的不知道该怎么想。

H 来时，我下了楼，就为了让这个犹太人看看我并不沮丧。

我们谈论了摄影、雕刻、艺术赞助等话题——我表现得高傲，而且不动声色。最终，这位以色列的儿子决定与我做笔交易——哪怕我什么奖都没有得到！"我要买你的蜡笔画《阿曼蒂娜》，"他说，"还有《开心宝宝的头像》。"两幅！他和戴娜商量了购买事宜。相比之下，他比埃米尔·巴斯蒂昂的价格更令我们欢迎，我非常满意。

六月一日，星期日

过去的一个月，我什么都没做！是的，昨天早晨，我开始读苏利·普吕多姆[1]的作品，我一直在读这些作品。我有他的两本书，爱不释手。

诗歌，读起来并不费事，只有那些不好的诗歌，才令我心生烦恼。对于好诗歌，只需思考它要表达的思想。如果诗人喜欢韵律，作就好了，只是别让韵律分散了对思想的关注。苏利·普吕多姆的诗，最令我满意的，就是它的思想。在其作品中，那些抽象的东西，如升华了的风格、细腻的逻辑推理，都与我自己的思想不谋而合。

我一会儿躺在沙发上，一会儿在阳台上踱步，花了好几个小时读《卢克莱修》[2]的前言及其作品《物性论》。读过这本书的人，没有不喜欢它的。

要理解这部作品，就需要全神贯注。即使熟悉这一题材的人，也认为它晦涩难懂。我读过它，虽然有些部分意思还不太清楚，但能理解。一遇到读不懂的地方，我就一遍一遍地读，直至掌握了大概。虽

---

[1] 苏利·普吕多姆〔René-François-Armand (Sully) Prudhomme，1839—1907年〕，法国诗人和批评家，曾获1901年首届诺贝尔文学奖。
[2]《卢克莱修》，为卢克莱修长诗，此指普吕多姆翻译的法文版。卢克莱修（Titus Lucretius Carus，约公元前99—约公元前55年），罗马共和国末期的诗人和哲学家，以哲理长诗《物性论》(De Rerum Natura) 著称于世。

然感觉这部作品很难读懂，但苏利·普吕多姆能写出这样的作品，我还是非常钦佩他。

他对思想的组织，与我对颜色的组织如出一辙，有种似曾相识的感觉。

他也应该非常钦佩我吧。因为除了一些"乱糟糟的色彩"，如格格不入的戈蒂耶所言，我还可以创造表情，表达人类的情感，能全方位反映自然风景——天空，树木，气氛。戈蒂耶很可能认为自己比画家好上一千倍，因为他能够挖掘出思想最深处的奥秘。但是，他本人或者其他人，又能从中学到什么呢？

思想，是如何工作的呢？只是为了给那些迅捷而难以把握的思维过程赋予名称——恕我无知，这就是思想所从事的活动，毫无意义的活动，它是一种娱乐活动，虽然有趣、高雅，而且需要运用技巧，但所欲何为呢？只有赋予了陌生而抽象的东西称谓，才能塑造出世界上伟大的作家和思想家吗？

"人类，"那些形而上学者说，"只有与事物发生联系时，才能认知事物……"这种说法，让许多读者不明就里。我再引述一段："因此，人类知识，不能超越我们的认知范畴。"好吧，我们只能理解我们能理解的那些东西，这不言而喻。

如果我接受过系统的教育，就会成为与众不同的人。我所知道的东西，都是自学的。在尼斯时，自己制订学习计划。吕克昂学园的教授，对我的计划所展示出来的智慧，惊讶不已。制订计划时，我的指导原则，一部分来自自己的思考，一部分来自阅读过程中获得的灵感。从那时起，我就开始阅读希腊和拉丁作家，法国和英国经典，还有当代作家——总之，能读到的一切。

虽然下了不少功夫，我天生又喜欢事物的和谐有序，努力想把自己的知识变得系统一些，但还是有些凌乱。

这位作家，苏利·普吕多姆，到底有什么吸引我的呢？6个月前，我买了他的书，当时就想读，可还是耽误了一段时间。当时认为，这些诗歌讨人喜欢，但仅此而已。今天，弗朗索瓦·戈贝[1]来家做客，在他的影响之下，我在普吕多姆的诗歌中发现了令我痴迷的思想，于是就废寝忘食地读起来。但无论是戈贝还是其他人，我都从未对他们谈过这件事。那么，普吕多姆诗歌的魅力在哪里，而我又如何发现了这种魅力呢？

也许经过绞尽脑汁的思考，我能成功地对这个人类智慧的伟大成就——《物性论》——进行哲理分析，但这有什么用呢？它会改变我的一些想法吗？

六月五日，星期四

普拉特死了。它与我一起长大，家人于1870年在维也纳买下了它。当时它只有三周大，总喜欢藏在大行李箱后面——那里有商店包裹行李用的报纸堆。

它是一条恋人的好狗，我离家时他会哀叫，整天待在窗户旁等我回来。后来，在罗马时，我想要另外一条狗，母亲就要了普拉特，可普拉特总把那条狗当成冤家对头。可怜的普拉特，黄褐色的皮肤，像狮子一样有双漂亮的眼睛。一想到自己的冷酷无情，我就感觉无地自容。

我的新狗，叫苹丘，在巴黎时被人偷走了。我真傻，带上了可可，就是后来的那个可可，却没有要回普拉特。因为我抛弃了它，它总是无法原谅自己。我的做法有些不道德，令人鄙视。4年了，这两只动物恨不得随时吞了对方。最后我们不得不将普拉特像囚犯一样关在了楼上的房间里，而可可却可以到处溜达，想做什么就做什么。普

---

[1] 弗朗索瓦·戈贝（Francois Coppee，1842—1908年），法国非常有名望的巴纳斯派诗人、小说家。代表作：《遗物盒》《亲密》《平凡人》《纪事和悲歌》《红本子》《为了王冠》等。

拉特是老死的。昨天，我陪它待了好几个小时，它用力挪到我身旁，将头枕在我的膝盖上。

啊，我是条可怜虫，总是多愁善感，我的性格多么令人鄙视啊！写字时我还在流泪，我想，这些泪水会让那些读到日记的读者知道，我其实心地善良。总想要回这可怜的家伙，从它身边路过时，要么给它糖果，要么给它拥抱，但仅此而已。

你该看看它的尾巴！它能像轮子一样一圈圈儿的快速摇摆。

总之，这个可怜的家伙似乎并没有死掉。曾有一段时间，我还以为它死了，因为没在房间里见过它。平时它不是藏在大箱子里，就是躲在浴缸后面。在维也纳时，它就爱这么做。我以为他们已经带走了普拉特的尸体，害怕告诉我。而这次，它肯定要死了，不是今晚就是明天。

今天，罗伯特-佛勒里看见我哭了。关于画的复制问题，我曾写信求教于他，他今天是过来答复我的。我似乎忘记签署什么文件了，有了这些文件，其他人就不会再随意复制我的画了。因此，我可能卷入了法律纠纷。你必须知道，对于这些想复制我的画的请求，我感觉非常自豪。即使卷入诉讼，这种自豪感也丝毫未减。

六月六日，星期五

一直在琢磨大使馆的晚会，只是担心会发生什么事情扫了我的兴。从不相信会有什么好事发生在我身上。开始时，事情似乎都挺顺利的，可最终总是要发生点事，成为我实现愿望的绊脚石。过去很长一段时间，这种情况屡见不鲜。

今天，为了看那幅得奖的画，我们去了画展。在画展，遇见了罗伯特-佛勒里。我们站在获得二等奖的画前，我问他，如果我给他看的是这幅画,他会说什么。

"首先,我希望你特别注意不要画这样的画。"他认真地回答。

"但得奖是怎么回事?"我问。

"噢,好吧,"他回答道,"他参加画展很长时间了,那么——你明白了吧——"

六月七日,星期六

大家都在默默地为今天的晚会准备着。

我要穿白色的丝绸礼服,上身点缀着两条人造丝带,交叉打褶垂放在胸前,在肩膀处系上结。礼服的袖子有点短,也装饰有丝带。腰部系着的是那种白色的宽丝带,两端长长地垂落在身后。裙子也是人造丝的,从左边披到右边,然后落在脚面上。后身有两条饰带,一条垂到地上,一条稍短一些。鞋是白色的,比较简单。就整体效果而言,堪称光彩照人。我的发型如普赛克[①],没戴饰物。胸前的吊带也非常漂亮,简单而又典雅,让我看起来很迷人。母亲总是穿着黑色的缎子礼服,上面装点着乌黑发亮的珠宝,拖着一条长长的拖裙——母亲还佩戴上了钻石。

六月八日,星期日

我一如既往地光彩照人,或者说,这是我最光彩照人的时刻。长

[①] 普赛克(Psyche),在希腊神话中,普赛克是人类灵魂的化身,其发型向后盘起,中间分开。

礼服惊艳动人，肌肤跟在尼斯或罗马时一样娇嫩如花。平日里看见我的人，都惊讶得目瞪口呆。

我们到得有点晚。弗雷德里克斯夫人没有和大使夫人待在一起，于是，母亲就和大使夫人聊了几句。我端庄大方，彬彬有礼。我们见到了许多熟人，A夫人，在加维尼夫妇的家里见过，她从未向我行过鞠躬礼，可昨天却行了，非常优雅。我挽上加维尼的胳膊，他身着缎带和徽章，看起来非常英俊。他将意大利部长门纳布利亚介绍给了我，我们一起谈论起艺术。后来，德·雷赛布①先生和我聊了很长时间，都是关于他的孩子和保姆的事情，还有苏伊士运河的股票。然后，在谢弗罗的邀请下，我们跳起了舞。

至于其他官员和随从，我都顾不上了，我一心关注的是那些佩戴勋章的上了年纪的人。后来，趁在名人殿堂烧香的机会，我与一些艺术家聊了一下，他们都想与我结识，争着介绍人认识我。我长相漂亮，衣着得体。他们确信，我画的画一定得到了别人的帮助。他们当中有切里莫提耶夫·雷曼——一位非常和蔼的老人，有点才华，还有才华横溢的埃德尔费尔特②。

埃德尔费尔特是个英俊的年轻人，但有点俗气——他是俄国人，来自芬兰。总之，我度过了一个非常愉快的晚上。你看，重要的事情，就是要打扮得漂漂亮亮的，一切都取决于漂亮。

---

① 德·雷赛布（Ferdinand Marie Vicomte de Lesseps，1805—1894年），法国外交家、工程师、实业家，苏伊士运河的开凿者。
② 埃德尔费尔特（Albert Gustaf Aristides Edelfelt，1854—1905年），芬兰画家、平面设计师及插画家。埃德尔费尔特的作品涵盖历史画、肖像、描写普通民众生活的自然主义画作、描写巴黎市井生活和美女的印象派画作。

六月十日，星期二

看见路人在街上行走，注意到他们脸上的表情以及每个人的与众不同之处，瞥见完全陌生的灵魂，赋予所有的一切以生命，抑或亲自描绘出每个陌生人的生活。这些多么有趣啊！

有人依据巴黎的模特画出了罗马角斗士决斗的场景。既然如此，为什么不按照巴黎人的样子画巴黎的角斗士呢？五六个世纪之后，这些都会变成古董。那个时代的傻子们就会带着无比崇敬的目光审视这些角斗士。

六月十四日，星期六

今天是母亲的生日，家里来了许多客人。我穿着漂亮的长裙——灰色的塔夫绸料子，还仿照路易十四时期的款式做了一件白色薄绸坎肩。

六月十六日，星期一

今晚，我们去看莎拉·伯恩哈特主演的《麦克白》（黎施潘[①]翻译的）。加维尼夫妇和我们一起去了。我很少去剧院，非常珍视这次机会。可是，演员们辩论式的演出风格损害了我的艺术感受。要是这些

[①] 黎施潘（Jean Richepin，1849—1926 年），法国诗人，小说、戏剧作家。1908 年，黎施潘当选法兰西学术院院士。代表作：《星星》《穷途潦倒之歌》《诅咒》《抚摸》等。

演员说话再自然一点，该有多么好啊！

马雷（饰演麦克白）有时演得不错，可他的语调如此戏剧化，如此做作，听他讲话叫人不得不皱紧眉头。莎拉，虽然声音已不复之前那么悦耳了，可还是令人钦佩。

六月十七日，星期二

一想到自己的画，就备受煎熬，手头还没有画呢！盛开的苹果树，那些紫罗兰，那个似睡非睡的农家女孩——再也引不起我的兴致了！3尺长的画布足够了，可我把它画得有真人大小，它一无是处。3个月的时间白白浪费了！

六月十八日，星期三

还在赛夫勒！每天都发烧，痛苦不堪。尽管每天喝六七杯牛奶，可似乎再也胖不起来了。

六月二十日，星期五

建筑师从阿尔及尔给我写信。在给他的回信中，我画了我们三个人的画像，每个人的脖子上都挂着奖牌。以明年画展的名义，我给朱尔斯颁发了荣誉奖，给自己颁发了一等奖，给建筑师颁发了二等奖。

我还送给他一张《见面》的照片版。建筑师告诉我，他给哥哥看了，哥哥很高兴，说曾听说过这幅画，认为画得很好。

"不给这幅画颁奖，他们多么愚蠢啊！"他哥哥大声说道，"我认为它真的很棒！"

他哥哥非常愿意给我写信，埃米尔补充说，可是，已经写不了了，他正遭受巨大的痛苦。尽管如此，他哥哥还是决心今年回家待上一周。他托付建筑师给我带好，感谢我的刺绣。

他哥哥愿意写信给我！要是在一年前，我会高兴的。而现在，只在回忆过去时，它才带给我快乐——我对这些事情已无动于衷了。

信结尾处，是我的画像，脖子上戴着荣誉奖牌。

我在信里费尽心机安慰他哥哥，这一点他一定有所感动吧。我通常的写信习惯是：开始时，一本正经地安慰人；结尾时，再谈些高兴事。

六月二十五日，星期三

一直在读自己的日记，发现1875、1876和1877这三年中，自己对未知的目标充满了莫名的幻想。晚上的时间，都处于疯狂而绝望之中，企图找到发泄的渠道。我应该去意大利吗？还是待在巴黎？结婚？画画？我要努力成为什么？如果去了意大利，应该就不待在巴黎了，我渴望想去哪里就去哪里。浪费精力，又算得了什么？

如果生来就是男人，我会征服欧洲。因天生是女人，只会将自己的精力消耗在与命运抗争的长篇大论中，消耗在稀奇古怪的礼节之中。有时候，人相信自己无所不能。"如果有时间，"我写道，"我会成为雕塑家、作家、音乐家！"

我的内心烈焰腾腾，无论沉溺于这些虚幻的渴望与否，死亡是所有这一切必然的结局。

如果我一文不名,也终将一事无成,为何从能思考伊始,就充满了对荣耀的梦想?为什么对伟大的疯狂渴望,总以财富和荣誉的形式,呈现在我的想象之中?

为何从能思考伊始,从4岁开始,我就对荣耀、辉煌和宏伟充满虽然模糊却又那么强烈的渴望呢?在童年的憧憬中,曾经经历了多少次角色的转变啊!首先,是舞蹈家——著名舞蹈家——为所有圣彼得堡的人所崇拜。每个晚上,我都让家人给自己穿上舞蹈服,头上戴上鲜花,来到客厅,在家人的注视下一本正经地跳舞。那时,我是世界上最出色的女主角,在竖琴的伴奏下独自歌唱,成就感令我飘飘欲仙,不知飞向哪里飞向何处。后来,我雄辩的口才叫大家震惊。再后来,我嫁给了俄国国王,成为他巩固皇位的贤内助。我与我的人民和睦相处,我用演说向他们阐述自己的政治主张,人民和皇室都感动得热泪盈眶。

然后,我恋爱了,却爱错了人。在爱情变淡之时,爱人却发生了意外,从马上摔下来,丢了性命。爱人死了,我可以安慰自己。可当证明自己爱错了人,我当即陷入绝望,最终在悲伤中死去。

每一种人类的情感,每一种世间的欢乐,我都描绘出来了,而且描绘得比现实更美好。如果梦想永远也实现不了,最好让我死掉。

我的画为什么没有获奖?

奖牌!一定是委员会的人认为我得到了别人的帮助。之前碰巧有一两次,获奖者是女人,而后来发现,她们得到了他人的帮助。一旦得了奖,获奖者就有权在下一年展出自己的作品。只要他愿意,无论怎样一文不值的作品都能展出。

可是,我年轻,有品位,报纸还表扬过我!但这些人都是一丘之貉。比如,布莱斯劳对我的模特说,要是我减少点社交活动,就会画得更好了——他们以为我每晚都出去。外表多么具有欺骗性啊!可怀疑我的画不是我独立完成的,这事非同一般。感谢上帝,他们没有公开表达过怀疑！罗伯特-佛勒里告诉我，他感觉吃惊，我居然没有获奖，因为每次他跟委员会的同事提到我时，他们都说："这幅画非常好，是一幅很有意思的画。"

"你认为他们说这话是什么意思呢？"他问我。

是怀疑。

六月二十七日，星期五

刚要开车去公园，建筑师居然出现在了马车旁！他们今天早晨到的巴黎，他过来告诉我，朱尔斯好点了，一路上都不错，可惜还是不能离开家。他哥哥说，在阿尔及尔，当他把画的照片给人家看时，大家钦佩得不得了——他真希望能亲口告诉我这些事情。

"那么，我们明天去看他。"母亲说。

"那再好不过了，"建筑师回答道，"他说你的画——不，还是明天让他亲口告诉你吧，那样更好。"

六月二十八日，星期六

按照约定，我们来到了勒让德尔路。

朱尔斯起身迎接我们，向前迈了几步。外表发生的变化，似乎让他感觉难堪。

他的确变了，变化非常大。他的病不是在胃部，我不是医生，但他的表情足以说明一切。

长话短说。我发现他变化这么大，所能说的就是："那么，你又回到我们中间了。"他毫不拘谨，相反，热情友好得不得了。他对我的画极尽赞美之词，一遍又一遍地告诉我，不必为没有得奖而烦恼——这幅画的成功本身已不言自明。

我逗他笑，告诉他生病对他有好处，他变结实了。建筑师看见他的病人如此高兴、如此和气，也非常高兴。受到大家的鼓舞，我变成了话痨。他称赞我的长裙，甚至还夸了我的太阳伞把，让我坐在他的躺椅旁边。他可真瘦啊！眼睛比过去大了，目光炯炯，头发好像没有打理过。

但他看起来还是挺不错的，让我常来看他。我一定会经常来看他的。

建筑师陪我们下楼，也邀请我们常来。

"这会让朱尔斯非常高兴，"他说，"看见你们，真是非常荣幸。我向你保证，他认为你很有才华。"

他们接待我的每个细节，我都不厌其烦地写下来，因为这让我心情愉快。

我对他的感情如母爱一般，虽平静如水，却柔情万种，我为之自豪，好像它增添了我的尊严。他会恢复的，我确信。

六月三十日，星期一

今天，我情不自禁将自己的画剪成了碎片，没有一个地方令我满意。

还有一只手没画！可这只手画完时，就再也没有可画的地方了！啊，可悲啊！

它花费了我 3 个月的时间——3 个月啊！

画草莓篮子，尤其是自己之前从未见过的草莓篮子，感觉挺开心的。我亲自挑的草莓，为了颜色搭配好一些，还专选了几个青色的。

叶子多漂亮啊！那些水灵灵的草莓，是一位艺术家专门采摘的。这位艺术家，正神态妖娆、小心翼翼地做着自己未曾做过的工作。

草莓当中，居然有颗红色的鹅莓。我提着草莓篮子穿过塞夫勒的街道，来到车厢里，把篮子放在腿上，稍稍抬高一点，这样篮子就会透气，衣服上的热气就不会捂坏了草莓——不止一个草莓已经染上了瘢痕。

罗莎莉笑着说道："小姐，真希望有人能看见你这个样子！"

"这可能吗？"我想。

"那么，为了他的画，就值得，可为了他的脸，就不值得。为了他的画，做什么都值得。"

"那么，是他的画，要把草莓吃掉了？"

七月一日，星期二

还在可恶的塞夫勒！但回家的时间还不错，5点之前。画，差一点就完了。

可是，我还是处于极度的沮丧之中，一切都不对劲了。有必要做些与众不同的事情，才能将这种沮丧驱赶走。

我，这个不信仰上帝的人，却把希望寄托在上帝身上。

之前，心情沮丧时，总有些事情可以将生活的乐趣带给我。

我的上帝，为何您给予了我理性分析能力？要是盲目跟从的话，就不会这么痛苦了。

我既有信仰，也没有信仰。能够理性分析的时候，我就不信仰。可在欣喜若狂或万分悲伤的时候，却总是首先认为是上帝对我这么残酷。

七月二日，星期三

我们今天去看朱尔斯·巴斯蒂昂了——这次是去他的画室。我真认为他好点了。他母亲也在，大约 60 岁，看起来却只有四五十岁，比她的画像看起来更漂亮。一头漂亮的金发，偶尔有一两处银丝，笑容和蔼可亲。她穿着黑白相间的长裙，看起来非常迷人。她正在刺绣，手法娴熟，图案都是自己设计的。

巴斯蒂昂的两颗上门牙像我，都是豁牙子。

七月三日，星期四

今天早晨大约 7 点时，去见了波坦。他粗略地检查了一下，然后命令我去奥博内[①]。他说，以后再看看情况。可是，我读过他给同事写的信。在信里，他说我的上部右肺已经不见了，我是最不听话、最鲁莽的病人。

之后，因还没到 8 点钟，我就去见了棋盘路的小医生。我认为，他做事非常认真。我的状况令他震惊不已，他强烈建议我去咨询一下这个行业里的专家，比如布沙尔或者格朗谢。

起初我拒绝了，可他主动提出陪我去，我不得不同意了。

波坦宣称，我的肺部一直以来都比现在的状况要糟糕，但发生了不可思议的好转。可是现在，老问题又出现了，希望不久就会好的。

波坦处事乐观，他说这话时，我的状况一定已经非常糟糕了。

可是，小 B 医生却跟他意见不一样。他说，我的病的确曾经有段

---

① 奥博内（Eaux-Bonnes），法国比利牛斯 – 大西洋省的一个市镇。

时间比现在严重，但那次发病是急性的，本该要我的命，幸好没有，而且出现了好转。然而，现在变成了慢性病，病情反而恶化了。总之，他坚持要我去见格朗谢大夫。

我会去见的。

那么，我得的是肺结核了！

这种病，还有其他的一切，前景都不乐观。

对于这一切，没有什么可以安慰我。

七月四日，星期五

塞夫勒的那幅画，一直放在画室里，我也许会给它起名《春天》。如果画本身好的话，叫什么名字都无所谓，可惜它不好。

画的背景有一片绿，既明亮又模糊，而且女孩这个人物根本不是我当初打算画的样子。

我匆匆忙忙画完它，等不及修改了。可是，我在画里想表达的情感却没有——根本没有——画出来。总之，3个月白白浪费了。

七月五日，星期六

买了一条漂亮的灰色呢绒长裙，腰部有个罩衫，没有任何的修饰，只在颈部和袖子周围配有花边。帽子非常漂亮，点缀着一个很俏皮的大蝴蝶结，手工绣的花边，帽子看起来与我很搭。我真想去勒让德尔路，只是担心去得太频繁了。可为什么会这么想呢？我去那里，只是作为同行的艺术家和崇拜者，在他重病的时候，帮助他快乐地打发时间啊!

最终,我们还是去了那里。他母亲看见我们很高兴,拍着我的肩膀说我的头发很漂亮。建筑师仍然情绪低落,可伟大的画家情绪好点了。

他在我们面前喝了汤,吃了鸡蛋。他母亲跑来跑去拿他要的东西,亲自伺候他,这样仆人就不必进来了。他认为这一切都是很自然的事情,泰然自若地接受我们的服务,没有表现出丝毫的惊讶。谈到他的外表时,有人说他的头发该剪了。我母亲说,儿子小时候,就是她给剪头发;我父亲生病时,也是她剪的。"想让我给你剪发吗?"母亲问道,"我有只幸运的手。"

我们都笑了,他马上同意了。他母亲跑去拿来了理发用的披衣。母亲马上开始剪发,而且剪得可圈可点。

我也想搭把手,可这愚蠢的家伙说,我一定会帮倒忙的。为了报复他,我将他比喻成了落在大利拉①手里的力士参孙②。这就是我的下一幅画啊!

他笑着屈尊就范了。

他的好心情也感染了他弟弟,他自告奋勇要剪他的胡须。他剪得很慢,很仔细,手还有点发抖。

剪发后,他像换了个人,之前的病态一扫而光。他母亲看见他时,高兴地叫道:"又看见我儿子之前的样子了,我的小宝贝,我的宝贝儿子!"

她真是个完美的女人——和蔼可亲,真挚自然,对她了不起的儿子充满了敬佩。

他们都是非常了不起的人。

---

① 大利拉(Dalilah),《圣经》中的人物,力士参孙的情妇,后参与计划使参孙失去神力。
② 力士参孙(Samson),《圣经》中的人物,以色列士师,力大无比,被其所爱的女人大利拉出卖。

七月十四日，星期一

开始治疗了。对于结果如何，我相当看得开。

连我画画的前景似乎都有了好转。

巴蒂尼奥勒大道和瓦格拉姆大街，都为艺术家呈现了难得的创作机会啊！

你注意到那些经常光顾这些大街的人的脸了吗？

在每条座椅上，都可以感受到悲伤或浪漫。那些社会的弃儿，他们坐在那里，一只胳膊倚在椅背上，一只胳膊放在膝盖上，用躲躲闪闪的目光四处观望；那位妇女，将孩子放在了膝盖上；还有那个女人，她一路匆匆，正坐在那里短暂休息；水果商的孩子正在读报，一副世上的愁事都与己无关的逍遥神态；有个工人在座位上睡着了；那个人，如果不是哲学家，就是陷入了绝望，正闷声抽烟。这里的一切，都令我心驰神往。只要每天晚上五六点钟的时候看看这里的一切，就会对世间百态了然于胸。

的确，千真万确！

我想，我已找到了绘画的素材。

是的，是的，是的！我也许不会把它画出来，但有了这个素材，我就已心满意足、手舞足蹈了。

境况不同，人的心情是多么不一样啊！

有时，人生好像就是虚无；有时——我却开始产生了兴趣——对自己周围的一切。

生命的洪流，仿佛突然涌入了我心灵的港湾。

虽然没有任何值得高兴的事情。

而且还在雪上加霜。既然如此，我何不找些欢乐，让自己即使想到死亡，仍然心满意足。

人之本性，都是快乐的。可是——

为何在你绝世的作品中，

有那么多不和谐的元素？①

七月十五日，星期二

每次看见人们坐在公园里或者大街上的长椅上，一个想法就会突然冒出来——在这里可以找到绝好的机会创作艺术。主角安静的时候，要比主角动的时候，更适合描绘场景。不要认为我反对有动作的场景，但当画面呈现出的是狂野的动作场景时，稍有品位的人既无法发挥出想象力，也产生不了愉悦感。许多场景，如正要抬起但还没打上人的胳膊，或者虽然在奔跑却还要保持某种姿态的大腿——都会令画家痛苦不堪（尽管他自己没有意识到这一点）。还有一些动作激烈的场景，需要把主角想象成暂时静止的样子。为了艺术效果，短暂的静止就已足矣。

抓住激烈动作之后的瞬间，比抓住它之前的瞬间，更为画家所赞赏。在巴斯蒂昂·勒帕热画的《圣女贞德》中，贞德一听到那些神秘的声响，就赶紧来到前面，匆忙之间还弄翻了纺车，可突然间她又停下脚步，靠在了树旁。而在描绘抬起胳膊打人的场景中，动作虽然画出来了，却缺少了艺术品位。

以《凡尔赛宫授旗仪式》为例。每个人都在抬臂向前冲，可这些动作并未削减人们的艺术感受，因为画里的人物正满怀期望，我们为他们的情感所感动、所痴迷，体会到了他们急迫的心情。这幅画给我们带来了巨大的精神力量，因为我们可以想象到动作停止时那一瞬间

---

① 出自法国浪漫主义作家缪塞的诗。

的场景——在这个瞬间，我们可以冷静地审视这一场景，仿佛这就是一个真实的场景，而不是一幅画作。

因此，动作场景，无论在雕塑中还是在绘画中，都无法像静止场景那样传递高超的技法。

将米勒的画与那些你熟悉的手法最高超的动作画比较一下，就会一目了然。

看一下米开朗琪罗的《摩西》。虽然摩西没有动作，可他是鲜活的。而米开朗琪罗的《沉思》，既没动作也没话语，因为画家就想取得这种效果：他就是一个活生生的人，沉迷于自己的思考之中。

在巴斯蒂昂·勒帕热的《无所事事》中，那个孩子正看着你，好像有话要跟你说，他是有生命的。在勒帕热的《垛草》中，有个人仰躺在地上，帽子盖着脸，正在睡觉，可他仍是鲜活的！坐在那里的妇女，正陷入沉思，也是一动不动的，但我们感受到了她的生命力。

只有人物处于静止状态的场景，才会满足艺术家的感官。这给予了我们时间，可以抓住它的美丽，领会它的意义，再通过想象力赋予它生命。

要是我死了，罪魁祸首就是人类的愚蠢，我是被人类的愚蠢气死的。如福楼拜所言，人类的愚蠢没有底线。

在过去的20年里，俄国文学产生了许多令人赞叹的作品。

在读托尔斯泰的《战争与和平》时，我深受感动，情不自禁地大喊道："哇，他比左拉毫不逊色！"

这是真话。今天的《两个世界》杂志登载了一篇有关托尔斯泰的专稿，读到这篇文章时，作为俄国人，我的心几乎高兴得跳了出来。文章的作者是德·沃格埃[①]先生，他是法国大使馆的秘书，一直在研究俄国文学和俄国礼仪，已经发表了好几篇非常公正而且深刻的文章，赞颂祖国的伟大和它所取得的辉煌成就。

[①] 德·沃格埃（Eugène-Melchior de Vogüé，1848—1910年），法国外交家、旅行作家、考古学家、慈善家、文艺评论家。

⊙ 米开朗琪罗《摩西》，大理石雕塑，位于意大利罗马圣伯多禄锁链堂

米开朗琪罗《沉思》，大理石雕塑，位于意大利佛罗伦萨洛伦佐·德·美第奇之墓

我，真是可怜——生活在法国。可是，相比于生活在自己的国家，我更喜欢作为陌生人生活在异国他乡！

但是，因为我热爱祖国——美丽、伟大而壮丽的俄国——我应该去那里生活。

虽然成不了托尔斯泰那样闻名天下的巨擘，但我也要为祖国的辉煌而努力工作！要不是为了画画，我就会去那里生活的。是的，我会去的！但艺术已经主宰了我全部的才华，其他的一切不过是插曲和娱乐。

⊙ 雅克-路易·大卫《凡尔赛宫授旗仪式》，木板油画，610cm×931cm，1810年，藏于法国巴黎凡尔赛宫

七月二十一日，星期一

今天走了4个多小时，只为了寻找画的背景。背景是一条街道，可还是没有确定下来。

显然，城市周边大道上的公共座椅，与香榭丽舍大街上的座椅有着天壤之别。香榭丽舍大街的座椅上，有搬运工、马夫和护士，悠闲地坐在那里。

可这里，没有艺术家的天地。这里，没有灵魂，没有浪漫。除了极个别的情况，这里的人就是机器人。

可远处椅子上坐着的那个流浪汉，却勾起了我的无限遐想！这才是真正的人——如莎士比亚所描述的真正的人。

现在，虽然发现了这个宝藏，却为不可理喻的恐惧所控制，唯恐还没将这场景固定在画布上，它就会从这里消失。如果天气不那么顺人心意，如果它超出了掌控，该怎么办呢？

如果没有才华，那就是老天故意在嘲弄我，因为它给我带来的痛苦，是只有天才才有资格遭受啊！

七月二十三日，星期三

画已经打好草图了，模特也已经找到了。从早晨5点钟起，我就在维莱特大街和巴蒂尼奥勒大道之间来回奔波，罗莎莉忙着跟我指给她的人谈话。整个过程下来，既不轻松也不愉快。

八月一日，星期五

当我用动人的语句写给你时，你一定不要听任自己为它们所感动……

我知道什么是爱情吗？

像我这样的人，总是拿着放大镜看待人性，要想获得爱情——是不可能的。只看到自己希望看到的东西，这样的人才是幸运的。

要我告诉你一件事吗？好吧，我既不是艺术家，也不是雕塑家；既不是音乐家，也不是女人、女孩或朋友。我生活的唯一目的，就是观察、分析和反思。

一个目光，一张偶然见到的脸，一种声音，一件乐事，一桩痛苦，只要为我所遇所知，就会立刻被我衡量、审视、证明、分类或标注。只有完成了这一切，我才会心境坦然。

八月二日，星期六

周二、周三、周四、周五，连续4天，我把画画完了。克莱尔和我同一天开始画的，同样的素材，在一张3.4英寸×3.3英寸的画布上——你看，不算小吧——画的是毕耶夫街，维克多·雨果曾为其写下不朽的诗歌。画的背景有一座农舍，前景是位年轻姑娘，她正坐在河边，与一个站在对岸的小伙子说话。

这画还行吗？不好说，画里的情感元素有些过于老套了，所以，我希望速战速决。听到有人批评它，还是挺有趣的。有人说："多么漂亮的景色啊！"还有人说，这幅画根本没有什么可说的。可还有人说："这幅画的确不错，真的非常不错！"克莱尔还没有画完。

天哪！还有多少事情能令我震惊啊！在这方面，几乎所有真正的艺术家都与我一样，对那些能吃掉大块生羊肉的人，总是充满好奇。

对那些能一口吞下整个山莓，却对山莓上显而易见的虫子根本毫不在乎的幸运儿，我也充满好奇。

要是换成我，会仔仔细细地检查一遍，然后再吃。所以，吃山莓带来的快感，与其带来的麻烦相比，根本不值一提。

对那些虽然不知道炖菜里到底有什么，却仍吃得津津有味的人，我充满好奇。

总之，对所有单纯、健康的普通人，我充满好奇，甚至可以说是忌妒。

八月七日，星期四

我们给勒让德尔路邮去了一个小冰箱——他希望床旁放一个冰箱。

我只是希望，他不会认为，我们这么关注他，只是为了免费得到一幅画！

画开始上颜色了，但我并不着急，认为有必要躺下来，不时休息一会儿。起身时，感觉有点发晕，甚至有那么一小会儿几乎看不见东西。最后，大约5点钟时，我不得不停下工作，到公园里人迹罕至的路上散步。

八月十一日，星期一

今早5点，离开家去给画打草稿。可街上到处都是人，不得不郁闷地回家了。虽然马车门是关着的，可至少有20多个人堵在它周围。下午，我又驾车来到路上，可还是没有成功。

我去了公园。

八月十二日，星期二

总之，我的朋友们，所有的迹象都表明，我病了。我仍在与病魔做斗争，在努力拖动自己的身体。但今天早晨，我想，我不得不屈服了——就是说，我该放弃工作，躺下来休息了。突然感觉好了点，于是，又走出门寻找灵感。虽然我身体孱弱，萎靡不振，与这个世界格格不入，可是，却从未像现在这样把它看得如此清楚。它所有的卑鄙，所有的无耻，都可悲而清晰地呈现在我眼前。

虽说是外国人——还年少无知——可我发现，即使最出色的作家或诗人，也可以在他们的作品中找到许多地方进行评判。至于报纸，往往读不到半行，我就会厌恶得把它们扔到一边，不仅仅因为它们风格卑劣，更因为它们喜欢搅动是非。此外，它们从不说真话，要么别有用心，要么为金钱所驱使。

在报纸的任何地方，都找不到信仰和真诚。

更何况那些所谓的人类，他们自称是正直之人，却总是为了一己私利故意歪曲事实。

令人恶心。

离开巴斯蒂昂之后，我们回家吃饭。巴斯蒂昂，虽然眼睛能看见了，身体也似乎不再疼了，可还在卧床。他灰色的眼睛，有着无法言说的魅力，是粗俗的灵魂根本无法欣赏的。你知道我为什么这么说吗？他的那双眼睛，能够穿透圣女贞德的目光。

我们谈到了画，他抱怨自己的画没有受到足够重视。我告诉他，有灵魂的人都能读懂他的画，《圣女贞德》所得到的赞誉，远远比它当面得到的表扬要多得多。

八月十六日，星期六

第一次可以在小马车里画画。回家时背部疼得厉害，不得不洗了又洗，揉了又揉。

现在的感觉多好啊！建筑师把我的画安排好了。他哥哥好多了，让人用安乐椅把他抬到楼下，去公园晒太阳去了。今天下午，费利克斯过来取羊奶时，告诉了我这些情况。

过去的一周里，巴斯蒂昂一直在喝羊奶——我们家的羊奶。你想象不到，家人是多么快乐啊！此外，他不惜屈尊与我们交朋友，想要喝羊奶的时候，就会亲自派人来取，真令人高兴。

他的病情在好转，这意味着，我们就要失去他了。是的，我们的美好日子马上就要结束了。一个身体无恙、可以自己走动的人，再去拜访他，就不容易了。

我不是在夸大其词。他去了公园，是用安乐椅抬去的，回家后又一头倒在了床上，他还没有好到可以出去晒太阳的地步。

八月十九日，星期二

我精疲力竭，根本没有力气穿着长裙去看巴斯蒂昂。接待我们时，他母亲责怪了我们。3天了！她说，3天了，我们没有来看他！真是可怕！在他房间时，埃米尔叫道："都结束了吗？我们不再是朋友了吗？"他亲口说的。啊，我不该离开这么久的。

虚荣心，诱使我在这里重复着他善意的责怪。他让我们承诺，一定要、一定要、一定要来的次数多一些。

八月二十一日，星期四

除了早晨几个小时——从5点到7点——来到户外，在马车里画画之外，我整天无所事事，到处闲逛。

对着选好的场景，我照了一张相，这样就能够准确地复制人行道线了。

今早7点钟都做完了，建筑师是6点钟到的。后来，我们驾车回家。我，罗莎莉，建筑师，可可，还有照片。

不是说他哥哥在场是必要的，只是有他和我们待在一起，大家都高兴。我总是喜欢有个仪仗队陪伴在我身边。

一切都结束了！他在劫难逃！

包德和建筑师在这儿待了一晚上，他告诉了母亲。

包德是他最要好的朋友——他从阿尔及尔给包德写的信，我读了。

一切都结束了。

可能吗？

这个令人心碎的消息对我的影响，我还没有意识到。

⊙ 玛丽娅·巴什基尔采娃（1884 年摄）

看见一个人被判了死刑，是一种从未有过的感受。

八月二十六日，星期二

那些胡思乱想，曾经充斥着我的大脑，令我心烦意乱。现在，在这个不幸来临之时，都尘埃落定了。

总之，看见一个人，一个了不起的画家——这是一个未曾有过的感受——

在劫难逃！

这绝不是轻描淡写就可掩饰过去的。

每一天，阳光降临时，我就会想道："他要死了！"

太可怕了！

我鼓起所有的勇气，站起身来，高昂着头，随时准备迎接这个打击。

它一辈子也不会到来了吧？

打击来临时，我要毫不畏惧地迎接它。

有时，我拒绝相信它，与之进行着抗争。可当知道一切都已结束时，我就恣意发泄着自己的悲愤。

已无法连续有逻辑地说出两句话了。

请不要想当然地认为我屈服了，我只是在深思如何与它相处——在今后的日子里。

八月三十日，星期六

似乎病情在恶化，我什么都做不了了。自从塞夫勒的画完成之后，我什么都没做——什么都没做，只有两幅可怜的板面油画。

大白天的，我可以睡上好几个小时。已经打完了草稿，可笑啊！画布还在，一切都准备就绪，缺的就是我这个人。

但愿能把自己的所有感受都写下来！可怕的恐惧不断袭来！

现在9月了，冬天不远了。

哪怕一点点的寒冷，也会把我困在床上好几个月，而康复……

我的画！我宁愿牺牲自己所有的一切。

是的，生病的恐惧令我无法动弹。我现在所处的状况，一次重感冒都会在6周之内要了我的命。

我终于要这样死掉了。

无论怎样，我都要画画——天气转冷了，不是画画着的凉，就是散步

⊙ 玛丽娅·巴什基尔采娃（1884年摄）

着的凉。有多少人，虽然没画画，还是一样死掉……

终于结束了，我所有的痛苦都结束了！那么多的抱负，那么多的希望，那么多的计划——在我24岁时，壮志未酬之时就都结束了。

我知道，自己命该如此。一生有如此之多的岁月，如此之多——可我却活得如此短暂——还一事无成！

九月三日，星期三

正在为《费加罗报》构思素材，但还是不得不时常中止工作，休息一两个小时。我经常发烧，而且没有丝毫减轻的症状。从未像现在这样病得这么厉害，可我却没对任何人说过。我出门，画画。还需要再多说什么呢？我病了，那就足矣。谈论病有什么好处吗？你会说，能出门就不一样了。

这种病，让我可以在身体相对好点时偶尔出去走动一下。

九月十一日，星期四

周四，开始画人体习作了，是一个男孩的。如果手法处理好的话，将是幅相当棒的作品。

昨天，建筑师来了。他哥哥想知道，为什么我们冷落了他这么久。所以，我们去了公园，希望看看他，可惜来晚了。他正如往常一样在别处散步，于是我们就等他。你该看看，这三个人看见我们时惊讶的样子。他抓住了我的双手，放在了他的手中。我们回家时，他坐在我们的马车里，而索菲姨则陪他母亲回到家。这也成了他的习惯。

九月十三日，星期六

我们是朋友，他喜欢我、尊敬我，觉得我有趣。他昨天说，我不该这样折磨自己，我应该认为自己非常幸运。"还没有哪个女人，"他说，"在这么短的时间里，取得了这么大的成就。"

"你出名了，"他还说，"大家都知道巴什基尔采娃小姐是谁。毫无疑问，你成功了，应该每隔半年就给画展送幅画。为了实现目标，你太心急了。但那也正常，人们在雄心勃勃的时候都这样，我自己也经历过这样的阶段。"

今天，他说："他们看见我和你一起坐车了。幸运的是，我病了。否则，他们会指责我给你画画。"

"他们早就指责过了，"建筑师答道，"还在报纸上说了！"

"噢，不！"

九月十七日，星期三

对父亲的回忆，几乎没有一天不折磨着我。我应该在他弥留之际去看他，照顾他。他没有抱怨，他的本性如我，但我对他的冷漠一定会让他痛苦不堪。我为什么不去看他呢？

自从巴斯蒂昂·勒帕热回来之后——自从我们经常看他，对他表现出如此之多的关照，给予他如此之多的爱护之后——我的感触尤其深刻。

母亲的情况完全不同，他们分居很多年了——父亲去世前5年他们才又在一起——可是我，我是他的女儿啊！

可话说回来，如果从来到这个世界伊始，父母既没有保护过我们，也没有照顾过我们，那么，我们对他们就没有任何责任。

可那并不能阻止——可惜，没有时间分析这个问题了——是巴斯蒂昂·勒帕热让我感觉懊悔的，这是上帝的惩罚。

巴斯蒂昂·勒帕热病得还是很厉害。我们在公园找到他时，他的身体正在痛苦地扭动。没有医生能缓解他的痛苦，以后最好把夏科医生找来给他看看，还要装出碰巧的样子。我们单独在一起时，他说，整整两天我都没有理他，真是可怕。

九月十八日，星期四

刚刚见到朱利安！我的确非常想念他，但因为好久没见面了，所以感觉没有什么话题可聊。他认为，我的表情写满了成功和满足。毕竟，只有艺术才最重要，其他的一切都不值一提。

全家人，包括他姐妹和他母亲，都和巴斯蒂昂·勒帕热待在一起，她们留下来等待最后时刻的到来。虽然她们喜欢唠叨，可看起来都是好人。

巴斯蒂昂·勒帕热像暴君一样，命令我照顾好自己，让我一个月内治好感冒。他为我系上大衣，他总是悉心关照我别冻坏了身体。

一次，大家坐在他的床边聊天。其他人都坐在了他左边，而我则坐在了右边。他把脸转向我，在把身体放在舒服的位置后，就开始跟我柔声地谈起了艺术。

是的，他当然对我很好——甚至好得有些自私，每当我说明天要开始继续工作时，他就会回答："噢，不，千万不要抛弃我。"

九月十九日，星期五

他每况愈下。我们不知道该做些什么，在他痛苦呻吟的时候，是留在房间里，还是走出去。

如果离开房间，好像认为他已病入膏肓；而如果留下来，又好像希望眼瞧着他遭受痛苦！

我这么说话，似乎让你感到震惊——好像我缺乏情感，好像我可以找到更多的话来说——或者更少的话。可怜的家伙！

十月一日，星期三

索菲姨周一去了俄国，她将在凌晨1点钟到达那里。

巴斯蒂昂·勒帕热的病日渐严重。

我无法画画了。

我的画完不成了。

这些不幸还不够啊！

他要死了，他遭受了巨大的痛苦。和他在一起时，感觉他不再属于这个世界了，早已翱翔在我们头上。有些日子，我甚至感觉自己也在地球上翱翔了，看见人们簇拥在我周围，跟我说话，我也回答了他们，但我已不再属于他们中的一员。对一切，我都感受到了一种被动的冷漠——这种情感，有点像鸦片产生的效果。

终于，他要走了。可我仍去看他，看他，成了一种习惯。留在那里的，只是他的影子；而我自己，也不过是个影子。

我几乎意识不到自己的存在了，我对他没有用了。看到我时，他的眼睛不再明亮。他喜欢我在那里，仅此而已。

是的，他要走了。这种想法没有令我感伤，我对这些已无动于衷。只是觉得，有什么东西正逐渐从视线里消失，仅此而已。

然后，一切终将结束。

我将随着流失的岁月一道逝去。

十月九日，星期四

如你所见，我什么都做不了了——我高烧不退。我的两个医生，是一对白痴。我派人请来了波坦，又将自己交还到他手中。他曾经治愈过我一次。他善良、专注，有责任心。总之，我日渐憔悴。我的所有病症，不是来自肺部，而是来自某种传染病。这种病，不知道何时感染的，我几乎没有在意，认为它会自行消失。至于我的肺部，并没有比之前严重。

没必要让你们为我的病烦恼了。我所能确定的，就是我什么都做不了了，什么都做不了！

昨天，我打扮了一下，去了公园。曾有两次想去，但都放弃了。我已弱不禁风。

终于，我还是去了。

从上周一起，为了治病，巴斯蒂昂·勒帕热先生就住在了当维莱尔。虽然周围的女人够多了，可看见我们时，他还是很高兴。

十月十二日，星期日

过去的几天，我都无法出门。我病情严重，但还不至于下不了床。

波坦和他的替班医生轮流过来看我。

啊，我的上帝！我的画，我的画，我的画？

朱利安过来看我。有人告诉他，我病了。

天哪！这怎么能隐瞒得住呢？我怎么才能去看巴斯蒂昂·勒帕热呢？

十月十六日，星期四

持续的发烧，正消耗着我的身体。我一整天都待在客厅，从安乐椅到沙发，再从沙发回到安乐椅。

戴娜给我读小说。波坦昨天来了，明天还要来——他不再收费了。他这么频繁来看我，一定是因为他对我有点兴趣。

我根本无法离开房间，而可怜的巴斯蒂昂·勒帕热还能出门。所以，他让人把他送到我这里，固定在安乐椅上，脚下支上垫子。我坐在他身边的安乐椅里。就这样，我们一起待到了晚上6点。

我穿着舒适的白色晨衣，衣服上点缀着白色的花边，是另一种白色。巴斯蒂昂·勒帕热眼睛落在我身上时，立刻露出了惊喜的表情。

"啊，要是能画画就好了！"他说。

我！

今年的画，已经到头了！

十月十八日，星期六

巴斯蒂昂·勒帕热几乎每天都来。他母亲回来了，所以，今天他们三人都来了。

波坦昨天来了，我没有见好。

十月十九日，星期日

托尼和朱利安今晚要和我们一起吃饭。

十月二十日，星期一

虽然天气很好，可巴斯蒂昂·勒帕热并没有去公园，还是到了我这里。现在，他几乎无法走动，他弟弟得用胳膊架着他，差不多是背他了。

刚刚在安乐椅上落座，这个可怜的家伙就已精疲力竭。我的命，可真苦啊！有多少搬运工不知道生病的滋味啊！埃米尔，是令人称赞的弟弟。正是他，扛着朱尔斯在这三级台阶上来回上下。戴娜同样无微不至地照顾着我。在过去的两天里，我的床就放在了客厅。客厅很大，用隔断、睡椅和钢琴隔开，而且隔得不露痕迹。我发现自己已很难上楼了。

日记写到这里，就结束了。11天后，即1884年10月31日，玛丽娅·巴什基尔采娃与世长辞。

渴望
荣耀

附 录

拜访玛丽娅·巴什基尔采娃 [1]

去年冬天,我去拜会一位熟识的俄国女士,她正路过巴黎,暂住在巴什基尔采娃夫人位于安培街的旅馆里。

我在那里看见了一群非常招人喜欢的中年妇女和年轻姑娘,所有人都说一口漂亮的法语,只是略微带点口音。俄国人说法语时,带着一种无法描述的轻柔感。

她们组成了一个迷人的社交圈,氛围轻松愉快,我受到了热情欢迎。我手里端着茶,刚刚在俄式茶炊旁坐下,就看见一组年轻女士的肖像,其中的一幅肖像——非常完美,手法自由且大胆,画笔间透露出大师般的激情——吸引了我的目光。"是我女儿玛丽娅画的,"巴什基尔采娃夫人对我说,"这是她表妹的肖像。"

开始时,我还能说一些恭维话,可没多久就无法再继续下去了,因为接下来一幅又一幅作品,令我目不暇接,向我展示了一位非凡艺术家的高超技艺。客厅的墙上,挂的都是玛丽娅的画作。在每一幅作品前,我都不由自主发出惊叹。巴什基尔采娃夫人,柔软的腔调中不乏骄傲,对我重复着"这是我女儿玛丽娅画的"或者"这是我女儿的作品"。

这时,巴什基尔采娃小姐现身了。我只见过她一面,虽然仅仅持续了一个小时,却让我至今难以忘怀。尽管有23岁了,可她看起来要年轻许多。她身材不高,却玲珑有致,椭圆形的脸蛋精美无瑕,一头金色的头发,黑色的眼睛闪烁着智慧的光芒——充满着想要认知一

---

[1] 玛丽娅·巴什基尔采娃去世不久,她的画于1885年在巴黎展出,画册中印上了这篇采访。

切的渴望——棱角分明的嘴唇，说出的话轻柔体贴，鼻孔如乌克兰马驹般一张一翕。

初次见面，巴什基尔采娃小姐就给我留下了难以磨灭的印象——柔情而不失坚毅，优雅而不乏庄重。这位可爱的小姑娘做的每件事，都显露了超人一等的智慧。在妩媚的女性外表之下，隐藏着男子汉般的刚强意志，令人想起了尤利西斯①送给年轻的阿喀琉斯②的礼物——大衣里裹着宝剑的女人。

巴什基尔采娃小姐用坦率而优美的声音回应了我的祝贺——没有任何虚伪的谦虚，她承认自己有远大的理想——可怜的孩子！死亡的魔爪已伸向了她——正急不可耐地想获取荣誉。

为了欣赏她的其他作品，我们上楼来到了她的画室。在这里，这位非比寻常的姑娘真可谓"如鱼得水"。

大客厅被分成了两个房间，一间作画，一间读书。画室里，阳光透过巨大的窗户洒进来，较暗的角落里堆满了报纸和书籍。

我本能地走向了她的代表作——那幅《见面》。上次画展上，它引起了极大的关注。在街道拐角处的木篱前，一群巴黎的流浪儿在一起认真地商量着什么。无疑，他们是在计划着某个恶作剧。孩子们的表情和神态刻画得栩栩如生，依稀可见的背景表现出这个贫穷地区的悲哀。我现在仍然认为这是一幅杰作。

画展上，面对着这幅令人叹服的画作，公众异口同声要颁奖给巴什基尔采娃小姐——虽然她在前一年早已获得过提名。为什么这个裁决没有被评委通过呢？因为这位艺术家是外国人？谁知道呢？是因为她富有？这个不公平的决定令她痛苦，可她仍在努力奋斗着——了不起的孩子！以双倍的努力为自己复仇。

---

① 尤利西斯（Ulysses），希腊神话中英雄奥德修斯的拉丁名，是希腊西部伊萨卡岛之王，拉厄耳忒斯之子，阿尔克修斯之孙，刻法罗斯之曾孙，狄奥尼索斯之玄孙，埃俄罗斯之五世孙，曾参加特洛伊战争。
② 阿喀琉斯（Achilles），希腊神话和文学中的英雄人物，参与了特洛伊战争，被称为"希腊第一勇士"。

一小时后，看见有人支起了20张画布，上面画了上百种图案——素描、油画、雕塑，这情景令我想起弗兰斯·哈尔斯[①]，他的画就是取材于户外街道的真实场景。其中有一张风景画，尤其引人注目——10月里海滩上雾气昭昭，树叶斑驳，黄色的大树叶铺满地面。总之，这些作品所寻求表达的，或者说经常表现的，是真挚的情感和最原创的艺术，还有最具个性的才华。

尽管如此，好奇心还是驱使我来到画室阴暗的角落。在那里，我看见书架上和工作台上堆满了数不清的书。我走上前去看它们的书名，都是汇集了人类最高智慧的伟大作品，有各种语言的版本：法语、意大利语、英语和德语，还有拉丁语，甚至有希腊语。它们既不是"图书馆藏书"，也不是世俗之人所谓的"装点门面的架子货"；它们被翻了许多遍，书的主人一遍遍地读过、钻研过它们。有一本柏拉图的书放在书桌上，打开的是非常精彩的那一章。

还没等我表现出惊讶，巴什基尔采娃小姐已经低垂下眼睛，好像担心我把她看成"好卖弄的女子"，而她母亲则自豪地告诉我，她女儿多么多么地博学多才，向我指着女儿四处留下笔注的手稿，还有打开的钢琴——她美丽的双手曾在上面演绎出各种音乐。

母亲骄傲的表情显然令女孩感到有些恼火，她笑着打断了我们的谈话。是时候了，我该离开了。此时，我突然体会到了一种莫名的恐慌，却不知道这就是预感。

在这个苍白而热情的姑娘面前，我想到了一种与众不同的温室植物，它美丽异常，香气扑鼻。在我的内心深处，有一个甜美的声音在呢喃："到此为止吧！"

天哪！的确到此为止了。在拜访安培街的几个月后，我收到了一份镶着黑边的噩耗：巴什基尔采娃小姐去世了，殁年24岁；因在户外写生时着凉，不幸离世。

[①] 弗兰斯·哈尔斯（Frans Hals，约1582—1666年），荷兰黄金时代肖像画家，以大胆流畅的笔触和打破传统的鲜明画风闻名于世。

再一次，我拜访了现已荒凉的房子。伤心的母亲，已为贪婪无情的悲伤所俘获，流干了泪水，再一次领我看了放在老房子里女儿的书画。她和我谈了很长时间自己去世的孩子，一番似水柔情溢于言表，即使理智也无法令其枯竭。因为悲伤哽咽，她的身体在发抖。她甚至将我领到了女儿的卧室，来到了铁床前。这是一位战士的床榻，在这张床榻上面，那个勇敢的孩子永远闭上了双眼……

打动公众，还需绞尽脑汁吗？在玛丽娅·巴什基尔采娃的作品面前，在被死亡的气息吹落了的丰收的希望面前，所有人都一定会像我一样感触万千，无限悲伤，仿佛高楼大厦在即将竣工之时毁于一旦，又好像鲜花和常春藤还未铺满，废墟又再一次轰然倒塌……

弗朗索瓦·戈贝

◉ 玛丽娅·巴什基尔采娃尼斯故居纪念碑，位于法国尼斯央格鲁街63号

《亲吻您的手》
——玛丽娅·巴什基尔采娃与居伊·德·莫泊桑的通信

导 言

"在一个美丽的清晨，我从梦中醒来，心中充满了渴望，想拥有世间所有的美好；这些美好，美学家点头赞叹，我也知道如何去描绘，于是我开始寻找，并最终选择了他。"

这是玛丽娅·巴什基尔采娃的心声，她是在 1884 年春天的一篇日记里道出这段心声的，也由此开启了两个人的通信之旅。虽然通信时间不长，内容也琐碎，却揭示了两个与众不同的生命所表达的真情实感。

外人看来，她也许可以被称为幸运的天使。她是俄罗斯贵族的千金小姐，富有、美丽、才华横溢，一生下来就浸润在贵族圈子里。她身份高贵，艺术成就出众，本该感到满足。可相反，她并不知足，她拥有狂热的野心，断然无法接受似是而非的真理，更不会屈居人下。

13 岁时，她开始潜心学习英语、意大利语、德语、拉丁语、希腊语，还曾投身于绘画和音乐之中。她梦想成为杰出的歌唱家，曾对一位英国公爵一见钟情，还喜欢上了赛马，并强求要了一匹。16 岁时，去了俄罗斯，随身携带的衣服足够 30 天穿的，还带了不少柏拉图、亚里士多德、莎士比亚、普鲁塔克的书籍和一些英国小说。她用机智和时尚征服了父亲的家族，用出众的学识令家族里的年轻人自惭形秽。17 岁时，她义无反顾地献身艺术，进入了一所艺术学校。1880 年，学习还没到 3 年时，她的处女画作就登上了艺术沙龙展。

她慷慨，快乐，但性格偏执，好冲动，爱忌妒，容易自暴自弃，极其虚荣。"我太自恋了，我漂亮，有活力，世界为我露出了笑脸，我真是快乐、快乐、快乐啊！"但与此同时，"我也深深地厌恶自己，我做过的、写过的、说过的一切，我都讨厌。我恨我自己，因为我所有的愿望都还未实现，都极其荒唐可笑。"虽然她为自己的美丽和智慧自我陶醉，但就绘画而言，她诚实到了无可救药的地步。老师对她的赞扬，只有她认为是发自内心的而且是真诚的，她才会坦然接受。

1884年，是她艺术成就的巅峰之年，梦想开始逐一实现。她的画作《见面》在沙龙画展上吸引了公众的目光，一些有影响力的报纸开始关注她了，有些法国、德国和俄国的绘画杂志也登载了她的画作。画商开始追踪这位冉冉升起的新星，社交圈也开始对她的美貌评头论足，她成了一流社交圈和艺术圈的常客。她举止优雅，才华出众，魅力逼人，无论走到哪里，都引来了人们艳羡的目光。

1884年，也同样是莫泊桑的事业巅峰之年。在这一年，他出版了其代表作长篇小说《漂亮朋友》[①]，也在巴黎的《高卢人报》[②]和《吉尔·布拉斯》[③]定期发表了短篇小说《项链》和《伊韦特》，这些令他在法国迅速走红。33岁时，他突然间发现自己已成为公众人物，受人追捧，为人拥戴。然而，即使事业已然成功，作品也在持续发表，他还是日益感到深深的孤独。参加任何社交活动，都仿佛是一次令他

[①]《漂亮朋友》(*Bel Ami*)，法国作家居伊·德·莫泊桑的第二本长篇小说，在1884年出版。这部小说的故事发生在巴黎，退伍军人乔治·杜洛瓦曾在阿尔及利亚服役3年，经友人福雷斯蒂尔介绍成为《法兰西生活报》记者，逐渐升为主编。杜洛瓦最初的成功得益于福雷斯蒂尔太太的帮助，她与政要之间的关系，为他提供幕后的信息，使他积极参与政治。杜洛瓦结识了福雷斯蒂尔的一位有影响力的女性朋友——马莱勒太太，并成了其情人。杜洛瓦后企图引诱福雷斯蒂尔太太，福雷斯蒂尔因肺病去世，杜洛瓦说服福雷斯蒂尔太太嫁给他。后来他勾搭了报社老板洼勒兑尔的太太，离婚后迎娶报馆老板的女儿，迈入上流社会。

[②]《高卢人报》(*Le Gaulois*)，由法国记者、文人埃德蒙·塔贝和亨利·德皮内1868年创办的日报，莫泊桑曾就任该报编辑。1929年被《费加罗报》兼并。

[③]《吉尔·布拉斯》(*Gil Blas*)，由法国著名雕塑家奥古斯特·杜蒙于1879年创办的文艺评论期刊，期刊名取自18世纪法国作家阿兰-勒内·勒萨日所著的长篇流浪汉小说《吉尔·布拉斯》的主人公名字。著名作家左拉、莫泊桑的一些小说出版前均在该杂志定期发表或连载过。此外，其还对秋季沙龙展的一些画家作品做过艺术评论，被评论的画家有保罗·塞尚、亨利·马蒂斯、保罗·高更等。

身心俱疲的长途跋涉，只有抽身其外，才会浑身轻松。"无聊啊……做的所有事情，我都感到无聊。"他写道。在给另一位朋友的信中，他还写道："任何人，但凡想保持尊严，必须要躲避所谓的社会关系；世俗的蠢行正在肆虐，没有人可以独善其身，逃避这种白痴哲学的影响。"

在这两人的通信中，可以清楚地看见两种气质的冲突：一个生命如火，一个无聊乏味；一个热情洋溢，一个戒心十足。莫泊桑的怀疑态度——"身处于一群戴着面具的人当中，我自己也戴上了面具"——还有他刻意表现出来的粗鲁无礼，只为了惊走未曾谋面的感情脆弱之人，可最终却为暴怒之中的玛丽娅道出的肺腑之言所打动，继而对她产生了浓厚的好奇心。而她，始而沉醉其中，继而震惊不已，终而为他的魅力所倾倒。"我表现得像个小女孩，一旦亲眼见了自己的偶像，那个与众不同的人，就忘乎所以地任性妄为起来，终于遭受了当头一棒，"然后，"这个未曾谋面之人，就占据了我所有的思想。他会想我吗？他为什么写作？唉，文学让我意乱情迷。小仲马、左拉，所有的人都统统在我眼中消失了！等着我，我马上就到！"

这些信写于四五月间。10月时，玛丽娅·巴什基尔采娃因患上肺结核而香消玉殒。在她生命的最后几个月，她疯狂地工作，画画，雕塑，谱曲，研究荷马、李维和但丁。"我像一根蜡烛，被切成了四块，一块块地燃成了灰烬……要是我的生活更安静一些，也许还能再多活20年。"她拒绝了医生的建议，选择留在巴黎继续创作。她关上了工作室的窗子，点燃了炙热的炉火，开始废寝忘食地投身于工作。在她的四周，弥漫着油料、松脂和碎布难闻的气味，直至最后，她虚弱得再也拿不起笔了，"万事俱备，只是我，必须缺席了"。

要是他们在1884年的夏天相见了，又会如何呢？见面时的画面，一定别有意味。莫泊桑从骨子里就瞧不起漂亮的女人，而玛丽娅却风情万种，无坚不摧，总能成为最后的赢家。虽然性格差异巨大，但他们有着一个很大的共同点：两个人都对艺术创作充满虔诚和敬意，两个人都在描绘着生活，从政府职员到诺曼的农夫，甚至是《圣女贞德》里衣衫褴褛的孩童，都是生活的真实写照。两个人都真心崇尚大自然，而且在真实地再塑着大自然，既不美化，也不歪曲。

那定将是一次意味非凡的见面。

安·希尔

玛丽娅致莫泊桑的信

先生：

读了您的书，我一直沉浸在喜悦之中。您喜欢真实的大自然，在大自然中发现了美妙的诗意，并付之以细腻的情感，深深地打动了读者。这些情感，充满人性，让我们在其中找到了自我，也让我带着自负之爱爱上了您。自负之爱，这说法很时髦，是吧？请尽情享受吧，这是我发自肺腑的真情实感。显然，我该跟您说一些高雅难忘的话题，但现在一时还无法说出口。您如此与众不同，令人浮想联翩，人们都奢望却又无法成为您精神上的知己。要是您人好心美，我会感到更加遗憾。可如果您的心灵不够美好，又不善于表现自己，我也会感到遗憾的。但首先会为您感到遗憾，我会认为您只会创作文学而已，然后把我对您的情感一笔勾销。一年以来，一直有给您写信的冲动，但……好几次，我认为自己美化了您，这么做不值得。就在两天之前，不经意间我在《高卢人报》上看到有人极尽溢美之词赞美您；而您，还想获得这个好心人的地址给她回信，我立刻忌妒起来。再说一遍，我为您的文学才华所倾倒，所以才写了这封信。

现在，请牢牢记住我：我会一直（永远）不暴露身份的，也不希望见到您，您的外表也许会令我失望，谁知道呢？我只知道至关重要的两点，您年轻有为，至今未婚。但我提醒您，我可是魅力无穷啊，但愿这一美好的念想会成为您给我回信的动力。在我看来，如果我是男人，绝不会跟一个邋邋遢遢的英国老女人交往的，即使是书信交往……无论大家怎么想，随便吧——

黑斯廷斯小姐

莫泊桑从戛纳的回信

夫人：

我的信一定不是您所期望的。首先，感谢您对我所表达的善意和赞扬。然后，让我们像有理性的人那样谈一下吧。

您要求成为我的红颜知己？凭什么呢？我根本就不认识您。我为什么与您——一个陌生人，一个思想、爱好等一切我都一无所知的人——交往，而不是与已成为朋友的女人推心置腹呢？那样的话，难道不是一个白痴、三心二意之人的所作所为吗？

如果两个人单凭通信建立起来关系，会有种神秘感，但这种神秘感又会增添什么魅力呢？

男人和女人之间的甜蜜情谊（我指的是纯真的情谊），难道不该是来自见面时的欣喜、面对面交谈时的愉悦、心有灵犀时的快乐吗？就像给朋友写信时，对方的音容笑貌会不时在眼前浮现。

那些亲密的话语，那些只能对自己内心坦诚的事情，怎么可能对一个自己连她长什么样子，她的头发是什么颜色，她的音容笑貌都根本不知道的人启齿呢？

我在信中描绘的场景会很无聊，只会告诉您"我做了这个，做了那个"，因为您根本就不了解我。明明知道这一切，通信又有什么意义呢？

您提到了我最近收到的一封信，其实那是一个男人写的，他在征求我的建议，仅此而已。

回到陌生人的来信之事。最近两年，我收到了五六十封这样的信，我怎么会像您说的那样从中选择哪些女人成为自己的红颜知己呢？我们都身处在世俗世界里，为人简单，如果她们愿意表现自我，想与我结识，就可以建立起朋友间的友谊和信任。如果事与愿违，又何必无视那些令你着迷的朋友呢？这些令你着迷的朋友，也许不为您所知——也许丑陋，外表丑陋或者精神丑陋。我这么说，是不是没有绅士风度呢？但是，如果我臣服在您的石榴裙下，您会相信我对您的爱能保持道德上的忠诚吗？

请原谅我，夫人，男人的这些理由虽说没有诗意，却是发自肺腑之言。相信我，我是您那心怀感激、一心一意的——

莫泊桑

附：请原谅信中的涂改之处，写信时总难避免写错，没有时间重抄写了。

玛丽娅的回信

您的信，先生，并没有让我感到吃惊，我对您应有的反应没有任何期待。但是，我最初并不是想成为您的红颜知己——那有点太愚蠢了。如果您有时间重读一下信，就会发现您没有留意我使用的是讽刺挖苦、言不由衷的语气。您说出了另一位知己的性别，谢谢您这么宽慰我，但我的这种忌妒纯粹是精神上的，真的不要当回事。靠出卖知己给我回信，是朝三暮四的行为，因为您根本就不认识我，您说对吗？毫无保留地告诉您亨利四世驾崩了，先生，您会因此丧失理智吗？

我让您回信，可您理解的却是，我让您即刻回信告诉我您红颜知己的情况。如果我让您这么做了，是对我的智商的嘲弄。如果处于您的位置，我也会这么做的。我有时非常快乐，而有时又非常悲伤，总是梦想靠书信与素未谋面的哲学家分享隐私，想了解您对这种情感狂欢的看法。

这部情感闹剧，总体来说还不错，让人感动流泪。短短的两行字，我反复读了三遍，但为的却是如何报复。一位老母亲报复普鲁士人，这样的故事自古就有啊（这种事情，只有在您读我的信时才会发生）！至于神秘感所增添的魅力，取决于一个人的品位。虽然这种神秘感没有给您带来愉悦，但无所谓，反正我体会到了其中的无限乐趣。出于真诚，我才坦白这一切，我从您的信中获得了童年那种天真无邪的快乐，我说的可全是实话。

……那么，如果没有让您高兴，是因为与您通信的人没有引起您的兴趣，仅此而已。我跟其他人不同，我能打动您的心扉，因为我非常理智，不会记恨您。不到60岁？我该想到的，您遭的罪够多了。您给她们都回信吗……我过于知性，不适合您，很难取悦于您。可我却真的认为自己好像了解您（这种效果，是小说家描写愚蠢的小女人时才会有的）。

还有，您总是一贯正确。我给您写信，出于无比的坦诚（这种坦诚的后果，上面已经显而易见了），也许我有年轻人的那种多愁善感，甚至有小女人的冒险心理，这令人徒增烦恼。好了，不要给自己找借口了，说什么自己缺少浪漫或绅士风度诸如此类的话。显然，我写了封愚蠢的信……那么，为了不让我后悔，能将这件事置之脑后吗？至少，我表达出了一种希望：不想在将来的某一天向您证明，像对待61号那样对待我，真是不值得。您的推理，挺有道理的，但不是非常公正。我原谅您，也原谅您的涂改、老女人、普鲁士人。祝您快乐！可是，如果我那陈腐的灵魂之中有什么美好之处的话，我只能给予这样模糊的描述，比如金发、中等身材、出生于1812和1863年间……至于道德……我的外表就足够值得夸耀的了，您不久就会知道的，我住在马赛。

附：请原谅信上的污渍和涂改，但我已经抄写三遍了。

莫泊桑的回信

真是的,夫人,第二封信了!我感到吃惊,隐约觉得有一种冲动,想发泄一下心中的怒火。这种怒火情有可原,因为我不认识您,也幸好我不认识您,我给您写信,只是因为我感到无聊至极。

您责备我,因为我谈到了老女人和普鲁士人这种老套的话题。但是,世间的一切都了无新意,我也别无选择。我听到的所有事情,所有的想法,所有的措辞,所有的讨论,所有的信条,都无任何新意可言。

给一个素未谋面的人写信,难道不是性格极端且天真幼稚的行为吗?

简而言之,我从骨子里就是一个简单的人,这您多多少少了解一些。您知道自己在做什么,在关注什么。您听说过我的一些事情,有好的有坏的,无关紧要……我有那么多亲戚,即使您没有遇到过也无妨,兴许您会在报纸上读过我的文章——了解了我外表上或道德上的大概情况。总之,您在自娱自乐,而且还在为自己的所作所为得意忘形。但是我呢?诚然,也许您是位年轻迷人的女士,您的手,有朝一日我会很高兴地亲吻。但您也可能是位上了年纪的女管家,每天靠读欧仁·苏[①]的小说度日。或者,您也许是文学圈的女士,如白开水一样枯燥乏味。说真的,您瘦吗?不那么瘦吧?与一位身材瘦弱的人通信,会令我心情沮丧。每次与陌生人打交道,我都心存疑虑。

我曾经掉进荒唐闹剧的陷阱。一群寄宿学校的女孩子打着老师助理的旗号跟我通信,还在课堂上传看我的回信。这场闹剧,真是滑稽,当我听到真相时——从老师本人那儿听到的——难以控制自己,大笑不止。

您为人世俗吗?还是多愁善感?还是只是浪漫多情?或者,只是

[①] 欧仁·苏(Eugene Sue,1804—1857年),法国作家,其代表作《巴黎的秘密》首创了连载小说体裁。

一位无聊的女士,想打发一下时间?您看,我并不是您要寻找的那个人。

我根本不懂得诗情画意,对一切都漠然冷对,三分之二的时间心情枯寂,三分之一的时间进行写作,只图卖个好价钱。我为自己不得不从事这可恶的行业而沮丧,尽管它给我带来了与众不同的荣誉——道德方面的——与您有差别,这是我的隐私——夫人,您怎么看呢?您一定会认为我非常无礼,请原谅。给您写信,在我看来,好像自己正走在地下的黑暗之中,随时担心掉入脚下的深渊。我使劲敲打着拐杖,只为了听见拐杖与地面撞击的声音。

您使用什么香水?

您是美食家吗?

您的耳朵是什么样的?

您眼睛的颜色?

音乐家?

如果您结婚了,就当我没问过。如果您结婚了,就回答说"是";如果没结,就回"否"。

夫人,亲吻您的手。

居伊·德·莫泊桑

戛纳,赫当路1号

玛丽娅的回信

您真是无聊至极!哎!真是残酷!没有给我留下任何的幻想,激起我对您的尊重……这种尊重,会一点一点地累积,最后水到渠成,让我掉入您的情网。我当然是在自娱自乐,但要说我对您只了解这么一点,并不是事实。向您发誓,我对您的肤色和身材一无所知。而且,就您所谓的隐私方面,我只能从我所欣赏的书中捕捉一二,而且坦率地讲,我没有任何恶意,也不是故作姿态。

当然，作为有身份的自然主义作家，您决不愚钝。而我，出于对您的尊重，也决不会信口开河答复您。没有必要让您相信我把所有的精力都放在了这方面。

首先，如果您愿意的话，让我们了结所谓的老套的话题。这件事，颇费时间，因为您正是用这些老生常谈的话题征服了我，您知道吗？！您说得对……通常而言。但是，所谓艺术，就是通过让我们对它永久地痴迷，从而使我们甘愿忍受那些所谓的老生常谈，比如大自然与永恒的太阳、亘古的地球和栖息地球之上的民众之间的相处之道，而这些民众也都是按照同样老套的模式创造的，并为几乎同样老套的情感所打动。可惜……有些音乐家，却并不怎么精通乐理；而有些画家，也并不擅长挥毫泼墨……

然而，对于这一点，您比我知道得更多，而且您希望得到我的认可……

老生常谈，千真万确啊！文学作品中的老女人和普鲁士人，绘画作品里的圣女贞德！您确信邪恶之人（的确如此吗）发现不了文学作品中那新鲜而生动的一面吗？

令您痛苦的老本行中也有不少老生常谈啊！您把自己当成了诗人，却错把我看成了世俗之人，在费尽心思点拨我。乔治·桑为金钱写作而自豪，福楼拜一边奋笔疾书，一边为异常艰辛的创作而嗟叹。好好看看吧！福楼拜已深受其害。而巴尔扎克从不像他那样抱怨，总是对自己要做的一切充满热情。至于孟德斯鸠——原谅我这么直呼其名——对研究充满了无穷的乐趣，也许这就是他荣誉的源泉，也是他幸福的源泉——正应了您那荒诞不经的寄宿学院小女生的话。

能卖出好价钱，当然不错，因为有当代约伯之称的犹太人巴哈隆（其残存的遗作落在了柏林博学的窃贼手里）说过：没有黄金点缀的辉煌，算不上真正的辉煌。至于其余的一切，都是精心设计好的——美貌、天才甚至信仰。上帝不就曾亲自向他的仆人摩西解释过挪亚方舟该如何点缀吗？还曾建议给小天使镶嵌上工艺精湛的金饰……

这么说，您感到孤寂无聊，漠然冷对一切，根本没有一丝浪漫情调！您居然想逼我退缩啊！

现在，我了解您了：您一定身材高大，大腹便便，穿着材质粗糙的短马甲，最后一颗扣子都扣不上了。啊，真不错！您还是一如既往地引起了我的兴趣。只是，我不明白您怎么会感到无聊。我自己有时会悲伤，有时会沮丧，有时会气恼，但从未感到无聊——从未！

您不是我要寻找的那个人？不幸啊！（您的"女管家"说的吧）。

您要是能表明如何寻找那个我中意的人，我不胜感激。我没有寻找任何人，先生。我认为，男人只应该是女强人（乏味的老女人）的附属品。最后，我回答您的问题，我会带着百倍的虔诚回答，因为我不想戏弄一个晚餐后抽着雪茄打盹儿的天才。

瘦弱？噢，我不瘦弱，但也不强壮。老于世故，多愁善感，浪漫多情？您什么意思啊？在我看来，似乎每个人身上都有这些特点，一切都取决于时间、地点、场合。总之，我是乐观主义者，是道德污染的受害者，所以，有可能跟您一样变得不那么浪漫了。

我的香水？有品位的那种，但并不奢华，仅此而已。美食家？是的，更准确地说，干吃不够的那种。我的耳朵小巧，挺特别的，还挺好看，眼睛是灰色的。是的，我是音乐家，但不像您的那位老师那样琴弹得那么好。如果单身，能读您那可恶的书吗？

我这么听话，您满意了吧？如果满意，就再解开一个扣子，在夜幕降临时想想我。如果不……那可是雪上加霜啊！您找错了红颜知己，我得到了心理安慰。

可以问下您中意的音乐家和画家是谁吗？

假如我是个男人，又该如何呢？

（上面的信后附了一幅速写：一个粗壮的男人坐在海边的长凳上打盹儿，还有一张书桌，一杯啤酒，一支雪茄。）

莫泊桑的回信

夫人：

刚刚在巴黎待了两个星期。没有神秘感的指引，我就无法给您回信，可我偏偏把它丢在了戛纳，所以现在才拾笔回复。

知道吗，夫人，您吓着我了。没有任何征兆，您就接二连三地提了那么多名人：乔治·桑、福楼拜、巴尔扎克、孟德斯鸠、犹太人巴哈隆、约伯、博学的柏林窃贼，还有摩西。

噢，我可了解您了，我好心的唠叨鬼！您是路易大帝学院[①]的老教授。必须承认，虽然我对此还有怀疑，但信纸上残留着淡淡的鼻烟味。那么，我不需要再表现出什么绅士风度了（我有过这样的表现吗），我要把您看成来自大学的人，就是说，我的敌人。啊，狡猾的老头儿，老助教，拉丁语的老学究，您还想把自己装扮成美女！您居然还给我寄来了您的文章，那些阐述艺术和自然的文章，要我推荐给杂志，还要我写文章夸奖！

我去巴黎的消息没有告诉您，多么不幸啊！本应该看见您走进房间时的场景：某一天的清晨——一个衣衫褴褛的老人走了进来，他先把帽子放在地上，随即从口袋里掏出一卷捆好的草稿，对我说"先生，我就是那位女士……"

啊，好吧，教授先生，我要回答您的问题了。首先感谢您给我详细描述了您的外表和品位，同样还要感谢您对我的描述，栩栩如生，仿佛就是一幅肖像画！可是，我还是发现了一些错误：

（1）我不大腹便便；

（2）从不吸烟；

（3）既不喝啤酒，也不喝葡萄酒、酒精饮料，只喝水。

[①] 路易大帝学院（Louis-le-Grand College），位于法国巴黎五区圣雅克路123号，在拉丁区中心。它设在16世纪原耶稣会执掌的克莱蒙中学的建筑物内。路易大帝学院周围环绕着法兰西学院、索邦大学、先贤祠等著名建筑物。该学院以其出色的教学质量和优秀的学生而闻名。

在"黑啤"前面享福,真不是我的风格,我更不会像东方人那样常常躺卧在沙发里。

您问我喜欢的画家是谁?当代画家里,只有米勒了。我的音乐家?我恐惧音乐。

事实上,与艺术相比,我更喜欢漂亮女人。我会准备一顿丰盛的晚餐,真正丰盛的晚餐,世间罕有的那种,只为了配得上漂亮的女人。这就是我所信仰的事业,我亲爱的老教授!我想,人要是还有激情,那种名副其实的激情,就该彻底释放出来,为其牺牲一切也在所不惜。我所做的,仅此而已。我有两种激情,而且有必要牺牲其中的一种——在某种意义上,我已丢掉了贪婪,变得异常清醒起来,却不知道该吃什么了,也许这样也不错。

您还想了解另一个细节吗?我喜欢剧烈的运动,划船、游泳、竞走,而且战无不胜。

那么,我已经把自己的隐私和盘托出了,助教先生,告诉我您的一切,您的妻子,因为您结婚了,还有您的孩子,您有女儿吗?如果有,我请求您,设身处地地想想我。

我祈求神圣的荷马,让您所敬畏的神,给予您世间所有的祝福。

居伊·德·莫泊桑

1884年4月3日

玛丽娅的回信

玛丽娅·巴什基尔采娃的这次回信署名为"约瑟夫·萨万廷"

不幸的左拉主义者!还挺有趣的。如果上天是公正的,您就会赞成我这么说您了。我想,这不但有趣,而且其中蕴藏着难以言说的愉悦,是真正有意思的东西,但需要人们绝对真诚。的确,真正的朋友在哪里?无论男女,这种朋友您可以毫无保留、肆无忌惮地与之交谈。可是，与抽象的人——

不属于任何国家，不属于任何世界，但愿梦想成真！人们会像莎士比亚那样海阔天空地表现自我……

但是，我厌倦了这种神秘主义。既然您已知道一切，我就不再有所隐瞒了。是的，先生，如您所言，我有幸成了校长，我会用长达8页的训词向您证明这一点。但我还是有点心眼的，不会一下子把所有的内容都呈现给您，我会一点一点地享受我的教学乐趣。

先生，在圣周①的闲暇期间有幸重读了您的全部作品，受益匪浅。您是一个快乐的家伙，这毫无争议。我之前从未读全您的作品，这次终于如愿了。因此，对您有了全新的印象，这种印象……足以让我的学生都大跌眼镜，令基督教世界所有的修女心情跌落万丈。

至于我自己，根本不知道什么是害羞，我只是感到困惑——是的，先生，困惑——为您深深地沉迷于小仲马所谓的爱情而困惑。如果这让您产生偏执心理，那就有些遗憾了，因为您才华横溢，您的农民作品栩栩如生。我知道，您已经完成了《一生》②，在其中融入了了不起的情感：仇恨、悲伤和惆怅。这种不时出现在您作品中的情感，会让人忽视其他的一切，被引入歧途，误以为您遭受过多少人生的苦难，因而才会与众不同——这正是令我心如刀绞之处。但我担心，您的这种无病呻吟只是在应和福楼拜的声音。

事实上，我们虽然为人简单，但还有做事的勇气。而您，是好心的笑剧作家（您发现素未谋面的好处了吧），处境孤寂，披着长发……爱情——正是拥有了这个词，人们才拥有了整个世界。噢，天哪！天哪！吉尔·布拉斯，你在哪里？正是在读完您的文章之后，我

---

① 圣周（Holy Week），基督教指复活节前的一周。
② 《一生》（*Une vie*），或译《女人的一生》，是莫泊桑于1883年创作并发表的长篇小说。小说在1883年2月27日至4月6日连载于《吉尔·布拉斯》期刊，同年结集出版，一年内销量25,000本，在当时这个数字是大畅销。《一生》发表前，莫泊桑即以《羊脂球》等短篇小说而小有名气，但仅仅被认为是自然主义文学的二流作家，《一生》将莫泊桑正式推上大作家的地位。俄国作家托尔斯泰表示因为本书而"兴奋狂喜"，可一窥时人对此书的评价。

才读了《磨坊之役》①，它让我仿佛置身于奇幻美妙、鸟语花香的森林世界。"和平永远降临在不快乐的地方"，这发自大师内心的警句，让人回想起《非洲女郎》②最后一幕那耳熟能详的旋律。

您厌恶音乐，可能吗？他们用高深的音乐欺骗了您。值得高兴的是，您的书还没有写完，那部书里应该有个女人——是的，先生，一个女人，不需要粗暴的行为。年轻人，虽然你赛马比赛跑了第一名，但跟你比赛的只是马而已，无论马多么高贵，终究是动物。请允许一个老拉丁人给你推荐一段撒路斯提乌斯③曾经说过的话：没有人希望天生就是男人④。我也会让我的女儿阿纳斯塔丝好好学学这句话的。说不准您会改变呢——

书桌，女人！可是，年轻的朋友，小心点，这种谈话会令人怀疑的，校长的职责不会让我跟随你走向这个危险之地。

没有音乐，不抽烟？魔鬼！

米勒不错，但你对米莱的说法正如布尔乔亚⑤评价拉斐尔一样：世俗之人。我建议你看看一个当代年轻人的作品，这个年轻人的名字叫巴斯蒂昂·勒帕热，去塞泽街可以找到他。

你到底多大了？你说与所有的艺术家相比，你更喜欢女人，你真这么认为的？是在跟我开玩笑吧？

那么，女人杀手，祝你——希望惊恐中的我，成为你忠实的仆人。

约瑟夫·萨万廷

---

① 《磨坊之役》(*L'Attaque du moulin*)，法国著名作家左拉的短篇小说。
② 《非洲女郎》(*Africaine*)，德国作曲家贾科莫·梅耶贝尔的歌剧作品。
③ 撒路斯提乌斯(Gaius Sallust Crispus，公元前86—公元前34年)，罗马著名历史学家。主要作品：《喀提林阴谋》《朱古达战争》等。
④ "没有人希望天生就是男人"，原文为拉丁语，Omne homines qui sese student praestari。
⑤ 布尔乔亚(Bourgeois)，"资产阶级"的音译。

莫泊桑的回信

亲爱的约瑟夫：

您信中所表现的道德不过如此，对吧？我们根本就不认识，所以就不要客气了，像两个路人那样面对面坦诚地说话吧。

我甚至想要举个现实中的例子告诉您该如何彻底放弃。就我们现在的关系，无法友好交谈，不是吗？既然我跟您说了，如果您不满意，就要说出来！如果致函维克多·雨果，他会称呼您"亲爱的诗人"。对于一个教员，天真无邪的年轻人的授业者，您告诉了我一些相当顽固的东西，您知道吗？说什么您根本就不扭捏害羞？在您的演讲里，在您的作品里，在您的言辞间，在您的行动上，您扭捏害羞过吗？好啊！我对此心存怀疑。

您以为有什么事情会令我高兴！您以为我在捉弄公众！我亲爱的约瑟夫，在这个世界上，再也没有比我更无聊的人了。任何事情，与花费力气做事累得精疲力竭相比，似乎都没有什么价值。我的无聊没有终点，永不停歇，无可救药，因为我无欲无求——不会为自己无法改变的事情而哭泣——或者，我只希望变成无药可救的白痴。所以，既然我们坦诚相待，我提醒您，这是我最后一封信了，因为我已开始厌倦了。

为什么要继续给您写信？写信现在没有给我带来快乐，将来也不会给我带来快乐。

我不希望认识您，我确信您长得难看，而且我发现，实际上我已经给您寄了足够多的亲笔签名了，就其含金量而言，每个签名都值10到20苏，知道吗？您至少有40苏了……

我再一次真的认为自己应离开巴黎了。在这里，跟在任何地方相比，我的愚钝已经达到了不可理喻的程度。我要换换环境，去埃特勒塔，好好享受一下独处的时光。

我喜欢毫无节制地孤独下去，至少，我厌倦了讲话。

您问我准确的年龄,我生于1850年8月5日,还不到34岁,您满意了?现在,打算要我的签名吗?我提醒您,我不会再寄给您了。

是的,我喜欢漂亮女人,但有时又非常讨厌她们。

再见,我的老约瑟夫,我们的相识有始无终,非常短暂。您意下如何呢?也许我们永远不要见面。

把您的手给我,我会真诚地握住它,送去我最好的纪念。

居伊·德·莫泊桑
都隆街83号

那么,对于那些想要了解我的人,您可以提供真实的信息了。感谢这种神秘感,我解脱了。再见,约瑟夫!

玛丽娅的回信

您的信太棒了,不必洒进这么多的香水,我感到窒息。那么,这就是您对一个您自认为冒犯了您的女人的回复了!漂亮!

约瑟夫无疑大错而特错了,正因为如此,他才感到烦恼。但是,他的脑子里装满了……您书中的轻浮,就像抱怨一样无法摆脱。然而,我还是狠狠地责备了他,因为必须在把握对手的礼貌限度之后,才可以跟他推心置腹。

可是,我认为,您本可以更智慧地羞辱他。

现在,告诉您一件不可思议的事情,您根本不会相信,虽然来得迟一些,却还有些历史价值。啊,好吧,那就是我,我也受够了这一切。在您写第五封信时,我就心凉了……满意了?

可是,我偏偏要抓住那些要逃避的东西,我必须抓住您?差不多吧。

为什么写信给您?在一个美丽的清晨,一个人醒来,突然发现自己成了稀有物种,周围布满了白痴,于是心如刀绞,仿佛看见珍珠被扔进了猪圈。

要是写信给某位名人，一个能够理解我的人呢？那会非常美妙，非常浪漫，他会知道，经过几番书信来往，我们能成为朋友，可以在与众不同的境遇里收获友谊。然后，我问自己，那个人是谁？于是，我就选择了您。

这样的通信只可能建立在两种情况之下：一是无名者心存无比的仰慕；二是他从这无比的仰慕中诞生了怜悯之心，从而说出一些无疑会打动和感染名人的故事。

但这两种情况根本就不存在。我选择了您，只希望有朝一日能培养出对您的无比仰慕之情！因为，如我所想，您相对而言还是非常年轻的。

因此，我给您写信时是冷静的。我已经告诉过您，您有些话说得不太得体，甚至粗鲁。但我必须承认，您曾发誓要注意言行。如您所言，就我们现处的这个阶段，我可以坦白地说，您诋毁我的信让我一整天心情难受。

我心绪不宁，就好像这种诋毁真实存在似的。真是荒唐。

再见，很高兴。

如果您还保留我的签名的话，请返给我。至于您的签名，我早已在美国卖了个不可思议的好价钱。

莫泊桑的回信

夫人：

这么说，我深深地伤害了您，请不要否认。我深感内疚，恳请您原谅。

我问自己，她是谁？一开始，她就写了封多愁善感的信，信中能看见梦想家和狂热者的影子。女孩常常这样，那么，她是女孩吗？女孩做事往往不按常理。

于是，夫人，我在回信中用了怀疑的语气。终究您比我反应快，您在倒数第二封信里加了一些非同寻常的内容，我就不知道您到底是什么人了。我一直扪心自问：她是个戴着面具自娱自乐的女人，还是只是一个爱开玩笑的男人呢？

您知道，在舞会里为了认识女人，男人常用的方式吗？只需要轻轻地掐她们一下。女孩对此已经习以为常，只会说"住手"。而其他年龄段的人遇到这种情况，就会生气。我也掐了您一下，以一种不太礼貌的方式，这我承认，而且您生气了。现在，我请求您原谅。更因为您信中有句话令我心痛，您说我诋毁您的话让您一整天心情难受（令我心痛的，不是"诋毁"这个词）。

夫人，一想到让一个素昧平生的女人一整天难过，我就心感不安。

现在，您知道这件事情后面微妙的缘由了。夫人，请相信，我既不如此粗鲁，也不如此怀疑人生，更不是不知深浅，其实，我根本就不是对您表现出来的那样。必须承认，我对所有的神秘感、未知的事情以及素昧平生的人，都心存戒备。

对未知之人……这个匿名给我写信的人，他也许是我的敌人（我有敌人），也许只是爱开玩笑——说出真相，您认为怎样？身处一群戴着面具的人中间，我自己也戴上了面具。真是可怕！但是，通过使用一些手段，我还是多少了解了您的性格。

再一次，请原谅！

那只给我写信的手，我亲吻它。

您的信，夫人，随您处置，我会把它们寄到您手里。哎，为此，我还要去巴黎一趟。

居伊·德·莫泊桑
1884 年 4 月 22 日，埃特勒塔

玛丽娅的回信

又一次给您写信，是在贬低我在您眼中的形象，但无所谓了，我要报复自己。噢！只有说出您使出手段带来的后果，才会发现真正的性格。

我想象到了各种可能性，极其害怕将信送到邮局。那个人会终止通信，通过……您的谦虚挽救了我。我一直在等回信，在打开信封的那一刻，我克制自己不要激动，可我还是被感动了，而且感动得一塌糊涂。

在您轻柔而高贵的忏悔之前，
尊贵的先生，我怎么会停止爱您呢？

除非这是另一个伎俩："人们误把她当成了世界上最美的女人，她因此受宠若惊。于是，她开启了人类新的一章，并为我扮演起这一角色。而我，也心甘情愿这样描述她。"

那么，是因为我生气了？也许，但这并不是非常有说服力的证据，我亲爱的先生！

那么，再见！如果您希望的话，我想原谅您，因为我病了，而且得的是不治之症，我为自己感到遗憾，为所有人感到遗憾，为您感到遗憾，因为您曾想方设法惹恼我。我越是这么否认，您就会越以为您自己喜欢这么做。

怎么证明我既不是爱开玩笑的人，也不是敌人呢？有什么意义吗？我不可能向您指天发誓说，我们天生就心有灵犀。如果您没有与我心有灵犀，我感到遗憾。在您身上——在您或在其他人身上——我已经发现了您所有的与众不同之处，没有任何事情比这更令我高兴的了。

需要澄清的是，您上一篇文章挺有趣的，我甚至想问您一个问题，关于那个女孩的，但是……

您信中所说的事情，即使是最微不足道的，也令我浮想联翩。您的信给我带来了痛苦，这令您不安，这种心情要么愚蠢要么可爱——我想，是可爱。您可以嘲笑我，我怎么会在乎呢？是的，您像司汤达一样抨击着浪漫主义，但放宽心，这次您不会献身的。

晚安！您的疑虑，我明白，年轻、时尚而且漂亮的女人，是不可能靠写信自娱自乐的，是吗？但是，先生，怎么……好吧，好吧，我们之间的一切都结束了，我要忘记一切。

莫泊桑的回信

夫人：

刚在海边过了两周，所以没有及时回信。出门避暑之前，已经返回巴黎好几个星期了。

显然，夫人，您不高兴了，为了发泄您的恼火，您告诉我，我要比您卑微许多。噢，夫人，如果您了解我，就会知道在道德品质或者艺术成就方面，我从不自以为是。事实上，对这两个方面，我都不屑一顾。

我的一生，所经历的一切——男人、女人和任何事——都有相似之处。我可以如实表明自己的信仰，但我得补充说，您也许不相信，我既不相信别人也不相信自己。一切都是由无聊、闹剧和痛苦组成的。

您说，您认为再次写信就是伤害自己，怎么会呢？您罕见地承认我的信伤害了您，您所表现出的烦恼、直率、纯真和魅力，深深地打动了我。告诉您原因，就是在给我自己找借口。您还是没有消气，又一次答复了我，信中流露出了善良，还夹杂着恼怒，惹人怜爱。还有什么比这种真情流露更珍贵的呢？

噢，我非常清楚，应该用极度的不信任刺激您。可如果那么做，只会雪上加霜，您就不想见面了。面对面的交谈，即使只有5分钟的时间，也比写10年的信更能了解一个人。在巴黎时，我每天都去应酬，为什么我认识的人，您都不认识呢？也许，您会告诉我某一天您去谁谁的家，我也会去的。可如果我令您心生不悦，您就不会让我认识您了。

但对我个人，不要有任何幻想。我既不英俊，也不优雅，更不与众不同。可是，这对您也许没有什么关系。您认识奥尔良派分子[1]、波拿巴主义者[2]或者共和党人吗？走进过他们的圈子吗？我对这三者都熟悉。您会让我为您在博物馆、教堂或街上占个座位吗？那样的话，我要定些条件，这样，就可以确信我不是在等一位永远不会出现的女士了。如果您愿意，选择一个晚上，在剧院，您不用现身，怎么样？我会告诉您我的包厢号，我会跟朋友待在一起。您不用告诉我您的包厢号。然后在第二天，您可以写信跟我说："再见，先生！"

我是不是比丰特努瓦战场[3]上的法国士兵更大度呢？

亲吻您的手，夫人。

莫泊桑
都隆街83号

---

[1] 奥尔良派分子（Orleanist），18世纪到19世纪时期法国拥护波旁家族奥尔良系的君主立宪主义分子。
[2] 波拿巴主义者（Bonaparitist），支持拿破仑及其家族的欧洲军国主义者，尤其是阴谋军事政变夺取政权的军人。
[3] 丰特努瓦战场（Battle of Fontenoy），法军在奥地利王位继承战争中最大的胜利，在政治、军事以及国际地位上对路易十五统治的法国贡献巨大。